DUMONT
Reise-Taschenbuch

ostseeküste
mecklenburg vorpommern

Claudia Banck

Senkrechtstarter

Karibikgefühle an der Ostsee. Hier kann man Raum und Zeit vergessen, einen Gang runterschalten. Der Sand ist hell und so fein wie Puder, das Meer mal blau und spiegelglatt, mal grau und kabbelig. An manchen Sommertagen steigt die Temperatur trotz leichter Brise auf über 30 °C. Wussten Sie übrigens, dass es an der Ostseeküste den meisten Sonnenschein und den wenigsten Regen in ganz Deutschland gibt. Wer braucht da schon Palmen? Und wissen Sie was Slow Tourism ist? Genau! Ohne Flugreise am Strand liegen und einfach mal nichts tun.

Überflieger

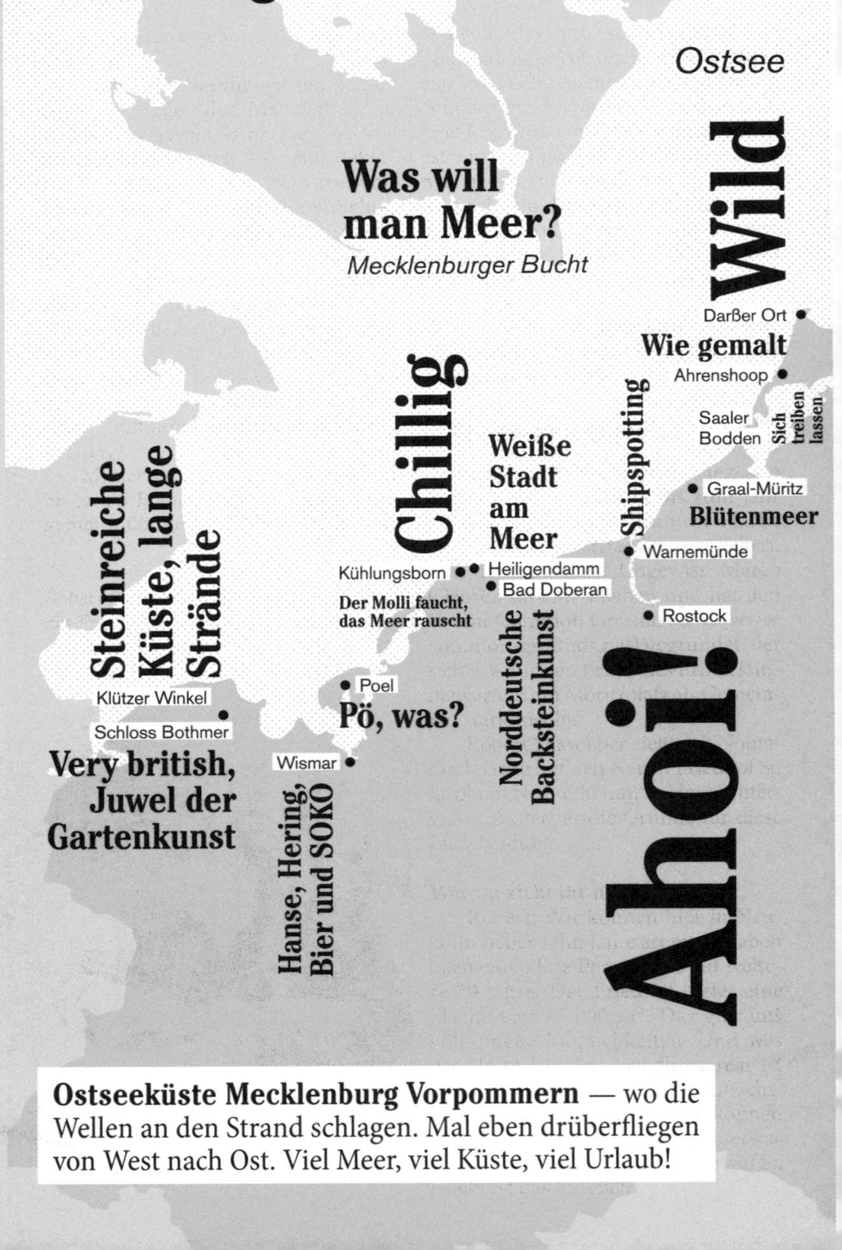

Ostsee

Was will man Meer?
Mecklenburger Bucht

Wild

Darßer Ort ●

Wie gemalt

Ahrenshoop ●

Saaler
Bodden

Sich treiben lassen

Chillig

**Weiße
Stadt
am
Meer**

Shipspotting

● Graal-Müritz

Blütenmeer

**Steinreiche
Küste, lange
Strände**

Kühlungsborn ● ● ● Heiligendamm
● Bad Doberan

● Warnemünde

**Der Molli faucht,
das Meer rauscht**

● Rostock

Klützer Winkel ●

● Poel

Pö, was?

**Norddeutsche
Backsteinkunst**

Ahoi!

Schloss Bothmer ●

**Very british,
Juwel der
Gartenkunst**

Wismar ●

**Hanse, Hering,
Bier und SOKO**

Ostseeküste Mecklenburg Vorpommern — wo die Wellen an den Strand schlagen. Mal eben drüberfliegen von West nach Ost. Viel Meer, viel Küste, viel Urlaub!

Oh!

Spitze!
Aber nicht einsam

Kreidefelsen

Urlaub
vom
Stau

Natur zum
Schwärmen

Kap
Arkona

Hiddensee

Nationalpark
Jasmund

Königsstuhl

Nationalpark
Vorpommersche
Boddenlandschaft

Buchen
besuchen

Prora

Kolossal

Zingst

Kraniche kieken

Welch
ein Circus

Putbus

Sellin

Treppe
aus
Meer

Barth

Mythos
Vineta

Stralsund

Deutsche
Alleenstraße

Thiessow

Surfer's
Paradise

Fenster
zum
Meer

Grüne
Welle

Denk
mal!

Peenemünde

Refugium
eines
Eigenbrötlers

Übers
Wasser
laufen

Greifswald

Ansichten
eines
Romantikers

Wolgast

Lüttenort

Totentanz

Kräuter,
Kunst und
Himmels-
auge

Kaiserbäder

Lassaner
Winkel

Świnoujście

Wo schon
die Wikinger
paddelten

Peene-Tal

Stettiner Haff

Anklam

Hier kreist
der Seeadler

Der Traum
vom Fliegen

Ueckermünde

Hübsche
Altstadt
am Fluss

Grenzerfahrung

MV tut gut!

Querfeldein

Lust auf Tage an der See? — Unter hohem norddeutschem Himmel öffnen sich neue Perspektiven, erleben Sie stille Freuden und überschäumendes Glück.

Auf dem Wasser gleiten

Stand-up-Paddling ist schnell gelernt. Oberste Regel: »Immer locker in den Knien bleiben.« Ganzkörpertraining en passant! Windflaute? Der Stehpaddler braucht weder Welle noch Wind, nur ein Gewässer, ein Board, ein Paddel.

Robinsonaden

Schon im 19. Jh. führten die Urlaubswege aus Berlin ans Meer nach Usedom. Die atemberaubenden Naturschätze auf Rügen und Hiddensee inspirierten Schriftsteller und Künstler. Aber haben Sie schon mal von der Greifswalder Oie gehört? Das Helgoland der Ostsee können Sie ebenso wie den urwaldartigen Vilm oder die Vogelinsel Kirr im Rahmen von Exkursionen erkunden. Ummanz und Poel sind hingegen ganz einfach über einen Damm zu erreichen – sanfte Naturschönheiten zwischen Tourismus und Landwirtschaft.

Same, same, but different

Darßer Ort, Kap Arkona und der Königsstuhl auf Rügen sind wahrlich keine Geheimtipps, aber einfach zu schön, um auf ihren Besuch zu verzichten. Manchmal muss die Stille abgewartet werden. Am frühen Morgen und am Abend ist es oft fast menschenleer und das Licht zum Fotografieren optimal.

Der Ostseeküsten-Radweg und der Europäische Fernwanderweg E9 führen immer am Meer entlang. Wer Wasser, Weite und Bewegung liebt, ist hier genau richtig: immer weiter wandern und radeln. Oder ziehen Sie einen Platz im bequemen Strandkorb vor? Auch gut! In aller Ruhe die Gedanken ziehen lassen – bis zu den dicken Pötten am Horizont, Fernweh liegt in der Seeluft.

Viel Meer, viel Küste

Mit unbändiger Kraft formen Wind und Wellen das Land. Nirgends so wild und schön wie am Darßer Weststrand mit windzerzausten Kiefern und bleichgeschliffenem Wurzelwerk. Steinreich ist die Steilküste westlich von Rerik, die übergeht in sanfte Buchten wie die Wohlenberger Wiek und in die geschützten Lagunen im Salzhaff. Imposant steigen die berühmten Kreidefelsen auf Rügen aus dem Meer auf. Weniger dramatisch, dafür wunderbar abgeschieden sind die schilfreichen Badebuchten entlang der vielgliedrigen vorpommerschen Bodden- und Haffküste. Die weißen Sandstrände der Insel Usedom erstrecken sich über 42 km bis hinein nach Polen.

Strandgut
Am Strand gibt's viele Schätze zu entdecken. Vielleicht finden Sie einen glücksbringenden Hühnergott, einen Bernstein oder ein von Salz und Sonne gebleichtes Stück Treibholz. Das sind die individuellsten Souvenirs.

Mecklenburg – gesprochen mit langem ›e‹ –, also nicht wie Meckern sondern wie Hering.

Stille Winkel

Es ist Hochsaison, es ist laut, es ist wuselig – und Sie brauchen unbedingt Ruhe? Kein Problem! Wenn sich bei schönem Wetter die meisten Urlauber an den Stränden, auf den Promenaden und auf den Seebrücken tummeln, ist es traumhaft, im Hinterland unterwegs zu sein – im Klützer Winkel, im Mönchgut auf Rügen, im Lassaner Winkel, am Achterwasser auf Usedom, in den Pommerschen Everglades oder auf der Peene, dem Amazonas des Nordens. Die wikingerzeitlichen Bootsgräber in Menzlin bei Anklam oder die Großsteingräber in Lancken-Granitz auf Rügen, beides grandiose Geschichtsmonumente inmitten schönster Natur, hat man sogar oftmals für sich ganz allein.

Inhalt

2 Senkrechtstarter
4 Überflieger
6 Querfeldein

Vor Ort

Mecklenburger Bucht 14

17 Klütz
19 Boltenhagen
21 *Tour* Steinreich am Meer
23 Wismar
28 *Lieblingsort* Schweinsbrücke Wismar
33 Insel Poel
34 *Tour* Die südlichste Insel Skandinaviens
35 Am Salzhaff
36 *Lieblingsort* Strandparkplatz Boiensdorf
37 Rerik
38 *Tour* Gesperrtes Idyll
41 Kühlungsborn
44 Bad Doberan
47 *Tour* Alte Gemäuer in idyllischem Grün

Mal schauen, was draußen auf See so los ist. Einen Euro für die Fernrohre, wie hier an Buhne 12 in Ahrenshoop, sollte man immer dabei haben.

48 *Tour* Wo die Buschwindröschen blühen
49 Heiligendamm
50 Rostock
58 *Tour* In See stechen
62 Warnemünde
67 Graal-Müritz
69 Rostocker Heide
71 *Zugabe* Freiheit hinter dem Horizont

Fischland-Darß-Zingst 72

75 Ribnitz-Damgarten
78 *Lieblingsort* Ribnitzer Moor
79 Dierhagen
80 Wustrow
82 *Tour* Budenzauber
85 Ahrenshoop
88 *Tour* The Top of Ahrenshoop
91 Born und Wieck
93 Prerow
96 Darßer Ort
97 *Tour* Junges Land
99 Zingst
102 *Tour* Boxenstopp im Herbst
104 Barth
106 Rund um Groß Mohrdorf
107 *Zugabe* Wohin mit Theo Fischer?

10 Inhalt

Strand gut!

Rügen und Hiddensee 108

111 Altefähr
112 Garz
113 Halbinsel Zudar
113 Bergen
115 Ralswiek
116 Putbus
118 *Tour Strampeln und schnaufen*
121 Granitz
121 Binz
124 Sellin
126 *Lieblingsort Cliff-Kultur-Kino*
127 Baabe
128 Göhren
130 Mönchgut
133 *Tour Summ, Bienchen, summ*
135 Schmale Heide und Prora
137 Sassnitz
140 Nationalpark Jasmund
141 *Lieblingsort Herthasee*
142 Lohme
143 Gummanz
144 Jasmunder Bodden
145 Die Schaabe
146 Altenkirchen
147 Kap Arkona
148 *Tour Hühnergötter und Heringsfischer*
151 Wieker Bodden
152 Gingst
153 Insel Ummanz
154 Schaprode
155 Hiddensee
156 Kloster
158 *Tour Hügelauf, hügelab*
159 Vitte
160 Neuendorf
161 *Zugabe Zoff am Königsstuhl*

Von Stralsund nach Ueckermünde 162

165 Stralsund
176 Greifswald
182 *Tour Friedrichs Malorte*
185 Freest
186 Wolgast
188 Lassan
188 Anklam
189 *Lieblingsort Altes Lager Menzlin*
190 *Tour Die pommerschen Everglades*
192 Ueckermünde
193 *Zugabe Lassan, wir kommen!*

Usedom 194

- 197 Peenemünde
- 198 *Tour Das Helgoland der Ostsee*
- 202 Karlshagen
- 203 Trassenheide
- 204 Zinnowitz
- 206 *Tour Usedom ursprünglich*
- 209 Bernsteinbäder
- 209 Zempin
- 210 *Lieblingsort Hafen von Zempin*
- 211 Koserow
- 213 Loddin-Kölpinsee
- 214 Ückeritz
- 216 Kaiserbäder
- 217 Bansin
- 218 *Tour Jede Villa ein Unikat*
- 221 Heringsdorf
- 224 *Tour Sieben auf einen Streich*
- 226 Ahlbeck
- 228 Usedomer Schweiz
- 229 *Tour Ein Blick über die Grenze*
- 233 Lieper Winkel
- 233 Usedom-Stadt
- 235 Usedomer Haffküste
- 237 *Zugabe Ein Älpler an der See*

Das Kleingedruckte

- 238 Reiseinfos von A bis Z

Das Magazin

- 252 *Der Stolz des Landes*
- 255 *Kühne Solitäre*
- 258 *Bildschön!*
- 260 *Meer, bitte!*
- 263 *Von Eis, Wind und Wellen geformt*
- 266 *Das zählt*
- 268 *Wildheit und Stille*
- 270 *Auf ein Bier vor vier*
- 272 *Fette Beute*
- 275 *Reise durch Zeit & Raum*
- 278 *Ich bin dann mal weg*
- 280 *Vögel des Glücks*
- 284 *Meer in Not!*
- 286 *Schwierige Zeiten für Fischers Fritz*
- 289 *Rügener Kreidezeiten*
- 292 *Dem Klima zuliebe*
- 295 *Einfach mal treiben lassen*

- 298 *Register*
- 303 *Autorin & Impressum*
- 304 *Offene Fragen*

Wenn die Sonne im Meer versinkt, nimmt auch die Seele ein Bad.

Vor

Kraftraining: Bis zu 80-mal am Tag rudert der Fährmann Menschen, Hunde und Fahrräder über die Baaber Beek auf Rügen.

Ort

Mecklenburger Bucht

Backsteingotik, endlose Strände und Wälder — Wie Sie hier den Tag verbringen können? Im Strandkorb mit Blick aufs Meer, mit einer Radtour durch alte Alleen oder einem Bummel durch noch ältere Hansestädte.

Seite 17
Schloss Bothmer

Am Ortsrand von Klütz steht die größte Barockanlage des Landes. Was ein Pfeilstorch ist, erfahren Sie im Museum.

Seite 23
Wismar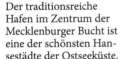

Der traditionsreiche Hafen im Zentrum der Mecklenburger Bucht ist eine der schönsten Hansestädte der Ostseeküste.

Seite 34
Poel

Die Insel lässt sich wunderbar per Fahrrad erkunden: flach wie eine Flunder und die Ruhe selbst.

Mit Molli ans Meer – ein Urlaubstag ganz ohne Stau.

Seite 41
Kühlungsborn

Das hübsche Seebad war zu DDR-Zeiten Ausgangspunkt zahlreicher Fluchtversuche. Der ehemalige Grenzturm ist Mahnmal und Aussichtspunkt zugleich.

Seite 46
Bad Doberan

In warmem Backsteinrot leuchtet das gotische Münster inmitten eines englischen Landschaftsgartens.

Seite 49
Heiligendamm

Die weiße Stadt am Meer ist aus dem Dornröschenschlaf erwacht.

Mecklenburger Bucht **15**

Seite 58
Rostock

Bei einer Paddeltour durch den Rostocker Stadthafen genießen Sie einen grandiosen Blick auf die historische Altstadt.

Seite 62
Hanse Sail Rostock

Legendäre Windjammer und Museumsschiffe geben sich am zweiten Augustwochenende ein Stelldichein. Volksfeststimmung am Stadthafen und in Warnemünde. Mitsegeln möglich!

Seite 62
Warnemünde ⭐

Schnuckelige Giebelhäuser säumen den Alten Strom, in dem Fischerboote und Ausflugsdampfer, kleine und große Jachten festmachen. Im Strandkorb an Warnemündes berühmtem Strand bieten die riesigen Fähren eine prachtvolle Fernweh-Kulisse.

&

Seite 67
Graal-Müritz

Das stille, waldreiche Ostseebad bezaubert seine Gäste vor allem im späten Frühling, wenn der Rhododendronpark in voller Blüte steht.

Das Bier auf den Tisch, das Wasser für den Fisch.

Maritimer Kraftgesang aus Rostock: Die Breitlings singen mit Hingabe Shantys, Seemanns- und Piratenlieder. Das ist der echte Norden (www.breitlings.de).

erleben

Traditionsreiche Seebäder und Häfen

Blaue See, weißer Strand und malerische Steilküsten, eine kleine Insel mit zwei Leuchttürmen, Häfen mit Fischkuttern und kreischenden Möwen. Die Küste zwischen den traditionsreichen Seebädern Boltenhagen und Graal-Müritz entspricht allen Träumen von einem Urlaub am Meer. Zauberhaft ist auch das Hinterland mit sanft geschwungenen Hügeln und Feldern, Alleen, feudalen Herrensitzen und uralten Findlingen.

Zu DDR-Zeiten war die Mecklenburger Bucht Sehnsuchtsort für alle, die vom Westen träumten – oder einfach nur von der Freiheit zu reisen, wohin und wann man wollte. Der Hohe Schönberg, die höchste Erhebung des Klützer Winkels, galt als ein Geheimtipp: Zumindest mit den Augen konnte man von hier gen Westen bis nach Lübeck und Fehmarn schweifen. 2014 wurde auf der Anhöhe eine Aussichtsplattform errichtet; der weite Blick über das Land und die Mecklenburger Bucht berauscht auch heute noch.

Die Urlaubstage vergehen hier viel zu schnell. Ob faul im Strandkorb mit Blick auf das Meer und die Schiffe am Horizont oder aktiv mit einer Radtour durch zauberhafte Landstriche wie

---

ORIENTIERUNG **O**

Internet: www.mecklenburgische-ostseebaeder.m-vp.de
An- und Weiterreise: ICE-Verbindungen bestehen nach Rostock und Schwerin, von dort per Regionalbahn weiter nach Wismar, Neubukow, Bad Doberan, Kühlungsborn, Rövershagen (www.bahn.de). Mit dem Bus sind alle kleineren Orte zu erreichen (www.nahbus.de).
Aktiv erkunden: Immer am Meer entlang führen der Ostseeküsten-Radweg und der Ostseeküsten-Wanderweg (E9).
Besondere Termine: Hanse Sail Rostock Ende Juli/Anfang August, Schwedenfest in Wismar im August.

---

etwa die Insel Poel, das Salzhaff und die Rostocker Heide. In den Hansestädten Wismar und Rostock mit ihren prächtigen Backsteinkathedralen können Sie durch mittelalterliche Gassen bummeln, in Heiligendamm dem Flair der weißen Stadt am Meer nachspüren oder sich am Alten Strom durch Warnemünde treiben lassen. Die Hanse Sail lädt sogar dazu ein, auf einem Windjammer anzuheuern und von der großen, weiten Welt zu träumen. So war und so ist das eben am Meer!

Klütz

📍 B 6

Als »ein Nest aus niedrigen Ziegelbauten entlang einer Straße aus Kopfsteinpflaster« beschreibt Uwe Johnson 1983 in seinem Romanzyklus »Jahrestage« das fiktive mecklenburgische Städtchen Jerichow. Klütz soll dabei Pate gestanden haben. Und genau wie im Roman sieht der Hauptort des Klützer Winkels heute noch aus. Beschauliche Kleinstadtidylle, im Sommer ein bisschen belebter durch Feriengäste, aber niemals überfüllt und hektisch.

Unverwechselbare Landmarke
In seinem Zentrum am Markt imponiert Klütz mit der prächtigen dreischiffigen Backsteinkirche **St. Marien.** Der romanisch geprägte Chorraum stammt aus der Mitte des 13. Jh. Typisch norddeutsch ist der achteckige Helm in Form der Bischofsmütze hoch oben auf dem Kirchturm. Früher diente er als Seezeichen. Solange man den Klützer Kirchturm sieht, befindet man sich im Klützer Winkel, heißt es im Volksmund. So ganz stimmt es nicht, der Landstrich reicht weiter – es ist trotzdem eine nette Vorstellung.
www.unsere-kirchengemeinde-imkluetzer winkel.de, in der Saison tgl. 9–18 Uhr

Große Literatur – kleine Stadt
Obwohl nicht bewiesen ist, dass Uwe Johnson – einer der großen, deutschen Schriftsteller des 20. Jh. – jemals in Klütz gewesen ist, hat die Stadt ihm ein bemerkenswertes Denkmal gesetzt. Das in einem vierstöckigen früheren Bohnen- und Getreidespeicher (von 1890) untergebrachte **Uwe Johnson Literaturhaus** beherbergt eine Dauerausstellung über den Schriftsteller, der Mecklenburg – wie es in vielen Veröffentlichungen heißt – einen Platz in der Weltliteratur ver-

schaffte. Unter gleichem Dach befinden sich auch die **Stadtbibliothek** und die **Tourist-Information**.
Im Thurow 14, T 038825 223 87, www. literaturhaus-uwe-johnson.de, April–Okt. Di–So 10–17, Nov.– März Mi–So 10–16 Uhr, 3,50 €

Ein Schloss wie in England
Als Graf Hans Caspar 1726 bis 1732 am südöstlichen Stadtrand von Klütz **Schloss Bothmer** erbauen ließ, lebte er als Berater des englischen Königs Georg I. in London. So erhielt die mehrflügelige Anlage das Aussehen eines sehr prachtvollen englischen Country House. In den weitgehend unmöblierten Räumen des Schlosses rückt eine bemerkenswerte Ausstellung die bemerkenswerte Karriere des Grafen von Bothmer in den Fokus.

Zu DDR-Zeiten war die größte barocke Schlossanlage in Norddeutschland als Altenheim genutzt worden. Nach

---

IM BAUERNLAND **B**

Der reizvolle Landstrich zwischen Lübeck und Wismar hieß im frühen Mittelalter *silva clius* (bzw. *clutse*) – der Wald bei Klutz. Dann gestattete Kaiser Barbarossa vor 800 Jahren den Lübeckern dort ihr Holz zu schlagen. Zurück blieb weitgehend baumloses, fruchtbares Bauernland, das von vielen Alleen durchzogen ist. Bis heute liegt im **Klützer Winkel** Mecklenburgs Kornkammer: So weit der Blick reicht – grüne Weiden und wogende Kornfelder, an deren Rändern Mohn- und Kornblumen blühen. Dazwischen wie hingetupft stille Dörfer, hier und da ein Gutshaus, manch eines so prachtvoll, dass es Schloss genannt wird – obwohl ein Schloss genau genommen nur einem (regierenden) Landesherren zusteht.

vielen Jahren bröckelnden Leerstands und langwierigen Rechtsstreitigkeiten mit einem privaten Investor erwarb das Land Mecklenburg-Vorpommern 2008 das denkmalgeschützte Schloss, ließ es umfassend sanieren und machte es 2015 als Museum und Kulturzentrum öffentlich zugänglich. Kulinarische Genüsse bietet das Café und Restaurant **Orangerie Schloss Bothmer,** im Sommer auf der schönen Sonnenterrasse.

Man sollte sich die Zeit nehmen, einmal um das Schloss herumzuspazieren und im dichten Grün schattiger Lindenalleen zu lustwandeln. Der zauberhafte Schlosspark lässt seine barocke Grundstruktur noch gut erkennen. Ein besonderes Highlight ist die 270 m lange Festonallee aus Königslinden, die über eine Hügelkuppe von Osten auf das Schloss zuführt. Ihre Gestaltung nahm viele Jahrzehnte in Anspruch. Die jungen Bäume wurden in der Mitte gespalten, sodass zwei Hauptäste aus ihnen wuchsen. Mit zunehmender Größe wurden sie immer wieder beschnitten und seitlich umgebogen. Im Laufe der Jahre nahmen sich die Äste sozusagen bei der Hand und flankieren heute wie eine Girlande (frz. *feston*) den Weg zum Schloss.

Am Park, www.mv-schloesser.de; **Schloss:** Nov.–März Sa, So 11–16 Uhr, Führung Do 12, April, Okt. Di–So 10–17, Mai, Juni, Sept. Di–So 10–18, Juli/Aug. tgl. 10–18, Uhr, 6 €; **Schlosspark:** tgl. 10 Uhr bis zur Dämmerung, max. bis 20 Uhr, Eintritt frei

Schlafen und Essen

Mit großem Verwöhnfaktor
Schlossgut Groß Schwansee und Gut Brook: Ein altes, feines Herrenhaus, ein lichtdurchflutetes Parkgebäude, eine Wellnessoase und ein großer Park mit Naturbadeteich und Bouleplatz. Die Ostsee ist nur 300 m entfernt – eine Allee führt direkt an den Sandstrand. Kulina-

Ein Traum für alle, die gern fotografieren, ist die Festonallee von Schloss Bothmer – mal kahl und streng zurückgeschnitten, mal grazil im zarten Frühlingsgrün oder knorrig und bunt zerzaust im Herbst.

risch verwöhnt das **Schlossrestaurant 1745** (tgl. 12–22 Uhr). Sie kochen gerne selbst? Wie wäre es dann mit einer schicken Ferienwohnung im 6 km entfernten ökologisch betriebenen **Gut Brook**? Ein echter Bauernhof mit Tieren und Traktoren.

Am Park 1, Groß Schwansee, T 038827 884 80, www.schwansee.de, DZ/Suite ab 191 €

Wo die Seele lächelt

Hotel Gutshaus Stellshagen: Gertrud Cordes hat das urgroßelterliche Gutshaus nach der Wende von der Treuhand gekauft und zum Bio- und Gesundheitshotel umgebaut. Teetrinken im leicht verwilderten Garten mit Blick auf einen Naturteich, Speisen im Wintergarten. Das Ambiente ist natürlich schön, aus tiefster Überzeugung alles bio, regional, im Einklang mit der Natur.

Lindenstr. 1, Stellshagen, T 038825 440, www.gutshaus-stellshagen.de, DZ 98–194 €, FeWo/Suiten 143–260 €; Café im Gutshaus tgl. 12–17 Uhr

Essen

Gute Aussichten

Die Klützer Mühle: In den 1980er-Jahren wurde die Windmühle zur Gaststätte umgebaut, ein beliebtes Ausflugslokal, nicht zuletzt dank der Aussicht bis zur Wismarer Bucht. Nach einigen Jahren Leerstand folgte die Wiedereröffnung im Frühjahr 2018. Die Möblierung aus DDR-Zeiten blieb erhalten – darauf bestand der Denkmalschutz. Gute bodenständige Küche zu annehmbaren Preisen.

An der Mühle 35, T 038825 37 47 67, www.die-kluetzer-muehle.de, Fr–So 12–22 Uhr

Einkaufen

Fundgrube für Grüne Daumen

Staudengärtnerei Klützer Blumenkate: In einer denkmalgeschützten Hofanlage im Thurow, einer der ältesten Straßen von Klütz, entdeckt man eine wunderbare Gärtnerei mit Hunderten von Stauden, darunter auch alte, fast vergessene Pflanzen.

Im Thurow 10, T 038825 243 89, Frühjahr bis Ende Okt. Mo–Fr 10–18, Sa 10–14 Uhr

Kein Käse – nur schöne Dinge

Alte Molkerei: Zu DDR-Zeiten wurden Milchflaschen abgefüllt und Käse hergestellt, heute präsentiert die Produzentengalerie in dem schönen Backsteingebäude Handgefertigtes von hoher Qualität. Mitunter gibt's auch Livemusik, Bühnenkunst und Partys.

Lübecker Str. 3, www.alte-molkerei-klütz.de, Mi–So 10–18 Uhr

Bewegen

Gemächliche Bummelfahrt

De Lütt Kaffeebrenner: Viel Landschaft und Nostalgie pur erlebt man auf der historischen Schmalspurbahn. Seit 2014 ist sie in der Saison wieder unterwegs: vom Bahnhof Klütz über Stellshagen nach Reppenhagen – 6 km, 20 Minuten. Rückfahrt nach zehnminütiger Pause. Woher der Name Kaffeebrenner kommt? Jahrzehntelang beförderte die Bahn Getreide aus dem Klützer Winkel zur Mälzerei in Grevesmühlen, die u. a. einen in der DDR bekannten Malzkaffee herstellte.

Infos unter www.stiftung-deutsche-kleinbahnen.de und bei Stadtinformation Klütz im Uwe Johnson Literaturhaus (s. o.)

Boltenhagen   📍 B6

Ein 5 km langer, steinfreier Sandstrand, ein Wald mitten im Ort, Wander- und Radwege – beschaulich geht es zu im zweitältesten Seebad an der mecklenburgischen Küste. Seit 1998 darf es sogar

20 Mecklenburger Bucht

WARUM IN DIE FERNE SCHWEIFEN? **F**

Einen treffenden Namen könnte der **Hof Hoher Schönberg** (♥ B 6; Kalkhorster Str. 37, Hohen Schönberg, T 038827 88 82 34, www.hofhoherschoenberg.de, Mo–Fr 9–17/18 Sa 9–16, Mai–Okt. So 11–14 Uhr) nicht haben: Hoch und schön ist es hier auf dem Berg. Der Dreiseitenhof mit Fachwerkhaus und Scheune liegt oberhalb eines sonnigen Kräutergartens im Schatten uralter Bäume. Es ist ein fabelhafter Ort, um sich zu einem gesünderen Leben inspirieren zu lassen. Hier werden in biozertifizierter Weise Acker- und Gartenbau, Tierzucht, Milchwirtschaft und eine Ölmühle betrieben. Alle Hofprodukte kann man vor Ort kaufen. Vom Parkplatz unterhalb des Hofes sind es fünf, von Obstbäumen gesäumte Spazierminuten zur **Aussichtsplattform** auf dem früheren ›Sehnsuchtsberg‹ der Einheimischen mit Blick über die Ostsee bis nach Lübeck.

mit dem Prädikat Seeheilbad werben. Zu DDR-Zeiten lag hier der westlichste, frei zugängliche Strand des Landes, der Ausgangspunkt für viele Fluchtversuche war.

Gräfliche Sommerfrische

›Entdeckt‹ wurde der feinsandige Strand von der gräflichen Familie Bothmer. Bereits Anfang des 19. Jh. ließ sie hier Logier- und Kurhaus, Park und Seesteg errichten. Heute legen an der neu erbauten **Seebrücke** Ausflugsschiffe nach Grömitz, Travemünde und Wismar an. Gut erhaltene Villen erinnern an die Frühzeit des Badetourismus. Der Europäische Fernwanderweg E9 und der Ostseeküsten-Radweg führen mitten

durch den Ort. Am westlichen Strandende nimmt die wildromantische Steilküste ihren Anfang (s. Tour S. 21).

Wunderbar weltfern

Die **Strände** im Klützer Winkel sind etwas Besonderes. Auf dem **Europäischen Fernwanderweg E9** lassen sie sich erkunden, von **Barendorf** im Westen über **Groß Schwansee, Brook** und **Steinbeck** bis **Redewisch**. Die DDR hatte Angst, ihre Bürger könnten von hier gen Westen schwimmen und erklärte die Strände zur Sperrzone. Still ist es bis heute hier, der Kommerz hält sich zurück: Es gibt keine Strandkörbe, keine Seebrücken, keine Jachthäfen. Am Ufer wogt der Strandhafer, man findet rundgeschliffene Steine, Muschelbruch, Treibholz, hin und wieder Reste eines Lagerfeuers.

Naturschutz versus Tourismus

Zwischen Boltenhagen und der Wohlenberger Wiek erstreckt sich eine in den 1930er-Jahren künstlich aufgespülte, ehemals vom Militär genutzte Halbinsel: Der **Tarnewitzer Huk** umfasst 69 ha wildwuchernde Natur direkt am Meer, eine bessere Lage kann man sich nicht vorstellen. Kein Wunder also, dass nach der Wende hier die Interessen von Investoren, Fischern, Wassersportlern und Naturschützern aufeinanderprallten. Große Teile der Halbinsel stehen heute unter Naturschutz, an ihrem südöstlichen Rand aber entstand die **Weiße Wiek** (www.weisse-wiek.de), eine gigantische Ferienanlage mit familienfreundlichem Dorfhotel und luxuriösem Iberotel, Marina, Sandstrand. Eine Welt für sich, die manch Urlauber den ganzen Urlaub nicht verlässt.

Dabei liegt die naturschöne und vogelreiche **Wohlenberger Wiek** nur wenige Minuten entfernt. Wegen ihrer sehr breiten Flachwasserzone eignet sich die Bucht auch bestens für einen entspannten Badeurlaub mit Kleinkindern.

TOUR
Steinreich am Meer

Wanderung zwischen Redewisch und Steinbeck

Infos

📍 B 5–6

Länge/Dauer:
ca. 10 km, 3 Std.

Einkehr:
Café Großklützhöved, neben der familienfreundlichen SwinGolf-Anlage, April–Okt. tgl. 10–18/20 Uhr

Natur- und Landschaftsführungen:
ab Strandparkplatz Redewisch, T 038428 63 75 66, www.boltenhagen.de/naturnah, April–Okt. Fr 10–12.30 Uhr, 10 €; ab Strandparkplatz Steinbeck, Termine unter www.geopark-nordisches-steinreich.de, 9 €

Am Ortseingang von **Redewisch**, nur eine Straßenbreite vom Strand entfernt befindet sich ein Parkplatz mit einem Fischimbiss – ideal als Basis für einen Tag am Meer oder als Start für eine Wanderung entlang der Ostsee.

Der parallel zur Abbruchkante ausgeschilderte Wanderpfad steigt sanft an und erreicht nach ca. 2 km Großklützhöved, die mit 35 m höchste Stelle der **Steilküste**. Seit Jahrtausenden branden Wellen ans Ufer, nagen am bröselnden Kliff, das in stürmischen Winterhalbjahren bis zu mehrere Meter an Substanz verlieren kann. Von Mohn gesäumte Felder reichen bis fast an die Kliffkante, es duftet nach Holunder. Irgendwann zweigt ein Feldweg zum **Café Großklützhöved** ab. Hausgemachte Kuchen versüßen den Abstecher ca. 200 m landweinwärts.

Der Wanderpfad endet am Parkplatz oberhalb des Strandes von **Steinbeck**. In der Saison kann man sich hier, vor dem Weg hinunter ans Meer, an einem Imbiss erfrischen. Der schmale Strand ist gespickt mit großen und kleinen Steinen – herausgebrochen aus dem Kliff, in dem sie seit der letzten Eiszeit verborgen lagen. Steinbeck macht seinem Namen alle Ehre. Inmitten großer, von Eis, Wind und Wellen glatt geschliffener skandinavischer Granite überraschen Dutzende, Hunderte von Steintürmchen, wie sie im Gebirge als Wegmarkierung dienen. Die Orientierung ist hier allerdings kein Problem. Zurück geht's immer am Fuß der Steilküste entlang.

Der Strand verengt sich rund um das **Kap**. Steine, dicke Algenteppiche, lehmige Geschiebebrocken frischer Abbrüche – ein Paradies für Fossiliensammler. Viel zu schnell ist wieder die Zivilisation erreicht. Das Steingeröll geht über in feinen Sandstrand. Buntes Badeleben und eine lange Schlange vor **Dunkelmanns Fischkiosk** am **Parkplatz Redewisch**.

22 Mecklenburger Bucht

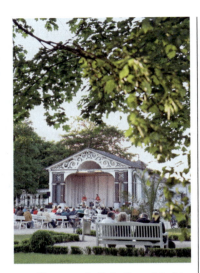

Eine kleine musikalische Pause? Auf der Konzertbühne im Kurpark Boltenhagen wird regelmäßig aufgespielt.

Schlafen

Das Meer vor der Haustür
Hotel Landhaus Victoria: Ein historisches Schmuckstück inmitten eines Gartens mit altem Baumbestand und Liegewiese. Ebenso schmuck sind die sieben Ferienwohnungen in der stilecht sanierten und erweiterten Strandvilla der 1920er-Jahre. Sie variieren in der Größe, bieten Blick auf die See oder ins Grüne, manche haben einen Kamin. Koffer auspacken und sich wie zu Hause fühlen!
Strandpromenade 33, Boltenhagen, www.landhaus-victoria.de, FeWo für 2 Pers. 70–155 €/Nacht bei einem Mindestaufenthalt von 7 Tagen

Altes Land-Gut
Gutshaus Redewisch: Knapp 3 km vom Strand und vom Ortskern Boltenha-gen. Das unter Denkmalschutz stehende Herrenhaus aus dem Jahr 1817 beherbergt ein stilvolles Hotel. Auch Ausflügler schätzen die bezahlbare bodenständige Küche im Restaurant.
Dorfstr. 46, Redewisch, T 038825 37 60, www.gutshaus-redewisch.de, DZ/Suiten 105–190 €

Essen

An Restaurants herrscht in Boltenhagen kein Mangel – mecklenburgisch, deutsch, italienisch, türkisch, griechisch, indisch, chinesisch – für jeden Geschmack und Geldbeutel ist etwas dabei.

F(r)isch aus der Ostsee
Fischereihof Kamerun: Im Fischereihafen neben der Weißen Wiek hat Uwe Dunkelmann ein kleines Fischimperium inklusive Räucherei aufgebaut. Ob in Hofladen, Imbiss oder Restaurant, ein Großteil des Fischs stammt immer aus eigenem Fang. Wer möchte, kann auf Kutter Uschi mit auf Fischzug gehen. Von der Terrasse aus lassen sich wettergeschützt Hafen und Bucht beobachten.
Zum Hafen 1a, Tarnewitz, T 038825 26 72 31, www.kamerunweb.de, im Sommerhalbjahr tgl. geöffnet, im Winter Ruhepause

Süßes aus der Bauernküche
Steinbecker Hocafé: Ein toller Bauernhof, auf dem die Kühe noch Namen und Auslauf haben! Gleich neben der Weide kann man sich frisch gebackenen Kuchen und Torten schmecken lassen, danach im Hofladen Schinken und Wurst aus hofeigener Produktion, Käse, Sanddornartikel und vieles mehr aus der Region einkaufen. Wer das ländliche Idyll liebt, kann hier auch wohnen (3 FeWo).
Dorfstr. 10, Steinbeck (fürs Navi: Steinbeck 10, 23948 Klütz), T 038825 233 40, www.steinbecker-hofladen.de, Mitte März–Ende Okt. tgl. 10–18, Nov.–Mitte März Mi–So 10–17 Uhr

Bewegen

Unterwegs mit dem Insider
Radtouren: Im Sommer nimmt Volker Jakobs mittwochs radelnde Gäste und Einheimische zu Streifzügen durch den Klützer Winkel mit. Von Ende Juni bis Ende August steht die Natur im Fokus, im September und Oktober die DDR-Geschichte. Start ist immer um 11 Uhr an der Festwiese am Kurhaus.
Infos im Veranstaltungskalender oder direkt bei Volker Jakobs, T 038827 886 70, Dauer 3–4 bzw. 5 Std., Gebühr 11 €

Ausgehen

Das Wohnzimmer des Dorfes
Zum Klausner: In der gemütlichen Dorfkneipe werden rund 60 Biere und 30 Whiskysorten ausgeschenkt, dazu Hausmannskost serviert. Hier fühlen sich Einheimische und Gäste gleichermaßen wohl.
Tarnewitzer Str. 18, T 038825 298 52

Feiern

- **Töpfermarkt:** Ostertage, tgl. 11–18 Uhr. Große Auswahl an Keramik auf der Festwiese am Kurhaus.
- **Pfingstmarkt:** Pfingsten, tgl. 11–18 Uhr. Präsentation handgefertigter einheimischer Produkte auf der Festwiese.
- **Wiesenklänge:** Mai–Sept. Do ab 16 Uhr. Open-Air-Unterhaltungsmusik auf der Festwiese. Picknickdecke und -korb mitbringen (www.boltenhagen.de/wiesen klaenge).

Infos

- **Kurverwaltung/Information:** Ostseeallee 4, 23946 Boltenhagen, T 038825 36 00, www.boltenhagen.de.

Wismar

Die bildhübsche alte Hansestadt gehört zum UNESCO-Welterbe. Wer sich der Stadt nähert, sei es auf dem Land- oder auf dem Wasserweg, den grüßen die Türme von St. Marien und St. Georgen – stolze Zeugen alter Größe und wirtschaftlicher Macht. Aber noch dominierender: ein riesiger blauer Kasten. Er liegt am Hafen und ist mit 72 m Höhe und 395 m Länge eine der größten Dockhallen Europas. MV Werften Wismar ist einer der größten Arbeitgeber der Stadt. Man würde meinen, das gigantische, 1994 erbaute Trockendock wäre optisch mit dem Welterbe nicht vereinbar. Allerdings nahm die UNESCO 2002 nur die Altstadt Wismars – zusammen mit der Altstadt von Stralsund – in das Verzeichnis des Welterbes auf. Aus gutem

HINNERK HILFT WEITER

Wissen Sie auch nicht, wie die Bewohner Wismars korrekt, heißen? Da kann die plattdeutsche Kolumne von Hinnerk – alias Detlef Schmidt – in der Ostsee-Zeitung vom 10. März 2014 Klarheit verschaffen: »Ick wiehr nu vör ›Wismarer‹ und eenige wiehren vör ›Wismaraner‹. Ick denk jümmer, dat sick dat am besten ut dat plattdüütsche Wuurt afleiten lött, denn dor sind wi de ›Wismerschen‹. Een ganz plietschen Diskutanten het nu in den niegen Duden nahkäken un dor steiht ganz klor, dat wi ›Wismarer‹ un ›Wismarerin‹ heiten. Nu hebben wi dat sogor amtlich, denn wer will gägen den Duden anstrieden. Doch eegentlicht is dat ok piepegal. Hauptsak is, dat wi uns verdrääjen«.

24 Mecklenburger Bucht

Grund! Die nach der Wende vorzüglich sanierten Altstadtkerne repräsentieren die typische Hansestadt während der Blütezeit des Städtebundes im 14. Jh.

Rund um den Marktplatz

Kunstvoll umhüllt
Zentrum und Herzstück der Altstadt ist der weiträumige, von prächtigen Giebelhäusern gesäumte **Markt** – mit 10 000 m² Fläche einer der größten Plätze in norddeutschen Raum. Im Mittelalter fanden hier Jahrmärkte und Ritterturniere statt. 1489 lagerte der dänische König Johann mit den Landsknechten der Schwarzen Garde und 600 Pferden auf dem Platz. Ein ähnliches Bild bietet sich heute wieder beim **Schwedenfest,** das die schwedische Ära der Stadt lebendig werden lässt.

Das Schmuckstück des Marktes ist die **Wasserkunst** ❶ – eine ab dem Mittelalter übliche Bezeichnung für Schöpf- und Pumpwerke. Der Pavillon mit Kupferhaube und Laterne entstand 1580 bis 1602 nach Plänen des Utrechter Baumeisters Philipp Brandin im Stil der niederländischen Renaissance über dem Marktbrunnen, den die Metelsdorfer Quellen speisten. Dazu legten die Wismarer gegen Ende des 16. Jh. eine Wasserleitung aus 6000 m ausgehöhlten und mit Metallmanschetten zusammengefügten Fichtenstämmen von Metelsdorf in die Stadt.

Kleine Architekturkunde
Ein gotischer Stufengiebel und ein holzgeschnitzter Soldatenkopf über dem Spitzbogenportal zieren ein bildhübsches 1380 erbautes Kaufmannshaus am Markt (Nr. 22), das gegen Ende des 19. Jh. zur Gastwirtschaft umfunktioniert wurde. Aus dieser Zeit stammt der heutige Name **Alter Schwede** ❷, der an die lange Zugehörigkeit Wismars zu Schweden erinnert.

Gleich nebenan wendet das **Reuterhaus** ❸ (Markt 19) seine schön gestaltete Barockfassade dem Platz zu. Lange diente das Gebäude dem mecklenburgischen Hinstorff-Verlag als Domizil. Seinen Namen verdankt es dem Dichter Fritz Reuter, der hier seinen ersten Verlagsvertrag unterschrieb. Heute beherbergt es ein namhaftes Hotel-Restaurant. Typische Merkmale der niederländischen Renaissance zeigt an der Südseite des Platzes das **Kommandantenhaus** ❹ (Markt 23).

Im **Rathaus** ❺ wurden seit jeher die Geschicke der Stadt gelenkt. Der klassizistische Prachtbau wurde in den Jahren 1817 bis 1819 nach Plänen des Ludwigsluster Hofbaumeisters Johann Georg Barca erbaut. Der Rathauskeller beherbergt unter einem beeindruckenden Kreuzrippengewölbe die stadtgeschichtliche Ausstellung ›Wismar – Bilder einer Stadt‹ (Di–Sa 10–16 Uhr, Eintritt frei).

Hinter dem Rathaus erstrecken sich verkehrsberuhigte Einkaufsstraßen mit weiteren Architekturperlen aus verschiedenen Jahrhunderten. Durch die **Lübsche Straße** führte im Mittelalter die wichtige Handelsroute von Lübeck nach Rostock. Sehenswert ist die Gaststätte **Steaks & More Zum Weinberg** ❶, 1355 als Brauhaus im gotischen Backsteinkleid errichtet, wurde es um 1575 im Renaissancestil umgestaltet. Der viergeschossige Jugendstilbau an der Ecke Krämer Straße/ Lübsche Straße ist das **Karstadt-Stammhaus** ❻, das Rudolph Karstadt 1881 mit nur einem Angestellten gründete. Eine kleine Ausstellung im Erdgeschoss erinnert an die Gründerzeit.

Gotisches Viertel

Turm ohne Schiff
In der Nacht vom 14. auf den 15. April 1945 fielen Bomben auf Wismar. Große

Kunstvoll umhüllt die Wasserkunst Wismars Marktbrunnen. Schauen Sie näher hin, dann können Sie die beiden kleinen Wasserspeier Nix und Nixe entdecken. Die Preußen fanden sie unschicklich. Warum wohl?

Teile des zwischen 1250 und 1549 erbauten und von prachtvollen Kirchen überragten Gotischen Winkels wurden zerstört, der Turm der **Marienkirche** ❼ aber blieb unversehrt. Er gilt bis heute als Wahrzeichen Wismars und ist Teil der Europäischen Route der Backsteingotik. Im Kirchturm ist die Ausstellung ›Gebrannte Größe – Wege zur Backsteingotik‹ zu sehen. Das beschädigte Kirchenschiff wurde gegen den Widerstand der Bevölkerung 1960 gesprengt. Seinen Umriss samt Pfeilerfundamenten macht inzwischen eine Aufmauerung wieder sichtbar. Historische Fotos und Berichte dokumentieren im Internet unter dem Motto ›Erinnern für die Zukunft‹ das Schicksal von St. Marien.

Ausstellung April–Sept. tgl. 9–17, Okt.–März tgl. 10–16 Uhr; Turmbesteigung jeweils zur vollen Stunde April–Sept. 10–16 Uhr, Okt.– März 11–15 Uhr; Spende erwünscht; Dokumentation: www.wismar-marien.de

Wie Phoenix aus der Asche

Die um 1295 begonnene **Georgenkirche** ❽ gehört zu den monumentalen gotischen Sakralbauten der Wismarer Altstadt. Beim Bombenangriff von einer Luftmine getroffen, verfiel die Ruine bis 1990, als sich die Deutsche Stiftung Denkmalschutz zusammen mit der Partnerstadt Lübeck daran machte, sie wiederaufzubauen. Nach 20-jähriger Bauzeit wurde im Mai 2010 die Wiedereinweihung gefeiert. Im Innern des Kirchturms bringt ein gläserner Aufzug Besucher zur Aussichtsplattform.

In unmittelbarer Nachbarschaft der mächtigen Georgenkirche wirkt der prunkvolle **Fürstenhof** ❾ fast bescheiden. Das ›kleine Schlösschen‹, das sich Johann Albrecht I. anlässlich

26 Mecklenburger Bucht

Wismar

Ansehen
1 Wasserkunst
2 Alter Schwede
3 Reuterhaus
4 Kommandantenhaus
5 Rathaus
6 Karstadt Stammhaus
7 Marienkirche
8 Georgenkirche
9 Fürstenhof
10 Heiligen-Geist-Kirche
11 Wassertor
12 Baumhaus und
Schwedenköpfe
13 Gewölbe
14 Schweinebrücke
15 Nikolaikirche

16 Schabbellhaus /Stadtge-
schichtliches Museum
17 phanTechnikum
18 Welt-Erbe-Haus

Schlafen
1 Pension Chez Fasan
2 Chalet Nautique

Essen
1 Steaks & More Zum
Weinberg
2 Café Alte Löwenapotheke
3 Café Glücklich
4 Avocados
5 Café & Galerie Sinenreich
6 To'n Zägenkrog

Einkaufen
1 Wochenmarkt
2 Fisch- und Flohmarkt
3 Markthalle

Bewegen
1 Stadtführungen
2 See- u. Hafenrundfahrten
3 Poeler Kogge
4 Tierpark Wismar
5 Wonnemar

Ausgehen
1 Der Schlauch
2 Brauhaus am Lohberg
3 Kai Barcafé

---

seiner Hochzeit mit der brandenburgi-
schen Prinzessin Anna Sophia im Jahre
1553 im Stil der italienischen Renaissance umbauen bzw. neu errichten
ließ, diente lange als höchstes Gericht
Schwedens für seine Besitzungen in
Norddeutschland. Heute tagt hier das
städtische Amtsgericht.

St. Georgen: Bliedenstr. 49, April–Sept. tgl.
9–17, Okt.–März tgl. 10–16 Uhr; Aussicht 3 €

Mildtätige Einichtung
Kirche, Klinik und Herberge für Pilger,
Reisende und Obdachlose. Die **Heili-
gen-Geist-Kirche** **10**, eine schlichte
Saalkirche mit angeschlossenem Spi-
tal, wurde Mitte des 13. Jh. für die
Versorgung und Pflege kranker und
gebrechlicher Menschen eingerichtet.
Das Lange Haus beherbergte Zellen für
die Unterbringung der Kranken, es war
zur Kirche hin offen, damit auch die
Bettlägrigen dem Gottesdienst folgen

konnten. Beeindruckend ist die be-
malte Balkendecke, idyllisch die kleine
Grünanlage im Innenhof. Das fotogene
Einfahrtstor zum Hof dient übrigens als
Kulisse für die fiktive Polizeistation der
SOKO Wismar.

Vom Alten Hafen zum Nikolaiviertel

Grimmige Gesellen
Der Alte Hafen war Dreh- und Angel-
punkt des hanseatischen Wismars. Wo
einst die mit wertvoller Fracht aus aller
Welt beladenen Kaufmannsschiffe fest-
machten, liegen heute Ausflugsdampfer,
Jachten und Kutter, die Fisch und Fischbrötchen anbieten. An der Nahtstelle
zwischen Hafen und Altstadt erhebt
sich das letzte von ehemals fünf Stadttoren. Zur Stadt hin präsentiert sich das

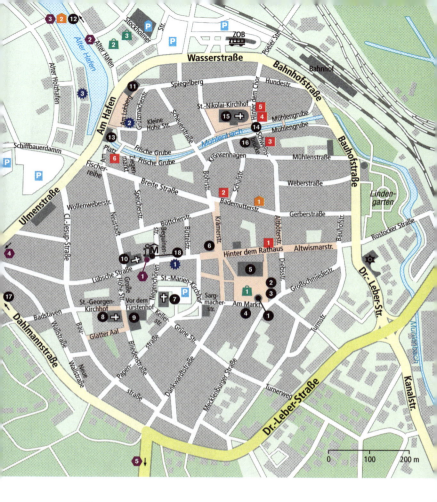

Wassertor ⓫ mit einem typischen gotischen Stufengiebel aus der Mitte des 15. Jh., die Silhouette zum Hafen hin bestimmt ein schlichterer Giebel aus der Zeit um 1600.

Wer ein Stück auf dem Kai hinausbummelt, gelangt zum **Baumhaus** ⓬. In dem Barockbau aus der Mitte des 18. Jh., der heute als Galerie genutzt wird, versahen früher die sogenannten *Bohmschlüter* (Baumschließer) ihren Dienst. Der ›Baum‹ war ein schwimmendes Langholz, das zur Absperrung der Hafeneinfahrt während der Nacht oder vor allem bei drohender Gefahr diente.

Vor dem Baumhaus stehen zwei viel fotografierte Duplikate der historischen **Schwedenköpfe**. Möglicherweise sollten die markanten Köpfe, die bis 1945 die Fahrrinnen der Hafenzufahrt markierten, als Warnung für die Seeräuber dienen. Heute sind sie das Wahrzeichen der Stadt.

Lieblingsort

Glücksschweine

Touristen lieben sie ebenso wie die Einheimischen – die **Bronzeschweine** 14 auf der Brücke, die über die Mühlengrube bzw. die Frische Grube in Richtung St. Nikolai führt. Der Künstler Christian Wetzel schuf die detailgetreuen Skulpturen 1989, sie erinnern an die Zeiten, als die Schweine vom Anger am Poeler Tor über die Schweinsbrücke in die Stadt oder zum Markt getrieben wurden. Die blanken Stellen an ihren Körpern zeigen, welches von ihnen die meisten Streicheleinheiten bekommt. Glücklich macht auch ein Besuch im nahe gelegenen Café Glücklich oder dem Café & Galerie Sinnenreich (s. Stichwort Essen).

Holländisches Grachtenidyll

Ein schmaler, im 13. Jh. angelegter Wasserlauf durchzieht die nördliche Altstadt. Lange bevor die Wasserkunst auf dem Markt errichtet wurde, versorgte die Grube die Wismarer mit frischem Wasser und diente zugleich als Transportweg zwischen der Ostsee und dem Schweriner See. Ein Hingucker ist das **Gewölbe** ⑬, das sich beim Hafen über die Grube spannt. In dem roten, berückend schiefen Fachwerkgebäude wurden im 17. und 18. Jh. die im Hafen angelieferten Weine auf ihre Qualität überprüft. Später diente es als Bierausschank, ab 1864 als Fisch- und Aalräucherei. Heute beherbergt es drei Ferienwohnungen (www.fewo-gewoelbe.m-vp.de).

Fischer und Fahrensleute

Doch weiter geht's Richtung Nikolai, Trubel und Touristenscharen bleiben am Hafen zurück. Die zwischen 1381 und 1487 erbaute **Nikolaikirche** ⑮ blieb vom Bombenhagel verschont. Der Blick in den Kirchenraum mit seinen hoch emporstrebenden Pfeilern ist überwältigend: Mit 37 m ist das Mittelschiff das vierthöchste in Deutschland. Viele der Ausstattungsstücke stammen aus den zerstörten Kirchen Wismars: der Krämeraltar (1430) aus der Marienkirche, der Thomasaltar (15. Jh.) aus der Dominikanerkirche. Der prachtvolle, vierflügelige Schnitzaltar (1430) war Hochaltar der Georgenkirche.
St.-Nikolai-Kirchhof 15, www.kirchen-in-wismar.de, Mai–Sept. 8–20, April, Okt. 10–18, Nov.–März 11–16 Uhr

Museen

B(r)auer und Bürgermeister

⑯ **Stadtgeschichtliches Museum:** »Der Stadt zur Zierde und Ehre diene sein neues Brauhaus«, meinte Heinrich Schabbell, der im 16. Jh. zu den einflussreichsten Persönlichkeiten Wismars zählte. Als **Schabbellhaus** ist seine prunkvolle, zwischen 1569 und 1571 im Stil der niederländischen Renaissance errichtete Wirk- und Wohnstätte bis heute bekannt. Ein passender Ort, um die 800-jährige Stadtgeschichte zu präsentieren. Hier befindet sich der einzige original erhaltene Schwedenkopf. Einbezogen in den Museumskomplex wurde das benachbarte Gebäude – ein typisches hanseatisches Kaufmannshaus mit Vorderhaus und Kemladen (Seitenflügel) aus dem 14. Jh.
Schweinsbrücke 6/8, T 03841 252 28 70, www.wismar.de/schabbell, April–Juni, Sept. Okt. Di–So, Juli, Aug. tgl. 10–18, Nov.–März Di–So 10–16 Uhr, 8 €, mit öffentlicher Führung 11,50 €

Technik zum Anfassen

⑰ **phanTechnikum:** Hat Feuer einen Schatten? Wer kann über Wasser gehen? Gibt es Wände aus Luft? Antworten finden Sie in der Erlebnisausstellung, die die Technikgeschichte Mecklenburg-Vorpommerns attraktiv, interaktiv und vielseitig präsentiert.
Zum Festplatz 3, T 03841 30 45 70, www.phantechnikum.de, Juli, Aug. tgl. 10–18, Sept.–Juni Di–So 10–17 Uhr, Erw. 8 €, 6–17 Jahre 5 €

Schlafen

Ruhe mittendrin

❶ **Pension Chez Fasan:** Die 25 Zimmer des sympathischen B&B verteilen sich auf drei nebeneinander liegende Altstadthäuser nur eine Minute Fußweg vom historischen Markt entfernt. Dennoch müssen Sie keinen nächtlichen Lärm befürchten.
Bademutterstr. 19/20a, T 03841 21 34 25, www.unterkunft-pension-wismar.de, DZ 60, Familienzimmer 85 €, Frühstück 8,50 €/Pers.

Gar nicht verstaubt

2 Chalet Nautique: An der Hafeneinfahrt, am Stockholmpier liegt ein restauriertes ehemaliges Getreide-Verladesilo mit drei stilvollen Apartments für zwei bis vier Personen. Grandioser Blick aufs Wasser und die Altstadt.
Anfrage unter www.chaletnautique.com, 95–135 €/Nacht, 135–185 € für die letzte Nacht und die Endreinigung

Essen

Hier hat Essen Tradition

1 Steaks & More Zum Weinberg: Uriges Interieur aus Holz, eine bemalte Balkendecke von 1648 und bunt verglaste Fenster, das neue Mobiliar ist Geschmackssache. Die Küchenleistung (Steaks ab 17 €, Pasta u. Pizza ab 9 €) hat aber an manchen Tagen Luft nach oben.
Hinter dem Rathaus 3, T 03841 227 70 66, www.steaks-n-more-wismar.de, tgl. 12–22 Uhr

Toller Kuchen, tolles Flair

2 Café Alte Löwenapotheke: Das Haus mit dem prachtvollen Barockgiebel und dem Löwen im Portal wurde über 300 Jahre als Apotheke genutzt. Heute beherbergt es ein charmantes Café mit attraktiver Straßenterrasse am begehbaren Brunnen.
Bademutterstr. 2, T 03841 470 99 30, www.alte-loewenapotheke.de, Di–Do 12–18, Fr–So 10–18, in der Saison Di–So 9–18 Uhr

Zauberhaft

3 Café Glücklich: Der Name ist Programm, ein wunderbares, kleines Café. Es gibt unglaublich leckere Torten und herzhafte Kleinigkeiten, auch (vegetarisches) Frühstück.
Schweinsbrücke 7, T 03841 796 93 77, tgl. Mai–Okt. 9–19, Nov.–April 9–18 Uhr

Wohnküchencharakter

4 Avocados: In dem kleinen Biobistro werden die rein vegetarischen Speisen am offenen Tresen zubereitet. Das lässt Zeit

Beim Bummel durch die Wismarer Altstadt tut eine Erfrischung gut. Da kommt der Brunnen vor der Alten Löwenapotheke wie gerufen. Nicht nur Kinder sind hier gerne barfuß.

für ein Schwätzchen mit dem Koch, der zugleich der Inhaber ist.

Hinter dem Chor 1, T 03841 30 33 33, Mo–Do 11–15, Fr 11–15, 18–21 Uhr

Wohlfühlambiente

5 Café & Galerie Sinnenreich: Sie meinen, es reicht jetzt mit den Empfehlungen im Nikolaiviertel? Sie waren noch nicht im Sinnenreich! Es ist liebevoll eingerichtet mit vielen schönen Sachen. Bücher und Spiele vertreiben die Zeit. Kunst hängt nicht nur an den Wänden. Und die Torten zergehen auf der Zunge.

Hinter dem Chor 5, T 0172 415 74 73, www.cafe-galerie-sinnenreich.de, Mo, Mi–Fr 12–18, Sa, So 11–18 Uhr

Schlemmen und Schlummern

6 To'n Zägenkrog: Das traditionsreiche und gemütliche Gasthaus kann sich über eine Auszeichnung vom »Feinschmecker« als eines der besten Fischrestaurants Deutschlands freuen. Die Preise sind dennoch zivil. Gerne kehren Einheimische ein. Es ist auch hübsch, hier zu wohnen. Das Apartment Kapitän W. Schmidt bietet maritimes Flair, Jettes Apartment skandinavische Gemütlichkeit, das Advokat Düberg Apartment gehobenen Landhausstil.

Ziegenmarkt 10, T 03841 28 27 16, www.ziegenkrug-wismar.de, ab 12 €; FeWo ab 100–130 €

Einkaufen

Von Trödel bis Fisch

Auf dem **Wismarer Wochenmarkt 1** gibt es für Selbstversorger dienstags und donnerstags ganztägig sowie samstags vormittags Gemüse, Fisch, Käse, Wurst- und Backwaren. Mit Trubel und maritimer Atmosphäre lockt in der Saison am Samstag (9–18 Uhr) der **Fisch- und Flohmarkt 2** am Alten Hafen. Frischer Fisch wird direkt vom Kutter verkauft.

Gleich nebenan in der **Markthalle 3** finden verschiedene Märkte und Veranstaltungen statt.

Bewegen

Unterwegs mit der SOKO Wismar

1 Stadtführungen: Täglich kann man sich ab Tourist-Information einer öffentlichen Führung anschließen (Mitte März–Anfang Nov. 10.30 Uhr, Anfang Nov.–Mitte März 14 Uhr, 7 €). In der Saison werden zusätzliche thematische Führungen, z. B. auf den Spuren der SOKO Wismar, angeboten (Termine und Preise unter www.wismar.de/Tourismus-Welterbe/Wismar-erleben).

Ahoi!

2 See- und Hafenrundfahrten: Von April bis Oktober kann man mit dem Schiff den Wismarer Hafen erkunden. Von Mai bis September werden auch Ausflugsfahrten zur Insel Poel unternommen, die sich gut mit einer Radtour kombinieren lassen (s. Tour S. 34).

Alter Hafen Ostkai, T 04651 987 08 88, www.adler-schiffe.de, 2–6 x tgl., Erw. 13 €

Willkommen an Bord

3 Poeler Kogge: 1999 bargen Archäologen vor der Insel Poel das Wrack eines Frachtschiffes. Zunächst auf 1354 datiert, gehen neuere Untersuchungen von einer Entstehung um 1773 aus. Die originalgetreu nachgebaute **Wissemara** kann besichtigt oder auf Tagesfahrten und mehrtägigen Segeltörns auf See erprobt werden (www.poeler-kogge.de).

Tiere hautnah

4 Tierpark Wismar: Exoten hinter Gittern? Nicht hier! Die Tiere haben viel Platz. Gänse, Hühner und Enten laufen frei herum, Waschbären und Füchse leben gemeinsam in einem Gehege. Besucher dürfen durch das Rot- und

WUNDERBARES WELTERBE

Das **Welt-Erbe-Haus** ⓲ (Lübsche Str. 23, neben der Tourist-Information, T 03841 22 52 91 02, tgl. April–Sept. 9–17, Okt.–März 10–16 Uhr, Eintritt frei) zeigt eine Ausstellung über die UNESCO und die Geschichte der Hansestadt. Über knarrende Stufen geht es in das Obergeschoss mit dem bemerkenswerten Tapetenzimmer. Auf 64 m² Wandfläche zeigt der aus dem Jahr 1823 stammende Tapetenzyklus die mythologische Geschichte »Reise des Telemach auf die Insel Calypso«. Erlebens- und sehenswert!

Damwildgehege und über die Affeninsel spazieren, Kinder lieben den Abenteuer- und Wasserspielplatz.
Am Tierpark 5, T 03841 70 70 70, www.tierpark-wismar.de, März–Okt. tgl. 9–18, Nov.–Feb Sa, So 10–17 Uhr, 5 €

Ganzjährige Badefreuden
❺ **Wonnemar Wismar:** Ein schönes Erlebnisbad mit aufregenden Rutschen und Sportbahnen, von der Saunalandschaft toller Blick über Wismar.
Bürgermeister-Haupt-Str. 38, www.wonnemar.de/wismar

Strände
Nur zehn Autominuten von der Altstadt entfernt liegt an der Ostsee der Stadtteil **Wendorf**. In der Saison fahren auch die Adler-Schiffe (www.adler-schiffe.de) in das ehemalgie Seebad. Strand, Gastronomie – alles vorhanden. Zu meinem Lieblingsstrand geht es aber noch ein paar Kilometer weiter gen Nordwesten nach **Zirow**. Er punktet mit großem Spielplatz und Minigolfanlage, verschiedenen Imbissmöglichkeiten und Café.

Ausgehen

Nomen est omen
❶ **Der Schlauch:** Die gemütliche, lang gestreckte Kneipe zieht ein bunt gemischtes Publikum an. Es gibt auch einen Biergarten im Hof und gelegentlich Livemusik.
Lübsche Str. 18, T 03841 28 29 60, tgl. ab 20 Uhr

Bierselig am Lohberg
❷ **Brauhaus am Lohberg:** Rund um den Alten Hafen findet man eine große Auswahl an Kneipen und Restaurants. Bereits zur Hansezeit wurde in Wismar reichlich Bier getrunken. Um 1480 gab es sage und schreibe 180 Brauer in der Stadt. Beliebt war *Mumme,* ein dunkles Starkbier, das heute wieder nach alter hanseatischer Tradition im Brauhaus am Lohberg gebraut wird. Für eine solide Grundlage sorgen neben Bierknackern und Braumeisterbrot auch (fangfrischer) Ostseefisch. Fr, Sa unterhalten Livemusik oder ein DJ.
Kleine Hohe Str. 15, T 03841 25 02 38, www.brauhaus-wismar.de, tgl. ab 11 Uhr, durchgehend warme Küche

Ideale Lage am Wasser
❸ **Kai Barcafé:** Schöne Bar in einem zwanglosen urbanen Ambiente direkt am Hafen (neben dem Surf-Shop). Leichte, leckere Speisen, selbst gebackener Kuchen, klasse Cocktails.
Alter Holzhafen 3, www.kaibarcafe.de

Feiern

- **Wismarer Heringstage:** Zwei Wochen im März/April. Auch an der Ostsee gibt es eine fünfte Jahreszeit, die vom Hering bestimmt wrid. Ein großartiger Moment ist die Ankunft der Kutter mit dem ersten großen Fang der Saison.

- **Wismarer Hafentage:** WE im Juni. Maritimes Volksfest am Alten Hafen, mit Kunsthandwerkermarkt und Segelregatten.
- **Schwedenfest:** 3. oder 4. WE im Aug. Wenn die *Svenskarna* kommen, verwandelt sich der weiträumige Markt in ein historisches Heerlager (www.schwedenfest-wismar.de).
- **Drittes Adventswochenende:** Beim **Kunstmarkt Wismar** (Fr 15–18, Sa 10–18, So 10–17 Uhr) bieten Künstler und Kunsthandwerker in der St. Georgenkirche ihre Arbeiten an. Dazu Kaffee, Kuchen, Glühwein. Besonders stimmungsvoll wird es am Sonntag (12–20 Uhr) am Alten Hafen bei der **Lichterfahrt und Seemannsweihnacht** mit Budenmeile, einer Andacht an Bord der Poeler Kogge und Shantys.

Infos

- **Tourist-Information:** Lübsche Str. 23a, 23966 Wismar, T 03841 194 33, www.wismar.de.
- **Wismars Schwedenzeit:** Den Wegweiser zu Wismars schwedischem Erbe und zu architektonischen Schätzen der Hansezeit gibt's bei der Tourist-Info als Flyer oder Download.

Insel Poel   ♥ C5–6

Das stille, von Wasser umgebene Bauernland ist das jüngste Ostseebad des Landes. Seit 1760 führt ein Damm vom Festland hinüber. Viel schöner aber ist die Anreise mit der Fähre ab Wismar. Der Hauptort **Kirchdorf** liegt gefühlt zwar mitten auf der Insel, hat aber über den Kirchsee einen direkten Zugang zur Wismarer Bucht. Schon von See aus entdeckt man die kleine, schlichte Backsteinkirche, deren Ursprung im

12. Jh. liegt, als Heinrich Borwin I. von Mecklenburg deutsche Siedler auf Poel ansiedelte. Dieses Inselwahrzeichen steht direkt am Hafen, der sich bestens als Ausgangspunkt für eine Radtour (s. Tour S. 34) rund um das flache und fast baumlose Eiland eignet. Gelbe Rapsfelder, saftige Weiden, schöne Strände und kleine Dörfer prägen die Landschaft. Der höchste ›Berg‹ ist gerade mal 26 m hoch. Im Sommer ist einiges los, aber insgesamt genießt man auf Poel die Ostsee ein bisschen ab vom Schuss.

Schlafen

Feine Strandlage
Zur Düne: Sechs komfortable Ferienwohnungen (für 4 Pers.) in unmittelbarer Strandnähe. In der Saison regionale Küche im Fischrestaurant Seemannskiste.
Promenade 41a, OT Schwarzer Busch, T 038425 202 94, www.zur-duene.de, FeWo 110–140 €

Essen

Fisch mit Aussicht
Poeler Forellenhof: Fischräucherei im kleinen Jachthafen mit tollem Blick auf das gegenüberliegende Kirchdorf. Gleich nebenan ein schöner Wohnmobil Stellplatz.
Niendorf 13, T 0384 25 42 00, www.poelerforellenhof.de; Platz für 15 WoMo

Kunst und Kulinarisches
Frieda: Café mit Gartenterrasse, etwas abseits der Hauptstraße (aber gut ausgeschildert). Leckere Torten, auch Bagel und Flammkuchen. Stimmiges Ambiente, Kunst zum Gucken und Kaufen, mitunter eine Lesung, ein Konzert.
Oertzenhof 4, Kirchdorf, T 038425 42 98 20, www.cafe-frieda.de, in der Saison. tgl. 12–18, in der Nebensaison Fr–So 14–18 Uhr, im Winter geschl.

TOUR
Die südlichste Insel Skandinaviens

Radtour auf Poel

Infos

♀ C5–6

Länge/Dauer:
knapp 25 km, ca. 2
Std. ohne Pausen

Inselmuseum:
Möwenweg 4, Mitte
Mai–Mitte Sept.
Di–So 10–16, Mitte
Sept.–Mitte Mai Di,
Mi, Sa 10–12 Uhr,
2,50 €

Ladencafé:
Gollwitz, T 038425
43 98 63, www.
das-ladencafé.de,
etwa ab 13 Uhr, aktuelle Öffnungszeiten
auf der Website

Dänemark ist nicht weit und die Landschaft ähnlich, ihren Beinamen aber verdankt **Poel** seiner langen Zugehörigkeit zu Schweden. Vom Dreißigjährigen Krieg bis kurz nach 1900 hatten die Skandinavier mit Unterbrechungen hier das Sagen. Die bemerkenswerte Geschichte dokumentiert das **Inselmuseum** in der alten Dorfschule (1806) in Kirchdorf. Ein Besuch lässt sich gut mit der Inselerkundung kombinieren. Als Einstimmung oder Ausklang, wie's am besten passt.

Die erste Etappe führt vom **Hafen** in **Kirchdorf** auf Nebenwegen über **Neuhof**, **Wangern** und **Hinter Wangern** zum **Naturschutzgebiet Fauler See** und nach **Timmendorf**. Mit einladendem Badestrand, hübschem (Fischer)Hafen und Leuchtturm zieht es Touristen an. Die Mole scheint eigens für den Sonnenuntergang angelegt. Ein paar Kilometer nördlich ist das kleine Seebad **Am Schwarzen Busch** erreicht. Der Ortsname bezieht sich auf das letzte Wäldchen der Insel, das der Abholzung möglicherweise nur entging, weil es als Landmarke für die Seefahrt diente. Eine Gedenkstätte erinnert an den fatalen Beschuss der Cap Arcona durch britische Jagdflieger. Am 3. Mai 1945 versenkten sie das Schiff mit 4600 KZ-Häftlingen an Bord vor Poel.

In **Gollwitz** bietet ein sanft abfallender Sandstrand noch einmal Gelegenheit zu baden. Der Blick wandert hinüber zu der nahen **Insel Langenwerder**, ein Vogelschutzgebiet, das nur außerhalb der Brutzeit im Rahmen von Führungen besucht werden darf. Am Strand entlang kann man westlich zum kleinen **Leuchtturm** laufen oder im Ort im gemütlichen **Ladencafé** Torten schmausen, bevor es entlang der nicht allzu befahrenen Autostraße über **Vorwerk** zurück zum **Inselhafen** geht. Wer die Kirchdorfer Kirche zuerst erreicht, wird Etappensieger.

Infos

- **Kurverwaltung Insel Poel:** Gemeinde-zentrum 2, 23999 Insel Poel/Kirchdorf, T 038425 203 47, www.insel-poel.de.
- **Bus:** Von Wismar aus mehrmals tgl. Busse nach Gollwitz, Kirchdorf und Timmendorf, im Sommer auch zum Schwarzen Busch (www.nahbus.de).
- **Schiff:** Überfahrt von Wismar nach Kirchdorf im Sommerhalbjahr etwa 3 x tgl. (www.adler-schiffe.de).

Am Salzhaff ♥ C–D5

Nordöstlich der Insel Poel erstreckt sich das Salzhaff, das vor etwa 8000 Jahren durch den Anstieg des Meeresspiegels nach der letzten Eiszeit entstand. Durch die weit ausgreifende Nehrung der Halbinsel Wustrow und die fast einen Kilometer in die Ostsee ragende Halbinsel Boienswerder ist es fast vom Meer abgeschlossen. Die Dünen und Salzwiesen an seiner Küste sind Brutgebiet und während des Vogelzugs auch Rastgebiet für viele Vögel. Mit einer durchschnittlichen Tiefe von nur etwa 4 m eignet es sich bestens als Einstiegsrevier bei Surfern und Seglern. Freien Zugang haben sie beispielsweise in Boiensdorf (s. Lieblingsort S. 36).

Brot und Energie

Am Ortseingang von **Stove** erhebt sich eine 1889 erbaute **Erdholländerwindmühle** auf einem Hügel mit Panoramablick über das Salzhaff und das eher unscheinbare Dorf. Die Mühle war bis 1977 in Betrieb und ist noch heute funktionsfähig. Mittwochs und sonntags kann man beim Schaumahlen zusehen. 50 m weiter auf der anderen Straßenseite befindet sich das **Dorfmu-**seum mit historischem Hausrat und alter Landtechnik.

Mühlenstr., T 01 62 688 80 00, www.muehlenverein-stove.de, April–Juni, Sept., Okt. Di–So 10–16, Juli, Aug. tgl. 10–18 Uhr, Mühle 2,50 €, Museum 2 €

Homers Helden

So bescheiden diese sanfte, schöne Gegend auch wirkt, so hat sie doch ihren Anteil an der Geschichtsschreibung. Heinrich Schliemann, der Entdecker Trojas, wurde am 6. Januar 1822 als Sohn des Pfarrers in Neubukow geboren. Dank seiner Erfolge als Kaufmann konnte Schliemann sich auf die Suche nach dem von Homer beschriebenen Troja machen. Die **Heinrich-Schliemann-Gedenkstätte** befindet sich in der Nähe der Kirche. In der kleinen Ausstellung sind neben Fotos und Schautafeln einige wenige Originalfunde aus Troja sowie Nachbildungen zu besichtigen, darunter die goldene Maske des Agamemnon.

Kirchenstr. 1, Neubukow, T 038294 166 90, Mai–Sept. Di–Sa 10–16, Okt.–April Di–Fr 10–16 Uhr, 2.50 €, Familie 5 €

Schlafen

Vom Bett aufs Brett

Villa Seeheim: Etwas außerhalb des Ortes werden in einer Villa fünf Apartments für zwei bis sechs Personen vermietet. Die Lage ist traumhaft, der Surfstrand grenzt direkt an den großen Garten mit kleinem Spielplatz für die Lütten.

Zum Breitling 58, Stove, Buchung T 0800 182 60 13, www.villa-seeheim.de, FeWo 755 €/Woche, im Winter geschl.

Mediterranes Flair ohne Palmen

San Pepelone: Eine entspannte Sport- und Wellnessoase mit unterschiedlichen Unterkunftsmöglichkeiten im Villino oder Beacholino, im Casa oder Wohnwagen (2–5 Pers.), super für Surfer und Familien.

Lieblingsort

Easy living am Salzhaff

Ein angenehmer, grasiger Parkplatz direkt am Wasser, daneben ein Stellplatz für etwa 25 Wohnmobile, ein kleiner Sandstrand und in der Saison eine nette Imbissbude. **Boiensdorf** (♀ C–D 5) ist bei Surfern und Kitesurfern sehr beliebt. Hier verbringen aber auch Familien mit Kindern den Tag. Es gibt nichts weiter außer dem Wind über dem Haff und dem Schreien der Möwen. Beim Fischer nur ein paar Schritte weiter kann man fangfrischen Fisch kaufen.

Sandweg 1, Pepelow, www.san-pepelone.de, je nach Unterkunft ab 45–57,50 €/Tag und Pers. inkl. Halbpension und Sportangebot

Rerik ♀D5

Seit 1997 hat das hübsche Seebad seine Übernachtungszahlen verzwölffacht. Das liegt auch an seiner traumhaften Lage auf einer schmalen Landzunge zwischen Ostsee und Salzhaff. An der schmalsten Stelle sind es nur ein paar Hundert Meter zwischen dem weißen Sandstrand und der schönen Haffpromenade.

Wo das Leben spielt

Am großzügigen Haffplatz buhlen Cafés und Restaurants, Imbisse und Eisdielen um die Gunst der Gäste. Große Sonnenterrassen mit Blick auf Jachten und Fischerboote und über das Haff hinweg auf die Halbinsel Wustrow bieten sie alle. Im Restaurant **Bi'n Luchtmaker** an der Promenade in Höhe des Haffanlegers gibt es günstige Mittagsgerichte und die leckersten Waffeln in Rerik. Vom **Haffanleger** starten Ausflugsfahrten zur Insel Poel und rund um die Halbinsel Wustrow, die man seit Sommer 2018 im Rahmen einer Führung auch wieder zu Fuß erkunden kann (s. Tour S. 38). Nur wer zeitig aufsteht, kann am benachbarten Fischereianleger beobachten, wenn die Fischer von See zurückkehren und ihren fangfrischen Fisch anlanden. Einige Fischer nehmen Gäste an Bord für Angelfahrten auf dem Salzhaff.

Nur ein paar Schritte sind es vom Haffplatz (und dem großen Parkplatz nebendran) über die Straße zur 170 m langen **Seebrücke**, die zu einem Spaziergang auf dem Meer einlädt. Gleich neben der Seebrücke beginnt der Aufstieg auf den **Schmiedeberg** zum luftigen Ausguck über Haff und Ostsee. Der Hügel, an dessen Fuß bis Ende der 1950er-Jahre eine Schmiede stand, ist der Rest eines slawischen Burgwalls aus der Zeit zwischen 900 und 1200. Die Burg wurde vermutlich durch ein Sturmhochwasser zerstört.

Aus- und Einblicke

Den Ortskern markiert seit Mitte des 13. Jh. die stattliche **Johanniskirche**. Ein Besuch lohnt sich, schon allein wegen der ungewöhnlich reichen und schönen Ausmalung, die 1668 von Hinrich Greve aus Wismar gefertigt wurde. 96 Stufen führen im **Turm** (nur zugänglich im Rahmen von Führungen, in der Saison Mo 10 Uhr) hinauf zum Ausblick über Rerik und die Halbinsel Wustrow.

Wie vielerorts üblich befand sich auch in Rerik die Schule in unmittelbarer Nähe der Kirche. Die alte **Schule** – eines der ältesten Gebäude des Ortes – beherbergt heute das Heimatmuseum mit einer Ausstellung über die Geschichte des Seefahrerdorfes Alt Gaarz,

---

NAMEDROPPING

Seinen heutigen Namen erhielt Rerik erst in der Zeit des Nationalsozialismus. Zuvor hieß der Ort **Alt Gaarz** (Alte Burg). Um die slawische Vergangenheit des Ortes aus der Erinnerung zu tilgen, benannten die Nazis ihn 1938 um. Ausgrabungen sollten ergeben haben, dass die im Jahr 808 von den Dänen zerstörte Wikingersiedlung Reric hier gelegen haben musste. Dieser legendäre slawisch-wikingische Handelsplatz befand sich jedoch, wie archäologische Forschungen in den 1990er-Jahren bewiesen, etwa 19 km südsüdwestlich des Ostseebades bei **Groß Strömkendorf**.

TOUR
Gesperrtes Idyll

Führung auf Wustrow

Infos

📍 C–D 5

Internet: www.insel-wustrow.de

Inselbesichtigung: Führungen Fr, Sa, So 12 Uhr ab Tor, 2 Std.; Planwagenfahrten Mo, Mi 10.30 Uhr ab Kurverwaltung, 2,5 Std.; Buchung unter www.rerik.de (Veranstaltungen)

Schiffstouren: Mai–Okt. Mo, Do 15 Uhr ab Hafen Rerik, T 038296 747 61, www.ms-ostseebad-rerik.de

Die Ostsee mit einem kilometerlangen Sandstrand auf der einen, das malerische Salzhaff auf der anderen Seite – klingt wie ein idealer Urlaubsort. Aber immer noch wartet das ehemalige militärische Sperrgebiet **Wustrow** auf seine Verwandlung. Der Bau eines luxuriösen Urlaubsresorts mit Reiterhof und 27-Loch-Golfplatz scheiterte, weil das Ostseebad Rerik 2004 die Zufahrt zur Halbinsel für den Autoverkehr schloss. Daraufhin untersagte Eigentümer und Investor Anno August Jagdfeld jeglichen Zutritt. Ein Zaun und ein Wächter sorgen für die Einhaltung des Verbots.

Hochexplosiv!

Die Straße von **Rerik** über den **Wustrower Hals** endet vor einem hohen Tor. Seit 2018 ist es durchlässiger geworden. Investor Jagdfeld genehmigte trotz der Verwerfungen mit der Stadt überraschend Führungen und Kutschfahrten auf der Halbinsel. »LEBENSGEFAHR Betreten strengstens verboten, munitionsbelastetes Gebiet EXPLOSIONSGEFAHR«, warnt ein Schild am Zaun. Genau hier sammelt sich die Gruppe für die Führung. Die Namen auf der Teilnehmerliste werden abgehakt. »Betreten auf eigene Gefahr, bitte unterschreiben! Sie folgen mir!« Die Anweisung klingt wenig einladend. Es wird aufgeschlossen, mit mulmigem Gefühl passieren wir das Eingangstor.

1a-Wohnlage

Das Unbehagen weicht, sobald Dr. Klaus Feiler, ein intimer Kenner der ›verbotenen Insel‹ zu erzählen beginnt – von Rerik-West, der **Gartenstadt**. Hört sich vielversprechend an. 300 m hinter dem Tor sind wir schon

mittendrin. Wohnhäuser mit Blick aufs Meer – gebaut von der Wehrmacht.

Sie kaufte 1933 die Landzunge, richtete einen Luftabwehr- und Luftwaffenstützpunkt ein, gründete eine Flakartillerieschule, baute innerhalb weniger Jahre neben Kasernen auch eine große Wohnsiedlung für die zivilen Angehörigen und u. a. ein supermodernes Schwimmbad.

1995 wurden die Gebäude auf Wustrow unter Denkmalschutz gestellt. Doch man fürchtete Investoren zu vergraulen und hob ihn schon bald wieder auf. Ob der Denkmalschutz den Verfall verhindert hätte?

Nach dem Ende des Zweiten Weltkriegs übernahm die Sowjetarmee das Militärgelände, stationierte ihrerseits Truppen. Gleich nach dem Abzug der Russen 1993 hätte die Gartenstadt saniert werden müssen. Mitlerweile sind die meisten Dächer kaputt, die Fenster eingeschlagen, Balkone hängen schief. Der Weg führt vorbei an den Ruinen der **Fahrzeug- und Lagerhallen,** der **Schule,** der **Großbäckerei.** Aus den **Mannschaftsunterkünften** und **Wachhäusern** wachsen Bäume. Die Natur hatte viel Zeit, verloren gegangenes Terrain zurückzuholen.

Dornröschen darf vorerst weiter schlafen

Rund 90, teils seltene Vogelarten, darunter auch Seeadler, nisten auf Wustrow, das zu mehr als zwei Dritteln unter Naturschutz steht. Der ehemalige **Tower** erhebt sich am Rande des europäischen **Vogel-, Landschafts- und Naturschutzgebiets.** So weit laufen wir allerdings nicht. Während des Rückwegs an der Haffseite, macht Dr. Feiler auf die **Offizierunterkünfte** aufmerksam. Auch sie ein Bild des Jammers. Noch hat Investor Jagdfeld seine Pläne nicht aufgegeben. Einen Golfplatz wird es nicht geben, von einem neuen Verkehrskonzept ist die Rede. Ob er damit Erfolg haben wird, ist ungewiss. Gewiss ist nur: Hier wird alles neu gebaut werden müssen.

Wir sind am Ende unserer Tour. Das **Tor** öffnet sich für uns. Auf dem **Wustrower Hals** herrscht sommerliches Badeleben ohne störenden Durchgangsverkehr. Die Ruhe hat sich das kleine Ostseebad verdient, jahrzehntelang war es regelmäßig von Panzern durchfahren, von Düsenjägern überflogen worden.

Viele interessante Details aus der Wustrower Vergangenheit haben Edelgard und Klaus Feiler in ihrem Buch »Die verbotene Halbinsel Wustrow. Flakschule. Militärbasis. Spioniervorposten« (Berlin 2004) zusammengetragen. Auch Helmut und Loki Schmidt kommen vor.

40 Mecklenburger Bucht

Reriks Schmiedeberg ist zwar nur ein etwas höherer Sandhügel und dennoch ein wunderbarer Platz, um sich mit den Blicken im weiten Himmel über Haff und Ostsee zu verlieren.

aus dem das Ostseebad Rerik hervorgegangen ist
Dünenstr. 4, Mitte Mai–Mitte Sept. Di, Mi, Fr 10–12, 14–17, Do, Sa, So 14–17 Uhr, Rest des Jahres eingeschränkt geöffnet, 2 €

Wo die Riesen schlummern
Acht Großsteingräber rund um Rerik künden von der frühen Besiedlung ab 3500 bis 2900 v. Chr. Manche sind kreisrund, andere haben eine längliche Form. Waren es tatsächlich Grabstätten oder mystische Kultorte? Sicher ist, dass der Transport der Steine für den Bau der Anlagen eine beeindruckende Gemeinschaftsleistung war, die nur durch hohes technisches Verständnis und einen enormen personellen Aufwand bewältigt werden konnte. Am besten schaut man sich die Hünengräber im Rahmen einer Führung an.
Führungen Mai–Sept. Do 10 Uhr, Treffpunkt bei der Kurverwaltung

Schlafen

In Rerik gibt es keine Luxushotels, keine noble Bäderarchitektur, sondern eher kleinere Pensionen und Hotels. Eine gute Auswahl an schönen Ferienwohnungen bietet die Webseite www.fewo-ostseebad-rerik.de.

Essen

Wenn Fisch, dann hier!
Zur Steilküste: Eine traditionsreiche Fischgaststätte mit super Aussicht über die Ostsee. Die Terrasse ist leider nicht immer möbliert und wenn der Fisch alle ist, kann schon mal vorzeitig geschlossen sein. Es kommt eben keine Tiefkühlkost auf den Teller.
Parkweg 10, T 038296 783 86, Di–So mittags und abends, Fisch ab 13 €

Bewegen

Auf und im Wasser

Wassersport: Das ausgedehnte Stehrevier im Salzhaff ist ideal fürs Stand-up-Paddling, für Kite- und Windsurfer sowie Schnuppersegeln, die offene Ostsee bietet super Möglichkeiten für erfahrene Wassersportler.

Info: www.surfschule-rerik.de, www.segel schule-rerik.de

Infos

• **Kurverwaltung Ostseebad Rerik:** Dünenstr. 7, 18230 Rerik, T 038296 784 29, www.rerik.de.

Kühlungsborn

📍 D4–5

Eine alte Dampflok, kilometerlanger Sandstrand, prachtvolle Bäderarchitektur, ein bestens ausgestatteter Bootshafen und eine naturschöne Umgebung zum Wandern und Radfahren. Braucht es mehr für einen erholsamen Urlaub am Meer?

Aus drei mach eins

Die drei weißen Möwen im Wappen Kühlungsborns erinnern an die Fischerdörfer Arendsee, Brunshaupten und Fulgen, die 1938 zum größten Badeort an der Ostseeküste zusammengefasst wurden. Die heutigen Ortsteile West und Ost, die durch den Stadtwald voneinander getrennt sind, verbindet die 3150 m lange **Strandpromenade** – eine wunderbare Flaniermeile, die an Schönwettertagen entsprechend bevölkert ist. Im Ortsteil Mitte, dem

ehemaligen Dorf Brunshaupten, geht es ruhiger zu. An der Straße Richtung Kröpelin liegt **St. Johannis** (www.kirche-kuehlungsborn.de, tgl. 9–16/18 Uhr). Die im 13. Jh. erbaute spätromanische Feldsteinkirche wurde um 1400 durch den gotischen Chorraum und das Gewölbe erweitert. Der später hinzugefügte hölzerne Turm stammt in seiner jetzigen Form von 1680.

Bädernoblesse im Westen

Nobel und doch beschaulich präsentiert sich der **westliche Ortsteil** mit zahlreichen repräsentativen, eleganten Bauten. Eines der prachtvollsten Beispiele der Kühlungsborner Bäderarchitektur siecht jedoch (noch) dahin. Die um 1912 inmitten eines großen Parks im neobarocken Stil errichtete **Villa Baltic,** die 1972 um eine Meeresschwimmhalle erweitert wurde, steht seit der Wende leer und verfällt langsam vor aller Augen. Aufbau Ost in Schieflage. Lange war die Einrichtung eines Luxushotels mit öffentlichen Bad im Gespräch. Ein Investor war da, es fehlte die Baugenehmigung. Mit dem Abriss der Schwimmhalle (2017) haben sich diese Pläne erledigt. Im Sommer 2018 wurde immerhin mit der Neugestaltung des **Baltic Parks** nach historischem Vorbild begonnen. Kurz darauf fand sich auch ein neuer Käufer für die Villa. Ein Schwimmbad will die Gemeinde nun demnächst am Grünen Weg bauen, wo auch eine Jugendherberge geplant ist. Kühlungsborn boomt, es wird gebaut und saniert.

In einem ehemaligen Lesepavillon aus der Zeit um 1900 residiert der Kunstverein Kühlungsborn. Die Lage der **Kunsthalle** direkt an der Strandpromenade ist grandios. Jährlich finden hier etwa acht Ausstellungen sowie verschiedene Veranstaltungen statt.

Kunsthalle: Ostseeallee 48, T 038293 75 40, www.kunsthalle-kuehlungsborn.de, Di–So 12–17 Uhr

Im Osten auf dem Posten

Der **östliche Ortsteil** wirkt moderner und weniger persönlich. Seit der Wende entstanden hier einige riesige, mehrstöckige Ferienanlagen, 1991 wurde die neue **Seebrücke** eingeweiht, die 240 m weit aufs Meer hinausführt. Der Vorgängerbau war im Winter 1941/42 zerstört worden, ein Neubau kam zu DDR-Zeiten nicht in Frage – zum einen war das Baumaterial knapp, zum anderen hätte eine Seebrücke die Chance auf das Gelingen einer Flucht vergrößert.

Das Seebad war Ausgangspunkt zahlreicher Fluchtversuche. In der Nähe der Seebrücke erinnert einer der letzten noch erhaltenen **Ostsee-Grenztürme** (Okt.–Mai Di, Fr 14–17, Juni–Sept. Di, Mi, Fr 14–17 Uhr, s. auch Zugabe S. 71) an die Geschichte der deutschen Teilung. Der steile Anstieg über versetzte Stahlleitern wird mit einem grandiosen Blick über die Ostsee belohnt.

Das östliche Ende der Promenade am neuen **Jachthafen** rund 500 m östlich der Seebrücke ist nicht nur für Segler ein beliebter Treffpunkt. Im Umfeld des Hafens haben sich viele Geschäfte angesiedelt: Boutiquen mit sportlicher Mode, Schmuck und Souvenirs, Restaurants und coole Cafés. Zu beiden Seiten des Hafens laden Strände mit weißem Sand und flachem Wasser zum Sonnen und Baden.

Bastorf ♀ D4–5

Hoch über dem Meer

Unweit vom Ostseebad Kühlungsborn befindet sich das alte Gutsdorf Bastorf, dessen Wappen ein roter Leuchtturm ziert. Das 1878 auf dem 78 m hohen Bastorfer Berg errichtete Seezeichen gehört mit knapp 21 m Turmhöhe zu den kleinsten, nach Feuerhöhe aber zu den höchstgelegenen in Deutschland. Der Blick über das umliegende Land und die Ostsee mit dem Strand von Kägsdorf (s. Kasten S. 43) und dem Riedensee ist atemberaubend. Am Fuße des Leuchtturms lädt das **Café Valentins** zu Torte, Eis und kleinen herzhaften Speisen ein. **Leuchtturm:** www.leuchtturm-bastorf.de, tgl. 11–16, im Sommer bis 17 Uhr, 2,50 €. **Café:** T 038293 41 02 70, www.valentins-cafe.de, Mo–Fr 11–17, Sa, So 10–17.30 Uhr

Schlafen

In der ersten Reihe

Aparthotel Am Weststrand: Hier wohnen Sie himmlisch nah am Strand. Sie können wählen zwischen Zimmer oder Wohnung, Selbstversorgung oder Hotelkomfort inkl. Frühstücksbuffet und abendlichem Menü im Wintergarten. An-

---

MOLLI UND MEER

Schnaubend und mit weißer Rauchsäule rollt das betagte Dampfross in den Bahnhof von Kühlungsborn ein. Bilder der fotogenen Schmalspurbahn gingen 2007 um die ganze Welt. Damals transportierte sie die international Journalistenschar zum G-8-Gipfel ins hermetisch abgeschirmte Heiligendamm. Heute nimmt sie Urlauber an Bord. Eine Fahrt mit dem Molli lässt sich wunderbar mit einer Wanderung oder Radtour kombinieren. Eine mögliche Variante ist es, von Kühlungsborn nach Heiligendamm am Strand entlang zu laufen oder zu radeln (6 km) und von dort die Bahn zurückzunehmen. Am Ende der Tour lockt am Bahnhof Kühlungsborn Ost das gemütliche **Mollirestaurant Gleis 2** (tgl. 12–21 Uhr) mit einer Stärkung.

genehm ist der Wellnessbereich mit dem kleinem Schwimmbad.
Ostseeallee 38, T 038293 84 80, www.am-weststrand.de, DZ / FeWo ab 140 €

Schöner Wohnen im Park
Gut Klein Bollhagen: Der liebevoll restaurierte alte Gutshof beherbergt Gäste in Apartments (für je 2–3 Pers.) und neun Ferienhäusern in einem weitläufigen und gepflegten Park.
Fulgenweg 3, Klein-Bollhagen/Wittenbeck, Info T 040 41 35 20 86, www.gutkleinbollhagen.de, FeWo/Häuser ab 130 €

Rundum sorglos
Gutshof Bastorf: Der denkmalgeschützte Gutshof mit großem Gelände und vielen Spielmöglichkeiten ist ideal für den Familienurlaub. Während die Kinder rumtollen, können Mama und Papa im Wellnesshaus relaxen. 30 Wohneinheiten (für 2–8 Pers.), Hoferestaurant und Biohofladen.
Kühlungsborner Str. 1, Bastorf, T 038293 64 50, www.gutshof-bastorf.de, DZ, FeWo/Ferienhaus ab 69–179 €

Essen

Es lohnt sich zu warten
Gaststübchen Kuddel-Daddel-Du: Ein kleines nettes Restaurant, sehr leckeres, frisch zubereitetes Essen. Der Andrang ist groß. Bis ein Tisch frei wird, dreht man am besten noch eine Runde. Reservierung ist nicht möglich.
Ostseeallee 21, T 038293 62 14, Fr–Mi 11.30–14, 17.30–22 Uhr

Ran an die Wurst
Edel&scharf: Alles wurscht? Nicht so ganz. Die Wurst hier ist Kult (Currywurst 4 €). Sie wird nach altem Rezept in der Region produziert. Dazu vielleicht ein Glas Champagner?
Hafenstr. 5 und Strandpromenade 11, www.edel-und-scharf.com

PARKPLATZ MIT MEERBLICK
Der **Kägsdorfer Strand** westlich von Kühlungsborn ist ein bisschen steinig und wunderbar natürlich. Mit dem Auto kann man direkt vorfahren. Bäume und Büsche bieten Schatten, sodass auch im Sommer immer ein angenehmes Plätzchen zu finden ist (kostenpflichtig). Immer mal wieder halten Camper hier, über Nacht dürfen sie offiziell aber nicht bleiben. Wer den Strand Richtung Kühlungsborn entlangwandert, passiert das Naturschutzgebiet **Riedensee** (♀ D 4–5). Von einer hölzernen Aussichtsplattform am westlichen Ende bietet sich ein schöner Blick auf das nicht (mehr) zugängliche Biotop. Der See – ursprünglich eine nach der Eiszeit mit Schmelzwasser gefüllte Senke – wurde durch Sandverlagerungen nach und nach von der Ostsee abgeschnitten und ist ein Refugium für eine Vielzahl geschützter Tier- und Pflanzenarten.

Sitzen, schwatzen, schauen
Vielmeer: Das Restaurant mit Bar, Café und großer Terrasse am Bootshafen ist aufgrund seines Ambientes und der vielseitigen, leichten Küche beliebt. Bänke und gemütliche Sitzkissen laden ein, direkt am Wasser Platz zu nehmen. Am Wochenende abends wird oft Livemusik geboten.
Hafenstr. 4, www.vielmeer.com, 10–32 €

Bewegen

Abenteuer im Stadtwald
Kletterwald Kühlungsborn: Daumen hoch für diesen Kletterpark, die Parcours sind abwechslungsreich, einige auch für kleinere Kinder geeignet. Kein Kiosk.

Ostseeallee 25/26, T 038293 41 76 23, www.kletterwald-kuehlungsborn.de

Life is better at the beach

Wassersport: Im **Wassersport Center** können Sie Kurse im Windsurfen, Kitesurfen, Stand-up-Paddling, Segeln oder Longboard belegen. Segeltörns führen hinaus auf die Ostsee. Übernachten kann man im Beachclub Hotel, mit karibischen Farben und tollem Flair. Gleich nebenan ermöglicht die **Tauchbasis Baltic** Ausflüge unter Wasser.
Wassersport Center: Anglersteig 2, Kühlungsborn West, T 038293 140 26, www.beachclubhotel.de, DZ 118 €; **Tauchbasis Baltic:** https://tauchen-rerik.de

Ausgehen

Irish Pub

Grace O'Malley: Eine gemütliche Kneipe, frisch gezapft werden Guinness, Kilkenney und Co, auf der Karte stehen 55 Whisk(e)y-Sorten! Hungern muss auch niemand: Deftiges aus Pfanne und Grill ab 10 €.
Strandstr. 40, T 038293 87 74 88, http://irishpub.mvgastronomie.de, tgl. 11–1 Uhr

Feiern

• **Kulturhighlights:** Die Kunsthalle richtet Anfang Mai die **Pianotage** aus, im August die **Gitarrentage** und im Oktober die **Kabaretttage** und die **Kammermusiktage** (www.kunsthalle-kuehlungsborn.de). Das **Saisonerwachen** wird alljährlich zu Pfingsten mit einem bunten Fest eingeleitet. Ein Wochenende im Juli sind die Narren los: Der **Kühlungsborner Karnevalsverein** veranstaltet das Sommerspektakel mit Samba-Umzug und abendlicher Beachparty. Auch das Musikevent **Sea&Sand** im August verbreitet Beachclub-Atmosphäre.

Infos

• **Tourismus, Freizeit & Kultur GmbH:** Ostseeallee 19, im denkmalgeschützten Haus des Gastes (Laetitia), 18225 Kühlungsborn, T 038293 84 90, www.kuehlungsborn.de.
• **Verkehr:** Regelmäßig Busverbindung nach Rerik, Kühlungsborn, Heiligendamm, Bad Doberan und Rostock (www.verkehrsverbund-warnow.de).
• **Schmalspurbahn Molli:** T 038293 43 13 31, www.molli-bahn.de, ganzjährig mehrmals tgl. von Kühlungsborn über Heiligendamm nach Bad Doberan, im Sommerhalbjahr stündlich, einfache Fahrt je nach Strecke 4–9,50 €, Fahrrad 3,20 €.

Bad Doberan ⊙ ♀ E5

Berühmt ist das 12.000-Einwohner-Städtchen für das Münster, das mit seiner kostbaren Ausstattung zu den bedeutendsten mittelalterlichen Kirchenbauwerken des Nordens zählt. Bis zur Mitte des 16. Jh. diente es als Kirche des ortsansässigen Zisterzienserklosters. Für das Dorf im Schatten des reichen und mächtigen Klosters brachen erst gegen Ende des 18. Jh. glanzvolle Zeiten an, als Friedrich Franz I. von Mecklenburg am Heiligen Damm bey Doberan das erste deutsche Seebad gründete und Doberan zur Ferienresidenz der herzöglichen Familie auserkor. Unterhaltung bot die erste Galopprennbahn Deutschlands auf halbem Weg nach Heiligendamm. Alexandrine – die schöne und beliebte Großherzogin (später viele Jahrzehnte Großherzoginmutter) Mecklenburgs – verbrachte viele Sommer in Bad Doberan. Das mondäne Flair ihrer Zeit liegt noch über der Stadt.

Rund um den Kamp

Klassizistische Pracht

Baumeister wie Johann Christoph von Seydewitz (1748–1824) und stärker noch sein Nachfolger Carl Theodor Severin (1763–1836) prägten den Aufbau der herzoglichen bzw. ab 1815 großherzoglichen Sommerfrische. Es entstanden feine Logierhäuser und großzügige Palais.

Das Zentrum des gesellschaftlichen Lebens in Doberan schlug am **Kamp.** Die von Linden umstandene, dreieckige Grünanlage ließ der Herzog um 1800 auf der ehemaligen Kuhweide des Dorfes anlegen. Reizvolle Akzente setzen zwei hübsche, von Severin entworfene Pavillons, der **Große oder Weiße Pavillon** beherbergt heute ein elegantes Café und Restaurant im Wiener Stil (https://weisser-pavillon.business.site, Mi–So 12–20 Uhr), der **Rote oder Kleine Pavillon** eine Galerie für moderne Kunst (www.roter-pavillon.de).

Um den Kamp und den sich südlich anschließenden **Alexandrinenplatz** gruppieren sich klassizistische weiße Prachtbauten. Das 1821/22 von Severin erbaute **Prinzenpalais** (Nr. 8) gilt auch heute noch als das erste Haus am Platz (www.hotel-prinzenpalais.de). Unmittelbar am Palais vorbei schnauft gemächlich und mit fröhlichem Gebimmel der **Molli** – freundliches Gewinke im Zug und auf der Straße. Seit 1886 befördert die Dampfeisenbahn Sommerfrischler an den Strand und zurück. Mitten durchs Zentrum verlaufen die Schienen, bemerkenswert dicht an den Häusern vorbei.

Ebenso ruhig wie erhaben spiegelt sich das Bad Doberaner Münster im stillen Teich des Klosterparks. Hier kann man gut der einstigen Abgeschiedenheit der Mönche nachspüren.

46 Mecklenburger Bucht

Wer war Gotthilf Ludwig Möckel?

In den 1880er-Jahren wurde der Baumeister Gotthilf Ludwig Möckel mit der Restaurierung der Klosterkirche nach Doberan beauftragt. Eine umfangreiche Aufgabe, die Möckels ständige Anwesenheit vor Ort erforderte, sodass er sich in den Jahren 1886 bis 1888 im Doberaner Klosterbezirk ein Wohnhaus erbauen ließ. Es dient heute als **Stadt- und Bädermuseum** mit einer Ausstellung zur Ortsgeschichte.

Beethovenstr. 8, T 038203 620 26, www.moeckelhaus.de, Mitte Mai–Mitte Sept. Di–Fr 10–12, 13–17, Sa, So 12–17, Mitte Sept.–Mitte Mai Di–Fr 10–12, 13–16, Sa 12–16 Uhr, 3 €, Familie 6 €

Bad Doberaner Münster

Himmelstrebende Backsteingotik

Nordöstlich der Altstadt erstreckt sich die ehemalige Klosteranlage mit dem Münster. In warmem Backsteinrot leuchtet die 1368 geweihte Kirche des ehemaligen Zisterzienserklosters inmitten eines schönen Landschaftsparks. Ein Besuch des Münsters und ein Spaziergang durch die ehemaligen Klosteranlagen lohnt eine Reise auch von weiterher. Mit der ›Hochgotischen Ausstattung des Doberaner Münsters‹ bewarb sich Bad Doberan 2014 als Welterbe der UNESCO. Der Antrag wurde abgelehnt. Kein Grund, den Traum von der Auszeichnung aufzugeben. Die Doberaner sehen es entspannt: »Wenn wir nicht jetzt Welterbestätte werden – dann halt in einigen Jahren.« Man kann an einer der öffentlichen Führungen teilnehmen, wenn es zeitlich passt, oder aber auch auf eigene Faust die ehemalige Klosterkirche und das Klostergelände erkunden (s. Tour S. 47).

Klosterstr., www.muenster-doberan.de, Mai–Sept. Mo–Sa 9–18, So 11–18, März, April, Okt. Mo–Sa 10–17, So 11–17 Uhr, Nov.-Feb.

Mo-Sa 10-16, So 11-16 Uhr, 3 €; Führungen tgl. 11 Uhr, 4 € (inkl. Besichtigungsentgelt; Juni–Sept. Do mit Stadtführung)

Fromme Armut?

Entsprechend den strengen Regeln zisterziensischer Baukunst, die jeglichen Schmuck ablehnte, besitzt das Münster statt eines Glockenturms nur einen aufgesetzten Dachreiter. Der Klosterkirche reichte eine kleine Glocke vollkommen aus, um die Mönche zum Gebet zu rufen – siebenmal am Tag, einmal in der Nacht. Das Kloster entwickelte sich zu einem der herausragenden wirtschaftlichen, geistlichen und kulturellen Zentren des Landes. In einem Dokument von 1478 wird es als ›reich und glücklich‹ bezeichnet.

Von zisterziensischer Bescheidenheit ist im Inneren des Doberaner Münsters nichts zu spüren. Geradezu überwältigend ist die Fülle originaler Ausstattungsstücke unter dem kunstvoll gerippten Gewölbe. Der reich vergoldete, mit unzähligen Schnitzfiguren geschmückte Hochaltar entstand vermutlich um 1310 in einer Lübecker Werkstatt. Links daneben beeindruckt der nadelschlanke, um 1350 in Eichenholz geschnitzte Sakramentsturm. Ein Prunkstück ist die im Chorraum schwebende Madonna im Strahlenkranz auf der Mondsichel. Der um 1360/70 geschaffene Kreuzaltar im Zentrum des Hauptschiffs trennte den Kirchenraum der Mönche von dem der Laienbrüder. Das ihn überragende monumentale Kreuz ist als Lebensbaum aus Blüten, Laub und Früchten gestaltet. Die Farben wirken modern, fast poppig. Farblos war das Mittelalter jedenfalls nicht.

Dass die Klosterkirche nach der Reformation (1552) dem drohenden Abriss entging, lag nicht zuletzt an ihrer Bedeutung als **Grablege der herzoglichen Familie.** Insgesamt fanden 50 Mitglieder der Fürstenfamilie im Münster ihre letzte Ruhe. Die Kapellen in den Seitenschiffen

TOUR
Alte Gemäuer in idyllischem Grün

Streifzug durch den Park des Bad Doberaner Münsters

Auf dem Parkplatz gegenüber dem Münster stauen sich Reisebusse und Autos. Eine lange Warteschlange hat sich vor der **Klosterkirche** ❶ gebildet. Was für ein Glück, dass der weitläufige **Park** frei zugänglich ist.

Auch er zeugt von der Bedeutung des ehemaligen Klosters. Eine zwischen 1283 und 1290 errichtete, rund 1,4 km lange **Backsteinmauer** ❷ umschließt das Gelände und dokumentiert eindrücklich den Wunsch der einst hier wirkenden Zisterzienser nach Abgeschiedenheit. Erst 1793 wurde das von Bachläufen und zum Teil über 200 Jahre alten Baumgruppen geprägte Klosterareal zu einem englischen Landschaftsgarten umgestaltet.

Die meisten der um 1280/90 errichteten Wohn- und Wirtschaftsgebäude waren da bereits abgetragen, die kostbaren Backsteine fanden u. a. beim Schlossbau in Güstrow Verwendung. Selbst vom **Kreuzgang** ❸ blieb nur ein Mauerrest erhalten. Nur das frühgotische **Beinhaus** ❹ blieb verschont. In dem achtseitigen, bildhübschen Backsteinturm wurden die Gebeine der Klosterbrüder aufbewahrt, die ihren Platz auf dem Friedhof frisch Verstorbenen überlassen mussten.

Südlich der Klosterkirche wurde das **Kornhaus** ❺ saniert. Das ehemalige Speichergebäude bietet Platz für ein **soziokulturelles Zentrum**, die **Klosterherberge** und ein **Café**. Nebenan gedeihen Kräuter im kleinen **Klostergarten**. Das benachbarte **Wirtschaftsgebäude** ❻, in dem die Mönche u. a. Bier brauten, wurde 1979 durch Brandstiftung zerstört. Die Ruine bildet heute den interessanten Rahmen für verschiedene Veranstaltungen. Bei einem Streifzug in den nördlichen Teil des Parks entdeckt man die Reste der **Wolfsscheune** ❼, die vermutlich ehemals als Hospiz oder Herberge diente.

Infos

📍 E5

Parkplatz:
kostenpflichtig

Park:
frei zugänglich

Kornhaus:
Café und Klosterherberge, Klosterhof 1,
T 038203 622 80,
www.kornhaus-baddoberan.de,
Di–So 13–17 Uhr,
DZ 65 €

TOUR
Wo die Buschwindröschen blühen

Spaziergang durchs Quellental bei Bad Doberan

Infos

📍 E 5

Strecke:
ca. 2,5 km, 45 Min.,
Weg Nr. 21

Einkehr:
Quellental, Am
Wege 5, Hohenfelde,
T 038203 628 79,
www.quellental-mv.
de, Di–Fr 12–22, Sa
11–23, So 11–21
Uhr, ab 10 €

Kunst und Handwerk:
Kunstort Glashagen,
www.kunstort-
glashagen.de

Nur 3 km südlich von Doberan ist die Welt eine andere. Muntere Bächlein durchfließen glucksend eine idyllische, waldbedeckte Endmoränenlandschaft. An der **Ausflugsgaststätte Quellental**, seit Jahrzehnten ein bei Wanderern und Radfahrern beliebtes Ziel, beginnt eine abwechslungsreiche, auch für Kinder geeignete Wanderung durch das Tal des **Glashäger Baches**.

Hier, wo die Zisterziensermönche im Mittelalter Wein angebaut haben sollen, sprudelt so klar und kühl, so erfrischend und belebend eine Quelle, die für das Glashäger-Mineralwasser angezapft wurde. 1906 wurden Rohre verlegt, um das kostbare Nass zur Abfüllanlage in Doberan zu befördern. Im selben Jahr entstand wahrscheinlich auch der kleine weiße **Quellental-Tempel**. Das Brunnenhäuschen im klassizistischen Stil wurde zum Markenzeichen der Glashäger Produkte.

Dem Verlauf des **Baches** folgend geht es bergauf und bergab. Wunderschön im Frühjahr, wenn das Laubdach noch nicht so dicht ist. Dann verwandeln Buschwindröschen, Leberblümchen und Waldveilchen den Waldboden in ein schlichtes Blütenmeer. Auch seltene Pflanzen gedeihen hier. Bleiben Sie bitte auf dem Weg, der über mehrere Holzbrücken zur Straße führt.

Einen kurzen Abstecher lohnt die kleine Künstlerkolonie in **Glashagen-Ausbau** mit Töpferei und Teehaus, Glashütte, Porzellanstudio und Kunstgarage. Zurück auf der Straße schlägt der Weg einen großen Bogen Richtung Nordosten um die reetgedeckte **Hofgalerie Glashagen**. Was für ein kreativer, außergewöhnlicher Winkel! Über eine Wiese geht es zwischen sanften Hügeln wieder dem Wald entgegen und zurück zur **Ausflugsgaststätte Quellental**.

sowie der Chorumgang bergen imposante Grabmäler der Landesfürsten und ihrer Gemahlinnen.

Essen, Einkaufen

Etwas versteckt
Alexandrinenhof: Der begrünte idyllische Hinterhof beherbergt eine Galerie, die Werkstätten einiger Handwerker und Künstler sowie das empfehlenswerte **Café Zikke**. Ein netter Platz für eine kleine Auszeit. Sie wählen zwischen selbst gebackenem Kuchen und liebevoll zubereiteten Speisen.
Alexandrinenplatz 2, www.alexandrinen-hof. de; **Café:** T 038203 64 94 70, tgl. ab 11, im Sommer bis 23 Uhr; **Atelier:** Mo–Fr 11–18, Sa 11–15 Uhr

Einfach nur das Beste
Klostercafé und -laden: Im Torhaus des Münsters lädt das gemütliche Klostercafé zu kulinarischen Genüssen – viel bio, viel Vollkorn, alles köstlich. Wunderbar stöbern kann man im Klosterladen nebenan. Hier gibt es u. a. Bücher zum Klosterleben, Kunsthandwerk, Gewürze. Unbedingt reingucken!
Klosterstr. 1, www.torhaus-doberan.de, tgl. 10–18 Uhr

Ausgehen

Allrounder
Kamp-Theater: Ein privater Verein hat das traditionsreiche Theater wieder zum Leben erweckt. Geboten wird ein vielfältiges Programm mit Kino, klassischer Musik, Theater, Lesungen, Kabarett. Sie können im zugehörigen **Restaurant** aber auch gut essen – von deftig bis mediterran – oder im **Bierkeller** den Abend ausklingen lassen.
Severinstr. 4, www.kino-doberan.de; **Restaurant:** T 038203 6 24 13, tgl. ab 11 Uhr

Feiern

● **Ostsee-Meeting/Doberaner Rennwoche:** Ende Juli/Aug. Die Renntage auf der Galopprennbahn Bad Doberan sind auch heute noch ein kulturelles Großereignis für Damen mit Hut (an der L 12, https:// galopprennbahn-doberan.de).
● **Zappanale:** Juli. Traditionsreiches, mehrtägiges Musikfestival auf der Galopprennbahn. ›Music outside the norm‹ zu Ehren der amerikanischen Rocklegende Frank Zappa (1940–1993; www. zappanale.de).

Infos

● **Tourist-Information Bad Doberan-Heiligendamm:** Severinstr. 6, 18209 Bad Doberan, T 038203 621 54, www. bad-doberan-heiligendamm.de.
● **Bäderbahn Molli:** s. S. 42, 44

Heiligendamm

📍 E5

Die Blütezeit Doberans währte nur wenige Jahrzehnte, die Nachfolger von Friedrich Franz I. zeigten mehr Interesse an Doberans Anhängsel – Heiligendamm entwickelte sich zu einem eigenständigen, repräsentativen Seebad.

Die weiße Stadt am Meer
»Friedrich Franz I. gründete hier Deutschlands erstes Seebad 1793.« So steht es auf dem gewaltigen Findling im Kurzentrum. Die Liste exklusiver Gäste ist lang, sie reicht von den Mitgliedern der russischen Zarenfamilie, über Dichter wie Rainer Maria Rilke und Marcel Proust, bis zu den Häuptern der G 8-Staaten. Als

REIZENDES KLIMA **K**

Knapp zwei Stunden brauchen Flaneure von Heiligendamm ins weniger prominente Nachbarbad **Nienhagen.** Es geht immer am Meer entlang, oben auf der Steilküste, dann wieder am Strand. Kurz vor dem Ziel reicht der **Gespensterwald** (♥ E 4) bis ans Wasser heran. Schmale Wege schlängeln sich durch diesen besonderen Hain – viele der Eichen, Buchen, Hainbuchen und Eschen trotzen schon 170 Jahre der harschen Salzluft und dem Wind. In Nienhagen verbrachte der Maler Lovis Corinth (1858–1925), der zu den bedeutendsten deutschen Impressionisten zählt, zwischen 1909 und 1917 längere Aufenthalte.

sie im Juni 2007 hier tagten, wurde das gesamte Seebad zu Sperrzone.

Von der **Promenade** fällt der Blick auf die beeindruckende Kulisse säulengeschmückter Bauten und mittlerweile wieder überwiegend blendend weißer Villen. Das repräsentativste Gebäude des klassizistischen Bäderensembles ist das zwischen 1814 und 1816 erbaute **Kurhaus,** ein Badetempel im wahrsten Sinne des Wortes. Die lateinische Inschrift am Giebel verspricht dem Eintretenden: »*Heic te laetitia invitat post balnea Sanum*« (Freude empfängt dich hier, gesundet entsteigst du dem Bade). 2003 wurde es nach Sanierung als 5-Sterne-Haus Kempinski Grand Hotel Heiligendamm feierlich wiedereröffnet, musste aber 2013 Insolvenz anmelden. Ein Privatinvestor hat die abgeschottete Oase für Reiche übernommen und mit Leben erfüllt (www.grandhotel-heiligendamm.de). Abseits der aufwendig sanierten Hotelgebäude in der ersten Reihe

verströmt Heiligendamm immer noch maroden Charme.

Essen

Zum Schmausen in den Wald
Jagdhaus Heiligendamm: Im modern restaurierten Jagdhaus verwöhnt das Team um Familie Ramm mit kreativer Gourmetküche. Wer Wild aus heimischen Wäldern probieren möchte, ist hier genau richtig. Dazu frisches Gemüse aus ökologischem Anbau (Hauptgerichte ab 22,50 €). Vier hübsche Pensionszimmer laden über Nacht ein.
Seedeichstr. 18b, T 038203 73 57 75, www.jagdhaus-heiligendamm.de, Do–Mo ab 17, Sa, So ab 12 Uhr

Infos

- **Öffentliche Führungen:** Treffpunkt am Eiscafé an der Strandpromenade, Mai–Okt. Mi 11 Uhr, So 10 Uhr, 4 €.
- **Internet:** Es gibt weder eine Touristen-Information noch Einkaufsmöglichkeiten in Heiligendamm. Auf der privaten Website https://erstes-seebad.de präsentiert der Autor, Fotograf und Gästeführer Martin Dostal viele historische Fotos, aber auch interessante Infos über aktuelle Entwicklungen.

Rostock ♥ E–F5

Rostock ist mit Leib und Seele Hansestadt, aber kein Freilichtmuseum für Hanseromantik, die die Besucher an Wismar und Stralsund lieben. 60 % der Altstadt brannten 1942 bereits nach den ersten Bombenserien der Alliierten, mehr als 1700 teils Jahrhunderte alte Häuser wurden zerstört. Zuvor war bereits viel historische Bausubstanz der Spitzhacke zum Opfer gefallen: Die alten gotischen Kaufmannshäuser, die Kontor, Wohnung und Dienstbotenkammern, Speicher und Kornböden, Ställe und Werkstätten unter einem Dach vereint hatten, waren dem modernen Handel nicht mehr gewachsen. So finden sich bereits um 1900 Klagen darüber, dass die Architekten häufig ohne jede Rücksicht auf das gotische Rostock ihre neuen Gebäude errichteten.

Rund um den Neuen Markt

Die historischen Marktplätze der Hansestadt: Alter Markt, Hopfenmarkt (heute Universitätsplatz) und Neuer Markt, blieben erhalten. Der Neue Markt ist ein guter Ausgangspunkt für einen Stadtrundgang.

Historische Schönheiten

Von ursprünglich 34 Giebelhäusern, die den **Neuen Markt** bis zu den Zerstörungen im Zweiten Weltkrieg säumten, blieben nur sieben unbeschädigt, die Lücken füllen funktionale Neubauten. Die Ostseite des Marktes nimmt das **Rathaus** ❶ ein, dessen ursprüngliche Bausubstanz zwei unterkellerte Bürgerhäuser aus der ersten Hälfte des 13. Jh. bildeten. Mit der Stadt wuchs das Rathaus im Verlauf der Jahrhunderte, es wurde an- und umgebaut. Die prächtige, im 14./15. Jh. entstandene und von sieben Türmchen gekrönte gotische Backsteinfassade wird seit 1727 von einem mehrgeschossigen barocken Vorbau verdeckt. Neben der Stadtverwaltung beherbergt der Gebäudekomplex die gut ausgestattete Tourist-Information.

In den umliegenden Straßenzügen wurde ebenfalls ein Großteil der historischen Bebauung durch Bomben zerstört.

Prächtig anzusehen war die Backsteinfassade des gotischen Rathauses. Doch der nackte, gebrannte Stein konnte im 18. Jh. nicht mehr überzeugen. Der Barock liebte glatt verputzte Fassaden in zarten Farben.

52 Mecklenburger Bucht

Rostock

Ansehen

1. Rathaus
2. Kerkhoffhaus
3. Marienkirche
4. Brunnen der Lebensfreude
5. Universität Hauptgebäude
6. Herzogliches Palais
7. Fünfgiebelhaus
8. Kröpeliner Tor
9. Nikolaikirche
10. Petrikirche
11. Hausbaumhaus
12. Kloster zum Heiligen Kreuz/Kulturhistorisches Museum mit Kempowski-Archiv
13. Dokumentations- und Gedenkstätte (Stasi-Untersuchungsanstalt)
14. Kunsthalle
15. Schiffbau-und Schifffahrtsmuseum
16. IGA-Park
17. Zoo Rostock

Schlafen

1. Hotel Kranstöver
2. Hotel Verdi

Essen

1. Albert und Emile
2. Kaminstube
3. Zur Kogge
4. Borwin
5. Café Kloster

Einkaufen

1. Wochenmarkt
2. Rostocker Fischmarkt/Fischbratküche

Bewegen

1. Blaue Flotte

Ausgehen

1. M.A.U.
2. KTV (Kröpliner-Tor-Vorstadt)
3. li.wu. im Metropol
4. Volkstheater Rostock

Dennoch findet sich so manch architektonisches Kleinod aus der Hansezeit. Dazu gehört schräg hinter dem Rathaus das um 1470 errichtete **Kerkhoffhaus** 2 (Hinter dem Rathaus 5/Ecke Große Wasserstr.). Bauherr und Namensgeber des mit einem siebenachsigen Staffelgiebel geschmückten Patrizierhauses war der Rostocker Ratsherr und spätere Bürgermeister Bartold Kerkhoff. Heute sind hier das Stadtarchiv und das Standesamt untergebracht.

Ein Kleinod mit prachtvollem Staffelgiebel ist das **Kranstöverhaus** 2. Sei-

nen Namen erhielt das spätestens Mitte des 14. Jh. errichtete Kaufmannshaus von der Dampf-Korn-Brennerei, Hefe- und Liqueur-Fabrik Julius Krahnstöver, die hier von 1877 bis 1988 Hochprozentiges herstellte. Seit 2010 dient das Gebäude als Hotel und besitzt auch eine gemütliche Wein- und Bierstube.

Symbol des Wohlstands

Walter Kempowski beschreibt in »Tadellöser & Wolff« die **Marienkirche** 3 als ein Bau-Ungetüm mit gewaltigem Westwerk,

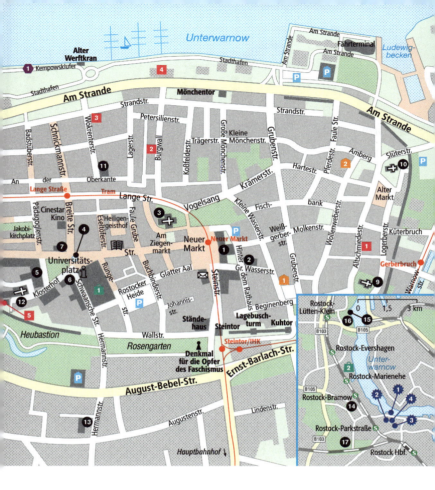

groß genug, um drei Türme zu tragen, oben aber rasch und behelfsmäßig mit einem hühnerkopfähnlichen Helmchen abgeschlossen: »Wie eine Glucke mit ihren Küchlein.« Tatsächlich besitzt die im 13. Jh. erbaute Hauptkirche Rostocks eine beschützende Aura. Während der Umbruchszeit 1989 versammelten sich hier die Einwohner der Stadt unter der Leitung von Pastor Joachim Gauck zu Friedensgebeten und Mahngottesdiensten.

Finanziert vom wohlhabenden Rostocker Handelspatriziat sollte sie ihrem architektonischen Vorbild – der Lübecker Marienkirche – in nichts nachstehen. Zu ihren kostbarsten Ausstattungsstücken gehört das knapp 3 m hohe, von vier knienden Figuren getragene Bronzetaufbecken aus der Zeit um 1290. Als einziger von ursprünglich 36 Altären blieb nur der spätgotische, um 1530 geschnitzte Rochusaltar erhalten. Er war dem Schutzheiligen der Barbiere und Wundärzte geweiht. Ursprünglich besaß jede Innung ihren eigenen Altar in St. Marien.

Die Lebensader Rostocks ist die ›Kröpi‹ im Herzen der historischen Altstadt. Ende der 1960er-Jahre wurde sie zur Fußgängerzone umgestaltet – eine der ersten Bummel- und Shoppingmeilen in der DDR.

Kennen Sie den Wochentag Ihrer Geburt? Die 1472 geschaffene, im 17. Jh. und zuletzt im Januar 2018 erneuerte **astronomische Uhr** hinter dem Hauptaltar hilft bei der Beantwortung dieser Frage. Man muss ›nur‹ die unglaublich detailreiche Kalenderscheibe dieses mechanischen Wunderwerks zu deuten wissen. Jeden Mittag um zwölf Uhr öffnen sich über dem Ziffernblatt zwei Türchen, und die Apostel wandern einmal herum. Wenn sich die Türen wieder schließen, bleibt nur der verräterische Judas draußen. Im Anschluss an den Apostelumgang der Astronomischen Uhr gibt das etwa zehnmütige Mittagsgebet Gelegenheit, die Orgel erklingen zu hören. Vor der musikalischen Andacht kann das Instrument kurz besichtigt werden.

Am Ziegenmarkt 4, www.marienkirche-rostock.de, Mai–Sept. Mo–Sa 10–18, So 11.15–17, Okt.–April Mo–Sa 10–16, So 11.15–12.15 Uhr, freiwillige Spende 2 €; Führungen Kirche Mai–Okt. tgl. 11 Uhr, Turm, Gewölbe, Glocken Mo, Mi 11 Uhr, 5 €; Gottesdienst So 9.30 Uhr, Mittagsgebet Mai–Okt. Mo–Sa

Die Kröpeliner Straße

Vom Neuen Markt aus folgt man fast automatisch dem Strom der Fußgänger in die **Kröpi**. Seit Verlegung der Straßenbahn in die Lange Straße 1961 ist die quirlige Lebensader und Hauptgeschäftsstraße der Stadt Fußgängerzone. Einem entspannten Schaufensterbummel steht also nichts im Wege.

Der Mix machts

Wer den Blick über die Auslagen der Geschäfte hinaus schweifen lässt, wird

Kaufmannsarchitektur aus unterschiedlichen Jahrhunderten und Stilrichtungen entdecken. Ein spätgotisches Juwel ist das **Spitalpfarrhaus** (Nr. 82, heute Sitz der Stadtbibliothek).

Am **Universitätsplatz,** dem einstigen Hopfenmarkt und zu DDR-Zeiten Stalinplatz genannt, versprüht der begehbare **Brunnen der Lebensfreude ④** der Rostocker Künstler Reinhard Dietrich und Jo Jastram gut Laune. Nicht nur die Studierenden der benachbarten Universität legen rund um die Wasserspiele gerne eine Pause ein. Mit roter Neorenaissancefassade ragt das **Hauptgebäude der Universität ⑤** am Platzende auf. Seit 1419 wird hier gelehrt und geforscht; heute sind knapp 14 000 Studierende in zehn Fakultäten eingeschrieben.

Die Südseite des Platzes schmückt das barocke **Herzogliche Palais ⑥**, das 1714 als Quartier für die Familie des Landesfürsten entstand und dessen Barocksaal heute einen schönen Rahmen für Konzerte gibt. Gegenüber zeigt das 1986 erbaute **Fünfgiebelhaus ⑦** (Kröpeliner Str./Ecke Breite Str.) eine gelungene Verbindung von historischer und neuer Bausubstanz. Die industrielle Plattenbauweise wurde hier individuell abgewandelt. Die vorgefertigten Betonelemente erhielten Fassaden, die durch Lauben, Erker und Bänder aus grün glasierten Backsteinen belebt wurden.

Gestern und heute

Den westlichen Abschluss der Einkaufsmeile bildet das **Kröpeliner Tor ⑧**, eines von ehemals 22 Toren der im 13. und 14. Jh. errichteten Stadtbefestigung. Erhalten blieben auch das Stein-, Kuhund Mönchentor, der Lagebuschturm und acht halbrunde Wiekhäuser am Oberwall. Das 54 m hohe, gotische Backsteintor ist heute Sitz des Vereins **Geschichtswerkstatt Rostock,** die verschiedene Ausstellungen zur Stadt- und Regionalgeschichte, Projekte und Stadt-

führungen anbietet. Ans Tor grenzt ein bei Spaziergängern, Joggern und Radfahrern beliebter Abschnitt der **Wallanlagen** mit Resten der Stadtmauer.

Kröpeliner Tor: Feb.–Okt. tgl. 10–18 Uhr, Nov.–Jan. 10–17 Uhr, an Feiertagen geschl., 3 €;
Stadt- und Torführungen: T 0381 121 64 15, www.geschichtswerkstatt-rostock.de, 5 €

Östliche Altstadt

Dem Gebiet um die Kirche **St. Petri** und den **Alten Markt** verlieh Fürst Borwin im Jahre 1218 das lübsche Stadtrecht. Nach Zusammenlegung mit anderen Stadtteilen in der 2. Hälfte des 13. Jh. geriet die östliche Altstadt in eine Randlage, blieb aber über Jahrhunderte ein Quartier der Handwerker. Die Zerstörungen im Zweiten Weltkrieg sowie die Vernachlässigung des Gebäudebestands in DDR-Zeiten führten zum starken Verfall des Viertels. Nach seiner Integration in das Sanierungsgebiet ›Stadtzentrum Rostock‹ 1991 hat es sich zu einem selbstbewussten und charmanten Stadtteil entwickelt (www.oestliche-altstadt.de).

Kirche neu gedacht

Die frühgotische, in Backstein errichtete **Nikolaikirche ⑨** wurde 1312 zunächst ohne Turm und ohne Chor geweiht. Der quadratische Westturm kam im 15. Jh. dazu. Das durch einen Bombenangriff 1942 schwer beschädigte Gotteshaus wurde seit 1976 rekonstruiert und umgebaut. Unter dem hohen gotischen Hallendach fanden 20 Wohnungen Platz. Das Kirchenschiff wird für Ausstellungen und Konzerte genutzt.

Bei der Nikolaikirche 1, www.nikolaikirche-rostock.de

Weitblick wunderbar

Wer sich der Stadt von Osten nähert, kann ihn nicht zu übersehen: Der Turm

der 1252 erstmals urkundlich erwähnten **Petrikirche** ❿ wurde im frühen 15. Jh. fertiggestellt. Mit einer Gesamthöhe von 126 m diente er zur Orientierung der Schiffe auf See und ist bis heute auf den Seekarten als Landmarke eingetragen. Im Krieg stark beschädigt, wurde der Turm Anfang der 1990er-Jahre gesichert, die Turmspitze 1994 wieder aufgesetzt. Hinauf zur Aussichtsplattform geht es 196 Stufen zu Fuß oder barrierefrei mit dem Lift.
Alter Markt, www.petrikirche-rostock.de, Mai–Sept. tgl. 10–18, Okt.–April tgl. 10–16 Uhr, Turm 3 €

Nördliche Altstadt und Stadthafen

Original und Kopie
Das Gebiet zwischen Langer Straße und Warnowufer wurde seit den 1980er-Jahren großzügig saniert. Alte Speicher- und Kaufmannshäuser konnten vor dem Verfall gerettet werden. Aus finanziellen Gründen ging man 1983 zur Flächensanierung über, ein Großteil der alten Gebäude wurde abgerissen und in Plattenbauweise neu errichtet. Ausgestattet mit Backsteinverblendungen und Giebelelementen passen die Neubauten bemerkenswert gut ins Stadtbild.

Von der Langen Straße führt die **Wokrenterstraße** zum Stadthafen. 15 Häuser mit historischen Giebelformen flankieren den Weg, doch nur zwei Gebäude stehen an ihrem ursprünglichen Platz. Das eine ist Rostocks älteste Kneipe **Zur Kogge** ❸ an der Ecke zur Strandstraße, das andere das sogenannte **Hausbaumhaus** ⓫. Der um 1490 erbaute spätgotische Giebelbau ist in wesentlichen Teilen im Original erhalten und wird heute von den Städtischen Museen für Veranstaltungen und Ausstellungen genutzt.

Etikettenschwindel
Die stark frequentierte Hauptverkehrsstraße parallel zum Stadthafen trägt den Namen **Am Strande**. Doch wo ist der Strand? Das Warnowufer ist zubetoniert, die Kaianlagen wirken verlassen, seit der **Stadthafen** 1960 seine Stellung als wichtigster Handelsplatz an den 7 km flussabwärts ausgebauten Überseehafen Warnemünde abtreten musste. Von einem Anleger starten die Ausflugsschiffe. Wer nicht an Bord geht, kann den Blick auf die Warnow und die Manöver der Segelboote am besten in einem der Restaurants am Flussufer genießen. Vielleicht gleitet auch eine Gruppe von Stadtpaddeln vorbei und macht Lust, es selbst einmal zu versuchen (s. Tour S. 58).

Museen

Reich an Geschichte
⓬ **Kulturhistorisches Museum:** In unmittelbarer Nähe des quirligen Univer-

---

HANSEATISCH?

Im Jahre 1259 begründete Rostock zusammen mit Hamburg und Lübeck die deutsche **Hanse**, die mehr als drei Jahrhunderte ihre Geschicke bestimmen sollte. Im Stadtwappen finden sich neben dem goldenen Greif, der Stolz und Stärke symbolisiert, die Farben der Hanse: ein silberner (weißer) und ein roter Balken. Allerdings grüßt man in Rostock nicht mit dem in den Hansestädten Hamburg oder Lübeck üblichen ›Moin‹. An der Warnow sagt man ›Hallo‹ und ›Guten Tag‹.

sitätsplatzes entrückt das **Kloster zum Heiligen Kreuz** in eine andere Welt. Das Zisterzienserinnenkloster wurde 1270 von der dänischen Königin Margarete Sambiria gegründet. Um 1300 lebten hier etwa 20 Nonnen. Später stieg ihre Zahl so beträchtlich, dass sie 1354 auf 60 begranzt wurde. In dem gut erhaltenen Gebäudeensemble wird eine der umfassendsten kunst- und kulturgeschichtlichen Sammlungen des Landes gezeigt, die seit 1859 besteht. Im Rahmen des Museumsbesuches ist auch die dreischiffige **Backsteinhallenkirche** (um 1350/60) des Klosters zugänglich. Eine Ausstellung widmet sich dem in Rostock geborenen und aufgewachsenen Schriftsteller und Chronisten **Walter Kempowski.** 2019 wäre er 90 Jahre alt geworden. Den krönenden Abschluss zahlreicher Jubiläumsveranstaltungen bildet im Dezember die Eröffnung der neuen Kempowski-Ausstellung im Kulturhistorischen Museum.
Klosterhof 7, T 0381 381 45 30, www.kulturhistorisches-museum-rostock.de, Di–So 10–18 Uhr, Eintritt frei, ausgenommen einzelne Sonderausstellungen

Im DDR-Knast
❸ **Ehemalige Stasi-Untersuchungshaftanstalt:** Der Staatssicherheitsdienst der DDR überwachte und unterdrückte im Auftrag der herrschenden SED die eigene Bevölkerung. In der Hermannstr. 34b gibt eine Ausstellung Auskunft über Geschichte, Methoden und Wirkungsweise des Ministeriums für Staatssicherheit (MfS). 2018 wurde die **Dokumentations- und Gedenkstätte** wegen anstehender Sanierungsarbeiten geschlossen, geplantes Bauende Juli 2020.

Kunst am Schwanensee
❹ **Kunsthalle Rostock:** 1969 entstand der einzige Neubau eines Kunstmuseums in der Geschichte der DDR. Der Schwerpunkt der Sammlung liegt auf ostdeut-

LOHNENDE AUSGABE

Rostocks schnellste Verbindung zwischen dem östlichen und westlichen Ufer der Warnow führt unter ihr hindurch. Die Nutzung des mautpflichtigen **Warnowtunnels** (www.warnowtunnel.de, Pkw 4,20 € im Sommer, 3,40 € im Winter, WoMos 5,30 €/3,90 €) spart bei vielen Zielen wie Kühlungsborn, Heiligendamm, Bad Doberan oder Graal-Müritz bis zu 20 Minuten Zeit und 15 km Strecke.

scher Kunst des frühen 20. Jh. bis heute. Wechselnde, ganz unterschiedliche Ausstellungen präsentieren zeitgenössische Künstler aus dem Ostseeraum. Vom Café schweift der Blick über den idyllischen Schwanensee. Ab 2020 wird die Kunsthalle grundsaniert und für etwa zwei Jahre geschlossen bleiben.
Hamburger Str. 40, B 105, www.kunsthalle rostock.de, Di–So 11–18 Uhr

Ahoi!
❺ **Schiffbau- und Schifffahrtsmuseum:** Vom Museumsanleger im IGA-Park führt eine fast zarte Brücke auf den schwimmenden grauen Eisenriesen – die **MS Dresden.** Das Frachtschiff ist das Herzstück des Museums und gibt vom Maschinenraum bis zum Achterdeck Einblick in die Seefahrt der DDR in den 1950er- und 1960er-Jahren. In den Laderäumen informiert eine Ausstellung über den Schiffbau. Die Exponate reichen bis in die Steinzeit zurück. Hinter dem Frachtschiff ist der **Lange Heinrich** vertäut. Der 1907 in Duisburg gebaute Schwimmkran war seinerzeit mit 100 t Hebepotenzial einer der größten weltweit. Gleich daneben liegt das 1945 in einer Periode akuten Stahlmangels erbaute Betonschiff **Capella.**

TOUR
In See stechen

Im Paddelboot durch Rostock

Infos

📍 F5

Start/Ziel: Anleger Am Haargraben

Stadtpaddeln Rostock: Sandra und Ronald Kley, T 0176 620 011 32, www. stadtpaddeln-rostock.de

Touren: Stadthafentour, April–Okt. tgl. 10–12 und 14–16 Uhr, Erw. 19 €, Kinder 15 €; Mondscheintour (im Stadthafen), Mai–Sept. tgl. in den Abendstunden, Erw. 22 €, Kinder 17 €; weitere Angebote siehe Website

---

Rosa L., Mahatma G., Pepe M. – die mangofarbenen Kajaks von **Stadtpaddeln Rostock** tragen die Namen von Visionär*innen und Freiheitskämpfer*innen. Startklar liegen die Einer- und Zweierkajaks auf der sanft zum Wasser abfallenden Grasböschung am **Haargraben.** Doch bevor wir in See stechen dürfen, gibt es eine kurze Einweisung: Abwechselnd links und rechts sollen die Paddel möglichst nah am Bootsrand ins Wasser eintauchen. Hört sich nicht schwierig an.

Im Boot von Sophie S.
Die Paddelguides Sandra und Ronald Kley helfen beim Einstieg in die Kajaks. »Hilfe, es kippelt!« Die beiden beruhigen: »Die Boote sind sehr stabil und auch für Ungeübte bestens geeignet«. Nicht einmal Paddelerfahrungen muss man mitbringen. Sie haben recht, schnell haben sich auch die absoluten Anfänger eingepaddelt, ihren eigenen Rhythmus gefunden. Klar gibt es immer solche, die weit voraus sind. Doch dann sammeln wir uns wieder, um unseren Guides zuzuhören.

Schöner Wohnen am Strom
Zunächst geht es auf schmalen Wasserarmen und unter Brücken hindurch einmal um das **Petriviertel** herum, das erst nach 2013 auf einer ehemaligen Gewerbebrache erschlossen wurde. Dem Wasser zugewandt – moderne Wohnanlagen, idyllische Gärten, alte Bootshäuschen und eine parkähnliche Promenade. Hier zu wohnen, wäre ein Traum. Oder doch nicht?

Unsere Guides erzählen, dass der weiche Untergrund Sorgen macht. Kaum bautrocken, muss schon wieder saniert werden. Viel gravierender aber sind die Bodenabsenkungen auf der benach-

barten **Holzhalbinsel.** Das Musterbeispiel moderner Stadtentwicklung wird zum finanziellen Desaster für die Hansestadt. Wir hören zu, staunen, sehen genauer hin und paddeln nun auf der Warnow an dem Problemviertel vorbei in den weiten **Stadthafen.**

Mal eine ungewöhnliche und spannende Perspektive: Treffpunkt im Windschatten des mächtigen Eisbrechers.

Grandiose Kulisse

Auch wenn wir uns erst einmal nah am Gehlsdorfer Ufer halten, wird das Wasser kabbeliger. Egal! Der großartige Blick auf die Rostocker Altstadt beansprucht alle Gefühle. Die Stadt wuchs in der Hansezeit nicht nur in die Breite, sondern auch in die Höhe. Von ihrem Reichtum und ihrer Macht zeugen die Türme der stolzen Kirchen: rechts St. Marien, ein Stück links daneben St. Nicolai und davor St. Petri. Dort unterhalb der Petrikirche lag die erste slawische Siedlung.

Ab 1991 wurde das **Altstadtufer** von den industriellen Hafenanlagen befreit. Alte Speicher bieten heute Platz für Restaurants und Clubs, Theaterspielstätten, Läden für Schiffszubehör. Nur ein paar Schiffe liegen am Kai. Richtig Trubel herrscht in der Regel nicht, aber wie wuselig mag es zugehen, wenn sich hier zur Hanse Sail die alten prachtvollen Windjammer treffen?

Treffen unterm Eisbrecher

Die Kajaks überqueren die Warnow und wir sind froh, dass nicht viel los ist. Auch so ist es aufregend. Voraus an der Hafenkante liegt die **Stephan Jantzen,** die von 1967 bis 2005 als Eisbrecher im Einsatz war. Der Wind hat aufgefrischt; im Schutz des Schiffsriesen sammelt sich die Paddelgruppe. 2016 wurde das Schiff aufgrund ausstehender Liegeplatz- und Sicherungskosten vom Gerichtsvollzieher beschlagnahmt und 2018 von der Hansestadt Rostock ersteigert. Als Museumsschiff soll es erhalten bleiben. Einmal gegen den Rumpf klopfen, sodann an ihm entlang wieder zurück Richtung St. Petri paddeln. Allein für diesen Blick lohnt es, die Paddeltour zu unternehmen.

Für die kälteren Tage hat das Stadtpaddel-Team ein Dampfschiff der etwas anderen Art eingerichtet: ein Hausboot mit Sauna. Bis zu acht Personen haben Platz auf der **Flusssauna.** (www.flusssauna-rostock.de) Liegeplatz und Panorama sind frei wählbar.

60 Mecklenburger Bucht

Schmarl-Dorf 40, T 0381 12 83 13 64, www.
schifffahrtsmuseum-rostock.de, Nov.–März
Di–So 10–16, April–Okt. Di–So 10–18 Uhr,
Tageskarte inkl. IGA-Park 4 €

Im Grünen

Ein lebendes Bau(m)werk
⓰ IGA-Park: Am Ufer der Warnow entstand 2003 anlässlich der Internationalen Gartenausstellung eine 100 ha große Parklandschaft mit Gärten aus aller Welt. Naturerlebnisse und Bewegung bieten Barfuß- und Trimm-Dich-Pfad, Minigolf und zahlreiche Spielstationen. In unmittelbarer Nähe des Schifffahrtsmuseums (s. S. 57) können Sie am Warnowstrand chillen. Der Hauptanziehungspunkt im Park ist der ökumenische **Weidendom,** der aus Naturmaterialien ohne maschinelle Hilfe erschaffen wurde. Das beeindruckende 52 m lange und 14 m hohe Kirchenschiff ist weltweit das größte lebende Bauwerk.
Schmarl-Dorf 40, www.iga-park-rostock.de,
tgl. April–Okt. 9–18, Nov.–März 10–16 Uhr,
Anfahrt-Infos s. Website, Tageskarte 1 €

Tierisch gut
⓱ Zoo Rostock: Der 1899 gegründete Tierpark ist mit 4200 Tieren aus 430 verschiedenen Arten der größte Zoo an der deutschen Ostseeküste. 2018 wurde er zum besten europäischen Tierpark in der Kategorie B (500 000–1 Mio. Besucher jährlich) gekürt. Mit der Eröffnung des **Polariums** – ein Lebensraum für Eisbären und Pinguine – dürfte er seine Attraktion noch steigern. Ein weiterer Höhepunkt ist das **Darwineum,** in dem Besucher faszinierende Einblicke in die Entwicklung des Lebens und in die Welt der Gorillas und Orang-Utans erhalten.
Barnstorfer Ring 1, T 0381 208 20, www.
zoo-rostock.de, Mai–Aug. tgl. 9–18, Sept.–
April 9–16/17 Uhr, Erw. 17,50 €,
Kinder 10 €

Schlafen

Unwiderstehliches Flair
1 Hotel Kranstöver: Das denkmalgeschützte und sorgsam sanierte Kaufmannshaus kombiniert alten und neuen Charme. Die aufmerksamen Besitzer kümmern sich persönlich um ihre Gäste.
Große Wasserstr. 30, T 0381 490 10 00,
www.kranstoever-rostock.de, DZ ab 120 €

Charmant und persönlich
2 Hotel Verdi: Kleines, charmantes Hotel mit acht Zimmern in der Nähe der Petrikirche, zwei Spazierminuten vom Hafen entfernt. Nett die kleine Dachterrasse – zum Frühstücken oder auf ein Glas Wein am Abend. Wenn Sie die freie Wahl haben: Die zwei Apartments in der dritten Etage bieten den schönsten Ausblick über die Dächer der Stadt.
Wollenweberstr. 28, T 0381 25 22 40, www.
hotel-verdi.de, DZ/FeWo/Suite 119–199 €

Essen

Bonjour!
1 Albert und Emile: Das Restaurant in einem Haus aus dem 16. Jh. besticht mit seinem besonderen Flair – rustikal mit charmanten provenzalischen Anleihen. Im Sommer stehen ein paar Tische im Hinterhof. In der Küche mischen sich französische und norddeutsche Einflüsse. Hochpreisig, aber durchaus berechtigt (Gerichte ab 22 €).
Altschmiedestr. 28, T 0381 493 43 73, www.
albert-emile.de, Mi–Sa 18.30–21.30, Mittagstisch Do, Fr 12–13.30 Uhr

Gerne wieder
2 Kaminstube: Gemütliches, gastfreundliches Ambiente mit Kamin im Winter und Dachterrasse im Sommer. Außer Pasta, Steaks und Fisch, auch thailändische Küche (ab 13 €).

Burgwall 17, T 0381 313 37, www.kaminstube-rostock.de, Di–Do ab 17, Fr, Sa ab 18 Uhr

Maritimes Urgestein
[3] **Zur Kogge:** Einen Steinwurf vom Stadthafen befindet sich die älteste Kneipe Rostocks. Das rote Eckhaus ist für sein uriges Flair bekannt, die Wände sind geschmückt mit historischen Aufnahmen unerschrockener Weltenbummler und prächtiger Großsegler, mit Gallionsfiguren, Rettungsringen, Schiffsutensilien und Seemannsknoten. Zur schmackhaften Hausmannskost (ab 10 €) erklingt gelegentlich das Schifferklavier. Am imposanten Tresen kann man bei frisch Gezapften den Abend verbringen.
Wokrenter Str. 27, T 0381 493 44 93, www.zur-kogge.de, tgl. ab 11.30 Uhr, im Winter So geschl.

Aus dem Wasser, am Wasser
[4] **Borwin:** Maritimes Hafenrestaurant mit Sitzplätzen fast direkt an der Warnow. Fisch dominiert die Speisekarte (ab 12 €), aber es gibt auch Fleisch und Leckereien aus der Patisserie. Parkplätze kein Problem!
Am Strande 2, T 0381 490 75 25, www.borwin-hafenrestaurant.de, tgl. 11.30–24 Uhr

Eine Oase der Ruhe
[5] **Café Kloster:** Das zauberhafte Café auf dem Areal des Klosters zum Heiligen Kreuz lässt die unmittelbare Nähe der Innenstadt vergessen. Ideal für eine kleine Auszeit. Hier verabreden sich auch Einheimische auf einen Kaffee oder eine kleine Mittagsmahlzeit.
Im Klosterhof 6, T 0381 375 79 50, https://wfbm-rowe.de, Mo–Sa 11–19 Uhr

Einkaufen

Saisonales aus der Region
[1] **Wochenmarkt:** Werktags auf dem Neuen Markt. Dienstags, freitags und samstags ist das Angebot an Bioprodukten

Schon im Mittelalter wurde auf dem Neuen Markt mit Waren gehandelt.

besonders gut. Von März bis September verkaufen auch viele Bauern und Kleingärtner aus der Region ihre Produkte.
Mo–Fr 9–17, Sa 8–13 Uhr

Immer ein Erlebnis
[2] **Rostocker Fischmarkt:** Die beste Adresse für Delikatessen fangfrisch aus der Ostsee. Auch einheimische Fischliebhaber kaufen hier. In der Fischbratküche kann man sich die Köstlichkeiten des Meeres zu günstigen Preisen auch gleich vor Ort schmecken lassen.
Warnowpier 431, T 0381 811 12 21, www.rostocker-fischmarkt.de; **Fischverkauf:** Mo–Fr 8–17/18, Sa 8–15 Uhr; **Küche:** Mo–Sa 11–15 Uhr

Bewegen

Auf der Warnow
[1] **Blaue Flotte:** Schiffsausflug vom Stadthafen in Rostock zum Passagierkai

in Warnemünde. Wer mag, kann aussteigen, durch Warnemünde bummeln und ein späteres Schiff zurücknehmen.
T 0381 69 09 53, www.hafenrundfahrten-in-rostock.de, März–Okt. je nach Saison 4–9 x tgl., Einzelfahrt 12 €, Rundfahrt 18 €

Ausgehen

Live!
✱ **M.A.U.:** Der beliebte Club in attraktiver Lage direkt am Wasser ist bekannt für sein abwechslungsreiches Programm, das neben kleinen und großen Bands auch Poetry Slam umfasst.
Warnowufer 56, www.mauclub.de

Szeneviertel
✱ **KTV:** In der Kröpeliner-Tor-Vorstadt spielt sich das studentische Nachtleben ab. Dafür sorgen viele kleine Cafés, Bars und Lounges, u. a. das **Farellis** (Am Brink 1, Mo–Sa ab 17 Uhr) mit leckeren Cocktails und Speisen aus dem benachbarten Restaurant. Oder wie wäre es mit einem Vöner, also einem tierlosen Döner, zum Mitnehmen vom **Vegangster** (Waldemarstr., Di–Fr 11.30-21, Sa So 14–21 Uhr). Schade, dass abends nicht länger geöffnet ist! Garantiert gemütlich klingt der Abend in der **BARke – das Cocktailboot** (Wismarsche Str. 6–7, Di–Sa 19–3 Uhr) aus. Im Sommer kann man draußen sitzen.

Besondere Filme
✱ **li.wu. im Metropol:** Im bereits 1910 als Kino eröffneten Lichtspieltheater Wundervoll werden Filme gezeigt, die in den Mainstreamkinos nur selten auf dem Programm stehen.
Barnstorfer Weg 4, www.liwu.de

Mach doch mal Theater!
✱ **Volkstheater Rostock:** 2017 wurde das Große Haus um das Ateliertheater mit rund 70 Plätzen ergänzt. Auf dem Programm stehen Schauspiel – klassisch und experimentell –, Musik- und Tanztheater, Jugend-, Kinder- und Puppentheater, Weihnachtsmärchen und klassische Konzerte.
Doberaner Str. 134/135, Kasse T 0381 381 47 00, www.volkstheater-rostock.de

Feiern

- **Hanse Sail:** Anf./Mitte Aug. Traditionelle Segelschiffe und Museumsschiffe aus über zehn Nationen geben sich während vier Tagen ein Stelldichein zwischen Warnemünde und dem Rostocker Stadthafen. Es besteht die Möglichkeit zur Besichtigung und zum Mitsegeln (www.hansesail.com).
- **Weihnachtsmarkt:** Ende Nov./Dez. In der Adventszeit gibt es zwischen Neuem Markt und Universitätsplatz auf dem größten Weihnachtsmarkt Norddeutschlands glanzvollen Budenzauber.

Infos

- **Touristen-Information:** Universitätsplatz 6 (Barocksaal), 18055 Rostock, T 0381 381 22 22, www.rostock.de.
- **Bahn:** Rostock ist IC-Bahnhof.
- **Regionalbus Rostock:** www.rebus.de. Verbindungen u. a. mit Bad Doberan, Kühlungsborn, Rerik, Graal-Müritz.
- **Verkehrsverbund Warnow:** www.verkehrsverbund-warnow.de. Mobilität in der Stadt und im gesamten Landkreis mit einem Ticket für Bahn, S-Bahn (Rostock–Warnemünde), Fähre, Bus und Tram.

Warnemünde

📍 E–F4

Rostocks schönste Tochter gehört bereits seit 1323 zur Rostock. Damals kaufte die reiche und mächtige Hansestadt das kleine Fischerdorf und sicherte sich damit freien Zugang zur Ostsee. Vom Seehafen verkehren Fähren nach Dänemark, Schweden, Finnland – eine prachtvolle Fernweh-Kulisse für die Urlauber am Strand.

Am Alten Strom

Getümmel am Strom

Kapitäns- und Fischerhäuser säumen den **Alten Strom,** in dem Fischerboote und Ausflugsdampfer, kleine und große Jachten festmachen. Straßencafés, Fischerkneipen, Eisdielen und Souvenirshops laden zum Schlemmen und Shoppen ein. Die schnuckeligen Giebelhäuser – viele von ihnen mit vorgesetzten Holzveranden und überdachten Balkonen – erinnern an die Zeit, als die ersten Badegäste nach Warnemünde kamen. Unter ihnen war der norwegische Maler und Grafiker Edvard Munch (1863–1944), der zwischen Mai 1907 und Oktober 1908 im Kurbad Warnemünde Entspannung und Inspiration suchte. Er bezog Quartier beim Lotsen Carl Nielsen. Das sogenannte **Edvard-Munch-Haus** ❶ (Am Strom 53, www.edvard-munch-haus.de) ist seit 1998 eine kulturelle deutsch-norwegische Begegnungsstätte und lädt zu Ausstellungen und Lesungen ein.

So lebten die alten Warnemünder

An manchen Tagen in der Kreuzfahrersaison schieben sich unglaubliche Menschenmassen vom Passagierkai am Neuen Strom, am Bahnhof vorbei, über die Brücke und weiter am Alten Strom entlang bis zur Mole. Dann sprechen hier mehr Menschen Englisch als Deutsch Wem das Getümmel am Alten Strom zu viel ist, kann sich in die *Achterregg* begeben. Auch in der Hinterreihe, offizi-

Am alten Strom in Warnemünde schmiegen sich die Fischerboote eng aneinander. Wenn die Tagesgäste und Passagiere der Kreuzfahrtriesen wieder abgereist sind, wird es hier wieder beschaulich.

Warnemünde

Schlafen
1 Hotel Am Alten Strom
2 aja Warnemünde
3 Hotel Neptun

Essen
1 Zwanzig12
2 Seekiste zur Krim
3 Zum Stromer

Bewegen
1 MS Baltica
2 Angel- und Seetouristik

Ausgehen
1 Schusters Café und Cocktailbar

Ansehen
1 Edvard Munch Haus
2 Heimatmuseum
3 Leuchtturm und Teepott
4 Cruise Center
5 Jachthafen Residenz Hohe Düne
6 Marine Science Center

---

ell **Alexandrinenstraße,** findet sich viel alte Bausubstanz und die beschauliche Atmosphäre des alten Fischerdorfes. Lohnend ist ein Besuch im liebenswerten **Heimatmuseum** 2, in einem 1767 erbauten und seit 1933 denkmalgeschützten Fischerhaus. 1991 wurde es um einen Teil des Nachbarhauses erweitert. Die Ausstellung dokumentiert den Alltag der Seeleute und Fischer im 19. Jh., das Lotsenwesen sowie die Entwicklung Warnemündes zum Badeort.

Alexandrinenstr. 30/31, www.heimatmuseum-warnemuende.de, April–Okt. Di–So 10–17, Nov.–März Mi–So 10–17 Uhr, 3 €

An der Seepromenade

Ein Hingucker
Am **Leuchtturm** 3 (www.warnemuende-leuchtturm.de, in der Saison tgl. 10–19 Uhr, 2 €), der seit 1898 den Schiffen den Weg in den sicheren Hafen weist, stößt der Besucherstrom auf die Seepromenade. Jetzt aber erstmal einen Überblick verschaffen und flink emporsteigen. Was ist das für ein eigenwilliges Bauwerk mit kühn geschwungenem Betondach da unten neben dem Turm? Der 1968 errichtete **Teepott** zählt zu den bekanntesten Werken von Ulrich Müther (s. Magazin S. 255). Nach Leerstand und aufwendiger Sanierung ist wieder ein Restaurant eingezogen (www.teepott-restaurant.de). Hinter dem Leuchtturm geht es hinaus auf die 541 m lange **Westmole** mit dem kleinen grünen Leuchtfeuer. Zum Greifen nah passieren große, weiße Fähren, Ausflugsdampfer, kleine Jollen und alte Segelschiffe.

Lust auf einen Broiler?
Die Seepromenade führt vom Leuchtturm immer nach Westen – vom Meer

nur durch den berühmten **Warnemünder Strand** getrennt – 7 km ist er lang und bis zu 150 m breit. Wer lieber Sand unter den Füßen hat, schlendert am Wasser entlang, ganz wie es beliebt. Überragt wird das Meeresgestade vom 17-stöckigen **Hotel Neptun**, das 1971 mit dem ersten Wellenbad der DDR erbaut wurde. Nach der Wende rundum erneuert, gehört das Neptun heute wieder zu den ersten Häusern an der Ostseeküste. Hier kann man den Strandbummel unterbrechen, um im **Panorama Café** in 64 m Höhe einen Cappuccino zu genießen. Kult – seit DDR-Zeiten – ist der **Broiler** im Erdgeschoss, ein schlichter Imbiss, in dem – Sie ahnen es – gebratene Hähnchen serviert werden, für die man in der Saison lange anstehen muss.

Hohe Düne ♀F4

Im Luxus schwelgen

Von Warnemünde verkehrt die Fähre im Pendelverkehr hinüber zur Hohen Düne – ein kleiner Urlaub im Urlaub. 3,50 € kostet die Überfahrt für einen Pkw, das ist wunderbar wenig und eine großartige Alternative zur Autobahn. Kaum am Ostufer der Warnow angekommen, können Sie gleich auf den Parkplatz am Anleger einbiegen.

Den Luxus einer Übernachtung oder gar eines Urlaubs in der mit fünf Sternen ausgezeichneten **Yachthafen Residenz Hohe Düne** (Yachthafen 1–8, www.hohe-duene.de) kann sich nicht jeder leisten, aber der Jachthafen lockt in der warmen Jahreszeit mit buntem, heiterem Sommerleben. Von den schicken Café-Restaurants an der Kaikante lässt sich alles beobachten. Im Winterhalbjahr ist der Hafen verlassen, ein kleiner Bummel lohnt sich trotzdem.

Robbenwatching

Am Jachthafen vorbei läuft man weiter hinaus auf die Ostmole bis zum kleinen roten Leuchtfeuer, um nochmals Schiffe zu gucken. Interessant ist auch ein Besuch im **Marine Science Center (MSC)**, das auf einem umgebauten Fahrgastschiff knapp einem Dutzend Seehunde Logis und Verpflegung bietet. Das schwimmende Rostocker Forschungsinstitut untersucht die Sinneswahrnehmung und die Unterwasserorientierung der Säugetiere.

Ostmole, www.marine-science-center.de, Mai–Okt. tgl. 10–16, April, Nov. Do–So 10–15 Uhr, Einführungsvorträge 20 Min. jeweils 11, 12, 13, 14, 15 Uhr, Erw. 6,50 €, Familie 15 €

Schlafen

Schöne Tage am Strom

Hotel Am Alten Strom: Familiengeführtes Hotel mit 79 Zimmern und Suiten mitten in Warnemünde. Unbedingt ein

> **GÄSTE AUS ALLER WELT**
>
> Am **Passagierkai** am Neuen Strom legen von Anfang Mai bis Mitte Oktober auch die gigantischen Kreuzfahrtschiffe an – rund 200 pro Jahr und mitunter mehrere an einem Tag. Das 2005 eröffnete **Cruise Center** ist auf einen Passagierwechsel von täglich bis zu 2500 Personen ausgelegt. Gleich nebenan finden die Landgänger im **Pier 7** eine Auswahl an maritimen und regionalen Souvenirs und Restaurants à la Karls Erdbeerhof (im Winter geschl.). Am Passagierkai kommen auch die Teilnehmer der Großen Hafenrundfahrten ab Rostock an.

66 Mecklenburger Bucht

Zimmer mit Stromblick reservieren. Für Verpflegung sorgt ein Restaurant im Haus.
Am Strom 60/61, T 0381 54 82 30, www.hotel-am-alten-strom.de, DZ ab 125 €

In der ersten Reihe
2 aja Warnemünde: Klein und individuell ist das Resort wahrlich nicht, aber die Lage an der Promenade ist großartig, der Service professionell und hilfsbereit. Angenehm der Spabereich mit Innen- und Außenpool – auch im Winter geheizt.
Zur Promenade 2, T 0381 202 71 25 25 (Fragen zum Resort), T 040 696 35 25 80 (Buchung), www.aja.de/de/standorte/warnemuende.html, flexible Preise mit/ohne Frühstück, mit/ohne Spa, DZ ab 148 €

Himmelhoch am Meer
3 Hotel Neptun: s. S. 65
Seestr. 19, www.hotel-neptun.de, DZ ab 139 €

Essen

In Warnemünde muss niemand hungern. Am Alten Strom liegen Kutter, die Fisch und Fischbrötchen verkaufen, es reiht sich Restaurant an Restaurant. Auf der (gegenüberliegenden) Ostseite des Alten Stroms – zu erreichen über die historische Drehbrücke – liegen der Fischmarkt und weitere Restaurants, deren Terassen auch nachmittags, im Sommer sogar bis abends in der Sonne liegen.

Klasse Cocktails
1 Zwanzig12: Die ehemalige Klön-Klause wurde stilvoll modernisiert, der Service ist locker und kompetent, es gibt leckere Burger, Pasta, Gnocchi, aber auch Schnitzel und Zanderfilet (10–24 €).
Am Strom 89, T 0381 260 56 90 11

Der Pfingstmarkt ist das älteste Volksfest der Hansestadt. Seit mehr als 600 Jahren bereitet er seinen Besuchern vergnügliche Stunden – mit Karussells, Spielbuden und Schlemmereien.

Traditionsreiche Seefahrerkneipe

2 Seekiste zur Krim: Auch Warnemünder schätzen die bodenständige,
norddeutsche Küche zu fairen Preisen
(ab 11 €).
Am Strom 47, T 0381 521 14, www.seekiste-
zur-krim.de, Mo–Fr ab 17, Sa, So ab 12 Uhr,
im Winter So geschl.

Ein Highlight für Genießer

3 Zum Stromer: Sehr gemütlich – im
Winter mit Feuer im Kamin, im Sommer
draußen auf der Terrasse. Hier kommt
eine herzhafte Küche mit mediterranem
Einschlag auf den Tisch (15–32 €). Unbedingt reservieren!
Am Strom 32, T 0381 857 97 87, www.
stromer-restaurant.de, tgl. 17–24 Uhr, Küche
bis 21 Uhr, im Winterhalbjahr Di Ruhetag

Bewegen

Meerwind schnuppern

Zu Hafenrundfahrten, Schiffsausflügen
nach Kühlungsborn und Graal-Müritz
oder Abendfahrten mit Tanz startet die
MS Baltica 1 (T 0381 510 67 90,
www.msbaltica.de) vom Anleger am
Alten Strom. Zum Dorschangeln geht's
ganzjährig mit **Angel- und Seetouristik
2** (Am Bahnhof 5, T 0381 519 20 12,
www.angel-seetouristik.de) hinaus aufs
Meer. Außerdem Hochsee-, Hafen- und
Erlebnisfahrten.

Ausgehen

Sundowner im Sand

Am schönsten klingen Sommerabende
am **Strand** aus. Dann kommen auch
viele Einheimische mit der Familie und
Freunden ans Wasser, breiten eine Decke
im Sand aus, ein kleines Picknick, eine
Flasche Wein. Nachschub an Getränken
(auch alkoholischen) bieten die Kioske der
Strandkorbvermieter an den Strandüber-

gängen. So kann man den Feierabend
und das Leben genießen, bis die Sonne
im Meer versunken ist. Eine wunderbare
Stimmung!

Bequem kostet

1 Schusters Café und Cocktailbar:
Wer nicht im Sand sitzen mag, lässt sich
hier nieder – sowohl tagsüber als auch
abends. Wie aus Tausendundeiner Nacht
wirken die offenen Loungebetten (10 €),
in denen eine ganze Familie Platz findet.
Seepromenade 1, tgl. ab 12 Uhr

Feiern

- **Stromerwachen:** Wochenende Anfang
Mai. Marktstände am Alten Strom und
Handwerkermeile am Leuchtturm.
- **Warnemünder Woche:** Juli. Traditions-
reiches internationales Segelevent mit viel
Musik vom Shanty bis zum Jazz.
- **Hanse Sail Rostock:** Anfang/Mitte Aug.
Weltweit das größte Treffen von Traditi-
onsseglern. Grandios, aber die Massen
schieben sich.
- **Stromfest:** Erstes Wochenende Sept.
Festlicher Saisonausklang mit Marktmeile
am Alten Strom, Bootskorso, Laternenum-
zug und Feuerwerk.

Infos

- **Tourist-Information:** Am Strom 59/
Ecke Kirchenstraße, 18119 Rostock-War-
nemünde, T 0381 381 22 22, www.
rostock.de.

Graal-Müritz ♀F4

Die Ruhe selbst – selbst in der Hochsaison. Das traditionsreiche Ostseebad
liegt abseits der touristischen Haupt-

Verschlungene Wege durchziehen den Rhododendronpark, der im Mai und Juni seine Blütenpracht entfaltet.

strecken, man muss schon hinwollen und von der B 105 abzweigen, um es nicht zu verpassen. Der Ortsname Müritz ist aus dem slawischen *muryz* abzuleiten und bedeutet am Meer gelegen. 1938 wurde er mit dem benachbarten, ebenfalls am Meer gelegen Ort Graal vereint. Zwischen den beiden Ortsteilen, die durch den **Dünenweg** (Strandpromenade) verbunden sind, erstreckt sich der schattige und von Spazierwegen durchzogene Stadtpark.

Franz im Glück

Von der 35 m weit aufs Meer hinausführenden **Seebrücke** bietet sich ein schöner Blick auf die waldreiche Küste. Die Lage zwischen dem Wald auf der einen und dem Meer auf der anderen Seite garantiert ideale Kurbedingungen. Das erste Kinderhospital wurde in Müritz bereits 1884 gegründet. Berühmtester Feriengast war der an Lungentuberkulose erkrankte Dichter Franz Kafka, der hier im Juli 1923, ein Jahr vor seinem Tod, Erholung suchte. Den nicht gerade für sein heiteres Naturell bekannten Kafka erfreuten die Kinder eines nahen Ferienheims: »Die halben Tage und Nächte ist das Haus, der Wald und der Strand voll Gesang. Wenn ich unter ihnen bin, bin ich nicht glücklich, aber vor der Schwelle des Glücks.«

Die Schwelle zum Glück überschritten hätte er möglicherweise bei einem Spaziergang durch den berühmten **Rhododendronpark.** Zu seiner Zeit befand sich an dieser Stelle noch eine Sandgrube. Angelegt wurde der über 4 ha große Park von 1955 bis 1961. Rund 2500 Rhododendron- und Azaleen-Exemplare bezaubern im Mai und Juni den Spaziergänger mit einer unvergleichlichen Farben- und Blütenpracht. Der Park ist frei zugänglich.

Der Geschichte des Seebads und den Künstlern, die hier Erholung und Inspiration suchten, widmet sich das kleine **Heimatmuseum** (Parkstr. 21, ganzjährig Di, Fr, So 15–18 Uhr, Eintritt frei, Spende willkommen).

Schlafen, Essen

Verlässliche Qualität

Restaurant-Hotel Waldperle: Traditionsreiches, sehr freundlich geführtes Haus in ruhiger Lage nahe dem Rhododendronpark und nur fünf Minuten vom Strand entfernt. Das hauseigene Restaurant pflegt eine gutbürgerliche Küche. Parkstr. 9, T 038206 14 70, www.hotel-waldperle.de, DZ ab 125 €, FeWo 140 €

Schlemmerstube

Cafèstübchen und Pension Witt: Der Wald beginnt gleich hinter dem rohrgedeckten Haus mit den 16 komfortablen Zimmern. Zum Strand sind es etwa

350 m. Das **Caféstübchen** verwöhnt mit Mecklenburger Spezialitäten und Windbeuteln. Im Sommer wird auch im hübschen Garten eingedeckt.

Am Tannenhof 2, T 038206 772 21, www.cafestuebchen-witt.de, DZ 91–111 €, Ferienhaus ab 85 €; **Café:** Di–So 12–22, warme Küche 12–14, 17–21 Uhr

Chillen am Strand
Zur Boje: Einfach klasse, dieses kleine unscheinbare Holzhaus mit Biergarten hinter der Düne kurz vor dem Strand. Es gibt viel Fisch, aber auch hausgemachtes Sauerfleisch (ab 10 €). Als Sommerhighlight gibt's zusätzlich die **Strandboje.** Einfach dem Strandweg folgen, dann liegt rechter Hand direkt am Strand eine kleine Bude, die bei schönem Wetter von Mittag bis Sonnenuntergang für kühle Getränke, Cocktails und Snacks sorgt.

Mittelweg 3, Graal-Müritz, T 038206 149 26, http://zurboje.de, Di, Mi 17–21, Do–So 12–21 Uhr

---

Bewegen

Splash!
Aquadrom Graal-Müritz: Wer gerne (25-m-)Bahnen zieht, ist hier richtig, für die Lütten gibt es ein Kinderbecken. Das Aquadrom bietet außerdem verschiedene Hallensportmöglichkeiten (Badminton, Basketball, Tennis, Volleyball), eine Kegelbahn, ein Fitnessstudio mit Kursen, und eine Saunalandschaft. Das Aqua-Restaurant überzeugt mit schmackhafter Küche. Salate, Pasta, Fisch und Fleisch für 5–19 €.

Buchenkampweg 9, T 038206 879 00, www.aquadrom.net, Kernzeit tgl. 10–21.30 Uhr; **Restaurant:** www.aquarestaurant.de, tgl. 12–22 Uhr

Rein in die Wanderschuhe
Von Graal-Müritz aus werden ganzjährig verschiedene geführte Touren angeboten.

Zwischen Ostern und Herbstferien steht zweimal pro Woche die Moorwanderung auf dem Programm.

Info: www.graal-mueritz.de/wandern

Feiern

- **Rhododendronparkfest:** Drei Tage Ende Mai. Zur Rhododendronblüte lädt der Park zu einem bunten Mix aus Kulturellem, Kulinarischem und Kunsthandwerk ein.

Infos

- **Tourismus- und Kur GmbH Graal-Müritz (TuK):** Rostocker Str. 3, 18181 Graal-Müritz, T 038206 70 30, www.graal-mueritz.de.

Rostocker Heide

📍 F4

Bestens ausgeschilderte Radwege führen auf angenehmen Waldwegen zu ungewöhnlichen Ausflugszielen. Keines ist überlaufen, keines hochpreisig, für die kulinarische Versorgung vor Ort ist gesorgt.

Ein Duft aus vergangener Zeit
Der Geruch von harzigen Kiefern und Holzteer liegt über dem **Forst- und Köhlerhof Wiethagen.** Die historische Teerschwelerei wurde 1837 erbaut und 1984 zum Technischen Denkmal erklärt. Das Freilichtmuseum bietet eine interessante Sammlung verschiedener Teeröfen: Erdmeiler, Langmeiler, Graben- oder Hangmeiler, Skandinavischer Teergrundenmeiler. Auf einem Skulpturenpfad im Wald erinnern Holzplastiken

und Reliefs an die Märchen- und Sagenwelt der Rostocker Heide. Kinder lieben den Spielplatz und die Aktivitäten, z. B. Osterfeuer und Herbstfeste.

Wiethagen, T 038202 20 35, www.koehler hof-wiethagen.de, April–Sept. Di–Fr 9–17, Sa/So 10–17 Uhr, Okt.–Mitte Dez. Di–Fr 9–16, So 10–16 Uhr, 4 €, Familie 8 €

Überraschung im Wald

Nicht vorbeifahren! Abzweig an der B 105: Hinein geht es in den Wald. Das **Jagdschloss Gelbensande** taucht auf wie eine Fata Morgana. Errichtet wurde es nach Plänen des Hofbaurates Gotthilf Ludwig Möckel von 1885 bis 1887 im Auftrag von Großherzog Friedrich Franz III. und dessen russischer Gemahlin Anastasia. Lange war der östliche Teil der Rostocker Heide das Hofjagdrevier der mecklenburgischen Landesfürsten. Die auf Wunsch der Großherzogin integrierten russischen Stilelemente verleihen dem Backsteinbau mit einem Obergeschoss aus Fachwerk einen besonderen Charme. Heute bietet es die stilvolle Kulisse für Hochzeiten und Feste, im Café werden köstliche Torten aus der eigenen Konditorei serviert.

Am Schloss 1, Gelbensande, T 038201 475, www.museum-jagdschloss-gelbensande.de, Museum Mai–Okt. tgl. 10–17, Nov.–April tgl. 11–16 Uhr, über Weihnachten und Silvester geschl., 5 €, Familie 12 €

Disneyland im Erdbeerfeld

Karls Erlebnis-Dorf Rövelshagen ist ein Ausflugsziel für die ganze Familie. Aus einem kleinen Erdbeer-Hofladen ist sich ein ganzjährig geöffneter Bauernmarkt entwickelt mit Holzofen-Bäckerei, jahreszeitlich passender Verkaufsausstellung, Marmeladen-, Bonbon- und Seifenmanufaktur sowie einer großen Auswahl an Bunzlauer Keramik. Dazu gibt es die Erlebniswelt mit Kinderbauernhof und grandiosen Kinderspielplatz.

Einige Attraktionen wie die Eiswelt, der Kletterwald oder die Erdbeer-Raupenbahn sind kostenpflichtig.

Purkshof 2, Rövershagen, etwa 5 km südl. von Graal-Müritz, www.karls.de, tgl. 8–19 Uhr, Tageskarte 12 €

Schlafen und Essen

Gepflegt am Strand

Strandresort Markgrafenheide: Zu mieten sind zweigeschossige Dünenhäuser (3 in einer Reihe) mit eigener Terrasse sowie Apartments und Ferienwohnungen. Alle Unterkünfte sind modern und geschmackvoll eingerichtet. Dazu gibt es ein Restaurant und einen Wellnessbereich mit Saunen und Pool (kostet extra).

Budentannenweg 10, T 0381 77 89 10, www. strandresort-ostsee.de, ab 145 €

Kleine Auszeit

Hotel Godewind: Familiengeführtes 4-Sterne-Haus mit Wellnessbereich und Pool, Restaurant und Bar. Trennkost-Vitalwoche oder Fastenwandern (www. fastenwandern-ostsee.de) stehen ganzjährig auf dem Programm.

Warnemünder Str. 5, Rostock-Markgrafenheide, T 0381 60 95 70, www.hotel-godewind. de, DZ/FeWo ab 135–189 €

Toll für Familien mit Kindern!

Alles Paletti: In Karls Upcycling-Hotel bestehen die Betten aus Europaletten, Hocker sind mit Bezügen aus alten Jeans bezogen und Wäschetrommeln dienen als Eingangslampen. Jede Unterkunft hat eine Veranda mit Blick ins Grüne oder ins angrenzende Erlebnis-Dorf, das mit einer kleinen Feldbahn auf schmaler Spur erreicht werden kann. Die Saunalandschaft besteht aus drei urigen Fasssaunen und Umkleidekabinen aus alten Überseecontainern.

Purkshof 2, Rövershagen, T 38202 40 52 50, www.karls.de, DZ ab 64,80 €

Zugabe
Freiheit hinter dem Horizont

Republikflucht über die Ostsee

Grenzenlos ist das Meer. Die Flucht über die Ostsee erschien vielen ausreisewilligen DDR-Bürgern aussichtsreicher als die Überwindung der Mauer und verminter Grünstreifen. Etwa 5600 DDR-Bürger wagten zwischen 1961 und 1989 den Weg durchs Wasser – schwimmend, mit Luftmatratze, Aquascooter, Kanu, Surfbrett, Faltboot. Sogar U-Boote Marke Eigenbau kamen zum Einsatz. Rügen lockte viele Fluchtwillige wegen der Fähren nach Trelleborg. Die meisten Ablandungsgebiete – was für ein Wort! – lagen aber in der Mecklenburger Bucht.

Der Blick aus dem Grenzturm in Kühlungsborn vermittelt ein trügerisches Gefühl grenzenloser Freiheit, denn auch die nasse Grenze wurde zu DDR-Zeiten rund um die Uhr penibel überwacht.

Die 600 km lange Küstenlinie wurde von 2500 Grenzsoldaten, 34 Schiffen und 27 Beobachtungstürmen gesichert. Ein Gebiet von bis zu zwölf Seemeilen konnte von jedem der 15 m hohen Türme aus kontrolliert werden. Dazu suchten Patrouillen mit mobilen Scheinwerfern mit einer Reichweite von 18 km See und Küste ab. Schwimmobjekte machten sie im Scheinwerferkegel mit starken Ferngläsern sogar noch in drei Seemeilen Entfernung aus.

Nur etwa jeder sechste Flüchtende – manche Quellen sagen jeder zehnte – erreichte Schleswig-Holstein, Dänemark oder eine der Skandinavienfähren. Der Arzt Peter Doebler etwa schwamm bei seiner Flucht in 25 Stunden 48 km, bevor er kurz vor Fehmarn von einer Jacht aufgenommen wurde. Mindestens 174 Menschen, mitunter ganze Familien, verloren ihr Leben bei der Flucht über die Ostsee. Sie ertranken oder starben an Unterkühlung, viele blieben verschollen. Denen die Flucht missglückte, die zurückkehren mussten oder entdeckt wurden, drohten als Grenzverletzer und Republikflüchtlinge hohe Haftstrafen.

Der ›Sehnsuchtsberg‹ im Klützer Winkel und eine Gedenktafel an der Boltenhagener Seebrücke erinnern an die Opfer. In einer Ausstellung am ehemaligen Grenzturm in Kühlungsborn (s. S. 42) – einer von zwei erhaltenen – bekommen tragische, aber auch glückliche Flucht-Schicksale einen Namen und ein Gesicht. ■

»Gnadenlose Jagd auf der Ostsee«

Fischland-Darß-Zingst

Halbinsel zwischen Ostsee und Bodden — atemberaubend schön, mit Traumstränden und urwüchsigen Wäldern im Nationalpark, Fischerdörfern mit rohrgedeckten Häusern einer Künstlerkolonie und idyllischen Boddenhäfen.

Seite 75
Ribnitz-Damgarten
Wer sich für Nonnenstaub oder Sonnensteine interessiert, muss im Klarissenkloster vorbeischauen.

Seite 78
Ribnitzer Moor
Unterwegs in einem geheimnisvollen Landstrich, in dem die Frösche im Frühjahr blau machen.

Seite 82
Wustrow
Auf der Neuen Straße trotzen Fischlandhäuser und Büdnereien der Modernisierung.

Um die Vögel des Glücks zu fotografieren, braucht es Glück.

Eintauchen

Seite 85
Zeesboottörns
Die braunen Segel gehören untrennbar zu Bodden und Haff. In den Häfen von Wustrow, Dierhagen und Wieck nehmen die Kapitäne Gäste an Bord. Eine Segeltour ist informativ und zugleich ein Genuss für die Seele.

Seite 85
Ahrenshoop
Ein Ort wie gemalt und vielfach künstlerisch in Szene gesetzt. Schauen Sie die Gemälde im Ahrenshooper Kunsthaus an! Etwas unbekannter, das stille, zauberhafte Boddenufer, an dem sich viele Töpfer niedergelassen haben.

Fischland-Darß-Zingst **73**

Seite 91
Darßer Arche

In Wieck präsentiert sich der Nationalpark Vorpommersche Boddenlandschaft. Zur Einkehr lädt ein Biocafé mit poetischem Namen.

Seite 96
Darßer Ort ✪

Das urwüchsige Waldgebiet ist ein Herzstück des Nationalparks Vorpommersche Boddenlandschaft. Durch den Wald gelangt man von Prerow zum Darßer Ort mit dem wilden Weststrand.

Seite 99
Zingst

Das Ostseeheilbad hat sich dem Vogelkieken und der Fotografie verschrieben.

Seite 100
Kirr

Natur zum Schwärmen. Nur 50 m vom Ufer entfernt liegt die Vogelinsel.

Seite 102
Pramort

Im Herbst ist Kranichkieken angesagt. Auf dem Rad geht es durch den Nationalpark zu den Utkieks am Pramort und der Hohen Düne. Hier gilt das alte Voyeur-Motto: Sehen aber nicht gesehen werden!

Die Deutsche Seenotrettung (DGzRS) gibt es seit 1865. Finanziert wird sie übrigens durch Spenden.

»Was macht die Zeit, wenn sie zerrinnt?«, fragte sich Albert Einstein, der seine Auszeit in Ahrenshoop ohne Telefon und Zeitung genoss.

erleben

Im Land der Kraniche

»Das passt hier nicht hin.« – denkt man sich bei so manchem Bauprojekt in den Seebädern und den beschaulichen Dörfern am Bodden. Wenn große Neubauten kleine, rohrgedeckte Katen schier erdrücken, wird mir das Herz eng. Neben der grandiosen Natur sind es ja die bildhübschen Kapitäns- und Fischerhäuser mit tief herabgezogenen Rohrdächern, die den Charme der Region ausmachen. Die Halbinsel ist einfach zu schön, der Tourismus boomt, die stillen Winkel werden weniger.

Jede der drei ehemaligen Inseln hat ihren eigenen Charakter bewahrt. Am Zugang zum schmalen, lang gestreckten Fischland liegt Dierhagen. Weiter führt die Bäderstraße zu den Seebädern Wustrow und Ahrenshoop, dessen östlicher Teil schon zum Darß gehört. An den Darßer Urwald mit dem berühmten wilden Weststrand grenzt das weitläufige Seebad Prerow. Von trubeligen Touristenströmen verschont sind die Boddendörfer Wieck und Born. Der Darß bildet zusammen mit dem sich östlich anschließenden Zingst das Herzstück des Nationalparks Vorpommersche Boddenlandschaft. Von Zingst, dem mit über 3000 Einwohnern weitaus größten Ort der gesamten Halbinsel, gelangt man nach Pramort, einem der bekanntesten Plätze zum Beobachten des abendlichen Einflugs der Kraniche.

Zwei gediegene kleine Städtchen an der Boddenküste bilden die Eingangstore zu Fischland-Darß-Zingst: die Bernsteinstadt Ribnitz-Damgarten und die Vinetastadt Barth. Sie sind beliebte Tagesausflugsziele – und auch per Schiff gut zu erreichen.

ORIENTIERUNG

Internet: www.fischland-darss-zingst.de
Anreise: Anbindung über eine schmale Landenge im Westen und die Meiningenbrücke im Osten (Brückenzeiten s. S. 239).
Bahn/Bus: Über Rostock oder Stralsund nach Ribnitz-Damgarten West/Ost und Barth. Die Buslinie 210 (Ribnitz-Damgarten–Barth) fährt alle Orte auf Fischland-Darß-Zingst an (www.vvr-bus.de).
Schifffahrt: In der Saison mehrmals täglich Boddenrundfahrten sowie Personen-/Radfähren (www.fahrgastschifffahrt-fischland-darss-zingst.de).
Besondere Termine: Tonnenabschlagen und Zeesbootregatten von Juni bis September.

Ribnitz-Damgarten 📍G4

214 Stufen führen hinauf zur Aussichtsplattform der Ribnitzer Stadtkirche St. Marien. Der Lohn: ein spektakulärer Blick über die Stadt, den Ribnitzer See und den Saaler Bodden. Die Lage von Ribnitz an der Mündung der Recknitz in den Ribnitzer See ist nicht nur idyllisch sondern auch von historischer Bedeutung. Jahrhundertelang markierte der Fluss die Grenze zum Herzogtum Vorpommern und trennte Ribnitz auf mecklenburgischem Territorium vom (vor)pommerschen Damgarten am östlichen Ufer der Recknitz. 1950 wurden die Städte gegen ihren Willen zusammengelegt.

Kleinstadttruhe

Den Eingang nach **Ribnitz** bildet das **Rostocker Tor** (erste Hälfte 15. Jh.), einziges Überbleibsel der 2 km langen und 3 m hohen Stadtbefestigung und ihrer fünf Durchlässe. Erst seit 2002 fließt der Autoverkehr um das mit reicher Blendbogengliederung versehene, von einem kleinen achteckigen Turm gekrönte **Stadttor** herum. Dahinter führt die Lange Straße direkt auf den kleinstädtischen **Markt** zu. Donnerstag ist Markttag, an allen anderen Tagen findet man hier immer einen Parkplatz. Die **Tourist-Information** in einem bemerkenswerten roten Kubus ist praktischerweise auch gleich zur Stelle.

An der Westseite des Marktes ragt wuchtig der Turm von **St. Marien** auf. Die ältesten Teile der stattlichen dreischiffigen Hallenkirche stammen aus dem 13. Jh. Für ihren Klang gerühmt

Der Fischer war erfolgreich, Frau und Tochter halten einen Bernstein in der Hand. Den Sohn hat die Leidenschaft für das Gold des Meeres noch nicht erwischt, er vergnügt sich lieber mit dem Hund.

76 Fischland-Darß-Zingst

wird die 1994 erbaute Jehmlich-Orgel. Überzeugen Sie sich selbst: Im Rahmen des Orgelsommers im Juni und Juli finden jeden Mittwochabend Konzerte statt (www.stadtkirche-ribnitz.de).

An der Ostseite des Marktes zeigt das nach einem Entwurf von Georg Barca 1834 fertiggestellte **Rathaus** eine prachtvolle klassizistische Fassade. Davor verzaubert der begehbare **Brunnen »Bernsteinfischer«** (Bildhauer Thomas Jastram, 2007) nicht nur Kinder. Er stimmt thematisch auf die Hauptattraktion von Ribnitz-Damgarten ein, das sich stolz Bernsteinstadt nennt.

Nonnenstaub und Sonnensteine

Brennender Stein hieß er bei den Germanen, Sonnenstein bei den Griechen – angezündet brennt er mit langsamer, stark rußender Flamme, denn Bernstein ist nichts anderes als versteinertes Harz. Als Schmuckstein feierte das Ostseegold im 16. und 17. Jh. seine Blütezeit, als Fürsten aus ganz Europa bei den Bernsteinschnitzern in Königsberg und Danzig Arbeiten in Auftrag gaben. Das berühmteste Kunstwerk ist das legendäre Bernsteinzimmer, das seit dem Zweiten Weltkrieg verschollen ist. Im **Deutschen Bernsteinmuseum** ist seine spannende Geschichte dokumentiert. Hier kann man auch sogenannte Inklusen – vom Harz eingeschlossene Insekten und Pflanzenteile – von Nahem betrachten.

Untergebracht ist die ›schönste Bernsteinsammlung Europas‹ im 1329 erbauten **Klarissenkloster** – eine Stiftung Heinrich II. des Löwen von Mecklenburg, dessen Tochter Beatrix hier als erste Äbtissin waltete. Nach der Reformation wurde das Kloster in ein evangelisches Damenstift umgewandelt, das zwölf Frauen – in der Regel unverheiratete Töchter aus dem Mecklenburger Adel – Platz bot. In der Klosterkirche, dem einzigen von der ursprünglichen Klosteranlage erhaltenen

Bauteil, zeigt die Ausstellung ›Dame von Welt, auch Nonne‹ die Entwicklung vom Kloster zum adligen Damenstift. In Vitrinen ist der sogenannte Nonnenstaub ausgestellt, kleine persönliche Dinge der Klosterbewohnerinnen, die unter dem Chorgestühl zum Vorschein kamen. Das schöne **Museumscafé** bietet im Sommer auch Sitzplätze im windstillen Garten.
Im Kloster 1–2, Ribnitz, T 03821 46 22, www. deutsches-bernsteinmuseum.de, April–Okt. tgl. 9.30–18, Nov.–März Di–So 9.30–17 Uhr, Erw. 8,50 €

Mit Künstlerblick

Im Sommer 1905 besuchte der deutsch-amerikanische Künstler Lyonel Feininger Ribnitz und Damgarten. Es entstanden Zeichnungen, Holzschnitte, Radierungen und Aquarelle, eine kleine Auswahl von Originalen ist im **Feininger-Kabinett** in der **Galerie im Kloster** zu finden. Der Klosterhof ist Ausgangspunkt des **Feininger Rundgangs**. Zehn Stelen in den für den Bauhausstil typischen Farben – rot, blau, gelb – lenken im Ort den Blick auf die Motive Feiningers. Durch einen rechteckigen Ausschnitt können Neugierige den Blickwinkel des Künstlers einnehmen. Die vorzügliche Begleitbroschüre zum Rundgang (erhältlich in der Galerie oder der Tourist-Info) gibt Erklärungen zu den jeweiligen Motiven.
Galerie im Kloster: T 03821 47 01, www. galerie-ribnitz.de, Feb.–Okt. Di–Sa 11–17 Uhr, Nov.–Jan. reduziert; **Lyonel-Feininger-Führung:** jeden 2. Do 15 Uhr (nur mit Voranmeldung bis 13 Uhr)

Klockenhagen ⚲ G4

So war es einmal

Im **Freilichtmuseum Klockenhagen** lässt das liebevoll zusammengetragene Ensemble historischer Dorfgebäude aus der Region ein ländliches Idyll entstehen. Welche Pflanzen im Bauerngarten duften und gedeihen und wozu sie nützlich sind, wird von Mai bis Oktober auf Kräuterführungen erklärt (Di, Fr 11 Uhr). Spielplätze und regelmäßige Mitmachaktionen – es wird gebacken, gewaschen, gesponnen und gefilzt – machen Kindern Lust aufs Landleben. Die Gaststätte **Up dei Däl** pflegt die Mecklenburger Küche. Der schnuckelige Dorfladen wirbt mit ›guten alten und oft nützlichen Dingen‹, verkauft u. a. auch Keramik, Literatur, traditionelles Spielzeug.

Mecklenburger Str. 57, Ribnitz-Damgarten/ Klockenhagen, www.freilichtmuseum-klockenhagen.de, April–Okt. Di–S 10–17, Juli, Aug. bis 18 Uhr, Erw. 8 €, Familie 18 €

Schlafen

Schlafen im Hafen
Wellenreiter: In den schwimmenden Ferienhäusern im Ribnitzer Stadthafen finden jeweils bis zu vier Personen Platz. Wanderkajaks, Motorjachten, Segel- und Angelboote kann man dazubuchen.

Am See, Info: T 0152 53 92 02 03, www.wellenreiter-ferienhaus.de, Mietpreis pro Woche (7 Übernachtungen) 1411 €

Ein Ort zum Innehalten
Hotel Wilhelmshof: Zehn freundlich eingerichtete Zimmer in einem über 300 Jahre alten Wohn- und Speichergebäude. Ayurvedische Anwendungen und köstliche Speisen tragen zum Wohlfühlen bei. Alles sehr liebevoll.

Lange Str. 22, Ribnitz, T 03821 22 09, DZ 105–135 €

Einkaufen

Das Gold der Ostsee
Bernsteinmeile: Schöne Adressen für Bernsteinarbeiten sind die **Ribnitzer Bernstein-Drechslerei** (Lange Str. 48) und die **Bernstein-Galerie** (Neue Klosterstr. 8). Ein Besuchermagnet ist die am Ortsausgang direkt an der B 105 gelegene **Bernstein-Schau-Manufaktur.** Schon das Bauwerk in Form einer Pyramide ist ein Hingucker. Es beherbergt die größte Bernsteinverkaufsausstellung Europas – mit gläserner Schmuckproduktion und Café.

An der Mühle 30, Damgarten, T 03821 885 80, www.ostseeschmuck.de, Mo–Fr 9.30–18, Sa 9.30–16 Uhr, 3 €

Bewegen

Ganzjähriger Badespaß
Bodden-Therme: Das Erlebnisbad mit Sport- und Wellenbecken eignet sich auch für einen Besuch mit kleineren Kindern.

Körkwitzer Weg 15, Ribnitz, T 03821 390 99 61, www.bodden-therme.de

Lyonel Feininger malte Kirche und Stadttor, aber auch unbekannte Ecken wie die Ribnitzer Mauerstraße.

Lieblingsort

Ein geheimnisvoller Landstrich
Verborgen im Wald liegt das **Ribnitzer Moor** (♀ F4). Dieses 6000 Jahre alte Regenmoor, das nur durch Niederschlag gespeist wird, dient vielen seltenen Pflanzen und Tieren als Rückzugsort. Hier fühlt sich der fleischfressende Sonnentau wohl, der darauf wartet, dass ein Insekt in den klebrigen Drüsenhaaren seiner rosettenförmigen Blätter stecken bleibt. Merkwürdig schöne Namen tragen manche Tiere, etwa der Perlmutterfalter oder die Große Moosjungfer – eine von 20 Libellenarten im Moor. Auf ausgeschilderten Wegen kann das Moor auf eigene Faust erkundet werden. Empfehlenswert sind die naturkundlichen Führungen (Mi 10 Uhr, ca. 3 Std., 9,50 €, mit Kurkarte 8 €), deren Themenschwerpunkt mit den Jahreszeiten wechselt. Auf einen Spaziergang stimmen die Ausstellungen im **Informationszentrum Wald und Moor** ein.
Infozentrum: Ribnitzer Landweg 3, Ortsteil Neuheide, T 038206 144 44, www.moorinfo.ribnitz-damgarten.de, Mai–Okt. tgl. 10–17 Uhr, Eintritt frei, Spende erwünscht

Willkommen an Bord!
Boddenfahrten: In der Saison mehrmals täglich Rundfahrten. Die Linienfahrten eignen sich dank Fahrradtransport, auch für kombinierte Tagesausflüge.
Info: www.fahrgastschifffahrt-fischland-darss-zingst.de

Infos

• **Stadtinformation Ribnitz-Damgarten:** Am Markt 1, 18311 Ribnitz-Damgarten, T 03821 22 01, www.ribnitz-damgarten.de.

Dierhagen ♀ F–G 3–4

Den Auftakt zum Fischland bildet Dierhagen. Nie gehört? Kann gut sein. Die Bäderstraße (L 21) führt am winzigen **Körkwitz Hof** vorbei mitten durch die Gemeinde – ohne einen der fünf weiteren, weit verstreuten Ortsteile zu queren. Wer sich nicht bewusst für einen Abzweig – Richtung Bodden oder Richtung Meer – entscheidet, ist schnell vorbeigefahren.

Dorfidyll am Bodden
Den historischen Kern bilden die beiden alten Fischerorte **Dändorf** und **Dierhagen-Dorf** am Saaler Bodden. Heute kaum noch vorstellbar, das sie in der Blütezeit der Segelschifffahrt zusammen 71 Schiffe besaßen. Der Dändorfer Hafen war ein bedeutender Umschlagplatz für Siedesalz aus der Saline Bad Sülze. Die historische **Salzstraße** führte von der Recknitz kommend über den Bodden nach Dändorf und von dort weiter bis zur Ostsee (bei Neuhaus). Der vermutlich zu Beginn des 19. Jh. vom Hafen bis zum damaligen Dorfanfang gepflasterte Straßenabschnitt steht unter Denkmalschutz. Dierhagen-Dorf ist ein richtiges Dorf mit rohrgedeckten Fischer- und

Kapitänshäusern und einer Dorfkirche von 1850 (der Turm kam erst 1928 dazu). Von der Kirche ist es nicht weit zum gemütlichen, kleinen Hafen.

Badeleben am Meer
Neuhaus, Dierhagen-Strand und **Dierhagen-Ost** sind der Ostsee zugewandt und auf Urlauber eingestellt. Neben zum Teil recht großen Hotels und Pensionen findet man in Strandnähe auch kleine Datschen mit sandiger Zufahrt. Die Ortsteile wurden spät besiedelt. Sand, Dünen und Moore boten keine Existenzgrundlage. Der touristische Hauptort ist Dierhagen-Strand. Im ehemaligen Ferienheim des FDGB, das heute unter Denkmalschutz steht, ist das Haus des Gastes mit der gut ausgestatteten Tourist-Information untergebracht.

Schlafen

Lass dich verwöhnen!
Luxusferien können Familien mit Kindern im **Strandhotel Fischland** (www.strandhotel-fischland.de) verleben. Der großzügige Wellnessbereich mit Schwimmbad heißt **Fischland-Oase.** Ausspannen ohne Kids können Sie wunderbar im **Strandhotel Dünenmeer** (www.duenenmeer.de), ein Wellnesstempel der Extraklasse.

Essen

Ein Stern am Ostseehimmel
Die Ostseelounge: Die Lage im vierten Stock des Strandhotels Fischland ist nicht nur zum Sonnenuntergang ein Traum. Die regional-mediterran inspirierten Speisen (ausgezeichnet mit einem Michelin-Stern) sind ein Gedicht, ebenso der Service – alles perfekt. Das hat natürlich seinen Preis!
Ernst-Moritz-Arndt-Str. 1, Dierhagen Strand, T 38226 520, www.gourmetrestaurant-ostseelounge.de, Di–Sa ab 18.30 Uhr

80 Fischland-Darß-Zingst

Gut essen ohne viel Gedöns
Kehrwieder: Im rohrgedeckten historischen Fachwerkhaus wird bodenständige, regionale Küche serviert. Probieren Sie doch mal den Mecklenburger Rippenbraten mit Äpfeln, Pflaumen und Speckbohnen (14,60 €) oder Sauerfleisch. Es gibt aber auch Flammkuchen. Die Portionen machen satt. Die Einrichtung ist rustikal-gemütlich, der Service freundlich.
Neuestr.6, Dierhagen-Dorf, T 038226 15 69 54, www.kehrwieder-dierhagen.de, Mi–So 17–21 Uhr

Dorsch, Zander, Hering & Co
Boddenblick: Einfaches, nettes Hafenrestaurant am Bodden. Vor der Haustür legen die Boote an, von einem Kutter wird im Sommer geräucherter Fisch verkauft. Fisch dominiert die Speisekarte, keine Haute Cuisine, aber schmackhaft und bodenständig zubereitet.
Hafenstr. 10, Dierhagen Dorf, T 038226 801 66, tgl. 11.30–21 Uhr

Bewegen

Maritime Tradition erleben
Segelschule Boddenskipper: Im Hafen Dierhagen-Dorf liegen die Zeesboote Hanne Nüte und Lütt Hanning, die von Mai bis Oktober unter rotbraunen Segeln auf Fahrt gehen.
Info: T 0170 451 26 71, www.boddenskipper. de, Vor- und Nachsaison 11, 13, 15, Juli, Aug. zusätzlich 17 Uhr, 14 €

Feiern

- **Dierhäger Zeesenbootregatta:** Drittes Wochenende Juli. Beginn am Freitag, Regatta am Samstag, abends großer Seglerball.
- **Tonnenabschlagen:** Zweiter Sa im Aug. Tagsüber Strand, spätnachmittags Tonnenabschlagen, abends Tanz.

Infos

- **Kurverwaltung Dierhagen:** Ernst-Moritz-Arndt-Str. 2, 18347 Dierhagen Strand, T 038226 201, www.ostseebaddierhagen.de.
- **www.dierhagen1311.de:** Zeitreise durch die Geschichte Dierhagens mit vielen interessanten Hintergrundberichten und historischen Fotos.
- **Dierhäger Hafenmarkt:** Sympathischer Wochenmarkt mit Frischem und Handgemachtem aus der Region (Mai–Okt. Di, Fr 9–13 Uhr).

Wustrow   ♥ G3

Kurz vor Wustrow spürt man das Meer: linker Hand der Hinweis auf die Surfschule, zur Rechten die weit ins Land greifende schilfreiche Bucht des Permin, die nur durch Straße, Deich und Dünenstrand von der Ostsee getrennt ist. Hier beginnt das eigentliche Fischland, kaum 500 m liegen zwischen Ostsee und Bodden. Die betriebsame **Fischlandchaussee**, ein Abschnitt der Bäderstraße, teilt den den ältesten und größten Ort des Fischlands. Zum Meer hin erstreckt sich das trubelige Seebad mit Seebrücke, Hotelanlagen, Cafés und Strandkörben; Fischerdorfflair findet man im alten Dorf mit dem Boddenhafen.

Zwischen den Wassern
Schon von Weitem zu sehen, ob vom Wasser oder vom Land, ist der Wustrower **Kirchturm** (Hafenstraße, Anfang Juni–Mitte Sept. Mo–Fr 10–17 Uhr). Ein Highlight im wahrsten Sinne ist die Aussicht von oben auf den alten Dorfkern. Die **Kirche**, die 1873 die baufällige, 1385 erstmals erwähnte Feldsteinkirche ersetzte, steht auf einer Anhöhe über dem

Noch herrscht Stille am Wustrower Strand, doch alles ist bereit für einen wundervoll entspannten Tag am Meer unter dem weiten Himmel Norddeutschlands.

Hafen. Mitte des 19. Jh. hatten dort etwa 240 Schiffe ihren heimatlichen Liegeplatz. Heute ist er Ausgangspunkt für einen Schiffsausflug oder einen Törn mit dem Zeesboot. An der Kirche beginnt die von rohrgedeckten Katen und Büdnereien gesäumte und größtenteils (noch) sandige **Neue Straße** (s. Tour S. 82).

Hauptflaniermeile des Seebads ist die **Strandstraße,** die von der Bäderstraße, die hier Ernst-Thälmann-Straße heißt, ohne Umwege geradewegs auf die Seebrücke zuführt. In diesem Viertel ließen sich im 19. Jh. die durch die Segelschifffahrt zu Wohlstand gekommenen Schiffer und Steuerleute nieder. In den Seitenstraßen, z. B. der Lindenstraße, sind noch viele schöne Schifferhäuser zu entdecken. Kurz vor der Seebrücke passiert man den historischen **Rettungsschuppen der DGzRS** von 1812. Die Anfang der 1990er-Jahre erbaute **Seebrücke** führt einfach und schlicht 240 m aufs Meer hinaus. Schiffe legen hier nur selten an.

Barnstorf 📍 G 3

Kunst am Bodden

Nur knapp 20 Minuten dauert der Spaziergang vom Wustrower Hafen zu dem auf einer Halbinsel im Bodden gelegenen Ortsteil Barnstorf. Schon Käthe Miethe schwärmte von den vier Hufen (Hofstellen). Bis heute haben die rohrgedeckten Fachwerkhäuser aus der ersten Hälfte des 18. Jh. von ihrem Charme nichts eingebüßt. Im denkmalgeschützten Ensemble der Hufe IV bietet die **Kunstscheune Barnstorf** bereits seit 1985 den stilvollen Rahmen für wechselnde Ausstellungen von Malern, Bildhauern, Keramikern und Schmuckgestaltern, überwiegend aus dem norddeutschen Raum. Die Straße endet an einem kleinen Sandstrand am Bodden.

Kunstscheune: Hufe IV, T 038220 201, www.kunstscheune-barnstorf.de, Pfingsten-Mitte Okt. tgl. 10–13, 15–18, Oster- und Weihnachtszeit tgl. 11–17 Uhr

TOUR
Budenzauber

Spaziergang über die Neue Straße in Wustrow

Infos

📍 G3

Dauer: ca. 30 Min.

Fischlandhaus:
Neue Str. 38,
T 038220 804 65,
Öffnungszeiten je
nach Saison und
Veranstaltung

Ferienwohnungen:
Schifferwiege, Ernst-
Thälmann-Str., www.
die-schifferwiege.de,
FeWo 209 €

Untat-Ort Neue Straße: Genehmigt haben die Gemeindevertreter die vier Neubauten nicht, gebaut wurden sie 2018 trotzdem. Wer vor den (gefühlt) riesigen Objekten steht, weiß warum die Gemeinde gegen den Landkreis klagt, der die Baugenehmigung erteilt hat. Immer mehr Widerstand formt sich unter den Dorfbewohnern. Ganz oben auf ihrer Agenda steht: Den Charakter Wustrows bewahren. In der **Neuen Straße** kann man ihm trotz der Verluste noch nachspüren. Ganz so wie ihn Käthe Miethe in ihrem großen Werk norddeutscher Heimatliteratur – »Das Fischland« – beschreibt.

Auf Schatzsuche

Kirche, Kurverwaltung und Hafen liegen in Wustrow dicht beieinander, und quasi mittendrin – ebenso zentral wie unscheinbar nimmt die Neue Straße, die eher Alte Straße heißen müsste, ihren Anfang. Bevor Sie ihr folgen, sollten Sie in der **Kurverwaltung** ❶ im alten Kaiserlichen Postamt das Faltblatt: »entdecken: Neue Straße/beläwen: Niege Strat« für 1 € besorgen. Es hält vorzügliche Informationen zu jedem einzelnen Haus in der Neuen Straße bereit – *ok up platt.* Von Hand gezeichnet und koloriert, sieht es aus wie eine echte Schatzkarte.

Ein Platz an der Sonne

Der erste Fund am Eingang zur Neuen Straße (aber der Ernst-Thälmann-Str. zugerechnet) ist kaum zu übersehen. Die gegen Ende des 17. Jh. erbaute **Schifferwiege** ❷ ist eines der ältesten erhaltenen Fischlandhäuser. Seine schmucke rostrote Fassade mit dem Bild eines stolzen Windjammers über der blauen Haustür ist ein beliebtes Fotomotiv. Wer wissen möchte, wie es sich unter dem rohrgedeckten Krüppelwalmdach lebt, kann hier eine Ferienwohnung mieten.

Gleich um die Ecke liegt etwas zurückgesetzt und daher leicht zu übersehen die **Büdnerei** ❸ (Neue Str. 1). Richtig, das Wort ist von Bude abgeleitet und im Nordosten Deutschlands geläufig für einen kleinen bäuerlichen Betrieb mit eigenem Haus und wenig Land. Gucken Sie genau hin! Die um 1800 gefertigte Tür gilt als die älteste originale Fischlandtür. Wie für jene Zeit typisch ist sie unbemalt. Eine berückend schlichte Schönheit.

Manch eine der ursprünglich schlichten Büdnereien bieten heute Feriengästen 5-Sterne-Komfort unterm Reetdach.

Auf der anderen Straßenseite schieben sich rohrgedeckte Häuser wie die Stufen einer Treppe eins hinter das andere. Bei Käthe Miethe heißt es, sie seien angeordnet, »als wollte jedes dem Nachbarn auch einen Platz an der Sonne lassen«. Ursprünglich wurde dieser Straßenabschnitt auch **Treppenstraat** ❹ genannt. Seeleute aber auch viele Handwerker wohnten hier.

Kulturort

Das um 1800 erbaute **Fischlandhaus** ❺ (Neue Str. 38) ist ein Paradebeispiel für die traditionelle Bauweise – ein Hochdielenhaus mit einem Krüppelwalmdach an der Giebelseite. Nach einer aufwendigen Sanierung (und Erweiterung 2010) wirkt es jetzt fast ein bisschen zu ordentlich. Es wird als Bibliothek genutzt. Im Regal steht natürlich auch »Das Fischland« von Käthe Miethe. Neben Lesungen finden hier auch Konzerte und Wechselausstellungen statt.

In der **Büdnerei** ❻ (Neue Str. 39) schräg gegenüber wohnte der Hirte, der morgens alle Dorfkühe zusammentrieb und zur Boddenwiese brachte. Abends fanden die Kühe allein ihren Weg zurück in den Stall.

Wer am Ende der Neuen Straße noch ein wenig aus dem Dorf hinausspaziert, gelangt zum **Friedhof** ❼. Hier fand Käthe Miethe ihre letzte Ruhe. Alte Grabsteine erzählen Wustrows Geschichte als Fischer-, Seefahrer- und Bauerndorf. Schön ist der Blick von hier über den Bodden.

Die Journalistin und Schriftstellerin Käthe Miethe (1893–1961) erwählte das Fischland zu ihrer zweiten Heimat. »För'n Schnaps, 'n Schnaps und nah'n Schnaps« geriet sie ins Plaudern mit den Einheimischen. Ihre Trinkfestigkeit beeindruckte selbst die alten Fischländer Seebären.

Schlafen

Mal modern, mal historisch
Barnstorf: 1995 wurde **Hof Zeesenblick** (Hufe II, www.meinostseetraumurlaub. de, FeWo 155–245 €) im traditionellen Stil neu gebaut und bietet unterm Reetdach sechs unterschiedlich große Ferienwohnungen auf drei Etagen, dazu Sauna, Fitness und große Liegewiese am Bodden. Zwei weitere Wohnungen (für je 2–3 Pers.) finden Sie in der liebevoll restaurierten, denkmalgeschützten **Scheune Peters** (Barnstorf Hufe III, www.scheune-peters.de, FeWo 65–100 €). Mit Sauna, Kaminecke und idyllischen Sitzplätzen im Garten.

Essen

Vorzügliche Landhausküche
Schimmel's: Mitten im Dorf und doch ruhig liegt dieses im Guide Michelin lobend erwähnte Restaurant. Im schönen Ambiente speist man natürlich etwas teurer (Hauptgänge ab 19 €). Vermietet werden auch drei freundlich eingerichtete Zimmer (70–85 €).
Parkstr. 1, T 038220 665 00, www.schimmels. de, Mo–Mi, Fr, Sa ab 14, So ab 12 Uhr

Genuss am Hafen
Kapitänshaus Am Unterfeuer: Das Dekor ist maritim, aber nicht überladen, die Karte bodenständig mit viel Fisch (ab 14 €). Besonders schön sitzt man auf der umlaufenden Holzveranda.
Hafenstr. 8, T 038220 809 80, www.kapitaenshaus.net, in der Saison tgl. 12–21 Uhr

Wie bei Freunden im Garten
Reise Reise: Kleines, liebevoll eingerichtetes Café mit Reisebüro und Internetzugang. Der Kuchen ist selbst gebacken, die Sahne frisch geschlagen. Im großen Garten stehen nur ein paar Tische und Stühle. Hier fühlt man sich gleich wohl.
Ernst-Thaelmann-Str. 22, T 038220 821 37, www.reisereise-wustrow.de, in der Saison tgl. 12–17.30 Uhr

Zeesbootregatta auf dem Saaler Bodden: Noch ist der Startschuss nicht gefallen, die Mannschaften treffen letzte Vorbereitungen, noch hält der Skipper den Wind aus den Segeln – oder herrscht etwa Flaute?

Bewegen

Unter knarrenden Segeln
Zeesboottörns: Zwei traditionelle Segelschiffe – Butt und Bill – nehmen im Wustrower Hafen von Mai bis Oktober Gäste an Bord.
Info: T 0170 201 78 16, www.kunstscheune-barnstorf.de/butt, tgl. jeweils 11, 13, 15 und 17 Uhr, 14 €

Schiffsausflüge
Linien- und Rundfahrten Wustrow, Ribnitz, Dierhagen, sowie Fahrten durch die vogelreichen Bülten, April–Okt. tgl., Info www.boddenschifffahrt.de, ab Anfang September Kranichfahrten.

Feiern

- **Zeesbootregatta:** Erster Sa Juli. In Wustrow wird gerne und viel gefeiert. Zu den Higlights zählt die Regatta mit Hafenmarkt, Theater für Kinder und viel Livemusik.
- **Tonnenabschlagen:** Zweiter So Juli. Dieses Fischländer Highlight startet samstagsabends ganz modern mit Disco. Zum Abschluss am Sonntagabend findet der traditionelle Reiterball statt.

Infos

- **Kurverwaltung Ostseebad Wustrow:** Ernst-Thälmann-Str. 11, 18347 Wustrow, T 038220 251, www.ostseebad-wustrow.de.

Ahrenshoop ♥ G3

Mit knapp 650 Einwohnern gehört Ahrenshoop zwar zu den kleinen, mit 2900 Gästebetten touristisch gesehen aber

KUCHEN UND KUNST

In der neu aufgebauten **Mühle** (Feldweg 7, Ahrenshoop, T 038220 66 83 43, www.muehle-ahrenshoop.com, April–Okt. tgl. 11–18 Uhr, im Winter reduziert), die schon auf den Gemälden der ersten Ahrenshooper Künstlergeneration zu entdecken ist, backt wieder ein Bäckermeister leckere Kuchen.
Im **Malwerk** werden wechselnde Ausstellungen gezeigt sowie Kurse zu Kunst und Literatur angeboten. Wohnen können Gäste in der **Himmelsleiter**, ein Apartment über zwei Etagen in der Mühlenkuppel (150 € pro Nacht).

zu den großen Seebädern. Die Bäderstraße, die im Ortsbereich ganz harmlos und unverdächtig Dorfstraße heißt, führt mitten hindurch. In der Saison schiebt sich der Verkehr hier nicht selten Stoßstange an Stoßstange vorbei. Diese Belastung wird von den Gästen aber genauso stoisch hingenommen, wie die sommerlichen Besuchermassen. Ahrenshoop als Reiseziel ist schöner in der Nebensaison. Kommen Sie beispielsweise zu den Literaturtagen im Oktober oder den Filmnächten im November. Das Hochufer über dem traumhaften Sandstrand beeindruckt zu jeder Jahreszeit und bei jedem Wetter (s. Tour S. 88).

Ein Ort wie gemalt
Ahrenshoop war ein armes Fischerdorf, bis die Maler kamen, gefolgt von Freunden, Familien und Spekulanten, die Dünengrundstücke für wenig Geld aufkauften. Gebaut wurde munter drauf los – im ortsfremden Stil. Die bildhübschen Villen stehen Seit an Seit mit liebevoll gepflegten Fischerkaten und Kapitänshäusern. Dem bemerkens-

werten Stilmix fügte der Architektur-student Hardt-Waltherr Hämer Anfang der 1950er-Jahre noch einen außergewöhnlichen Neubau hinzu. Die aus einheimischen Baustoffen – Holz und Reet – errichtete **Schifferkirche** (Paetowweg 5, www.schifferkirche-ahrenshoop.de) ist einem kieloben liegenden Schiffsrumpf nachempfunden. Kein architektonischer Augenschmeichler war dagegen das 1970 ebenfalls auf dem Schifferberg am Ortsausgang errichtete kantige Kurhaus. 2008 musste es einem Hotelkomplex weichen. Auch **The Grand Ahrenshoop** wirkt wie ein Fremdkörper, bietet aber 5-Sterne-Luxus (www.the-grand.de).

Die Spur der Künstler

Ganz Ahrenshoop ist mit Künstlergeschichten gespickt. Als der Landschaftsmaler Paul Müller-Kaempff kurz vor der Wende vom 19. zum 20. Jh. auf einer Wanderung das abgelegene Fischerdorf entdeckte, war er hingerissen von der Unberührtheit und Schönheit der Natur zwischen Meer und Bodden. Er blieb und gründete eine Malschule, in der er mangels Alternativen im Dorf seine Schülerinnen auch gleich einquartierte. Kunst wird in der ehemaligen Pension noch immer geschaffen: Seit 1994 steht das **Künstlerhaus Lukas** (Dorfstr. 35, www.kuenstlerhaus-lukas.de, geöffnet zu Veranstaltungen) Stipendiaten zum Wohnen und Arbeiten offen.

Von großer Bedeutung für die Künstlerkolonie war 1909 der Bau des **Kunstkaten** (Strandweg 1, www.kunst katen.de, 3,50 €). Hier konnten die Maler erstmals ihre Arbeiten ausstellen und auch zum Verkauf anbieten. Anders als viele der anderen Künstlerhäuser jener Tage, orientierte er sich am regionalen Baustil und trägt ein Rohrdach. Knallblau gestrichen ist diese älteste Galerie Norddeutschlands nicht zu übersehen.

Ein weiteres markantes Wahrzeichen des Ortes ist die **Bunte Stube** (Dorfstr. 24, www.bunte-stube.de) am Abzweig zum Strandweg. Der 1922 eröffnete Dorfladen bot zugleich die Möglichkeit, Kunst öffentlich zu präsentieren. Rasch entwickelte er sich zum kulturellen Treffpunkt. Im kleinen Kunstkabinett finden heute wechselnde Ausstellungen statt, zu kaufen gibt es Bücher, Kunsthandwerk und Naturwaren.

Kunst-Highlight

Als ›gelungene Ode an die Künstlerkolonie‹ wird das architektonisch bemerkenswerte **Ahrenshooper Kunstmuseum** am westlichen Ortseingang gelobt. Das 2013 eröffnete Haus zeigt Werke des späten 19. und des 20. Jh. Die Sammlung umfasst neben namhaften Ostsee-Malern und Grafikern (u. a. Elisabeth von Eicken, Anna Gerresheim, César Klein) auch viele Künstler, die zu Unrecht vergessen sind.

Wer vom Museum dem Weg zum Hohen Ufer folgt, gelangt zu einem wunderbaren Aussichtspunkt oberhalb der Steilküste. Hier befindet sich die erste Station des **Ahrenshooper Kunstpfades,** der sich gen Osten Richtung Dorf fortsetzt. Er wurde im Zuge des Jubiläums ›125 Jahre Ahrenshooper Künstlerkolonie‹ im Frühjahr 2017 eröffnet. An zehn Stationen gewähren ausgewählte Gemälde dem kunstinteressierten Spaziergänger einen Blick zurück in die Zeit, als Ahrenshoop noch ein weltfernes Fischerdorf war. Es ist leicht nachzuempfinden, warum die Künstler verzaubert waren von dieser Idylle. In der Saison werden Führungen angeboten. Wer auf eigene Faust loszieht, dem hilft der informative Kunstpfad-Flyer mit Karte bei der Erkundung.

Weg zum Hohen Ufer 36, T 038220 667 90, www.kunstmuseum-ahrenshoop.de, April– Okt. tgl. 11–18, Nov.–März Di–So 10–17 Uhr, 10 €; Kunstpfad: Flyer erhältlich in der Tourist-Info und im Kunstmuseum, Download unter www.ostseebad-ahrenshoop.de

Althagen und Niehagen

♀ G3

Töpfern am Bodden

Anders als am Meer blieben in den Dörfern am Bodden die alten Siedlungsstrukturen und viele rohrgedeckte Büdnereien und Katen erhalten. In Althagen ließen sich viele Töpfer nieder. Hier wurde um 1955 die berühmte Fischlandkeramik von dem Künstlerehepaar Frida und Wilhelm Löber und dem Maler Arnold Klünder entwickelt.

Auf schmalem Wiesenpfad geht es vom Parkplatz am Einkaufszentrum in der Dorfstraße zum **Dornenhaus** (Bernhard-Seitz-Weg 1, www.dornenhaus.de), dem wohl ältesten Rohrdachhaus von Althagen. Um 1660 direkt am historischen Grenzgraben zwischen Mecklenburg und Vorpommern erbaut, blickt es auf eine lange Geschichte als Bauern-, Seefahrer- und Zollhaus zurück. 1995 kauften Friedemann und Renate Löber das Haus, das seinen Namen dem einst üppig rankenden Weißdorn verdankt. Der Keramikmeister setzt die Tradition seiner Eltern fort und pflegt die **Fischlandkeramik**. Die blaugraue, seltener grüne Gebrauchskeramik zeigt Motive aus der Region: Fische, Libellen, Kraniche, Windflüchter oder Zeesboote. Jedes Stück ist ein Unikat. Nur hereinspaziert! Die große Diele strahlt Gemütlichkeit aus – auch oder vor allem im Winterhalbjahr, wenn im Kanonenofen ein Feuer wärmt. Die **Galerie im Dornenhaus** präsentiert in wechselnden Ausstellungen zeitgenössische bildende Künstler. Gegenwartskunst ist auch nebenan im **Neues Kunsthaus** (Bernhard-Seitz-Weg 3a, www.neueskunsthaus-ahrenshoop.de) zu sehen.

Ein idyllischer Weg führt boddenseitig zu den **Keramikwerkstätten** von Uta Löber (Althäger Str. 70, www.uta

Wir können auch anders: Bei dem Entwurf des Ahrenshooper Kunstmuseums ließ sich das Berliner Büro Staab Architekten von der für die Region typischen Bauweise rohrgedeckter Häuser inspirieren und arrangierte fünf Museumskuben zu einem ›norddeutschen Gehöft‹.

TOUR
The Top of Ahrenshoop

Wanderung am Hohen Ufer

Infos

G 3

Länge/Dauer:
hin und zurück ca.
7 km, etwa 2,5 Std.

**Für weniger
aktive Geher:** stdl.
Verbindung mit Bus
Linie 210 zwischen
Wustrow und Ah-
renshoop

Auch wer das allererste Mal in Ahrenshoop an der
Buhne 12 steht, wird ein Déja-vu haben: Diese drei
hohen Pappeln und das reetgedeckte Haus direkt am
Strand kenne ich doch. Das Motiv schmückt unzählige
Postkarten und Buchtitel. Wie gemalt! Eine abgenutzte
Beschreibung, ich weiß, aber genau so ist es – im Früh-
ling, im Sommer, im Herbst und im Winter. Von dem
Aussichtspunkt erstreckt sich der Steilküstenabschnitt
Hohes Ufer bis kurz vor die Seebrücke von Wustrow.

»Wo die Wellen schlagen …«
Steilküste oder Strand? Für den Hinweg wähle ich
immer den Strand – bei jedem Wetter. Aber seien Sie
gewarnt: Das Wasser reicht je nach Windrichtung und
-stärke teilweise bis an den Fuß der Steilwand heran. Auch wenn Sie den auflaufenden Wellen hüpfend
ausweichen, müssen sie möglicherweise an einem
Abschnitt, eine oder zwei Wellen lang,
durch das flache Wasser springen.

An Buhne 12 führt der **Grenzweg**
hinunter ans Wasser. Er markiert die
frühere Grenze zwischen Mecklenburg und Pommern, heute zwischen
Fischland und Darß. Der Strand ist
zunächst noch breit, sanfte Wellen
überspülen eine flache, ein Stück ins
Meer herausragende Sandbank – geschützt hinter einem bogenförmigen
Wall von steinernen **Wellenbrechern.**
Eine übertriebene Schutzmaßnahme?
Nein, denn die Ostsee kann auch anders. Es sind die (vor allem im Winterhalbjahr) heranbrandenden Wellen,
die diese beeindruckende Steilküste geschaffen haben. Bei Sturm untergraben
sie den Fuß der Steilwand, sodass ganze
Partien abbrechen, entwurzelte Bäume

stürzen auf den Strand. So verschwinden pro Jahr 1–2 m Steilküste im Meer.

Gefallene Bunker
Das Ziel rückt näher. Der Strand wird schmaler. Wie groß die Abtragung an diesem Küstenabschnitt ist, machen die abgestürzten, mit bunten Graffitis bemalten **Bunker** deutlich, einer in Ufernähe, der andere schon ein ganzes Stück im Meer. Sie gehörten zu einem von der Nationalen Volksarmee (NVA) als technische Beobachtungsstation genutzten unterirdischen Bunkersystem. Nicht gerade schön, aber was tun? Über die Eigentums- und Zuständigkeitsfrage, wie auch über die Entsorgung der tonnenschweren Betonklötze ist hinreichend diskutiert worden. Da aber von ihnen keine Gefahr ausgeht, hat man sie als ›Sehenswürdigkeit‹ akzeptiert. Das Hohe Ufer verliert an Höhe und verläuft schließlich im Sande. An der **Seebrücke von Wustrow** kann man sich in den beiden Strandlokalen Swantewit und Moby Dick für den Rückweg stärken.

Schuhe aus und los? Bei schönem Wetter sicher kein Problem. Aber bei grauem Himmel und frischem Wind mag hier sicherlich nicht jeder durch die Wellen hüpfen.

Ausschreiten mit Aussicht
Oben auf der **Steilküste** ist es ebenso verlockend wie gefährlich über die Kante zu gucken: das Kommen und Gehen der Seeschwalben in der Steilwand, Bäume, die über dem Abgrund hängen. Sicherheitswarnungen sollten unbedingt beachtet werden! Aber auch in sicherer Entfernung zur Steilküste ist die Aussicht atemberaubend – über Meer und Land.

Auf halbem Weg ragt etwa 200 m landeinwärts die flache **Kuppe des Bakelbergs** auf, mit knapp 18 m die höchste Erhebung des Fischlandes. Überlebensgroß schreitet Paul Müller-Kaempff seit 2017 dort oben aus – eine Homage an den Gründer der Künstlerkolonie Ahrenshoop anlässlich ihres 125-jährigen Jubiläums. Die aus witterungsbeständigem Bootsbausperrholz in knalligem Pink geschaffene Figur des Pop-Art-Künstlers Moritz Götze (geb. 1964) ist Geschmackssache. Eindeutig grandios ist dagegen das Panorama – die Ostsee auf der einen und der Saaler Bodden auf der anderen Seite.

Schöner Wohnen am Meer! Die Webseite der **Grimmelei** (www.grimmelei.de) in Ahrenshoop macht Lust darauf.

loeber-keramik.de) sowie Johann und Katharina Klünder (Fulge 3, www.kluender-keramik.de).

Schlafen

Ein Sammlertraum

Romantik Hotel Namenlos & Fischerwiege: Ein auf vier Häuser verteiltes Hotel. Die Häuser sind sehr unterschiedlich, aber alle stilvoll und gemütlich ausgestattet. Zugegeben: Hier wohnt man nicht zum Schnäppchenpreis. In den Zimmern hängen Werke zeitgenössischer regionaler Künstler, in den öffentlichen Räumen und in der Galerie sind Gemälde aus der Zeit der Ahrenshooper Künstlerkolonie ausgestellt.

Info: www.hotel-namenlos.de, www.hotel-fischerwiege.de, DZ/Suiten ab 225–315 €

Wohlfühlen unterm Rohrdach

Landhäuser Morgensünn & Susewind: Vier schöne, komfortable und mit Geschmack eingerichtete Häuser gehören zu dem Hotelkomplex: Im Haus Morgensünn befindet sich die Rezeption und ein kleines Schwimmbad (mit Gegenstromanlage).

Info: Bauernreihe 4b, T 038220 64 10, www.hoteluntermreetdach.de, DZ/Apartment 115–195 €

Essen

An guten Restaurants mangelt es in Ahrenshoop nicht, hören Sie sich einfach um. Viel gelobt werden sowohl das Ambiente als auch die Küche im Künstlerhotel Elisabeth von Eicken, im Hotel Seezeichen, im Romantik Hotel Namenlos (alle an der Dorfstraße).

Maritime Genüsse

Restaurant Räucherhaus: Spezialität des renommierten Gasthauses beim Althäger Hafen sind natürlich Fischgerichte. In der Schauräucherei kommen die Delikatessen frisch aus dem Rauch. Verkauf von Fisch aus Ostsee und Bodden (Mai–Okt. tgl. 9–18 Uhr). Zudem werden Ferienwohnungen mit Bodden- bzw. Hafenblick vermietet (70–110 €).

Am Hafen, OT Althagen, T 038220 69 46, www.raeucherhaus.net, je nach Saison und Andrang tgl. 12–20/21/22 Uhr

Ausgehen

Grandios zum Sonnenuntergang

Das Weitblick: Im fünften Stock des Hotels The Grand Ahrenshhop bei einem leckeren Cocktail den Tag ausklingen lassen, das hat schon was.

Schifferberg 24, Tischreservierung T 038220 67 81 64, www.the-grand.de, tgl. 16–24, Küche 18–22 Uhr

Feiern

• **Jazzfest:** Viertes Wochenende Juni. Livemusik an über 20 Spielorten – in Lokalen, auf Open-Air-Bühnen und auf der Straße.
• **Tonnenabschlagen:** Dritter So Juli. Tagsüber Reitwettbewerb, abends traditioneller Reiterball.
• **Althäger Fischerregatta:** Drittes Wochenende Sept. Die alljährlich letzte der Zeesbootregatten auf den Boddengewässern der Region, mit Hafenfest, Markt und Tanz.

Infos

• **Kurverwaltung Ahrenshoop:** Kirchnersgang 2, 18347 Ostseebad Ahrenshoop, T 038220 66 66 10, www.ostseebad-ahrenshoop.de.
• **Ortsrundgang:** April–Nov. Mi 10, Dez.–März 11 Uhr, Treffpunkt vor der Kurverwaltung.

Born und Wieck

♀ G3

Umgeben von Wiesen, Weiden und dem Darßwald liegen die hübschen Fischerdörfer an der Darßer Boddenküste. Die viel befahrene Bäderstraße streift die Orte nur am Rande. Zur Blütezeit der Segelschifffahrt herrschte hier ein nicht unbeträchtlicher Wohlstand, heute wirken die Häfen eher verträumt. Die stillen Straßen säumen niedrige Häuser aus dem 18. und 19. Jh. mit tief herabgezogenen Rohrdächern und geschwungenen Gauben, hier und da ein Neubau, bemalte Türen und blühende Gärten.

Von Fischern geprägt

Im kleinen **Hafen von Born** liegt im Sommerhalbjahr immer eines der Zeesboote von Martin Rurek, der mit Gästen Fahrten auf dem Bodden unternimmt (www.zeesbootfahrten.de, s. Magazin S. 295). Der Hafen ist auch ein guter Ausgangsort für die Erkundung des Dorfes. Viel fotografiert ist das 1799 erbaute, in gelb und blau gehaltene **Borner Matrosenhaus** (Nordstr. 2), dessen Briefkasten eine Kopie des Hauses ist. Sehenswert ist auch die schlichte, 1934/35 ganz aus Holz erbaute **Fischerkirche.** Sie ist rohrgedeckt und wird im Innern von einem hölzernen Tonnengewölbe überspannt. Sie wird auch für kleine Konzerte, Ausstellungen, musikalische und literarische Abende genutzt (außerhalb von Gottesdiensten und Veranstaltungen meist geschl.).

Bio im großen Stil

Wer einen kleinen gemütlichen Biobauernhof erwartet, wird enttäuscht sein. Seit Anfang der 1990er-Jahre wurde das **Gut Darß** am nördlichen Dorfrand nach Biokriterien umgestellt und ist heute einer der größten und modernsten Mutterkuhbetriebe Europas. Zum Gut gehören rund 3500 Rinder, 2700 Schafe und 230 Wasserbüffel. Wer an einer Führung teilnimmt, darf sich auf dem Betriebsgelände umschauen. Unabhängig vom landwirtschaftlichen Betrieb werden viele Attraktionen für Familien mit Kindern angeboten – Kletterwald, Streichelzoo, Minigolf, Eisstockschießen, Es gibt ein Hofcafé mit Restaurant und einen Hofladen. Zu mieten sind hier auch reetgedeckte Doppelhaushälften. Am Wald 26, T 038234 50 60, www.gut-darss.de; **Gutsbesichtigung:** Mai–Okt. Mo, Fr 11, Juli, Aug. zusätzlich Mi 11 Uhr, 5 €, Start am Hofcafé; **Hofladen:** Mo–Fr 9–17, Sa 9–13 Uhr; **Gutsküche:** tgl. 11–20 Uhr

Eine Arche für den Naturschutz

An der **Darßer Arche** in Wieck führt kein Weg vorbei. In dem ökologisch

Ein echter Hingucker – die mit kräftigen Farben und Schnitzarbeiten gestalteten Darßer Haustüren.

Fischland-Darß-Zingst

Hier geht's zur Galerie Künstlerdeck – eine hohe schmale Frauenfigur vor dem Eingang weckt die Neugier.

erbauten Haus in Form eines Schiffsrumpfs beantworten Nationalpark- und Gästezentrum sowie die gut ausgestattete Tourist-Information alle Urlauberfragen. Die Ausstellung dokumentiert die Lebensräume des **Nationalparks Vorpommersche Boddenlandschaft** wie Schilf, Wasser, Düne, Wald, Steilküste. Besonders beeindrucken die vielen Luftaufnahmen. Ganzjährig stehen vielfältige Veranstaltungen und Führungen auf dem Programm. Viel Flair besitzt das Biocafé mit dem poetischen Namen **Fernblau.** Im dazugehörenden Shop regen ausgewählt schöne Dinge die Sinne an: Bücher, Mode, edler Nippes.

Im alten Schulgebäude gleich neben der Arche zeigt die **Galerie Künstlerdeck** Ausstellungen zu Fotografie, Malerei, Plastik, Keramik, Mode, Schmuck. Hier finden sich auch schöne Objekte für Haus, Hof und Garten. Vor der Schule wird von Mai bis Oktober mittwochs und samstags ein Biomarkt gehalten. Einkaufsbeutel nehmen und hin, es ist immer wieder nett.

Bliesenrader Weg 2; **Arche:** T 038233 201, www.darsser-arche.de, April tgl. 10–16, Mai, Okt. tgl. 10–17, Juni–Sept. tgl. 9–17, Nov.–März Di–Sa 10–16 Uhr, 6,50 €; **Fernblau:** tgl. 10–16 Uhr (Café Di geschl.); **Galerie:** www.kuenstlerdeck.de, Mai–Okt. Di–So 11–17, Nov.–April Fr, Sa 11–17 Uhr

Schlafen

Fein, klein und mit Herz
Pension Walfischhaus: Sympathische Biopension am Hafen von Born. Sieben geschmackvoll eingerichtete Zimmer mit nordischem Flair. Im Café und Restaurant werden Speisen mit Produkten aus biologischem Anbau sorgsam zubereitet (Hauptgerichte ab 14 €).

Chausseestr. 74, Born, www.walfischhaus.de; **Pension:** T 038234 557 84, DZ ab 140 €; **Restaurant:** T 038234 557 86, tgl. ab 12 Uhr

Wow, dieser Garten!
Haferland: Die Hotelanlage besteht aus mehreren miteinander verbundenen Reetdachhäusern gegenüber dem kleinen Wiecker Hafen. Insgesamt umfasst sie 32 Doppelzimmer und 14 Apartments. Schönes Schwimmbad mit Blick in den weitläufigen Garten, in dem auch frische Kräuter und Blüten, Beeren, Äpfel, Birnen für die drei hauseigenen Restaurants wachsen.

Bauernreihe 5a, Wieck, T 038233 680, www.hotelhaferland.de, DZ 153–180 €, FeWo 177–197 €

Essen

Süße Verführung
Konditorei Frötsch im Peterssons Hof: Mitten im Dorf liegt das im 17. Jh. erstmals erwähnte Anwesen. Seine Scheune wurde in ein gemütliches Ca-

fé-Restaurant verwandelt. Davor eine hübsche Terrasse.
Bäckergang 12b, Born, T 038234 557 20, www.peterssons-hof-cafe.de, Fr–Mo 9–17 Uhr

Ambiente und Genuss
Café TonArt: Das alte Kapitänshaus in typischem Fischlandblau hat das Zeug zum Lieblingsort – innen rustikale Holzdielen und Regale mit individueller Töpferkunst, davor eine verwunschene Gartenterrasse und regelmäßig Musik. Der Kuchen ist ofenwarm, das Guinness frisch und kühl.
Chausseestr. 58, Born, T 038234 559 57, www.cafe-tonart.de, Di–So 10–18/20 Uhr

Bewegen

Entspannen auf dem Wasser
Darss-Floss: Sonnen, angeln, picknicken und grillen auf einem Floß mit begehbarem Dach mitten auf dem Bodden – das ist ein Traum, den Sie sich erfüllen können.
Info: T 0491 7027125 27, www.darss-floss. de, Treffpunkt am Wiecker Hafen, 3 Std. 90 €, max. 4 Pers.

Feiern

• **Darß-Festspiele:** Ende Juni–Ende Aug. Die Freilichtbühne im Hof des Forst- und Jagdmuseums in Born (Chausseestr. 64) lädt zu Konzerten und Theaterstücken ein. Alle Inszenierungen haben Bezug zur Region. Seit 2013 werden Episoden nach dem Roman »Die Heiden von Kummerow« von Ehm Welk gespielt – tageweise auf Hochdeutsch oder auf Platt. Ein Spaß für Groß und Klein (Info: T 038234 558 12, www.darssfestspiele.de).
• **Darßer NaturfilmFestival:** Sept./Okt. An fünf Tagen werden Tier- und Naturfilme in der Darßer Arche gezeigt, darunter die zwölf für den Deutschen NaturfilmPreis nominierten Filme (www.deutscher-naturfilm.de).

Infos

• **Kurverwaltung Born:** Chausseestr. 73b, 18375 Born a. Darß, T 038234 504 21, www.darss.org/de.
• **Kur- und Tourist GmbH Darß:** Bliesenrader Weg 2, im Foyer der Darßer Arche, 18375 Wieck a. Darß, T 038233 201, www.erholungsort-wieck-darss.de.

Prerow ♦G2–3

»Born hat das Land, Wieck hat den Sand, Prerow den Strand.« – kurz und treffend beschreiben die alten Zeilen den Charakter der drei traditionsreichen Fischer- und Bauerndörfer auf dem Darß. Nicht zuletzt dank seiner traumhaften Strände ist das Ostseebad Prerow das touristische Zugpferd der Region. Das Dorf liegt knapp zehn Spazierminuten vom Meer entfernt und ist von diesem durch den Küstenwald und den Prerower Strom getrennt. Hauptstraße von Prerow

DIE KATE DES MALERS

Fotogene Beispiele des traditionellen Darßer Baustils, inklusive schöner Haustüren, sind in der Grünen Straße und in der Buchenstraße in Prerow zu entdecken. In der Grünen Straße (Nr. 8) wohnte der sächsische Maler, Grafiker und Fotograf Theodor Schultze-Jasmer von 1921 bis zu seinem Tod 1975. Das 1779 erbaute **Eschenhaus** ist eine der ältesten Fischerkaten auf dem Darß.

OST-WEST-DIALOG

Es gibt Menschen, die sich an ihre Kindheit erinnern, als wäre sie gestern gewesen. Gerd Wolff gehört zu ihnen. Sein Vater war Leuchtturmwärter auf dem Darß, er selbst hat auch dort gelebt und gearbeitet. Der Ortsführer und Naturschützer kennt jede Pflanze auf dem Darß und jeden Winkel in Prerow, und er versteht es, Geschichte(n) zu erzählen – sehr liebenswürdig, humorvoll, kenntnisreich. Und weil es viel zu erzählen gibt, lädt er in der Saison zu zwei **Ortsführungen** ein: Prerow Ost mit Seemannskirche (Di 14 Uhr) Prerow West mit Seenotrettungsstation (Mi 10 Uhr; jeweils ab Tourist-Information, 5 €).

mit Geschäften und Cafés ist die Waldstraße, die den Ort von West nach Ost quert. Im Westen grenzt das weitläufige Seebad an den berühmten Darßer Urwald mit dem noch berühmteren wilden Weststrand und dem Leuchtturm Darßer Ort – ein hinreißend schöner Ort zu allen Jahreszeiten.

Wo immer die Sonne lacht

Der Darß ist berühmt für seine bildhübschen Türen, die 2018 in das bundesweite Verzeichnis des immateriellen Kulturerbes aufgenommen wurden. Ihr Schnitzwerk und ihre Farben besitzen großen Symbolwert. Goldene Sonnenstrahlen auf der Haustür heißen den Gast willkommen, auch Blumenmotive stehen für einladende Freundlichkeit. Die Farben sind kräftig und ausdrucksstark. Was für ein Vergnügen durch Prerow zu schlendern!

Ein idealer Ausgangspunkt ist die **Tourismus-Information** nahe dem östlichen Ende der Waldstraße (Gemeindeplatz 1) mit ihrer farbenfrohen Tür, die der im Ort ansässige Maler und Graphiker Theodor Schultze-Jasmer in Zusammenarbeit mit der traditionsreichen Roloff'schen Tischlerei 1931 schuf. Sie zeigt eine Sonne über drei roten Tulpen. Hereinspaziert! Hier erhalten Sie auch »Das kleine Buch der Darßer Haustüren« von Frank Braun und René Roloff.

Am Ende führt die Entdeckungstour (s. auch Kasten S. 93) ins **Darß-Museum** am anderen Ende der Waldstraße, das eine schöne Sammlung Darßer Haustüren besitzt. Ein weiteres Thema des Museums ist die Natur. In schlichten Gläsern stehen frisch gepflückte Blumen, die am Bodden und im Darßer Wald blühen. Einfache Beerenzweige, zarte Blüten, feingliedrige Kräuter. Diese Frischpflanzenschau geht auf die Biologin und Museumsgründerin Gerta Anders zurück.

Waldstr. 48, Prerow, T 038233 697 50, www.foerderverein-darss-museum.de, April Mi–So 10–17, Mai–Okt. Di–So 10–18, Nov.–März Fr–So 13–17 Uhr, 4 €

Krabbenort – Kirchenort

Der Ursprung des Dorfes und seine älteste Bebauung liegen im sogenannten Drümpel (Hochdt. Türschwelle). Entlang der unbefestigten **Hirtenstraße** und **Alte Straße** reihen sich rohrgedeckte Häuser mit Giebelzeichen und kleinen Gärten. Sehr hübsch sind die Häuser in der Hirtenstraße Nr. 3, mit einer Pumpe im Garten, und die benachbarte Nr. 5.

Nur ein paar Hundert Meter sind es zum **Hafen** am Prerower Strom. Hier warten Ausflugsschiffe, um Gäste gemütlich über den Bodden zu schippern. Bezeichnenderweise liegt der Hafen an der Straße namens Krabbenort, während die Adresse der **Seemannskirche** (www.kirchengemeinde-prerow.de, in der Saison tgl. geöffnet) Kirchenort 2 lautet. Das von 1726 bis 1728 zunächst als Fachwerkbau errichtete und später in eine Backsteinkirche umgewandelte Gotteshaus – befindet sich nördlich des Prerower Stroms und damit genau genommen schon auf dem Zingst. Den in den Meeresfarben grau, grün und blau gestalteten Innenraum schmücken Schiffsmodelle und Schiffsbilder. Um die Kirche herum stehen Grabsteine, die »Lebensgeschichten aus früheren Zeiten erzählen«, der älteste Grabstein stammt aus der Zeit um 1690.

Schlafen

Abschalten und Gesunden
Carpe Diem: Ein persönlich geführtes Gesundheits- und Wellnesshotel mit zehn Wohneinheiten. Gespeist wird vegetarisch, vegan, vollwertig – alles sehr lecker zubereitet. Auf dem Programm stehen alternative Heil- und Entspannungstherapien. Fastentage fallen in dieser Umgebung leichter.
Grüne Str. 31b, T 038233 70 80, www.carpe-diem-prerow.de, DZ/Apartment ab 140–180 €

Pension mit Charme
Sternengucker: Sieben sehr unterschiedliche und individuell eingerichtete Apartments im Haupthaus, zwei im neuen Gartengebäude, in ruhiger, zentraler Lage. Die Gastgeber sind so wie man sie sich wünscht: anwesend, aber diskret und freundlich. Der Nordstrand ist ca. 1000 m entfernt.
Schulstr. 15, T 038233 602 06, www.sternengucker-prerow.de, FeWo ab 92–135 €

Zelten in den Dünen
Regenbogen Camp Prerow: Ein lang gestreckter Platz im Nordwesten des Ortes im Wald am Meer mit zwei Stationen der Darßbahn. Zum riesigen Freizeitangebot gehören eine Segel- und Surfschule, Kinderanimation, abwechslungsreiche Abendveranstaltungen.

Bernsteinweg 4–8, T 0431 2372370, www.regenbogen.ag

Essen

Kuchenduft und Stimmengewirr
Teeschale: In einer alten reetgedeckten Fischerkate neben dem Darß-Museum befindet sich das gemütlichste Café von Prerow. Nebenan im Teeladen locken 130 Teesorten, Konfekt, Kerzen und Keramik.
Waldstr. 50, T 038233 608 45, www.teeschale.de, Di–So 12–19, in der Saison bis 22 Uhr; **Teeladen:** Di–Sa 11–18 Uhr

Fisch, Wild und Ostseepanorama
Seeblick: Helles, stilvolles Ambiente im über 100 Jahre alten Fachwerkhaus am Hauptübergang zum Strand. Hier passt alles: Die Fischspezialitäten (ab 10 €) sind hervorragend, das Personal ist aufmerksam, auch wenn es voll ist.
Am Hauptübergang zum Strand, T 038233 348, www.wolff-prerow.de, April–Okt. tgl. ab 11.30 Uhr durchgehend warme Küche

Einkaufen

Meisterwerke aus Holz
Kunst-Tischlerei Roloff: Der traditionsreiche Betrieb fertigt nicht nur komplette Türen, sondern auch einzeln geschnitzte Motive oder Giebelzeichen. Gartenmöbel gehören ebenfalls zum Repertoire. Es gibt kein offizielles Ladengeschäft, aber für Interessierte steht die Tür offen.
Lange Str. 30, www.kunsttischlerei-roloff.de

Sammlerstücke
Heimatgalerie Prerow und Darßer Bernsteinmuseum: In einem alten Schifferhaus neben dem Darß-Museum zeigt die Prerower ›Bernsteinfamilie‹ Moldenhauer ihre gesammelten Schätze. Verkauft werden außer Bernstein auch verschiedene Darß-Souvenirs.

Waldstraße 54, T 038233 462, www.darsser-ort.de.

Bewegen

Frische Brise
Boddenrundfahrten: Von März bis Oktober kann man mit den Reedereien Rasche (www.fahrgastschiff-darss.de) und Poschke (www.reederei-poschke.de) auf Tour gehen. Eine besondere Attraktion ist der Schaufelraddampfer Baltic Star. Im Salon wird in der Saison an Bord frisch geräucherter Fisch serviert. Im September und Oktober laufen die Schiffe zur Kranichbeobachtung aus.

Ausgehen

Kleinkunstbühne und Café
Kulturkaten Kiek In: Das abwechslungsreiche Programm im alten Kapitänshaus (mit neuem Anbau) umfasst Theater, Lesungen, Konzerte. Das empfehlenswerte Café lädt zu hausgebackenen Kuchen und Waffeln ein. Hinterm Haus gibt es eine geschützte, schöne Sonnenterrasses. Waldstr. 42, T 038233 61 00

Feiern

• **Tonnenabschlagen:** Letzter Sonntag im Juli. Das traditionsreiche Schauspiel zieht Einheimische und Gäste auf den Festplatz und abends zum Tonnenball.
• **Darß-Museum:** Hier finden viele Feste statt, wie den **Töpfermarkt** zu Pfingsten oder der **Advents- und Rauhnächtemarkt** mit viel Kunsthandwerk.

Infos

• **Kur- und Tourismusbetrieb Ostseebad Prerow:** Gemeindeplatz 1, 18375 Prerow, T 038233 61 00, www.ostseebad-prerow.de.
• **Darßbahn:** www.darssbahn.info, April–Okt., Tageskarte 7,50 €, einfache Fahrt 5 €. Hop-On-Hop-Off-Rundfahrt etwa halbstündlich vom Hafen durch den Ort, am Regenbogen Camp vorbei zum Nothafen am Darßer Ort.

Darßer Ort

Liane, Efeu, Waldgeißblatt hängen von den Bäumen, meterhoher Farn wuchert um kleine Wasserstellen. Der urwüchsige **Darßer Urwald** westlich von Prerow ist ein Herzstück des Nationalparks Vorpommersche Boddenlandschaft und für Autofahrer gesperrt. Nur zu Fuß, mit dem Rad oder der Kutsche geht es mitten hindurch zum knapp 5 km entfernten Leuchtturm am wilden Weststrand.

Karibik ohne Palmen
Der Leuchtturmweg führt von Prerow direkt auf den Leuchtturm zu. Wer das Auto auf dem gebührenpflichtigen Parkplatz am Bernsteinweg abstellt, folgt am besten zunächst der Zeltplatzstraße. Nehmen Sie doch einen Weg hin, den anderen zurück. Unterwegs lohnt ein Abstecher zum **Nothafen.** Bis dorthin können Sie aber auch in die Darßbahn einsteigen. Radfahrer müssen ihr Gefährt kurz vor dem Ziel auf einem Parkplatz zurücklassen.

Der Leuchtturm ist ein echtes Highlight, aber wir laufen erstmal an ihm vorbei – 100 sandige Meter weiter. Denn hier erstreckt sich der schönste Strand der Ostseeküste – ohne Kiosk, ohne Strandkörbe, kilometerlang. Stellenweise reicht der Wald direkt bis ans Meer, und was für ein Meer! Nirgends sonst sind die Naturgewalten so eindrucks-

TOUR
Junges Land

Wandern am Darßer Ort

Infos

📍 G 2

Rundweg:
knapp 4 km, 1 Std.

Ausrüstung:
Fernglas mitnehmen!

Für aktive Wanderer und Radler:
Start am Parkplatz Bernsteinweg in Prerow, insgesamt ca. 18 km; alternativ am Parkplatz Drei Eichen (an der L 21 nördl. von Ahrenshoop) durch den Darß-Wald, insgesamt ca. 23 km

Eine wunderschöne Rundwanderung beginnt am **Leuchtturm Darßer Ort** ❶. Ankommen, Fahrrad abstellen. Meist über Bohlen schlängelt sich der ausgeschilderte Weg durch eine atemberaubende, urzeitliche Dünenlandschaft. Bebilderte Tafeln erklären die Entwicklungsstadien von der weißen Düne über die graue Düne, auf deren Humusschicht Heidekraut, Krähenbeere, Wacholder und Kiefern wachsen, bis hin zur Braundüne. Vogelreich präsentieren sich mehrere Brackwasserseen – in der Ferne.

Wir erreichen einen ersten **Aussichtspunkt** ❷, der einen Rundblick über den **Libbertsee** bietet. Der See wurde erst in den 1950er-Jahren durch fortschreitende Sandablagerung und die Bildung einer Nehrung vollständig von der Ostsee abgetrennt und ist ein wichtiges Rast- und Brutgebiet für Wasservögel. »Rothalstaucher, Rohrweihe, …« – die Wanderer neben uns sind offensichtlich Vogelkenner und ausgestattet mit einem großartigen Fernglas. Wir verabreden uns für die nächste **Aussichtsplattform** ❸. Hier drängeln sich Spaziergänger und Fotografen. Der Blick schweift zum Libbertsee und weiter zum **Fukareksee**. In Richtung Norden erstreckt sich jenseits einer Schilfzone der Darßer Ort. Seeadler! Hirsche! Mit dem Fernglas unserer neuen Wanderbekanntschaft sind sie ganz nah. Ein angenehmer **Waldpfad** führt weiter zur **Aussichtsplattform** ❹ am **Ottosee**. Wie der Fukareksee ist er noch zur Ostsee hin geöffnet.

Am **Leuchtturm** wartet das Fahrrad. Aber wo bloß? Massen an Rädern bilden ein unüberschaubares Gewirr. Kommen Sie am besten frühmorgens oder aber am späten Nachmittag. Dann herrscht wunderbare Ruhe und für die Tierbeobachtung sind es die besseren Tageszeiten.

Wild und ursprünglich ist der Darßer Weststrand. Das Leben ist zu kurz, um woanders Urlaub zu machen.

voll zu erleben. Vom Wind mitunter bizarr verformte Bäume – sogenannte Windflüchter – leisten Widerstand, bis sie entwurzelt werden. Die sogenannte Wald-Kampfzone macht hier ihrem Namen alle Ehre. Das Meer knabbert am Land, irgendwann wird es auch den Leuchtturm verschlucken. Dafür wächst an anderer Stelle neues Land (s. Tour S. 97).

Ein Veteran auf Posten
Auch nach 170 Jahre weist der **Leuchtturm Darßer Ort** Schiffen den Weg. Seit 1978 wird der Backsteinriese ferngesteuert betrieben. Stürme, Untiefen, Eisgang und Strömungen – die Küste entlang der Halbinsel Fischland-Darß-Zingst ist ein schwieriges Revier. Bis zum Bau des Leuchtturms 1848 wurden Hunderte von Schiffstrandungen und -untergängen dokumentiert. Im ehemaligen Haus des Leuchtturmwärters und dem benachbarten Stallgebäude ist heute das **Natureum,** eine Abteilung des Deutschen Meeresmuseums, untergebracht. Die Ausstellung informiert über die Flora und Fauna der Ostsee- und Boddenregion. Besonders eindrucksvoll ist die Darstellung der Dynamik und Schutzbedürftigkeit der Natur am Darßer Ort. Ein Blick vom 35 m hohen Leuchtturm macht die theoretischen Erklärungen über die Küstenformungsprozesse sofort augenscheinlich. Von oben unterscheidet man deutlich die Zonen der Abtragung und Anlandung. Das im ehemaligen Oberwärterhaus untergebrachte **Café** ist nur für Museumsbesucher zugänglich.

www.natureum-darss.de, Juni–Aug. tgl. 10–18, Mai, Sept, Okt. tgl. 10–17, Nov.–April Mi–So 11–16 Uhr, 5 €; Kutschfahrten, www.kutschfahrten-bergmann.de, ab Prerow 45 Min., 6 €; zu Fuß 60 Min.

Zingst

♀ H2–3

Das Ostseeheilbad Zingst ist keine Schönheit aus einem Guss, aber ein klassischer Urlaubsort mit Seebrücke, feinsandigem Strand, netter Flaniermeile und Ausflugsschiffen im Hafen. Es ist Ausgangspunkt für großartige Rad- und Wandertouren und ein Mekka für Hobby- und Profifotografen – nicht nur im Herbst, wenn die Kraniche ziehen. Fotoausstellungen am Strand, auf dem Postplatz, überall und zu jeder Zeit im Jahr kann man irgendwo in Zingst in Fotografien schwelgen, an Fotoworkshops teilnehmen, bildstarke Vorträge im Max-Hünten-Haus und Fotofestivals erleben. Im Rahmen des Projektes ›Mein Bild für Zingst‹ haben Hausbesitzer ihre Garagentore als Platz für großformatige Bilder zur Verfügung gestellt. Einfach nur toll!

Viel Neues, wenig Altes

Durch Seehandel und Schifffahrt waren die Zingster bereits im 18. Jh. zu Wohlstand gelangt. Alte Fotografien zeigen den **Hafen am Bodden** mit Hunderten von Schiffen. Heute liegen hier Ausflugsschiffe am Kai, frischer Räucherfisch wird direkt ab Kutter verkauft. Attraktive Restaurants und Cafés laden zum Verweilen ein, wie etwa das **Kranichhaus** mit dem stilvollen voll verglasten **Ponton Numero Uno** direkt am Wasser. Zu sehen gibt es immer etwas.

Vom Hafen aus lässt sich der Hauptort des Zingst auf einem halbstündigen Spaziergang bequem durchqueren. Bauern-, Fischer- und Schifferhäuser findet man hier nur noch wenige. Durch Um- und Anbauten, die seit Ende des 19. Jh. für die in immer größerer Zahl eintrudelnden Sommerurlauber vorgenommen wurden, gingen die traditionellen Baustile weitgehend verloren. Heute ist Zingst mit

10 000 Gästebetten das größte Seebad der Halbinsel Fischland-Darß-Zingst.

Der kürzeste Weg Richtung Ostsee führt über die **Hafenstraße.** Am **Fischmarkt** – mit einigen Läden und Restaurants – muss man sich entscheiden, ob man links der Klosterstraße folgt – beide verkehrsberuhigte Flaniermeilen. Noch aus dem 17. Jh. stammen die Büdnereien in der **Klosterstraße 4,** wo ein Blick in die sehr nette Buchhandlung Läsen u. Schriben lohnt. Gleich nebenan am Haus Nr. 5 markiert eine **Hochwassertafel** die Wasserstände während der Sturmfluten von 1872 und 1874. Erst in ihrer Folge hatte sich die Insel Zingst mit dem Darß und Fischland vereint.

An der **Seestraße,** wo Strand- und Klosterstraße wieder aufeinandertreffen, befindet sich der 1873 erbaute **Rettungsschuppen** (Strandstr. 61) mit einer Ausstellung zur Geschichte der Seenotrettung. Das weiträumige Areal vor der Seebrücke dominiert der mehrteilige Komplex des **Steigenberger Hotels.** Am Übergang zum Strand liegt das im Jahr 2000 neu eröffnete **Kurhaus mit Tourist-Information.** Die **Seebrücke** führt 270 m auf die Ostsee hinaus. Die **Tauchgondel** (www.tauchgondel.de, 9 €) am hinteren Ende lädt zu einer Tour in die Unterwasserwelt ein. Viel interessanter finde ich die großformatigen Fotoausstellungen am Strand im Sommer.

Versteckt und doch entdeckt

Viele Jahrhunderte teilten sich die Zingster eine Kirche mit den Prerowern. Erst in der zweiten Hälfte des 19. Jh. erhielten sie ein eigenes Gotteshaus. Die abseits des Zentrums nach Plänen des Schinkel-Schülers Friedrich August Stüler erbaute neogotische **Peter-Pauls-Kirche** (Kirchweg 9) besitzt noch weitgehend ihre Originalausstattung. Auf dem benachbarten **Friedhof** befindet sich das Grab von Martha Müller-Grählert. Sagt Ihnen nichts? Ihr Lied »Wo de Ostseewellen trecken an den Strand, … dor is mine Heimat, dor bün ick to Hus.« (1907) ging um die Welt.

Der kleine, hübsche **Park** nördlich der Kirche ist der Heimatdichterin gewidmet. Wer durch ihn bummelt, wird eine Drahtkonstruktion entdecken, die je nach Blickwinkel einen Hirsch oder einen Kranich erkennen lässt. Das bemerkenswertes Kunstwerk verweist auf die großen Naturschauspiele der Region: die Hirschbrunft und den Kranichzug.

Wie es einmal war

Die Gechichte des Seebads wird im 1867 errichteten, denkmalgeschützten Haus Morgensonne lebendig. Es bildet das Kernstück des **Museums Zingst.** Köstliche Backwaren wie das Zingster Urbrot kann man in der Museumsbäckerei kosten. Im Museumshof und der Museumsscheune finden viele Veranstaltungen statt. Von Mai bis Oktober wird montags geräuchert (11–13 Uhr), von April bis Oktober donnerstags ein Biomarkt aufgeschlagen. Im neuen Galeriebau sind Werke regionaler Künstler zu sehen – darunter Bilder von Max Hünten, Franz Pflugradt, Elisabeth Büchsel und Louis Douzette.

Strandstr. 1, T 038232 155 61, in der Saison tgl. 10–16/18, sonst Do–So 10–16 Uhr, 5 €

Kirr ♀ H3

Vogelkieken

Zum Greifen nah liegt die Vogelinsel Kirr vor dem Hafen im Zingster Strom. Im Herbst dient das Eiland für einige Wochen Tausenden von Kranichen als Schlafplatz. Der abendliche Einzug der Vögel lässt sich von mehreren Aussichtspunkten auf dem Deich südwestlich des Hafens beobachten. Ornithologen freuen sich über die **Exkursionen** auf die In-

sel, auf der auch zahlreiche Wat- und Wasservögel ihre Brutplätze haben. Es ist sogar möglich, dort zu übernachten. Ein ehemaliger Hof wurde in eine kleine, hübsche Ferienhaussiedlung verwandelt. Ein Geheimtipp für Ruhesuchende und Naturliebhaber! Ein Boot steht den Gästen zur Verfügung. Auf Wunsch werden morgens Brötchen geliefert.

Exkursionen: Mi April–Okt, Info unter www.zingst.de; **Ferienhäuser:** www.insel-kirr.de

Schlafen

Schwerelos

Meerlust: Die vom Deutschen Wellnessverband ausgezeichnete familiengeführte Wohlfühloase braucht sich auch kulinarisch nicht zu verstecken. 50 Zimmer und Suiten sowie Lodges und Apartments, meist mit Balkon und Meerblick. Alle Hektik und Stress vergisst man im Floatingbecken.

Seestr. 72, T 038232 88 50, www.hotelmeerlust.de, DZ mit Halbpension ab 260 €, FeWo 210–270 €, Restaurant tgl. 12–22.30 Uhr

Modernes Herbergsflair

Haus 54: Ein innovativer ›Kasten‹ mit 25 schlichten, hellen Doppel- und 21 Vierbettzimmern. Alles ist sauber und gepflegt. Familien, Radfahrer, Kiter und Surfer sind hier willkommen. Es besteht die Möglichkeit, sich sein Essen in der voll ausgestatteten Küche selber zuzubereiten. Zum Strand sind es fünf Minuten.

Hanshägerstr. 3a, T 038232 84 84 84, www.haus54.de, DZ 92 €, Dreibett 104, Vierbett 116 €, Frühstück 8 €/Pers.

Essen

Erste Sahne

Cako: Bloß nicht vorbeilaufen – die Kuchen und Torten sind alle selbst gebacken, und schmecken so himmlisch lecker, dass

sie auch schon mal zur Kaffeezeit ausverkauft sind.
Hafenstraße 1c

Seglertreff
Zum Wikinger: Ein bisschen wie aus der Zeit gefallen, die Gaststätte am Seglerhafen ist nicht schick herausgeputzt. Draußen stehen ein paar Tische mit Boddenblick, die Einrichtung ist schlicht, das Essen bodenständig. Nur auf ein Bier hereinschauen, ist auch okay. Sie können auch ein Boot leihen und auf den Bodden hinausfahren.
Werftstr. 6, T 038232 179 59

Kein Geheimtipp mehr
Zum Deichgrafen: Der ganzen Familie schmeckt's – Cheeseburger, Zander, Steak … Holzoptik innen wie außen im Biergarten. Der dazugehörige Campingplatz ist mit fünf Sternen ausgezeichnet.
Am Bahndamm 1, T 038232 157 86, www.camping-zingst.m-vp.de, April–Okt. Mo–Sa, in den Weihnachtsferien tgl. ab 17 Uhr, Rest des Jahres Mi–Sa

---

Bewegen

An die Hand genommen
Führungen: In Zingst ist es leicht, aktiv zu sein; die Gemeinde leistet sich sogar eine festangestellte Wanderleiterin. Ganzjährig werden geführte Radtouren durch den von Wiesen, Weiden und Waldgebieten geprägten östlichsten Teil der Halbinsel Fischland-Darß-Zingst unternommen. Besonders interessant sind die Exkursionen zur Vogelinsel Kirr und nach Pramort zum abendlichen Einflug der Kraniche. Letztere lässt sich auch auf eigene Faust unternehmen (s. Tour S. 102).
Infos in der Tourist-Information, www.zingst.de

Über Bodden und Ostsee
Schiffsausflüge: Zu den Klassikern zählen die große Boddenrundfahrt mit dem Mississippi-Dampfer, Tagesausflüge

DURCHS OBJEKTIV GESCHAUT

Das 2011 eröffnete **Max Hünten Haus** (Schulstr. 3, T 038232 16 51 10, www.erlebniswelt-fotografie-zingst.de, Mitte März–Ende Okt. tgl. 10–18, Ende Okt.–Mitte März tgl. 10–17 Uhr, Eintritt frei) zieht nicht nur die Blicke der Fotografen auf sich. Die preisgekrönte Architektur kombiniert Lärchenholzlamellen, die wie die alten Fischerhütten am Bodden in Wind und Wetter altern, mit Glas und viel Farbe. Das Max bietet großzügig Platz für Bibliothek, Galerie und Fotoschule. Es ist möglich, Fotoausrüstungen zu leihen und Fotos gegen Gebühr professionell zu drucken.

nach Hiddensee/Vitte, Kranichfahrten im Herbst. Regelmäßig verkehrt die Fähre zwischen Zingst und Barth.
Info: www.fahrgastschifffahrt-fischland-darss-zingst.de, Saison ist von April–Okt.

Zeit zusammen verbringen
Experimentarium: Hier lässt sich ein Schlechtwettertag gut aushalten. Spannende Experimente und Workshops für die ganze Familie. Im schönen Außenbereich gibt es auch einen Spielplatz.
Seestr. 76, T 038232 846 78, www.experimentarium-zingst.de, April–Juni, Di–So 10–17, Sept.–März Di–So 10–16 Uhr, Juli, Aug. tgl. 10–18 Uhr, Eintritt je Alter 2-6 €

Ausgehen

Die Füße im Sand
Eiscafé und Strandbar Zuckerhut: Karibikfeeling pur, wenn an lauen Sommerabenden exotische Cocktails gemixt werden und zu südamerikanische Rhyth-

TOUR
Boxenstopp im Herbst

Rad- und Wandertour nach Pramort

Infos

📍 H–J 2–3

Länge: ca. 16 km mit dem Rad, gut 3 km zu Fuß

Radverleih: kurz vor dem Hotel Schlösschen

Nationalpark: 2. Sept.–3. Nov. tgl. 15/16–8 Uhr limitierter Zugang mit Nationalpark-Card (5 €), erhältlich bis 14 Uhr in der Tourist-Info in Zingst, ab 15 Uhr am Kontrollpunkt des Parks

Nationalparkhaus: April–Aug. tgl. 10–17, Sept.–Dez. tgl. 10–16 Uhr, Eintritt frei

Es ist ein magischer Moment, wenn die Sonne am Horizont verschwindet und das flache, wasserreiche Land in mildes Abendlicht taucht. Ein Trompetenruf aus der Ferne kündigt die Kraniche an. Am Ostzipfel des Zingst kann man den abendlichen Einflug der majestätischen Tiere besonders gut beobachten. Fernglas einpacken und los!

Ohne Nationalpark-Card keine Kraniche
Warm strahlt die Herbstsonne, schöner kann ein Tag kaum sein. Start am **Hotel Schlösschen.** Kaum aufs Rad gestiegen, lädt ein **Informationszentrum des Nationalparks Vorpommersche Boddenlandschaft** zu einem Stopp. Wie zu erwarten, stehen die Kraniche im Vordergrund, doch auch die Geschichte der Sundischen Wiesen wird dokumentiert. Einst waren sie im Besitz der Stadt Stralsund, deren Ackerbürger hier ihr Vieh weiden ließen. 1937 errichtete die Wehrmacht einen Flugplatz. Nach 1945 wurde das Gebiet weiterhin militärisch genutzt. Seit der Gründung des Nationalparks 1990 hat allein die Natur das Sagen. Damit die Kraniche Ruhe finden, wird daher im Herbst am **Kontrollpunkt** am Parkeingang der Zugang zum Pramort kontrolliert.

Logenplatz am Strand
Fußgänger und Radfahrer teilen sich den neuen Landesschutzdeich durch die **Sundischen Wiesen.**

Röhricht und Birkenwäldchen zur Linken, dahinter ahnt man das Meer. Zur Rechten ein schmaler Baumstreifen und dann Wiesen bis zum Bodden. Wenn der Wind zu sehr ins Gesicht pustet, bietet der Weg am Deichfuß Schutz, allerdings keinen Weitblick.

Ein Sprichwort besagt, dass Kraniche auf jeder Feder ein Auge haben. Sehen, aber nicht Gesehenwerden ist daher am Pramort oberstes Gebot.

Etwa 500 m vor Pramort verweist ein **Schild** nach Links zur Hohen Düne. Die Räder müssen kurz nach dem Abzweig zurückbleiben. Man läuft auf der Deichkrone, dann über Bohlenwege durch unberührte Landschaft – durchsetzt von kleinen Sümpfen, Heidehügeln und Kiefernwäldchen. Nach gut 1,5 km ist die **Hohe Düne** erreicht. Sie gehört zu einem über 2 km langen und bis zu 13 m hohen Weißdünenmassiv. Traumhaft ist der Blick von der Aussichtsplattform unmittelbar oberhalb des Strandes. Das Meer ist verlockend nah, der Strand aber nicht zugänglich, die Natur ist geschützt.

Wo die Kraniche schlafen

Zurück am Hauptweg ist es nicht mehr weit zum **Kranich-Utkiek am Pramort**. Von den Aussichtshütten – eine alte, eine neue – schweift der Blick in die Ferne: Östlich erstreckt sich der **Große Werder** – sandig und spärlich bewachsen. Dahinter liegen die drei Inseln des **Kleinen Werder** und noch ein Stück weiter der bewaldete **Bock**, dazwischen das **Windwatt**. In dieser Region verbringen Tausende von Kranichen, stehend im flachen Gewässer, die herbstlichen Nächte. In der Kranichzeit gibt ein Ranger vor Ort Auskunft, und er verleiht auch sein Fernglas. Wow, das macht einen Unterschied! Am Horizont sind Hirsche zu erkennen! Der Seeadler zieht ganzjährig seine Kreise. Alles gute Gründe, um auch außerhalb der Kranichzeit hierherzukommen.

Für Natur- und Kranichfreunde eignet sich das **Hotel-Restaurant Schlösschen** (www.hotel-schloesschen.de, DZ/Suiten/FeWo im Kutscherhaus ab 155 €) am Eingang zum Nationalpark besonders gut als Quartier.

Nach dem abendlichen Einflug der Kraniche senkt sich schnell Dunkelheit über das Land. Das bedeutet: Rückfahrt im Dunkeln. Wohl denen, deren Fahrradlampen Strahlkraft haben. Ansonsten leuchten nur Mond und Sterne. Eine Jacke wäre gut, kalt ist es geworden.

104 Fischland-Darß-Zingst

BAHNHOF OHNE BAHN **B**

Die **Bahnstrecke Stralsund–Velgast–Barth** steht möglicherweise vor dem Aus. Die Barther engagieren sich für ihren Erhalt und die Erweiterung bis Prerow, wo Anschluss an die Darßbahn besteht. Aktuelle Infos auf der Website www.keinebahnistkeineloesung.de.

---

men getanzt wird. Schöner kann ein Urlaubstag nicht enden!
Neben dem Kurhaus vor der Seebrücke

Feiern

- **horizonte zingst:** Ende Mai–Ende Juni, Umweltfotofestival, Ausstellungen und Workshops.
- **Nationalparktage Zingst:** Wochenende Anfang Okt. Veranstaltungen rund um den Nationalpark auf dem Gelände des Hotels Schlösschen am Eingang zum Nationalpark.

Infos

- **Kur- und Tourismus GmbH:** im Kurhaus, Seestr. 57, 18374 Zingst, T 038232 815 21, www.zingst.de.
- **Zimmervermittlung:** Am Bahnhof 1, T 038232 815 21.

Barth ♥ H3

Viele Urlauber lassen das beschauliche Städtchen am Barther Bodden auf dem Weg nach Zingst zu Unrecht links liegen. Dabei kann man hier sehr entspannt sitzen – am Markt, am Hafen. Barth ist unaufgeregt, gediegen, sympathisch. Es dient als Versorgungszentrum für eine naturschöne, ruhige Region – abseits der großen Touristenströme, aber ganz nah am Kranichgeschehen.

Investoren willkommen

Wenig erinnert an die große Vergangenheit, als Herzog Bogislaw XIII. die Stadt am Bodden 1574 zu seiner Residenz wählte. Er baute ein Schloss und gründete 1582 die Fürstliche Hofdruckerei, aus der u. a. die berühmte Niederdeutsche Barther Bibel hervorging. Gezeigt wird sie im **Bibelzentrum** (Sundische Str. 52. www.bibelzentrum-barth.de). Nach dem Dreißigjährigen Krieg war es mit den Glanzzeiten vorbei, Land und Stadt waren verwüstet, das Schloss verfiel. Einen Panoramablick auf die alten Stadtstrukturen erlaubt der Turm der mittelalterlichen Backsteinkirche **St. Marien.** 1990 wurde damit begonnen, den weitläufigen **Boddenhafen** zu verschönern: Restaurants sind entstanden, ein alter Getreidespeicher wurde zum Hotel umgebaut (www.speicher-barth.de). Andere Backsteinbauten wie die ehemalige Fischkonservenfabrik warten aber immer noch auf kapitalstarke Investoren.

Sagenhaft

Als zwei Berliner Wissenschaftler die steile These aufstellten, die reiche Handelsstadt **Vineta** sei im Bodden vor Barth versunken, reagierte die Barther Stadtverwaltung prompt. Sie nannte sich toursimusfördernd Vinetastadt und richtete ein **Vineta-Museum** ein. Die kleine regionalgeschichtliche Ausstellung ist in einem Kaufmannshaus aus dem 18. Jh. untergebracht, das von 1870 bis 1946 als städtisches Rathaus diente. Die Vinetaforschung bildet einen der Schwerpunkte im Museum.
Lange Str.16, T 03823 817 71, www.vineta-museum.de, Di–Fr 10–17, Sa/So 11–17 Uhr, 5 €

Schlafen

Toller Blick über den Hafen
Pension & Restaurant Sur la Mer: Familiäre, sehr freundlich geführte Pension mit sieben geräumigen Zimmern. Auf der Speisekarte stehen Pasta, Burger, Fisch und Fleisch (9–22 €). Köstlich die selbst gebackenen Torten. Im Sommer auf der Terrasse!
Am Westhafen 24, T 038231 77536, www.sur-la-mer.de, DZ ab 90–110 €

Essen

Einladendes Ambiente
Galerie Café: Charmantes Café am Markt mit hübschem Innenhof und Platz für Kunst und Kunsthandwerk.
Klosterstr. 1, T 038231 499057, www.galerie-cafe-barth.de, Di–So 10–18 Uhr

Einkaufen

Ein Stück Strand für zu Hause
Galerie Meeres-Rausch: Treibholz, Muscheln, Steine, Seegras – gesammelt am Meer und zusammengefügt zu Collagen, Kerzenhaltern, Bilderrahmen. Wunderschön und inspirierend!
Am Westhafen 16, www.meeres-rausch.de, in der Saison Mo–Sa ab 11–15/17 Uhr

Ausgehen

Entspannt am Fischerpier
Jambolaya: In Café & Cocktailbar am hintersten Ende des Hafens kann man entspannt den Abend verbringen. Ab und zu Livemusik.
Am Osthafen 3, www.jambolaya.de, in der Saison tgl. ab 14 Uhr, im Winter Do, Fr ab 18, Sa, So ab 14 Uhr

In Barth starten Ausflugsboote über den Bodden nach Zingst und hinaus auf die Ostsee nach Hiddensee. Das gläserne ›Steuerhaus‹ im Hafen macht mit bootsförmigem Dach auf die Touren aufmerksam.

106 Fischland-Darß-Zingst

Klein aber oho!

Boddenbühne: Ein zauberhaftes kleines Theater im ehemaligen Kulturhaus der Zuckerfabrik.

Trebin 35 a, Kartentelefon 03971 268 88 00, www.boddenbuehne.de

---

Infos

• **Barth Information:** Markt 3/4, 18231 Barth, T 038231 24 64, www.stadt-barth. de.

• **Fährverkehr:** Zwischen Barth und Zingst, April–Okt., je nach Saison 2–4 x tgl. Das Rad kann mitgenommen werden, Info T 038234 239, www.reederei-poschke.de.

Rund um Groß Mohrdorf ♀ H/J3

Einige sanfte kleine Badebuchten am schilfgesäumten Bodden, verschlafene Dörfer, verkehrsarme Straßen, hier und da ein Wäldchen und Äcker, auf denen Kraniche während der Zugsaison tagsüber ihr Futter suchen.

Glücksmomente

Wer im Herbst bei Groß Mohrdorf unterwegs ist, sollte das Fernglas immer griffbereit haben. Von der L 213 sind die scheuen Tiere tagsüber mitunter gut zu beobachten. Wenn am Straßenrand mehrere Autos stehen – einfach halten, Fernglas rausholen und gucken. Das Auto sollten Sie aber nicht verlassen, die Kraniche sind scheu. Um den morgendlichen Aufbruch bzw. den abendlichen Einflug zu beobachten, eignet sich u. a. die **Beobachtungsplattform bei Bistorf.**

Der Utkiek am Günzer See war dem Besucheransturm nicht mehr gewachsen und wurde im Oktober 2015

durch das **Kranorama** südwestlich von Günz ergänzt. Im Frühjahr und Herbst ist es täglich geöffnet. In der Saison ist immer ein Ranger vor Ort, der alle Fragen beantworten kann. Hier wird angefüttert! Ambitionierte Naturfotografen (Stativ, Brennweite ab 300 mm) beteiligen sich (im März, Sept., Okt.) an den Fütterungskosten mit je 5 € pro Besuch. Für private Besucher ist der Besuch frei.

Alles Wissenswerte über die Kraniche erfährt man in der Dauerausstellung des **Kranich-Informationszentrums**. Hier gibt es auch Infos zu den Utkieks und dem aktuellen Zuggeschehen.

Lindenstr. 27, Groß Mohrdorf, T 038323 805 40, www.kraniche.de, März, April tgl. 10–16, Mai–Juli Mo–Fr 10–16, Aug. tgl. 10–16.30, Sept./Okt. tgl. 9.30–17.30, Nov. Mo–Fr 10–16 Uhr, Eintritt frei

Eine wunderbare Wanderung

Gefühlt im Nirgendwo, aber doch nur 12 km nördlich von Stralsund liegt der kleine Hafenort **Barhöft,** von dem in der Saison täglich ein Schiff nach Hiddensee und im Herbst Boote zu den Schlafplätzen der Kraniche starten. Das Auto bleibt am Ortseingang stehen, zehn Minuten sind es zum Hafen, neben dem sich ein kleiner Sandstrand erstreckt. Durch den Wald geht es bergauf zum **Haus am Kliff** mit Nationalparkausstellung (tgl. 10–17 Uhr, Eintritt frei) und dem **Barhöfter Aussichtsturm** gleich nebendran (Drehkreuz 1 €).

Ein Spazierweg führt 2 km, immer parallel zum Wasser, nach **Zarrenzin.** Erwarten Sie keinen Ort, auch keinen Kiosk. Es gibt hier nur einen großen Parkplatz, von dem aus ein schmaler Pfad zu einer **Beobachtungsplattform** mit Picknicktisch führt. Ein grandioser Platz zum Sonnenuntergang. Im Herbst warten hier immer einige Fotografen auf den Einzug der Kraniche – meist vergebens, sie bleiben kleine Punkte am fernen Himmel.

Zugabe
Wohin mit Theo Fischer?

Ersatz für den Nothafen Darßer Ort

Wie oft die Zufahrt zum Nothafen am Darßer Ort im Verlauf der Jahre wegen Versandung gesperrt werden musste, lässt sich nicht an einer Hand abzählen. Jeder Ausbaggerung der Fahrrinne, die in der Kernzone des Nationalparks liegt, ging ein monatelanger erbitterter Streit zwischen Politik und Tourismuswirtschaft auf der einen sowie Umweltschützern auf der anderen Seite voraus.

Bei jeder Sperrung muss der Seenotkreuzer Theo Fischer ins abgelegene Barhöft umquartiert werden. Eine Notlösung, die Menschenleben gefährdet. Haupteinsatzgebiet des Rettungsschiffs ist nämlich die berüchtigte Kadettrinne, die vor dem Darß verläuft. Es ist einer der am meisten befahrenen Schiffswege der Welt, mit entsprechend großem Gefahrenpotenzial.

Rund 25 Jahre lang wurde über die Anlage eines Hafens diskutiert: Ein hufeisenförmiges Becken vor Prerow im Meer, zugänglich über eine 700 m lange Seebrücke. Die Pläne wurden zunächst als Lachnummer verspottet: ein Steinwall mitten im Meer zum Schutz für den Seenotkreuzer, die Fischer und eine Handvoll Segler. Wie bitte schön sollten bei Extremwetterlagen vom Seebrückenkopf Verletzte geborgen werden? Wie sollten die Fischer ihren Fang anlanden?

Das Land rund um den Darßer Ort ist in Bewegung. Stürme nagen am Strand, der Sand wird von der Strömung fortgespült und lagert sich auch in der Fahrrinne ab. Baggerschiff bitte übernehmen!

Das Ende einer endlosen Geschichte?

Dass die Seebrücke zugleich als Anlegemöglichkeit für Fahrgastschiffe konzipiert werden soll, mag schließlich zu einem Umdenken geführt haben. 2015 setzten sich bei einem Bürgerentscheid die Hafenbefürworter mit knapp 52,5 % durch und die Zustimmung wächst weiter unter den Prerowern.

Die geschätzten Kosten für das gigantische Bauvorhaben von rund 28 Mio. € sowie für den Betrieb des Hafens wird das Land tragen. Ein Baubeginn 2020 scheint realistisch. Fast sieht es so aus, als könnte die unendliche Geschichte um den Nothafen Darßer Ort 2021 endlich zu einem Ende kommen. ■

Rügen und Hiddensee

Ein ungleiches Paar — Deutschlands größte Insel Rügen und ihre kleine Schwester Hiddensee sind jede ein Universum für sich. Die eine punktet mit Bädernoblesse und Kreidefelsen, die andere mit Fischerdörfern und sanfter Hügellandschaft.

Seite 115
Ralswiek

Jahr für Jahr stürzt sich der Robin Hood der Meere auf der Boddenbühne in neue Abenteuer. Kein Geheimtipp, aber Kult!

Seite 116
Putbus

Die ehemalige Fürstenresidenz präsentiert sich als klassizistisches Kleinod mit weißem Circus und vielen Rosen.

Seite 120
Vilm

Bis zur Wende durften nur Bonzen auf die Insel – ein Glücksfall für die Natur.

Mit Staffelei und Malfarben CDF am Meer nacheifern.

Eintauchen

Seite 124
Sellin ✪

30 m über dem Meer thront das Seebad. Die Himmelsleiter führt steil hinunter zur märchenhaften Seebrücke.

Seite 133
Zickersche Berge

Die allerschönste Landschaft zum Wandern mit herrlicher Aussicht über Bodden und Mönchgut.

Seite 135
Prora

Auf sanft ansteigendem Bohlenweg geht es vom Naturerbe Zentrum Rügen über die Wipfel der Buchen.

Rügen und Hiddensee **109**

Seite 140
Nationalpark Jasmund ⭐

Deutschlands kleinstes Naturschutzgebiet mit den weltberühmten Kreidefelsen und Buchenwäldern lässt sich wunderbar erwandern.

Seite 143
Gummanz

Im Zentrum von Jasmund führt das Kreidemuseum weit zurück in die Vergangenheit und lädt ein zu Fossilienexkursionen.

Seite 147
Kap Arkona

Ein faszinierendes Reiseziel ist die Nordspitze Rügens. Neben den berühmten Leuchttürmen weist die Jaromarsburg zurück in slawische Zeit. Eine Wanderung führt entlang der Steilküste ins Bilderbuchdorf Vitt.

Seite 155
Hiddensee ⭐

Dat *söte Lännecken* bezaubert mit einer unvergleichlich vielfältigen Insellandschaft, mit Steilküste im Norden und Dünenheide im Süden. Kein Motorenlärm stört die Ruhe, Fahrräder und Pferdekutschen sind die Hauptbeförderungsmittel.

Weitsichtig ist Svantevit, die oberste Gottheit der Ranen. Bei vier Köpfen ist das kein Problem.

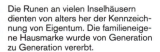

Die Runen an vielen Inselhäusern dienten von alters her der Kennzeichnung von Eigentum. Die familieneigene Hausmarke wurde von Generation zu Generation vererbt.

erleben

Perlen der Ostsee

R ügen: 77 000 Einwohner, über eine Million Touristen pro Jahr. Im Sommer sind davon gefühlt alle auf einmal am Kap Arkona, am Königsstuhl, in den Seebädern oder im Stau auf der Rügenbrücke. Auf den überlaufenen Sommer folgen der sturmzerzauste Herbst und der einsame Winter. Freie Fahrt auf der Rügenbrücke. Am Strand und an der Steilküste sind nur wenige Menschen zu sehen. Dabei spült die Ostsee gerade jetzt ihre Schätze ans Ufer.

Eine Insel voller Kontraste – zu jeder Jahreszeit. Rohrgedeckte Fischerkaten am Bodden, weiße Bädernoblesse am Meer, auch einige Großplattenbauten, Betonkolosse und immer wieder Hinweise auf engagierte Bürgerinitiativen in Form von Plakaten: Proteste gegen das Fällen von Alleebäumen, gegen gesperrte Strandzugänge, gegen Großprojekte inselfremder Investoren. Die unverbaute grandiose Natur ist die Seele der Insel.

Das gilt auch für Hiddensee. Das bezaubernde, autofreie Nachbareiland präsentiert sich ohne weiße Bädernoblesse, ohne Großplattenbauten, ohne Betonkolosse. Die an der engsten Stelle nur 300 m breite Insel besitzt vier Orte – Kloster, Grieben, Vitte, Neuendorf –

ORIENTIERUNG

Internet: www.ruegen.de, www.hiddensee.de.
Anreise Rügen: Mit dem Auto von Stralsund über die Rügenbrücke oder den Rügendamm mit der alten Ziegelgrabenbrücke, alternativ mit der Autofähre von Stahlbrode nach Glewitz (www.weisse-flotte.de). ICE und Regionalbahn fahren von Stralsund nach Bergen und Sassnitz.
Inselverkehr: Busse zu allen Orten, in der Saison sind viele mit Fahrradanhänger ausgestattet (www.vvr-bus.de). Die Rügensche BäderBahn (Rasender Roland) verkehrt von Putbus über Binz, Sellin und Baabe nach Göhren (www.ruegensche-baederbahn.de).
Anreise Hiddensee: Fähre von Stralsund oder Schaprode/Rügen (www.weisse-flotte.de). Die Insel ist autofrei.
Besondere Termine: Putbus Festspiele im Mai, Störtebeker Festspiele Ende Juni bis Anfang September in Ralswiek, Kultursommer am Kap (Arkona) im Juli/August.

und drei Häfen. Schönstes Wanderziel ist der Leuchtturm in der sanft-hügeligen Landschaft des Dornbusch.

Altefähr ♀ Karte 2, B8

Endlich auf Rügen und am liebsten gleich ans Meer! Die südwestliche, landwirtschaftlich geprägte und wenig spektakuläre Ecke Rügens – das Mutland – wird von vielen Urlaubern kaum wahrgenommen. Doch vielleicht haben Sie ja Zeit für einen Abstecher nach Altefähr am Strelasund.

Bloß nicht links liegen lassen
Wie nah Rügen dem Festland ist! Nur eine Brückenlänge liegt zwischen Stralsund und der Insel. Seinen Namen verdankt der kleine Ort seiner Funktion als Fährort zwischen Stralsund und der Insel Rügen. Erstmals erwähnt wurde das Dorf ›bei der ollen Fähre‹ im Jahr 1240. Seit dem Bau des **Rügendamms** und der Einstellung der alten Hauptfährverbindung im Jahr 1936 rauscht der Verkehr an Altefähr vorbei. Geblieben ist der atemberaubende Blick über den Strelasund hinüber nach Stralsund.

Die Hafenpromenade mit kleiner **Marina** lädt zum Bummeln ein. In der Handvoll Restaurants und Cafés kehren auch die Surfer und Segler der Wassersportschule ein. Ein **Sandstrand** zum Baden fehlt auch nicht. Im Sommer ist hier einiges los, aber es ist nie überfüllt.

Bewegen

Wasserfreunde ahoi!
Sail & Surf Rügen: Segel-, Surf- und Kiteschule. Verleih von Kajaks, Jollen und Katamaranen. Ein nettes Café sowie Unterkunft im Jugendgästehaus Haus am Sund.

Der wunderschöne Blick über den Strelasund auf Stralsunds Panorama ist kein Privileg der Bootsurlauber, von der Marina in Altefähr können ihn alle genießen.

KULINARISCHER SCHLENKER **S**

In **Rambin** (♥ Karte 2, C 8) lädt die **Rügener Insel-Brauerei** (Hauptstr. 2, https://insel-brauerei.de, Verkostungen tgl. 10–19 Uhr, 6 €) zur Verkostung ihrer preisgekrönten Biere ein, die hier auch direkt ab Brauereilager verkauft werden. Gleich nebenan sorgt die **Alte Pommernkate** (Hauptstr. 2a, T 038306 62 630, www.altepommernkate.de) mit Fischräucherei (tgl. 9–17 Uhr), Bauernmarkt und und Hofcafé (tgl. 7–19) für eine solide Grundlage. Für die Lütten gibt's einen Spielplatz. Das kulinarische Angebot lockt Scharen von Besuchern an. Hinweis: Die Zufahrt nach Rambin erfolgt von Altefähr oder Samtens über die alte Bundesstraße.

Am Fähranleger, T 038306 232 53, www.segelschule-ruegen.de

Infos

- **Tourist-Information Altefähr:** Am Fährberg 9, 18573 Altefähr, T 038306 750 37, www.altefaehr.de.
- **Bus:** Regelmäßige Verbindungen nach Stralsund, Putbus, Lauterbach, Bergen (www.vvr-bus.de).
- **Fähre:** Von Stralsund, 15 Min. Überfahrt (www.weisse-flotte.de).

Garz   ♥ Karte 2, D 8

Das Reisen genießen? Dazu zweigt man gleich hinter der Rügenbrücke Richtung Osten auf die beschauliche Deutsche Alleenstraße ab. Sie führt durch stille Ortschaften wie Gustrow, Poseritz und Garz. Hier eine Kirche, da ein Konsum, teilweise noch ruckeliges Kopfsteinpflaster.

Lang, lang ist's her

Niemals Trubel herrscht in Garz, im Gegenteil, die älteste und kleinste Stadt der Insel wirkt mitunter auch in der Hochsaison wie ausgestorben. Bis Mitte des 12. Jh. war sie Sitz der slawischen Ranenfürsten, die über die Insel herrschten. In ihrer Tempelburg verehrten sie – mittelalterlichen Chronisten zufolge – die slawischen Gottheiten Porevit, Pernut (Porenut) und den siebenköpfigen Rugivit. Von der **Burg** blieb nur ein mächtiger Wall erhalten, der frei zugänglich ist und gut zu Fuß erkundet werden kann.

Ein guter Ausgangspunkt ist der Parkplatz beim schräg gegenüber liegenden **Ernst-Moritz-Arndt-Museum.** Das älteste kulturhistorische Museum der Insel ist dem Historiker und Freiheitskämpfer Ernst Moritz Arndt gewidmet, der 1769 im benachbarten Dorf Groß Schornitz als Sohn eines ehemaligen Leibeigenen geboren wurde. Durch seine Schriften trug er zur Abschaffung der Leibeigenschaft bei. Sein Werk, das antisemitische Äußerungen enthält, wurde aber auch von den Nationalsozialisten vereinnahmt. Die Ausstellung thematisiert die kritische Auseinandersetzung mit seinen Thesen sowie regionalhistorische Themen.

An den Anlagen 1, T 038304 122 12, www.stadt-garz-ruegen.de/ema-museum, Mai–Okt. Di–Sa 10–16, Nov.–April Mo–Fr 11–15 Uhr, 2 €

Essen, Einkaufen

Frisch von der Kuh

Rügener Inselfrische: In Poseritz verweist ein Schild an der Hauptstraße zum Milchladen am nordwestlichen Dorfrand. Hier – gefühlt im Nirgendwo – werden selbst gebackene Kuchen serviert, es gibt ansprechend zubereitete Molkereiprodukte ebenso wie Sanddornmarmelade und Holunderblütengelee. Poseritz Hof 15, www.ruegener-inselfrische. de, Café/Hofladen ganzjährig Mo–Sa 10–18 Uhr

Halbinsel Zudar

📍 Karte 2, D–E 9–10

Wer Ruhe und Entspannung abseits des touristischen Trubels sucht, ist auf der südlich von Garz gelegenen Halbinsel Zudar richtig. Den südlichsten Zipfel Rügens verbindet seit 1994 die **Glewitzer Fähre** mit dem Festland.

Abseits vom Trubel
Die Halbinsel lockt ansonsten vor allem mit Natur, wie dem vogelreichen Naturschutzgebiet **Schoritzer Wiek,** und naturbelassenen **Badeständen.** Kinderfreundlich ist der flache Sandstrand in **Zicker** am kleinen **Naturcampingplatz Pritzwald.** Weiter südlich beeindruckt das **Gelbe Ufer** mit Steilküste, der Strand hier liegt allerdings nur vormittags in der Sonne. Am **Palmer Ort,** dem südlichsten Punkt Rügens, fällt der schmale Strand rasch ins Meer ab.

Zudar, den größten und namensgebenden Ort der Halbinsel, schmückt die sehenswerte Laurentiuskirche aus dem 14. Jh. Im nördlich gelegenen **Groß Schornitz** befindet sich das Geburtshaus von Ernst Moritz Arndt. Der restaurierte Gutshof wird für Veranstaltungen genutzt, im Erdgeschoss wurde ein Arndt-Gedenkzimmer eingerichtet (www.ernst-moritz-arndt-gesellschaft. de).

Schlafen, Essen

Zu Gast im Park
Gutshaus Zicker: Sieben schöne, gut ausgestattete Ferienwohnungen (für 2–5 Pers.) in einem Herrenhaus aus dem 19. Jh., drei Ferienwohnungen im benachbarten Wirtschaftsgebäude. Großes parkähnliches Grundstück, Kinder sind willkommen. Zicker 14, 18574 Zudar, T 038 300 64 30, www.gutshaus-zicker.de, FeWo ab 65–130 €, Frühstück zubuchbar 9 €/Pers.

Bergen 📍 Karte 2, E 6–7

Nicht zu vergleichen mit dem norwegischen Bergen, aber doch bemerkenswert gebirgig ist die alte, charmante Kleinstadt im Herzen Rügens. Sie ist nicht nur der größte Ort, sondern auch das Verwaltungszentrum der Insel.

Markanter Blickfang
Den gepflasterten **Marktplatz** säumen gediegene Steinhäuser, zwischen denen ein stattliches Fachwerkhaus (vermutlich aus dem frühen 17. Jh.) heraussticht. Das **Benedix-Haus** ist benannt nach der Bäckerfamilie, die es zuletzt bewohnte. 2000 zog die **Touristen-Information** ein.

Zeugen längst vergangener Zeit
Nur ein paar Schritte sind es vom Markt zur reich ausgestatteten **Marienkirche** mit dem historischen Klosterhof. Um 1180 errichtet gilt sie als ältestes Gebäude auf Rügen und ist seit 2004 eine Station auf der **Europäischen Route der Backsteingotik.** Eine Besonderheit: In der äußeren Westwand ist ein **slawischer Bildstein** aus Granit eingemauert. Er zeigt die Konturen eines bärtigen Mannes mit Mantel, Mütze und vor der Brust gekreuzten Armen.

Umstritten, ob es sich um den Slawengott Svantevit oder um den Fürsten Jaromar (gestorben 1217) handelt.

Das 1193 gegründete **Kloster** gelangte nach Einführung der Reformation in Pommern ab 1534 in das Eigentum der pommerschen Herzöge, die es in ein adliges Fräuleinstift umwandelten. Seit 2001 bildet das vorbildlich sanierte Stiftsgebäude den schönen Rahmen für das **Stadtmuseum.**

In der ›**Ladenzeile**‹ zwischen Kirche und Kloster findet man kleine individuelle Läden und Werkstätten mit Keramik, Kerzen, Schmuck – ein sehr stimmungsvolles Ensemble, das einen Besuch lohnt.

St. Marien: Billrothstr. 1, www.kirche-bergen. de, in der Saison in der Regel Mo–Sa 10–16 Uhr; **Museum:** Billrothstr. 20a, T 03838 25 22 26, www.stadtmuseum-bergen-auf-ruegen.de, Di–Fr 11–15, Sa 10–13 Uhr, 2 €

Einmal rundumschauen vom Ernst-Moritz-Arndt-Turm über Rügens wunderbare Wasser- und Waldlandschaften.

Schlafen, Essen

Zeit zum Genießen
Gutshaus Kubbelkow: Hier ist einfach alles schön, das Haus, das kleine Gutsherrenbad, der große Park, die Gastfreundlichkeit und die vielfach ausgezeichnete und entsprechend etwas höherpreisige Küche (ab 21 €).

Dorfstr. 8, Klein Kubbelkow, 18528 Sehlen, 4,5 km südwestl. von Bergen, T 03838 822 77 77, www.kubbelkow.de, DZ/Suiten Grundpreis ab 130–190 €; **Restaurant:** Mi–So ab 18 Uhr, Mo, Di nur für Hausgäste geöffnet

Kleine Skurilitäten
Puk up'n Balken: Restaurant, Kneipe und Pub auf zwei Etagen in einem Fachwerkhaus. Geselliges Ambiente. Die urige Deko vertreibt mit manch ausgefallenem Objekt die Zeit bis zum Essen. Fantasievolle Speisekarte (9–20 €), alles frisch und freundlich serviert.

Bahnhofstr. 65, T 03838 25 72 73, www. puk-bergen.de, tgl. ab 12 Uhr bis open end, Jan.–Feb. Di Ruhetag

Bewegen

Von oben herab
Erlebniswelt am Rugard: Im Norden der Stadt liegt der **Rugard**, mit 90 m eine der höchsten Erhebungen Rügens. Auf dem heute wieder bewaldeten Bergplateau befinden sich die Reste einer slawischen Höhenburg, die seit dem 9. Jh. Residenz der Ranenfürsten war. Attraktion für Klein und Groß aber sind diverse Freizeiteinrichtungen wie Inselrodelbahn, Kletterwald, Rutschenturm, Minigolf oder Gokart-Bahn. Über die Baumwipfel hinaus ragt die gläserne Kuppel des 1877 fertiggestellten **Ernst-Moritz-Arndt-Turm.** Die Aussicht von seiner Höhe ist grandios.

Rugardweg 7–10, www.erlebniswelt-rugard. de, Attraktionen April–Okt. 10–18 Uhr, in der Hochsaion auch länger; Nov.–Ostern Schlüssel für den Turm in der Rezeption des Hotel-Restaurants Am Rugard, 2 €

Ausgehen

Verwandelbar

Bibo ergo sum: Die gemütliche Gaststätte mit Sitzgelegenheit auf dem Marktplatz bietet tagüber günstige Tagesgerichte (unter 10 €). Abends mutiert sie zur Kneipe. Am Wochenende gibt es Livemusik oder DJs legen auf. Gratis WLAN. Markt 14, T 03838 255 22 59, www.bibo ergosum.de, Mo–Fr ab 11, Sa, So ab 12 Uhr, Küche bis 22 Uhr

Infos

● **Touristen-Information Bergen:** Markt 23, 18528 Bergen auf Rügen, T 03838 315 28 38, www.stadtinfo-bergen-ruegen.de.
● **UC Kino:** Ringstr. 140, Rügencenter, www.kino-bergen-ruegen.de, Tickets T 03838 20 21 22. Sechs Säle.

Ralswiek ♀ Karte 2, E 6

Das kleine Dorf (ca. 240 Einw.) am Südufer des Jasmunder Bodden, 5 km nördlich von Bergen, hat sich mit den **Störtebeker Festspielen** seinen Platz auf der touristischen Landkarte gesichert. Der zunächst in der Ostsee später in der Nordsee aktive Pirat soll in Ralswiek einen Schlupfwinkel unterhalten haben. Die Geschichte Ralswieks aber reicht nachweislich viel weiter zurück. Während langjähriger Grabungskampagnen wurde eine **slawisch-wikingische Handelssiedlung** archäologisch untersucht. Sie bestand aus einem guten Dutzend

Gehöfte, die sich von der verschilften Bucht mit dem heutigen Hafen landeinwärts erstreckten. Zu den bedeutendsten Funden gehörte ein Schatz mit Silbermünzen, darunter persische Drachmen und arabische Dirhems.

Essen

Speisen wie zur Grafenzeit

Über dem Bodden thront das von 1893 bis 1896 nach dem Vorbild französischer Loire-Schlösser errichtete **Schloss Ralswiek** (www.schlosshotel-ralswiek.de), in dem man fürstlich wohnen und speisen kann. Die weitläufige, das Anwesen umgebende Parkanlage ist frei zugänglich.

Für jeden Tag

Zum Störti: Aus der Kantine des Störtebeker Teams ist ein gastfreundliches Restaurant geworden, das regionale, frische Küche zu bodenständigen Preisen (11–24 €, Di–Fr Mittagskarte 5–7 €) anbietet. Klasse Biergarten. Nicht nur zu den Festspielen eine Empfehlung. Am Bodden 100, T 03838 31 10 18, www. zumstoerti.de, Di–Sa ab 11.30

Feiern

Störti erobert das Boddendorf

Jahr für Jahr stürzt sich der **Robin Hood** der Meere auf die **Freilichtbühne** in neue Abenteuer. Die Schauplätze der Hansezeit sowie die historischen Konflikte zwischen Dänemark, Schweden und den Hansestädten bilden den Rahmen der Handlung, der Rest ist frei erfunden. Vor der großartigen Naturkulisse des Boddens wird geliebt und verraten, geraubt und verteilt, gekämpft und gemordet. Den all-abendlichen Abschluss der Vorstellung bildet ein grandioses Feuerwerk. Info: http://stoertebeker.de, Ende Juni–Anfang Sept.

116 Rügen und Hiddensee

Putbus ♀ Karte 2, E–F8

Putbus – der Name könnte aus einem Märchen stammen. Aber die jüngste Stadt auf Rügen, die zugleich das älteste (vor)pommersche Seebad ist, wurde ganz geschäftstüchtig von Fürst Wilhelm Malte I. zu Putbus (1783–1854) zu Beginn des 19. Jh. gegründet und geplant. Er orientierte sich dabei an Bad Doberan, das erste Seebad des Landes, in dem die mecklenburgische Herzogsfamilie die Sommerfrische verbrachte. Den Mittelpunkt der ›Stadt in Weiß‹ bildet der **Circus,** ein kreisrunder, eleganter Platz, um den sich klassizistische Bauten gruppieren. Alles in Weiß, Rosenstöcke vor der Tür. Manche Häuser wirken verlassen, andere werden als Galerien genutzt. Ob hier auch jemand wohnt?

Wo ist das Schloss?
An der Kastanienallee, die in den **Schlosspark** führt, steht die **Marmorstatue** des Residenzgründers. Der weitläufige Park wurde unter Wilhelm Malte I. nach englischem Vorbild angelegt. Viele der uralten, zum Teil seltenen Bäume, darunter Gingkos, kalifornische Mammutbäume und Steinfichten, stammen noch aus der Zeit des Fürsten. Sein Schloss sucht man vergebens, es wurde – obwohl nur leicht kriegsbeschädigt – 1962 abgerissen.

Erhalten blieb hingegen das ehemalige **Affenhaus,** das 1846 auf Wunsch der Fürstin Luise zu Putbus erbaut wurde. Heute präsentiert hier das **Rügener Puppen- und Spielzeugmuseum** (http://puppenmuseum-putbus.de, in der Saison tgl. 10–18 Uhr, 6 €) seine Sammlung von Puppen, Plüschtieren, Zinnsoldaten und Modelleisenbahnen. Vom **Museumscafé** schweift der Blick über den idyllischen **Schwanenteich.** Unterhaltsam sind hier die Abende mit Livemusik oder Jukebox (von 1958).

Hier tickt's richtig
Das **Historische Uhren- und Musikgerätemuseum** ist nicht nur dank der engagierten und freundlichen Besitzerin, die alle Fragen bereitwillig beantwortet, ein echtes Highlight. Ihr Mann und Gründer des Museums hat die bemerkenswerte Sammlung von über 1000 Uhren zusammengetragen, darunter eine barocke Weltzeituhr, eine ganz aus Birnenholz gefertigte Uhr und der Zeitmesser eines Spions. Außerdem sind mechanische Musikinstrumente, z. B. eine Jukebox von 1880, zu bewundern. Auf Wunsch wird alles gerne vorgeführt. Alleestr. 13, T 038301 609 88, tgl. Mai–Okt. 10–18, Nov.–April 11–16 Uhr, 5 €

Kunstorte
Die um 1824 errichtete **Orangerie** diente der Überwinterung der im Sommer um das Schloss gruppierten Kübelpflanzen. Der aufwendig sanierte Prachtbau hat sich seit den 1970er-Jahren als das künstlerische Ausstellungszentrum der Insel Rügen etabliert. Zu sehen sind Werke namhafter Künstler aus dem Osten Deutschlands. Aktuelle Kunst wird auch in wechselnden Ausstellungen im **Circus Eins** gezeigt. Am Markt befindet sich das **Atelier ROTKLEE,** in dem Künstlern der Region ihre Werke präsentieren. Orangerie: Alleestr. 35, www.kulturstiftung-ruegen.de, Mai–Okt. Mi–So 10–17, Nov.–April Mi–Sa 11–16, So 13–16 Uhr; **Circus Eins:** Circus 1, www.circus-eins.de, April – Okt. tgl. 11–17, Nov–März nur Do–So; **Atelier ROTKLEE:** Markt 10, www.kunstorte-mv.de, Do–So 11–18 Uhr

Lauterbach ♀ Karte 2, F8

Wieder en vogue
Von Putbus führt eine Allee in den Ortsteil **Lauterbach.** In dem kleinen Hafenort am Greifswalder Bodden ließ Fürst

Kaum irgendwo kann man so nah am bzw. auf dem Wasser wohnen wie in der Marina in Lauterbach. Wenn Sie das Konzert aus Wellen, Wind und Möwenkreischen lieben, sind Sie hier genau richtig.

Malte im Jahr 1818 das **Badehaus an der Goor** bauen, das mit 18 Säulen einem antiken Tempel gleicht. Das beeindruckende Anwesen wird inzwischen wieder als Hotel (www.hotel-badehaus-goor.de) genutzt. Auch für Nichthotelgäste geöffnet ist das Restaurant-Café mit großer Sommerterrasse zum Bodden.

Das fürstliche Seebad verlor rasch seine Anziehungskraft, da man hier nicht im offenen Meer baden konnte. Heute ist Lauterbach wieder gefragt. In den letzten Jahren entstanden neue, schicke Hotel- und Apartmentanlagen mit interessanten Wassersportangeboten und einer attraktiven **Marina**. Am **Hafen** kann man an Bord des altgedienten **Räucherschiffs Berta** leckere Fischbrötchen verdrücken. Eine wunderschöne Rad- oder Wandertour führt von Lauterbach immer am Bodden entlang Richtung Baabe (s. Tour S. 118).

Natur berührt

Das 1990 unter Naturschutz gestellte **Waldgebiet Goor** gehört zum **Biosphärenreservat Südost-Rügen.** Durch die Goor führt der 4,2 km lange **Pfad der Muße und Erkenntnis.** Er beginnt am Hotel Badehaus Goor und macht auf 19 Stationen auf imposante Bäume, Moore, Hügelgräber und Aussichtspunkte aufmerksam. Es gibt keine Informationstafeln entlang des Weges, nur Findlinge mit Nummern, die auf die Begleitbroschüre verweisen. Sie ist vor Ort u. a. im Hotel Badehaus Goor, bei der Reederei Lenz und in der Putbus-Information erhältlich. Kostenlose Führungen veranstaltet das Amt für das Biosphärenreservat.

Broschüre: 5 €, Download unter www.natur-beruehrt.de; **Führungen:** Mai–Okt. Di 10.15 Uhr, Dauer 3,5 Std., Treffpunkt Fischladen am Hafen, www.biosphaerenreservat-suedostruegen.de.

TOUR
Strampeln und schnaufen

Mit Rad und Rasendem Roland durch Rügens Süden

Infos

📍 Karte 2, E–H 7–8

Radstrecke:
ca 18 km

Ausrüstung: Badesachen einpacken!

Ruderfähre Moritzdorf: in der Saison tgl. 9 bis Sonnenuntergang, im Winter die Glocke klingeln

Rasender Roland: s. Rügensche Bäderbahn unter Stichwort Infos, S. 120

Sie sind nicht fit? Oder nur geht so? Macht nichts! Die Tour von Lauterbach mit schönsten Ausblicken über den Bodden ist ein Traum und auch von Untrainierten zu bewältigen. In Moritzdorf wartet der Fährmann, er rudert Wanderer und Fahrradfahrer über die Baaber Beek. Entspannte Rückkehr mit dem Rasenden Roland.

Wasser im Blick

Vom **Hafen Lauterbach** ist der Weg am **Jachthafen** vorbei zum **Badehaus Goor** ausgeschildert. Mit seinen 18 mächtigen Säulen gleicht das Hotel einem antiken Tempel und bietet einen krassen Gegensatz zur angrenzenden wilden **Goor**. Der nach ›Mönchgut, Groß Stresow‹ ausgeschilderte Radweg führt durch diesen alten Wald hindurch und folgt der Küstenlinie des **Rügischen Boddens**. Vorbei geht es an den wenigen Häusern von **Muglitz** nach **Groß Stresow**, einem Dorf mit rohrgedeckten Häusern und der vorerst letzten Bademöglichkeit und Sitzbank am Bodden. Vor Haases reetgedeckter Eishütte mit Biergarten am Bodden sei gewarnt: Wer hier einkehrt, möchte nie wieder weg.

119

Ganz großes Kino erlebt man bei einer Fahrt in den offenen Panoramawagen der Rügenschen BäderBahn. Mal schweift der Blick weit über Felder und Wiesen, mal verfängt er sich in Baumkronen.

Fährmann, hol över!
Der Radweg wendet sich ostwärts ins Land und passiert **Klein Stresow**, die Örtchen **Burtevitz** und **Preetz** und erreicht den **Neuensiener See**. Man folgt seinem verschilften Südufer und gelangt auf einer Brücke über den Ausfluss des Sees in die **Having** nach **Seedorf**. Es ist ein hübsches Straßendorf mit einem netten kleinen Hafen und erneuter Gelegenheit zur Einkehr.

Nächstes Etappenziel ist Moritzdorf. Achtung, der Weg über den **Weißen Berg** am Wasser entlang ist wunderbar zum Wandern, aber leider nicht fahrradtauglich. Der Radweg führt ein Stückchen nördlich von Seedorf auf asphaltierter Straße ins denkmalgeschützte **Moritzdorf** am Ufer der **Baaber Beek**, der schmalen Wasserstraße zwischen Having und Selliner See. Der Fährmann rudert Fußgänger und Radfahrer – auch E-Bikes – mit Muskelkraft hinüber zum **Baaber Bollwerk**, je nach Strömung braucht er 25–40 Ruderschläge!

Mit Volldampf zurück
Vom **Bollwerk** verläuft die Bollwerkstraße durch die Wiesen Richtung **Baabe**. An der verkehrsreichen Bundesstraße (B 196) biegt man links ab Richtung Sellin und erreicht nach etwa 300 m die **Bahnstation des Rasenden Roland**. Die Schmalspureisenbahn verbindet bereits seit 1895 die Seebäder im Südosten Rügens miteinander. Im Sommer herrscht hier Trubel und Vorfreude auf die Fahrt.

Die Fahrräder werden in einem Extrawaggon verstaut. Alles einsteigen! Ein kurzer Dampfpfiff und schon ›rast‹ Roland los, macht hin und wieder mit lang gezogenem Doppeltonpfiff auf sich aufmerksam und lässt ordentlich Dampf ab. Sein Name stammt aus einer anderen Zeit. Immerhin benötigt die schnaufende Lok für die Strecke über **Sellin, Granitz, Binz, Putbus** nach **Lauterbach Mole** 90 Minuten. Es könnte gerne länger dauern.

Abenteuer Dampfeisenbahn: Dem Lokführer und seinem Heizer bei der Arbeit zuschauen, ist möglich! Gegen Entgeld dürfen Eisenbahnliebhaber auf dem Führerstand mitfahren. Empfohlen wird das Tragen von festem Schuhwerk sowie dunkler, langer Kleidung.

MÄCHTIGE BROCKEN **B**

»Die ältesten Annalen wissen nicht von ihnen noch von den Namen derer, die darunter liegen …«, heißt es in einem Reisebericht zu Beginn des 19. Jh. über die geheimnisvollen Steinstätten. Von den über 200 **Großsteingräbern**, die Mitte des 19. Jh. auf Rügen registriert wurden, existiert nur noch ein Viertel. Straßen- und Hausbau sowie Grabräubereien dezimierten die historischen Schätze. Das größte erhaltene Gräberfeld auf Rügen mit ungefähr 5000 Jahre alten Megalithbauwerken befindet sich bei **Lancken-Granitz** (♥ Karte 2, G 7; Führungen: René Geyer, www.naturgeyer.de und Katrin Staude, www.archaeo-tour-ruegen.de).

Schlafen, Essen

Ein Traum!
im-jaich Wasserferienwelt: Die schwimmenden Ferienhäuser sind zweistöckig, modern und geschmackvoll eingerichtet, die Terrassen mit Teakmöbeln ausgestattet. Bei den fernöstlich inspirierten Pfahlhaussuiten handelt es sich um Einzimmerdomizile 2,4 m über dem Wasser. Mit Sauna- und Wellnessbereich sowie großem Wassersportangebot.
Am Yachthafen, Lauterbach, T 038301 80 90, www.im-jaich.de, FeWo (Land) 90–165 €, Schwimmhäuser für 2–6 Pers. 169–209 €, Pfahlhaussuiten für 1–2 Pers. 169 €

Auf Tauchstation
Hotel und Restaurant Nautilus: Von außen sieht das Haus ganz normal aus, innen ist es dem U-Boot des Kapitäns Nemo aus dem Roman »20 000 Meilen unter dem Meer« von Jules Verne nachempfunden.

Es gibt viel zu entdecken, sodass Sie hier auch mit Kindern entspannt essen können. Schmackhafte Küche, viel Fisch (Hauptgerichte 13–23 €). Die stilvoll eingerichteten Zimmer und Suiten erfüllen den hohen Anspruch jedes Kapitäns.
Dorfstr. 17, Putbus-Neukamp, T 038301 830, www.ruegen-nautilus.de, DZ ab 110 €, Restaurant tgl. ab 11.30 Uhr, Nov.–Feb. Mo Ruhetag

---

Bewegen

Mit Julchen hinüber nach Vilm
Schiffsausflug: Ab Hafen Lauterbach geht es zur Insel Vilm, wo einst die Politikprominenz Urlaub machte (s. Magazin S. 278). Der kenntnisreiche Kapitän führt über die Insel. Fußmarsch 3 km, Dauer inkl. Überfahrt 2,5 Std.
Anmeldung bei Fahrgastreederei Lenz, T 038301 618 96, oder online unter www.vilmexkursion.de, März–Okt. 10 Uhr, Erw. 18 €

Ausgehen

Absolut sehenswert!
Theater Putbus: Das fürstliche Schauspielhaus wurde 1819/20 als Sommertheater erbaut. In dem prachtvollen klassizistischen Bau werden klassisches Schauspiel, Ballett, Musiktheater und Konzerte gegeben.
Markt 13, Putbus, T 038301 80 80, www.theater-vorpommern.de

Infos

- **Kurverwaltung Putbus:** Alleenstr. 2, 18581 Putbus, T 038301 431, www.ruegen-putbus.de, www.residenzstadtputbus.de.
- **Rügensche BäderBahn:** Der Rasende Roland verkehrt ganzjährig zwischen Göhren und Putbus im Zweistundentakt, in der

Hochsaison stdl. (8–21 Uhr), nur im Sommer bis Lauterbach (www.ruegensche-baederbahn.de).

Granitz

📍 **Karte 2, G 7**

Wald und Meer. Wer diese Kombination liebt, ist in der Granitz am richtigen Platz. Zwischen den Seebädern Binz und Sellin erstreckt sich ein knapp 1000 ha, an Buchen und Traubeneichen reiches Waldgebiet, das im Norden und Osten durch eine Steilküste zur Ostsee begrenzt wird. Das ehemalige Jagdgebiet der Putbuser Fürsten gehört zum Biosphärenreservat Südost-Rügen. Viele Rad- und Wanderwege führen hindurch. Fast wie im Mittelgebirge geht es auf und ab. Weithin sichtbar ragt aus dem Wald das Jagdschloss Granitz empor.

Die Krone Rügens

Idyllischer kann eine ›Jagdhütte‹ kaum liegen: **Schloss Granitz** thront mitten im Wald auf dem 107 m hohen **Tempelberg**. Wer mit dem Auto anreist, muss die letzten 2 km vom Parkplatz Süllnitz zum Schloss laufen. Eine Alternative ist der Jagdschlossexpress. Das E-Bimmelbähnchen fährt direkt ab Binz Seebrücke. Von der Bahnstation des Rasenden Rolands sind es zu Fuß ca. 1 km durch den Wald.

Fürst Wilhelm Malte I. zu Putbus ließ das Schloss mit vier runden Ecktürmen im Stil norditalienischer Renaissancekastelle zwischen 1837 und 1846 errichten. In der Mitte des Bauwerks ragt ein 38 m hoher **Turm** auf. In seinem Innern schraubt sich eine oft fotografierte, gusseiserne **Wendeltreppe** mit filigran durchbrochenen Stufen empor zu einem atemberaubenden Ausblick. Unten im Gewölbe des Schlosses empfängt das **Wirtshaus Alte Brennerei** durstige und hungrige

Besucher. Ein Kinderspielplatz sowie ein Imbiss mit Biergarten runden das familienfreundliche Angebot ab.

Das **Granitzhaus** unterhalb des Jagdschlosses diente den Fürsten zu Putbus als Forst- und Gästehaus. Heute ist hier das **Informationszentrum für das UNESCO-Biosphärenreservat Südost-Rügen** (www.biosphaerenreservat-suedostruegen.de) untergebracht.

Ostseebad Binz, www.jagdschloss-granitz.de, Mai–Sept. tgl. 10–18, Okt, April tgl. 10–17, Nov.–März Di–So 10–16 Uhr, 6 €; gebührenpflichtiger Parkplatz Jagdschloss Granitz an der L 29, Süllitz 1, Zirkow; https://jagdschloss express.de, in der Saison alle 15 Min.

Binz

📍 **Karte 2, G 7**

Binz ist bildhübsch. Das größte und traditionsreichste Ostseebad Rügens strahlt im Glanze prachtvoller Bäderarchitektur.

GESCHÄFTSTÜCHTIG **G**

Überlaufen, weil sehr beliebt – nicht nur bei Kindern – ist **Karl's Erlebnishof Zirkow** (📍 Karte 2, F 7; Binzer Str. 32, Zirkow-Binz, www.karls.de/zirkow, tgl. 8–19 Uhr). »Zu viel Kommerz, Kitsch und Kram« – meinen manche. Wer's aber mag, verbringt hier locker einen halben Tag. Während der Bauernladen mit regionalen Delikatessen, Bunzlauer Keramik und schönem Nippes für Haus, Hof und Garten die Erwachsenen in seinen Bann zieht, toben die Kids auf dem großartigen Spielplatz und möchten im Erlebnisdorf am liebsten alle Attraktionen ausprobieren. Viele sind gratis.

Gut 2,5 km erstreckt es sich entlang der Ostsee, landein wird es vom Schmachter See begrenzt.

Schmuckstücke

Gleich zu Anfang der Strandpromenade, in ihrem ruhigen, authentischen Teil, bezaubert die **Villa Agnes** (Nr. 2), die ein Bäckermeister aus Thüringen seiner Frau als Sommerhaus schenkte, mit verspielter Dekoration. Wie die **Villa Undine** (Strandpromenade 30) gehört sie zu den sogenannten Wolgasthäusern – aus dem Katalog zusammengestellte Fertighäuser aus Holz (s. Tour S. 218). Sie suchen eine individuelle Ferienwohnung mit Meerblick? Gerne doch: Einfach die Namen Villa Agnes und Villa Undine im Internet eingeben.

Ein steinernes Schmuckstück ist das **Hotel Kurhaus Binz** an der Seebrücke. Das traditionsreiche 5-Sterne-Haus war in den goldenen 1920er-Jahren Treffpunkt des Adels, der Finanz- und Kulturwelt. Im Café Glashaus im Atrium des Hauses können Urlauber zu leiser Pianomusik ein Stück Torte genießen, bevor sie weiterbummeln – auf der **Seebrücke** hinaus aufs Meer, am Strand entlang bis nach Prora oder auf dem ausgewiesenen **Villen-Rundgang.** Er beginnt (offiziell) am Haus des Gastes, im ehemaligen, 1897 erbauten **Warmbad,** und führt zu vielen interessanten Häusern in Binz. Alles Wissenswerte über Architektur, Geschichte und Besitzer jedes einzelnen Gebäudes kann mit dem Smartphone jeweils über einen QR-Code abgerufen werden. Tipp: Mittwochs um 10 Uhr findet ab Haus des Gastes auch eine Ortsführung statt.

Ja sagen im Ufo

Die ufoähnliche, weiße Kapsel, die auf einem Bein am Strand steht, fällt auf. Sie passt nicht hierhin und wirkt doch wie gemacht für diesen Ort. Die ehemalige **Seenotrettungsstation** (Strandprome-

Das berühmte Ufo von Binz: 1981 setzte Ulrich Müther zwei Halbschalen aus Beton aufeinander, fertig war die Rettungsstation, die heute als Außenstelle des Standesamtes dient. Strandspaziergänger können beim Tausch der Ringe zugucken.

nade, Strandaufgang 6) ist eines der futuristisch anmutenden Werke des in Binz geborenen Bauingenieurs Ulrich Müther (s. Magazin S. 255). Der Betonschalenbau wurde 1968 errichtet und 2004 von Müther selbst saniert. Heute dient der sogenannte **Müther-Turm** dem Standesamt als Außenstelle.

Still ruht der See

Der verträumte **Schmachter See** ist etwa 135 ha groß und überrascht mit einer ganz eigenen, ruhigen Atmosphäre, dabei liegt er mitten im Ort, nur 700 m vom Ostseestrand entfernt. Entlang des schilfumsäumten Ufers schlängelt sich der **Park der Sinne** – mit Terrassen, Brunnen, Wasserläufen, verschiedenen Spiel- bzw. Sinnesstationen, Wasserspielplatz, Rosen- und Duftgarten, Aussichtsturm sowie einem 27 m langen Steg in den See hinein. Ein ausgeschilderter Wanderweg führt um den See herum.

Schlafen

Der Name sagt alles

Haus am See: Neues, gepflegtes Haus im alten Bäderstil mit Doppelzimmern und vier Appartments direkt am Schmachter See. Wunderbar sitzt es sich auf der Sonnenterrasse des **See-Cafés** – nachmittags bei Kaffee und Kuchen oder am Abend beim Sundowner.
Seestr. 5, T 038393 42 00, www.binz-haus amsee.de, DZ ab 99 €, FeWo 129 €

In der ersten Reihe schlafen

Jugendherberge Binz: Haus in bester Lage. Vorwiegend Mehrbettzimmer ohne eigene Dusche/WC, aber alles tipptopp. Großzügige Gemeinschaftsräume und Speisesaal mit Ostseeblick.
Strandpromenade 35, T 03839 325 97, https://binz.jugendherberge.de, Übernachtung ab 24,50 €

Essen

Zeitreise

Omas Küche & Quartier: Gespeist wird u. a. in Puppenstube, Rummelbude, Photoatelier oder Salonwagen. Die Ausstattung versetzt zurück in die ›gute alte Zeit‹. Ein Besuch bei Oma ist ein Erlebnis. Wer mag, kann sich zum Dinner auch von einem originalen englischen Taxi abholen lassen. Serviert wird vorzügliche deutsche Küche (Hauptgerichte 14–29 €). Mittags gibt es eine Kinderkarte, abends sind Gäste unter 14 Jahre jedoch nicht willkommen. Im Quartier-Hotel können Reisende ohne Kinder zwischen acht Themenzimmern wählen (DZ 98 €).
Proraer Chaussee 2a, T 38393 135 56, www. omas-kueche-binz.de, 11.30–22 Uhr

Ein Stern für natürliche Kost

freustil: Ralf Haug, Rügens erster Sternekoch, kocht im Hotel Vier Jahreszeiten vorwiegend regional mit nordischen Anleihen. Küche als auch Ambiente sind angenehm klar und natürlich. Sechs kleine Gänge (auch vegetarisch) kosten 66 €. Von 12 bis 15 Uhr wird Lunch serviert, jeden Tag anders (2 Gänge 19 €). Gleich nebenan verköstigt die aus bunten Brettern gezimmerte **Canteen** mit kleinen Snacks und einem täglich wechselnden, dreigängigen Captainsdinner (19 €).
Zeppelinstr. 8, T 038393 504 44, www. freustil.de, Mi–So 12–15, 18–24 Uhr

Deko aus aller Welt

Weltenbummler: Restaurant und Bar im Souterain der Villa Seeadler mit Terrasse an der Promenade und Biergarten im Innenhof. Köstliches Essen, ebenso bodenständig wie kreativ (Salate, Pasta, Fisch, auch feine Rinderfilets 13–38 €). Große Auswahl an Rum und Whisky.
Strandpromenade 42, T 038393 13 13 08, www.weltenbummler-ruegen.de, Mo, Di Do, Fr ab 16, Sa, So ab 12 Uhr

SEEBRÜCKEN-HOPPING

Die **Adler-Schiffe** (www.adler-schiffe.de) sind in der Saison im Seebäderverkehr zwischen Binz, Sellin und Göhren und dem Stadthafen Sassnitz unterwegs. Das Seebrücken-Hopping lässt sich mit einer Radtour oder einer Fahrt mit dem Rasenden Roland (Rügensche BäderBahn) kombinieren, der keine Museumsbahn, sondern fester Bestandteil des Nahverkehrssystems ist. Keinen Landgang beinhalten die Fahrten zur Kreideküste mit dem legendären Königsstuhl.

Anders und besonders
Strandhalle: Der Weg zum ruhigen Anfang der Strandpromenade lohnt. Von außen bildhübsch, drinnen unter hoher Balkendecke ein geschmackvolles Sammelsurium aus Sitzmöbeln. Kurzum ein Ort, an dem man sich sofort wohlfühlt und entspannt Toni Münsterteichers fein-bürgerliche Gerichte (ab 12 €) schmausen kann.
Strandpromenade 5, T 038393 315 64, www.strandhalle-binz.de, Di–So 12–22 Uhr

Frisch aus dem Rauch
Fischräucherei Kuse: Ganz am Anfang der Promenade liegt die kleine, traditionsreiche Fischräucherei. Drinnen ein paar Tische, draußen eine Terrasse mit Blick zum Strand.
Strandpromenade 3, T 038393 29 70, März–Dez. tgl. ab 9 Uhr

Einkaufen

Einladung zum Stöbern
Kunstmeile Binz: In der Margaretenstraße, einer kleinen Querstraße zum Meer (zwischen Promenade und Schillerstr.) haben sich viele Künstler niedergelassen. Hier reihen sich Galerien, Werkstätten und hübsche kleine Läden mit einem ansprechenden Angebot an Kunst und Kunsthandwerk aneinander (www.kunstmeile-binz.de).

Infos

- **Haus des Gastes:** Heinrich-Heine-Str. 7, 18609 Ostseebad Binz, T 0383 93 14 81 48, www.ostseebad-binz.de. Tourist-Information und Kurverwaltung.
- **Besucherzentrum Binz im Kleinbahnhof:** Bahnhofstraße 54 (Haltepunkt des Rasenden Roland Binz-Ost LB). Außenstelle der Kurverwaltung mit Bibliothek (mit Leseecke), kostenfreiem WLAN, Binz-Museum, Gastronomie.

Sellin Karte 2, G–H 7

Eine Welt wie aus einem Reiseprospekt. Hoch über dem Strand thront das charmante Ostseebad. Prachtvolle weiß getünchte Villen, Hotels und Pensionen säumen die unter Denkmalschutz stehende Wilhelmstraße, die auf die Küste zuführt. Wie ein Märchenschloss tauchen weit unten am Hauptstrand die zierlichen Bauten der Seebrücke auf.

Raus aufs Meer!
Die ursprünglich 1906 fertiggestellte **Seebrücke**, die im Verlauf ihrer Geschichte immer wieder durch Eisgang beschädigt worden war, wurde 1993 nach historischen Vorbildern wiederhergestellt. Die Tauchgondel (www.tauchgondel.de, 9 €) an ihrem Ende erlaubt einen Besuch in die Ostsee. Zu beiden Seiten der wasserumspülten Flaniermeile erstreckt sich der 30 m breite, weißsandige **Hauptstrand**. Die bewaldeten Hügel der Granitz schützen ihn vor Wind, haben aber auch ihre

Schattenseiten – am Nachmittag verschwindet die Sonne relativ früh hinter der Steilküste. Länger von der Sonne verwöhnt ist der Selliner Südstrand.

Moritzdorf 9 Karte 2, G–H 7–8

Seerunde
In die Pedale treten ist ein Vergnügen im Hinterland der Seebäder, beispielsweise einmal rund um den **Selliner See**. Vom **Hafen Sellin** gehts immer gegen die Uhr. Kaum aufgestiegen lohnt das mit Schilfrohr gedeckte **Seefahrerhaus** (Seestr. 17b, Mai–Okt. Di–Sa 10–16, So 10–16 Uhr, reduziert im Winter, Eintritt frei) einen Stopp. Es gibt Einblick in die Arbeits- und Erlebniswelt der Fischer und Seefahrer. In **Moritzdorf**, ein bildhübsches, denkmalgeschütztes Zeilendorf entlang der Baaber Beek, endet die Straße. Das Ausflugslokal Moritzburg oben auf dem Steilufer ist leider ebenso wie das Restaurant unten im Dorf auf unbestimmte Zeit geschlossen. Was nun? Zum Glück hat der **Fährmann** Dienst, der Wanderer und Radfahrer über die Baaber Beek rudert. Im **Bollwerk** (s. S. 128) am anderen Ufer gibt's Einkehrmöglichkeiten, bevor man über Baabe zurück nach Sellin radelt.

Schlafen, Essen

Beste Lage
An hochpreisigen Unterkünften besteht kein Mangel in Sellin. Zu den ersten Adressen gehören das 2018 eröffnete **arcona Living Appartements First Sellin** (https://sellin.arcona.de), **Hotel Kurhaus Sellin** (www.travelcharme.com), **Cliff Hotel** (www.cliff-hotel.de), **Hotel Bernstein** (www.hotel-bernstein.de) und **Hotel Park Ambiance** (www.roewers.de), alle mit großzügigen Wellnesslandschaften und exquisiten Restaurants. In den Ferienwohnungen des **Seeparks Sellins** (www.seepark-sellin.de) checken gerne Familien mit Kindern ein. Daneben gibt es aber auch kleine, familiäre Unterkunftsmöglichkeiten.

Typisch Sellin
Hotel Villa Elisabeth: Die Bädervilla ist ein freundlich geführtes Haus. Die Zimmer sind zum Teil sehr großzügig, einige mit Holzbalkon. Im **Restaurant achtern** herrscht gemütliches Kneipenambiente. Wilhelmstr. 40, T 038303 87044, www.hotel-elisabeth-sellin.de, DZ ab 105 €

Mit einer Prise Seeluft
Kleine Melodie: Ein klasse Lokal am Südstrand mit schönem Ambiente drinnen wie draußen. Das Essen schmeckt gut, der Service ist freundlich. Selbstbedienung im Biergarten. Südstrandpromenade 3, T 038303 85616, www.kleinemelodie.net

Einkaufen

Anschauen und kaufen
Galerie Hartwich: In der Alten Feuerwehr wird zeitgenössische Malerei aus

AUF UND AB

Wunderbar ist eine **Wanderung** von der Seebrücke in Sellin zur Seebrücke in Binz entlang dem bewaldeten **Hochufer**. Achtung: Es geht hoch und runter, die Wanderung ist anstrengender als viele es dem ›nordischen Flachland‹ zutrauen. Aber genießen Sie den Buchenwald, die Schluchten und zwischendurch immer wieder die Ausblicke aufs Meer! Für die 7,5 km lange Strecke sollten Sie 1,5 Std. veranschlagen. Rückkehr mit dem Rasenden Roland.

Lieblingsort

Cinema à la DDR

Das **Cliff Hotel Rügen** (♀ Karte 2, H 7) in Sellin hat eine bewegte DDR-Vergangenheit. 1978 als Gästehaus der SED errichtet, wurde es mit Wellnessbereich, Schwimmbad und Kino ausgestattet. Die alte Projektionsanlage ist wieder in Betrieb. Der Kinosaal ist ein Schätzchen aus DDR-Zeiten – originale Lautsprecher, grüne Plüschsessel, kleine Beistelltischchen. Jeden zweiten Sonntag ist Flimmerstunde mit möglicher Getränkebestellung inkl. UFA-Dreiklang-Gong und Informationen zum Film vor Vorstellungsbeginn.
Cliff-Kultur-Kino: www.cliff-hotel.de oder auch www.kino-lichtspiele-sassnitz.de, 5 €, auch für Nichthotelgäste

dem Ostseeraum gezeigt. Wechselnde Kunstausstellungen. Sehenswert!
Schulstr. 5, www.galerie-hartwich.de

Der Gelbe Stein der Ostsee
Bernsteinmuseum Sellin: Goldschmiedeladen mit Werkstatt. Die Ausstellung im Hinterhaus zeigt Bernstein aus aller Welt.
Granitzer Str. 43/Ecke Wilhelmstr., www. bernsteinmuseum-sellin.de, Mo–Fr 10–12/13, 14–17, Sa 10–12 Uhr

---

Bewegen

Ganzjährig Baden
Ahoi! Rügen: Kein sensationelles Erlebnisbad, aber eine gute Alternative bei schlechtem Wetter. Mit Außenpool, Piratenschiff, Rutsche. Kein Bahnenziehen.
Badstr. 1, T 038303 12 30, www.insel paradies.de

Den Wald verstehen
Wanderung in die Granitz: Ranger führen durch das Waldnaturschutzgebiet.
Mai–Okt. Fr 10.15–14 Uhr, Treffpunkt Kurverwaltung Sellin, kostenlos, Termine im Veranstaltungskalender und unter www.natur-mv.de

Lebe dein Leben!
Der **Friedensberg im Kurpark** zieht als ein jahrtausendealter Kraftort Menschen an, die zur Ruhe kommen und sich erden wollen. Schilder vor Ort bieten Hilfestellung, aber mit Führung ist es leichter, sich auf diesen Ort einzulassen (in der Saison etwa jeden 2. Fr um 15 Uhr, www. friedensberg.eu). Es gibt mehrere Zugänge, auch einen über die Wilhelmstraße.

Infos

• **Kurverwaltung Sellin:** Warmbadstr. 4, 18586 Ostseebad Sellin, T 038303 160, www.ostseebad-sellin.de.

• **Verkehr:** Der gläserne Fahrstuhl fährt zwischen 8–22 Uhr gratis hinunter zum Hauptstrand – eine beliebte Alternative zu der doch recht steilen Treppe. Haupt- und Südstrand verbindet im Sommer die Rügensche BäderBahn (für Kurkarteninhaber kostenlos). Ortsbus (Linie 25) bis zu 13 x tgl. ab der Seebrücke nach Neuensien, Seedorf, Altensien und Moritzdorf (www. vvr-bus.de).

Baabe   📍 Karte 2, H 7

Von Sellin führt die Promenade in das benachbarte Ostseebad, das mit dem Slogan ›Familienbad unter Kiefern‹ wirbt. Wer mit dem Auto anreist, durchfährt am Ortseingang das Mönchgut-Tor, genau hier schlängelt sich seit dem 13. Jh. der Mönchgutgraben durch die Wiesen, der seit jeher die Trennlinie zwischen der **Halbinsel Mönchgut** und der Hauptinsel Rügen markiert.

Architekturavantgarde
Bis zum Anschluss an die Bahntrasse des Rasenden Rolands Ende des 19. Jh. war Baabe ein abgelegenes Fischerdorf. Es gab und gibt weder eine Seebrücke noch historische Bäderarchitektur. Wohl aber zwei Werke von Ulrich Müther: Das 1966 erbaute **Inselparadies** (Am Inselparadies 1) beherbergt nach jahrelangem Leerstand seit 2017 ein italienisches Restaurant und eine Strandbar. Am Rande des Kurparks duckt sich unter Bäumen der ehemalige **Buchkiosk** (Müther 1971, seit 1997 unter Denkmalschutz), in dem heute schöne Dinge zu erwerben sind: Ansichtskarten, Gemälde, Schmuck.

Maritim
An der **Baaber Beek,** dem schmalen Ausgang des Selliner Sees zur Having,

128 Rügen und Hiddensee

liegt das **Bollwerk** mit einer Anlegestelle für Ausflugsboote. Der Name leitet sich von Bohlen ab, die als Uferbefestigung dienten. An der Bollwerkstraße bilden einige Kutter das kleine, maritime **Mönchguter Fischermuseum** (Bollwerkstr./ Ecke Dorfstr., frei zugänglich). Tipp: Im Restaurant **Zum Fischer** (Bollwerkstr. 4) kommt der Fisch tatsächlich direkt vom Fischkutter und wird schmackhaft zubereitet. Vom Baaber Bollwerk rudert ein **Fährmann** nach Moritzdorf hinüber, er nimmt auch Fahrräder mit an Bord (s. S. 125).

Schlafen, Essen

Traumlage am Meer
Meeresblick: Zum sanierten Mütherprojekt Inselparadies gehört die neu errichtete Appartementanlage mit 13 Wohneinheiten für vier bis sechs Personen direkt an der Promenade.
Am Inselparadies 2, T 038303 380 000, www.meeresblick-baabe.de, FeWo ab 145 €

Unterm Rohrdach
Solthus am See: In der Baaber Heide gelegenes Hotel mit Rohrdach. Die 39 Zimmer und Suiten haben Balkon oder Terrasse. Großzügiger Wellnessbereich und ein schönes Restaurant mit innovativer, regionaler Küche.
Bollwerkstr. 1, T 038303 871 60, www.solthus.de, DZ ab 146 €

Super Tapas
Casa Atlantis: Café mit spanischem Flair, auf der Speisekarte stehen Steaks, Pasta, Salate, Tapas, alles lecker und freundlich serviert. Vermietet werden auch einfache schöne Zimmer im Haus und Fincas in der näheren Umgebung, auf dem Hotelgrundstück gibt es einen Fahrradverleih.
Strandstr. 5, T 03803 955 65, www.casa atlantis.de, ab 10 €

Ausgehen

Schöner Abend, viel gelacht
Kabarett-Theater Lachmöve: Politische Satire vom Feinsten, man sitzt gemütlich an kleinen Tischen.
Strandstr. 25, T 038303 990 75, www. kabarett-lachmoewe.de, in der Saison tgl. 20 Uhr

Infos

● **Kurverwaltung:** Im Haus des Gastes, Am Kurpark 9, 18586 Baabe, T 038303 14 20, www.baabe.de.
● **Uns Lütt Bahn:** Das E-Bähnchen pendelt in der Saison bis zu 9 x tgl. zwischen Strandpromenade und Bollwerk, für Gäste mit Kurkarte ist die Fahrt kostenlos.

Göhren   ♥ Karte 2, H 8

Fast am Ende der Insel Rügen liegt Göhren. Sackgasse für Autos, Endbahnhof für den Rasenden Roland, für die Bäderschiffe, die an der Seebrücke anlegen. Das von zwei Stränden, Steilküste und Wald umschmeichelte Seebad ist das touristische Zentrum des **Mönchgut.**

Wege am Meer
Das hübsche Ortszentrum liegt gut 30 m über dem Strand. Eine **Standseilbahn** überwindet den Höhenunterschied zwischen Nordstrand und Ortszentrum innerhalb von einer Minute (1 € pro Fahrt und Strecke). Zu Fuß geht es natürlich auch. Ein schmaler **Weg** führt durch den weitläufigen **Kurpark** mit Kneippgarten und einem Kurpavillon aus dem Jahr 1924 hinab zur **Strandpromenade**, der **Seebrücke** und dem **Göhrener Nordstrand.** Der etwa 35 m breite feine

Sandstrand erstreckt sich gen Norden bis zum benachbarten Seebad Baabe.

Schattige Wanderpfade verbinden den Nord- mit dem Südstrand: Der schönste führt um das **Nordperd**, eine bis zu 69 m hohe, weit ins Meer hineinragende Landzunge. Dem Hochufer folgend bietet die Wanderung viel Wald, einige Steigungen und immer wieder wunderbare Meersicht (Dauer ca. 1 Std.). Der von Fischern zum Anlanden ihrer Boote genutzte **Göhrener Südstrand** ist schmaler und teilweise steinig, dafür nicht so überlaufen.

Das Dorf der Fischer

Einige bildschöne Exemplare der Bäderarchitektur des 19. Jh. schmücken das Seebad am Meer. Das alte Dorfzentrum, das bis zur Gründung des Seebades von Fischern und Lotsen bewohnt war, aber prägen noch einige rohrgedeckte Fachwerkhäuser – darunter das **Rookhuus**, ein kleines Fischerhaus vom Typ Zuckerhut aus der Zeit um 1700. Es gehört zur vielfältigen **Mönchguter Museenlandschaft,** die wegen Umstrukturierung seit 2014 zum Teil geschlossen ist bzw. sich noch im Umbau befindet. Die neu konzipierten Ausstellungen des **Heimatmuseums** in der Strandstraße dokumentieren die Geschichte der Halbinsel Mönchgut, die Entwicklung des Ostseebades Göhren sowie Pommersche Trachten. Der Förderverein Mönchguter Museen lädt regelmäßig zu Vorträgen, Veranstaltungen und einmal im Monat zum Museumsgespräch ein,

Info und Termine: www.moenchguter-museen.de

Schlafen

Großer Luxus
Hotel Hanseatic Rügen und Villen: Rundum ein Genuss, vom Schlafen übers Schlemmen bis zum Schwimmen und Relaxen. Das Haus mit dem markanten Turm bietet von fast allen Räumen Ostseeblick.
www.hotel-hanseatic.de, DZ ab 205 €

Dem Meer ganz nah
Strandhaus: 13 einfache Zimmer am Strand. Es gibt Zimmer mit zwei, drei und vier Betten – einige zur Waldseite, andere mit eigener Terrasse zum Meer. Die Kneipe (in der Saison Do–Di tgl. ab 11.30 Uhr) versorgt die Strandbesucher.
Nordstrand 1, T 038308 250 97, www.strandhaus1.de, DZ 72–103 €

Essen

Klein, fein, gemütlich
La Stanza Vinoteca e Bar: Delikate, italienische Happen in freundlicher Umgebung, gute Weine, angeregte Gespräche.
Strandstr. 3, T 0151 407 3 92 24, Mo–Sa 17–23 Uhr

Durchs Brückenhaus im traditionell vornehm-weißen Holzkleid geht's hinaus aufs Meer.

Köstlich!
Fischklause Göhren: Das kleine Restaurant liegt ein bisschen versteckt im Hinterhof. Es ist gemütlich hier mit nur vier, fünf Tischen.
Strandstr. 14, T 038308 256 21, www.haus-karlsruhe.de, in der Saison Di–So tgl. 17–22 Uhr, ab 11 €

Maritime Minikneipe
Die Räucherei: Kaum aus der Bahn ausgestiegen, kann man sich hier Fisch frisch schmecken lassen. Empfehlenswert!
Bahnhofstr. 1

Einkaufen

Manufaktur für Köstlichkeiten
Villa mit Sonnenhof: Feine Kräutersalze, Fruchtaufstriche, Kräuter- und Blütenmischungen, Senf und Chutney können auch im Onlineshop bestellt werden, aber vor Ort ist es einfach viel schöner. Man kann probieren und eine Runde im Kräutergarten drehen. Ein-, zweimal pro Monat bittet Peter Knobloch zu Tisch und serviert ein Menü für zehn Personen (7-Gänge 120 €). Bei Kochkursen teilt er die Geheimnisse seiner Kochkunst. Sie ist ihm sicher mit dem Namen in die Wiege gelegt.
Friedrichstr. 8, T 038308 34094. www.villa-mit-sonnenhof.de, Di–Sa 10–17 Uhr

Ausgehen

Exotisches Flair
Globetrotter Cocktailbar: Eine gemütliche Bar, entspannte Musik, Getränkeideen aus aller Welt. Einmal Globetrotter, immer wieder Globetrotter.
Katharinenstr. 5, T 038308 254 14, www.globetrotterbar.de, in der Saison Di, Mi–So 19–24, sonst nur Fr, Sa ab 19 Uhr

Infos

- **Kurverwaltung Göhren:** Im Haus des Gastes, Poststr. 9, 18586 Göhren, T 038308 667 90, www.goehren-ruegen.de. Infostelle an der Seebrücke: Ostern-Okt. tgl. 10–13 Uhr.

Mönchgut

📍 Karte 2, G–H8–9

Im Ranking der schönsten Insellandschaften nimmt der südöstliche Zipfel Rügens einen Logenplatz ein. Mit seinen sanften Hügeln, schilfumkränzten Buchten, Boddenstränden und der mit dem Fehlen spektakulärer Sehenswürdigkeiten einhergehenden Ruhe ist er eine

Die Katharinenkirche in Middelhagen inspirierte Künstler wie Adolph von Menzel und Lyonel Feininger.

Wohltat für die Seele. Die stillen Winkel haben hier eine besondere Aura. Der Name erinnert daran, dass ein großer Teil der Halbinsel bis zur Reformation dem Kloster Eldena bei Greifswald gehörte. An ihrem nördlichen Rand liegen die Seebäder Baabe und Göhren ganz im Süden Thiessow.

Middelhagen   📍 Karte 2, H 8

Ein richtiges Dorf!

Das überrascht fast nach dem Besuch der noblen Ostseebäder. An der Kreuzung, wo die Straßen zum Südperd und auf die Halbinsel Reddevitz abzweigen, liegt der historische Ortskern von Middelhagen mit allem, was zu einem richtigen Dorf gehört: ein traditionsreicher **Gasthof** (www.zur-linde-ruegen.de) mit guter Kost und selbst gebrautem Bier, eine alte **Schule** und die trutzige Kirche **St. Katharina** aus dem 15. Jh. Die Kirche ist im Sommerhalbjahr tagsüber geöffnet (www.kirche-auf-moenchgut. de).

Streng schaut Fräulein Lehrerin

Ein Tipp vorweg: Es schadet nicht, die Fingernägel von möglichen Trauerrändern zu befreien, bevor man im **Schulmuseum** die Schulbank drückt. Könnte gut sein, dass man/frau die Finger vorzeigen muss. Die historische Schulstunde ist ein Highlight – für alle Altersklassen! Aber auch ohne Probeunterricht bietet das im alten Küsterhaus untergebrachte Museum einen interessanten Einblick in die Mönchguter Schulverhältnisse vergangener Tage. Bis 1962 wurden hier etwa 60 Kinder gemeinsam in einem einzigen Raum unterrichtet.

Dorfstr., www.middelhagen.de/schulmuseum, Juni–Aug. Di–So 10–17, Mai, Sept., Okt. Di–So 10–16 Uhr, historische Schulstunde Mi 10 Uhr, 3 €, inkl. Schulstunde 8 €

HÖR MAL REIN!   **H**

»Wo plattdütsch Leeder schallen, is dat de Best von allen«, wenn sich die Möglichkeit bietet, einen Auftritt der **Mönchguter Fischköpp** zu erleben, sollten Sie sie nutzen. Die Jungs tragen in Mönchguter Tracht mit *Schüttelbüx*, Halstuch und typischer Weste maritime und norddeutsche Lieder vor. Einen Vorgeschmack gibt's auf Youtube.

Alt Reddevitz   📍 Karte 2, G 8

Aussichtsreich

Die Gegend zwischen Middelhagen und Alt Reddevitz ist ein zauberhafter Landstrich. Vom alten Fischerdorf Alt Reddevitz führt eine Straße über Rügens mit 9 km längste und schmalste Landzunge: das **Reddevitzer Höft**. Lassen Sie das Auto stehen, es ist eine wunderbare Strecke zum Radfahren. Gleich zu Beginn lohnt ein Abstecher zum **Naturparadies Teutenberg** (www.naturparadies.info), einem etwas verwilderten Apfelhof mit Hofladen, Sommerterrasse und Blick über den Bodden zum Granitzer Jagdschloss. Wenig weiter lädt die **Mönchguter Hofbrennerei** (www.hofbrennerei-strandburg.de) zu einem zweiten Schlenker ein. In der Saison werden Führungen angeboten, die hauseigenen Obstbrände und Whisky gibt's im Hofladen, eine kleine Stärkung auf der Terrasse mit Aussicht über das Höft. Wer richtig Appetit hat, radelt bis zum **Having Hof** (www. having-hof.de) fast am Ende der Landzunge mit gemütlicher Gaststube und sehr gutem Essen (auch schöne Ferienwohnungen). Am westlichsten Zipfel des Reddevitzer Höfts lockt ein **Aussichtspunkt** an der Steilküste – ein Malort von Caspar David Friedrich. Eine (kurze)

132 Rügen und Hiddensee

Treppe führt hinab ans Ufer. Lust auf ein Bad im Bodden?

Schlafen

Angenehm vergehen die Tage
Hof Eschenschlag: Idyllisch gelegener Dreiseithof, etwa 2 km vom Dorf entfernt, mit vier Wohnungen (für 4–6 Pers.) und Blick über den Bodden. Die Umgebung ist ein Traum. Im Garten blühen Stockrosen, es gibt Spielgelegenheiten für die Lütten, einen eigenen Badestrand.
Alt Reddevitz 41, T 038308 662 40, www. hof-eschenschlag.de, FeWo ab 110–132 €

Essen

Boddenblick für Genießer
Moccavino: Traumhafte Torten, die nicht schlank, aber glücklich machen, und Kaffeespezialitäten aus aller Welt, später zum Sonnenuntergang ein Glas Wein mit herzhaften Kleinigkeiten.
Alt-Reddevitz 18a, T 038308 663 36, www. moccavino.com, ganzjährig Do–Mo ab 11 Uhr bis Sonnenuntergang

Bod(d)enständig
Gasthof Kliesow's Reuse: Im urigen Scheunenrestaurant auf einem Alt Reddevitzer Dreiseithof aus dem 16. Jh. gibt's schmackhafte Küche ohne Schnickschnack (11–23 €). Der Fisch stammt vom Kutter nebenan.
Dorfstr. 23a, T 038308 21 71, www. kliesows-reuse.de, Mi–Mo ab 12 Uhr, durchgehend warme Küche

Groß Zicker   📍 Karte 2, H 8

Was etwas zickig und leicht gaga klingt, ist eine der schönsten Ecken von Rügen. Etwa 2 km südlich des hübschen Dorfes

Lobbe, an dessen Strand einige Fischerboote liegen, verzweigt sich die Straße gen Westen und führt zum **Zickerschen Höft.** Die 1,5 km breite und etwa 4 km lange Halbinsel gehört zur Kernzone des Biosphärenreservats Südost-Rügen und ist ein traumhaftes Wandergebiet (s. Tour S. 133). An ihrem Nordufer liegt **Gager,** am Südufer **Groß Zicker,** zwischen den beiden Dörfern der 66 m hohe **Bakenberg.**

Wo die Witwen wohnten
Groß Zicker ist ein Bilderbuchdorf mit Kopfsteinpflaster, Bauerngärten, rohrgedeckten Katen und mittelalterlicher Backsteinkirche. Es steht komplett unter Denkmalschutz, geparkt wird am Ortseingang. Im kleinen Fischerhafen wird Räucherfisch verkauft.

Zauberhaft ist das 1720 bis 1723 entstandene **Pfarrwitwenhaus,** eines der besterhaltenen sogenannten Zuckerhuthäuser. Ursprünglich diente es als Bleibe für die in der Regel völlig mittellosen Pfarrwitwen. Wunderschön ist der Garten vor dem Haus. Die während der Blüte gesammelten Blumensamen sind im Museum erhältlich.
Boddenstr. 35, T 038308 82 48, April, Mai, Okt. Mo–Sa 11–16, So 13–16, Juni, Sept. Mo–Sa 10–17, So 13–17, Juli, Aug. Mo–Sa 10–18, So 13–18 Uhr

Schlafen

Ein Paradies für Naturfreunde
Taun Hövt: Am Ende der Straße, wo die Zickerschen Berge beginnen – eine schönere Lage gibt es nicht. Komfortable Apartments, einige mit Schlafgalerie und Balkon mit freiem Blick in die Landschaft. Ein beliebtes Ausflugsziel ist das Restaurant, schmackhafte (deutsche) Küche und freundlicher Service.
Boddenstr. 61, Groß Zicker, T 038308 54 20, www.taun-hoevt.de, FeWo 90–130 €

TOUR
Summ, Bienchen, summ

Rundwanderung durch die Zickerschen Berge

Infos

📍 Karte 2, G–H 8–9

Länge/Dauer:
ca. 9 km, 2.5 Std.

Wanderhinweis:
Wege sollten im
Biosphärenreservat
nicht verlassen
werden.

**Wild- und Heilkräu-
terführungen:**
Mit René Geyer ab
Groß Zicker, April–
Sept. Mo, Do, Fr
10, Sa 13 Uhr, ca.
2,5 Std., 9 €, www.
naturgeyer.de.

Gräser, Blumen und Sträucher bestimmen die Landschaft der bemerkenswert hügeligen Halbinsel **Mönchgut**. Magerrasen heißt die kräuter- und blumenreiche Vegetationsform etwas nüchtern – ein Schlemmerparadies für Insekten. Schafe halten die Wiesen kurz, nur Wanderer sind hier erwünscht. Idealer Startpunkt für eine Rundwanderung durch die **Zickerschen Berge** ist der Parkplatz am Rande von **Groß Zicker**.

Auf angenehmen Rasen- und Sandwegen läuft man gen Westen. Ein Abzweig führt zum findlingsreichen Boddenstrand: Über eine Treppe geht es hinab zum **Nonnenloch**. Hier sollen sich die Bergener Nonnen mit den Mönchen des Klosters Eldena heimlich zum Tête-a-Tête getroffen haben. Am Strand liegen zwei riesige Findlinge, aus dem Steilufer daneben fließt klares Quellwasser, ein winziges Rinnsal, das nur findet, wer davon weiß.

Der Wanderweg verläuft auf dem Steilufer um die Landspitze herum und bietet schöne Boddenblicke. Die Küste flacht ab, die ersten Häuser von **Gager** säumen den Weg. Auf der Dorfstraße erreichen wir den **Hafen**. Frischen Fisch, für den auch die einheimischen Köche gerne Schlange stehen, kann man bei der Fischereigenossenschaft kaufen. Eine Menschenmenge vor einem Hüttchen an der Kaikante ist ein sicheres Zeichen, dass der Fang erfolgreich war.

Vom Anleger verkehrt das Fahrgastschiff Mönchgut in der Saison zu verschiedenen Ausflugszielen wie Peenemünde, Greifswald oder Lauterbach. Zurück nach Groß Zicker aber geht es nur zu Fuß. Es wäre eh zu schade, den Weg über den **Bakenberg** (69 m) auszulassen: umwerfend das Panorama, bezaubernd die blumenreichen Wiesenhügel. Einfach mal hineinlegen, Augen schließen und dem Konzert der Insekten lauschen.

Schilf säumt große Teile des Ufers am Greifswalder Bodden. Wo der Bewuchs zurückweicht, trocknen Fischer ihre Reusen, machen Freizeitkapitäne ihre Boote fest.

Entspanntes Wohnen am Wasser
Mönchgut living & spa: Urlaub unterm Reetdach, in komfortablen Wohnungen mit Sauna und Kamin, in einem Ferienhaus mit eigenem Garten oder in einer schlichten Kajüte. Schöner Sauna- und Wellnessbereich am Wasser.
Am Hafen, Gager, T 038308 668766, www.moenchgut-living.com, FeWo ab 95–209 € für 2–6 Pers.

Thiessow   ♀ Karte 2, H 9

Surfer's Paradise
An der Südspitze der Halbinsel Mönchgut herrscht nur in der Hochsaison Trubel, doch selbst dann noch finden Naturliebhaber einsame Wege und stille, vogelreiche Buchten. Der wegen seines flach auslaufenden Uferbereichs bei Familien mit Kindern beliebte Strand erstreckt sich vom **Nordperd** bei Göhren zum **Südperd** bei Thiessow, wo es in 1a-Lage Verpflegung gibt, z. B. im Strandcafé (Strandpromenade 1, Di–So 11.30–20 Uhr, ab 10 €).

Schon zu DDR-Zeiten erfreute sich die kleine, auf zwei Seiten von Wasser gesäumte Ortschaft unter Surfern großer Beliebtheit. Günstige Surfbedingungen gab es zwar vielerorts auf Rügen, doch die Küste war Grenzgebiet und Wassersport an den meisten Stellen nicht gestattet. Thiessow lag überwachungsmäßig günstig – weil fern vom offenen Meer –, sodass Surfer zugelassen waren. Heute hat hier **Sail & Surf Rügen** (www.segelschule-ruegen.de) eine Außenstelle, man kann sich aber auch einfach nur ein SUP leihen und in den Sonnenuntergang paddeln. Gleich nebendran: ein kleiner, übersichtlicher und darum sehr netter Platz mit 60 (schattenlosen) Stellplätzen für Reisemobile und Zelte, nur 20 m vom Sandstrand entfernt.

Schlafen

Freundlich und komfortabel
Hotel Godewind: Familiär geführtes Haus in Strandnähe. Hübsche, freundlich eingerichtete Zimmer und Apartments (für 3–5 Pers.), einige mit Balkon. Restaurant, Schwimmbad, Fitness- und Wellnessbereich in einem separaten Gebäude.
De niege Wech 7, T 038 308 34 20, www. godewind-thiessow.de, DZ/Apartment ab 85–139 €

Infos

● **Kurverwaltung Thiessow:** Hauptstr. 36, 18586 Thiessow, T 038 308 660 10, www.mein-moenchgut.de.

Klein Zicker   ♀ Karte 2, H 9

Land's End
Von Thiessow folgt man der Straße weiter über eine kleine Nehrung bis Klein Zicker, dem abgelegensten Dorf der Halbinsel. Am Ortseingang nimmt ein kostenpflichtiger Parkplatz die Autos auf. Zu Fuß ist der idyllische Flecken schnell erkundet. Ein schöner 1,8 km langer Rundweg führt um die Landspitze herum – am Strand entlang der Steilküste und über eine Treppe wieder hinauf, in der Saison hat hier ein Imbiss geöffnet. Empfehlenswert ist auch der Imbiss Am Bodden (Dörpstrat 5, tgl. ab 11 Uhr) am Ortseingang gegenüber vom Parkplatz, mit sonniger Terrasse direkt am Wasser.

Schlafen

Auszeit für zwei
Küstenkoje: Ein Ferienbungalow für 2 Personen in idyllischer Lage am Ende des Dorfes, danach kommen nur noch die Treppe hinunter zum Strand und die Steilküste mit Schwalbenhöhlen und Boddenblick.
Dörpstrat 23, T 038308 348 69, www. kuestenkoje.de, 114 € (nur wochenweise Sa bis Sa, im Sommer nicht unter 2 Wochen

Schmale Heide und Prora

♀ Karte 2, F–G6

Geröll, unwegsame Kiefernhügel, ein kilometerlanger Traumstrand entlang der sanft geschwungenen **Prorer Wiek** und eine gigantische Nazi-Immobilie. Der Landstreifen, der die Granitz mit der Halbinsel Jasmund verbindet und bis in die 1930er-Jahre als Naturschutzgebiet ausgewiesen war, ist nur schwer auf einen harmonischen Nenner zu bringen.

Der Klotz von Herrn Klotz
1936 wurde in **Prora** auf Geheiß Hitlers ein gigantisches Bauprojekt in Angriff genommen. In dem geplanten **KdF-Seebad** (KdF = Kraft durch Freude) sollten 20 000 Werktätige zur gleichen Zeit Urlaub machen können – in Zimmern mit Meerblick. Für den Entwurf erhielt der Chefarchitekt Clemens Klotz auf der Pariser Weltausstellung den Grand Prix. Der Grundstein des Bauwerks wurde 1936 gelegt. Innerhalb von drei Jahren entstanden acht sechsstöckige Bauten von je 500 m Länge, die Fertigstellung der Anlage wurde durch den Ausbruch

des Zweiten Weltkriegs verhindert. Auf einer Länge von 4,5 km überschattet seither der unfertige, gleichwohl gigantische und unter Denkmalschutz stehende ›Koloss von Prora‹ den wunderbaren Strand.

Teile des Kolosses dienten später als Kaserne für die Volksarmee der DDR. Nach der Wende beherbergte die trostlose, größtenteils leer stehende Anlage einige Jahre eine interessante Museumsmeile, dann kamen die Investoren: Block 5 ist nun eine **Jugendherberge.** In anderen Blocks entstanden moderne Miet- und Eigentumswohnungen und ein **Hotel** (www.dormero.de/strandhotelruegen, hat gute Kritiken im Internet). Zwischen den sanierten und noch nicht sanierten Blöcken hindurch führt der Weg zum **Badestrand.**

Ferien à la DDR
Seit 1992 hat sich die Stiftung Neue Kultur mit dem ehemaligen KdF-Seebad der Zwanzigtausend befasst und 2001 das **Dokumentationszentrum Prora** gegründet. Beeindruckend thematisiert die Ausstellung MACHTUrlaub die Geschichte der Anlage. Der Begleitfilm »MACHTUrlaub – Das KdF-Seebad Prora« läuft während der Öffnungszeiten in Endlosschleife (Dauer 33 Min.). Möglicherweise wird die Ausstellung in den nächsten Jahren umziehen müssen, sie bleibt aber in Prora und wird wie bisher gut ausgeschildert sein. Hoch interessant sind auch die öffentlichen Führungen über das Areal des KdF-Seebads.

Block III, www.proradok.de, März, April, Sept., Okt. tgl. 10–18, Mai–Aug. tgl. 9.30–19, Nov.–Feb. tgl. 10–16/17 Uhr, 6 €; **Führungen:** April–Okt. 11.15, 14 Uhr, Nov.–März Di, Do, Sa, So um 11.15 Uhr, plus 3 €; **Anreise:** bequem und informativ mit dem Naturerbe-Prora-Express ab Seebrücke Binz, auch im Winterhalbjahr 4 x tgl.

Natürlich schön
Mitten im Buchenwald liegt das **Naturerbe Zentrum Rügen – NEZR.** Anvisiertes Ziel bei der Eröffnung war es, vor allem Jugendliche, die in virtuellen Scheinwelten leben, an die reale Schönheit der Natur heranzuführen. Auf dem grandiosen **Baumwipfelpfad** sollte dies gelingen. Der barrierefreie Bohlenweg schraubt sich hinauf zum Adlerhorst mit spektakulärer Aussicht. In der Ausstellung werden die landschaftlichen Lebensraumtypen Rügens wie Wald, Offenland und Feuchtgebiete anschaulich vorgestellt. Ob sich der Eintrittspreis lohnt? Ein mehrfaches Ja! Frei zugänglich ist der Abenteuerspielplatz neben dem Café/Imbiss.

Forsthaus Prora 1, T 038393 66 22 00, www.nezr.de, tgl. Mai–Sept. 9.30–19, April, Okt. 9.30–18, Nov.–März 9.30–16 Uhr, Nov., Dez. einige Wochen geschl., Erw. 11 €, Familie (inkl. eigene Kinder bis 14 J.) 23 €

Mächtige Buchen vom Fuß bis zur Krone erkunden – der Baumwipfelpfad im NEZR macht es möglich.

Eis, Feuer, Wasser
Im Nordteil der Schmalen Heide erstrecken sich über 40 ha die berühm-

ten **Feuersteinfelder**. Das Meer wusch die Steine aus der Kreideküste heraus und lagerte sie bei Sturmhochwasser wallartig an diesem Küstenabschnitt ab. Kurz vor Neu Mukran (von Binz/Prora kommend), verweist ein Schild auf den gebührenpflichtigen Parkplatz (in der Saison mit Imbiss). Aber Achtung: Die Feuersteinfelder liegen nicht um die Ecke, rechnen Sie mit mindestens 90 Minuten, um hin- und wieder zurückzukommen. Nach knapp 2 km Spaziergang auf sanftem Waldboden tauchen die ersten Lagerstätten auf. Im ersten Moment ist ein Nichtgeologe eher enttäuscht: nichts weiter als Geröll- und Kieselflächen zwischen Heidekraut und Heckenrosen, eingebettet im Kiefernwald. Man muss schon viele Steine umdrehen, bevor man einen der begehrten Hühnergötter findet, wahrscheinlich suchen an diesem Ort einfach zu viele.

Sassnitz ♀ Karte 2, G5

»Nach Rügen reisen, heißt nach Sassnitz reisen«, schrieb Theodor Fontane in seinem Roman »Effi Briest«. Doch die große Zeit als mondänes Seebad und Rügens führender Badeort endete bereits zu Beginn des 20. Jh. Der Strand war zu steinig, der Ort zu städtisch. Trotz jahrzehntelanger Vernachlässigung blieben etliche Exemplare prachtvoller, alter Bäderarchitektur erhalten. Viele sind mittlerweile hübsch saniert in frischem Weiß, andere (noch) marode mit bröckelndem Putz. Sassnitz ist überraschend charmant, gerade weil es noch nicht so perfekt durchgestylt ist. Mehrere Wege führen von der Altstadt hinunter ans Meer – spektakulär ist die schwebende **Fußgängerbrücke,** die zwischen Hauptstraße und Hafen immerhin einen Höhenunterschied von 18 m bewältigt.

HÜHNERGÖTTER

Allein der Name lässt das Sammelfieber lodern. Und vielleicht haben die weiß-schwarzen Feuersteine mit dem geheimnisvollen Loch ja tatsächlich magische Kräfte. Legt man sie in Hühnernester, sollen sie die Gesundheit und Legefreudigkeit des Federviehs fördern. Am Hühnerstall aufgehängt, klapperten sie im Wind und hielten Marder und Füchse fern. Ob daher der Name kommt? Das Buch »Rügen. Strand & Steine« von Rolf Reinicke gibt nicht nur Tipps für die Suche von Feuersteinen und Fossilien, der Geologe erklärt auch ihre Entstehung und Namensgebung.

Verfall und Sanierung
Als Anfang der 1990er-Jahre in allen Badeorten **Seebrücken** errichtet wurden, erhielt die zweitgrößte Stadt Rügens einen schlichten Seesteg als Anlegestelle für Fahrgastschiffe. Ein Schiff hat hier allerdings nie angelegt, die Ostsee ist an dieser Stelle nicht tief genug. Der Steg diente als Flaniermeile und Aussichtspunkt, bis er 2016 wegen Baufälligkeit gesperrt wurde. Nun können die Möwen, die sich immer schon gerne auf dem Geländer niedergelassen haben, den lieben langen Tag in aller Ruhe dösen. Die 1987 errichtete **Kurmuschel** (s. Bild S. 257) in Sichtweite der Brücke wurde dagegen (bis 2018) saniert. Die Presse schwärmt von der »Eleganz und Leichtigkeit« des futuristisch anmutenden Bauwerks des DDR-Architekten Müther.

Rügens Tor in die Welt
Sassnitz' Karriere als wichtige Hafen-, Fischerei- und Fährstadt fand nach der Wende ein jähes Ende. Nur wenige Kutter fahren noch auf Fang. Lukrativer

Seit der Verlegung des Fährhafens nach Neu Mukran ist der Sassnitzer Stadthafen nicht mehr das Tor zur Welt. Immer noch aber liegen hier Fischkutter und Trawler, Segelschiffe und Jachten. Ausflugsschiffe nehmen Kurs in Richtung Kreideküste.

sind die Angel- und Ausflugsfahrten für Touristen. Vom **Fischereihafen** aus führt die Mole fast 1,5 km zum grün-weiß-gestreiften **Leuchtturm,** dem Wahrzeichen der Stadt.

Am Hafenkai befindet sich das **Fischerei- und Hafenmuseum** mit dem **Museumskutter Havel.** Er gehört zu einer Serie von 50 Schiffen, die bis 1990 im DDR-Fischkombinat Sassnitz im Einsatz waren. Nach dessen Aus wurde ein Großteil der Schiffe verhökert oder verschrottet.

Ein paar Schritte weiter können Menschen ohne Platzangst die **Erlebniswelt U-Boot** auf eigene Faust erkunden – vom Torpedoraum, über die Kommandozentrale und die Schlafräume bis zum Maschinenraum. Das H.M.S. Otus stellte die Royal Navy 1963 in Dienst.

Am Ende des Stadthafens schlummert der ehemalige **Fährterminal.** Von hier liefen einst die Fähren nach Skandinavien aus. Die denkmalgeschützte Glas- und Stahlkonstruktion verlor in den 1990er-Jahren mit dem Ausbau des Hafens in Mukran seine ursprüngliche Bedeutung. In das rundum verglaste ›Stelzenhaus am Meer‹ zog das Museum für Unterwasserarchäologie ein. Wegen notwendiger Sanierungsarbeiten ist es nun aber schon länger geschlossen. Zu besichtigen ist nur eine etwas provisorisch wirkende Sonderausstellung: 100 Jahre Fährverbindung Sassnitz–Trelleborg.

Fischerei- und Hafenmuseum: Hafenstr. 12, April–Okt tgl. 10–18, Nov.–März tgl. 11–17 Uhr, 5 €; **Kutter:** tgl. 11–16 Uhr, 3 €; **U-Boot:** Hafenstr. 18, www.hms-otus.com, Mai–Okt. tgl. 10–18/19 Uhr, Nov.– Anf. Jan., Feb.–April tgl. 10–16 Uhr, im Jan. nur Sa/So, 8 €

Schlafen

Mit historischen Flair
Apartment Villa Zur Altstadt: Gepflegte Wohnungen für zwei bis vier Personen in der hübschen Altstadt, 20 m von der Strandpromenade entfernt. WLAN kostenlos. Angenehme Vermieter.
Bachpromenade 4, T 038392 234 48, www.pension-zur-altstadt.de, FeWo 69–95 €

Einfach mit Aussicht
Grundtvighaus Sassnitz: Das ehemalige Hotel der Geschwister Koch bietet eine Handvoll schlichter, aber netter Zimmer mit Fernsicht und Gemeinschaftsküche, aber ohne TV und Radio. Unterschiedlichste Aktivitäten stehen auf dem Programm: Frauenfrühstück im Café, Kreativtreffs, Spielnachmittage. Im hauseigenen Kino laufen tolle Filme, kein Mainstream!
Grundtvighaus, Seestr. 3, T 038392 577 27, www.grundtvighaus-sassnitz.de, DZ 20 €/Pers., Wohnung 56 €

Essen

Fisch satt
Der Fabrikverkauf mit Bistro von **Rügen Fisch** (Str. der Jugend 10, Mai–Okt. Mo-Sa 9–18, So 10–17, Nov.–April Mo-Sa 10–17 Uhr) ganz am Ende des Hafens ist kein Geheimtipp mehr, mittlerweile halten hier auch Reisebusse. Man muss aber nicht so weit laufen für ein Fischbrötchen. Frischer Fisch wird direkt vom **Kutter** und in der kleinen **Markthalle** am Fischereihafen angeboten. Rügens längste Fischtheke besitzt das Restaurant **Kutterfisch** (Hafenstr. 12D, www.sassnitz.kutterfisch.de, tgl. 8–20 Uhr, ab 10 €). Immer gut besucht ist einige Meter weiter das **Gastmahl des Meeres** (Strandpromenade 2, Am Fischereihafen, T 0383 92 51 70, www.gastmahl-des-meeres-ruegen.de, ab 16 €). Und wer Fisch satt hat, tut sich am Fuß der Mole im **Gumpfer** (Strandpromenade 13, www.cafe-gumpfer.de, tgl. 9–18 Uhr) an leckeren Torten gütlich. Ein gutes Frühstück wird ebenfalls serviert.

Bewegen

Alle Mann an Bord!
Schiffsausflüge: Verschiedene Reedereien bieten mehrmals täglich Fahrten zu den Kreidefelsen, nach Kap Arkona oder rund um die Insel an. Abfahrt an der Mole im Stadthafen.
Termine/Preise im Internet unter www.ruegen-schifffahrt.de/sassnitz

Einkaufen

Inselprodukte
Rügenmarkt: Käse, Wurstspezialitäten Backwaren, Marmeladen, Sanddornlikör, Keramik, Malerei und Fotografien.
Hafenstr. 12, www.sassnitz.kutterfisch.de/ruegenmarkt, tgl. 8–16/18 Uhr

---

STRÄNDE AUF JASMUND

Badeurlauber sollten mobil sein. Sassnitz hat einen kleinen, aber eher bescheidenen Sandstrand. Die Steilküste wird von einem schmalen, überwiegend steinigen Strandstreifen gesäumt: ein Eldordo für Steine-und Fossiliensammler, zum Baden aber weniger geeignet. Die Ausläufer Jasmunds aber bieten endlose feinste Badestrände. Im Süden die **Schmale Heide,** die nahtlos in die Strände der berühmten Seebäder übergeht; im Norden die **Schaabe,** die Jasmund mit der Halbinsel Wittow verbindet. Ein kleiner Boddenstrand findet sich im Südwesten bei **Lietzow.**

Schönes für daheim
Netzwerk Molenfuß: Im Molenfußgebäude neben der Tourist-Info im Fischereihafen präsentieren und verkaufen Künstler und Kunsthandwerker aus der Region ihre Objekte: u. a. Keramik, Silberschmuck, Filz- und Webarbeiten.
Strandpromenade 12, ruegen.kunst-hand werk.info, in der Saison tgl. 11–18/19 Uhr

---

Infos

- **Tourist Service Sassnitz:** Im Stadthafen, Strandpromenade 12, T 038392 64 90, www.insassnitz.de.
- **Linienbus zum Königsstuhl:** Linie 23 fährt vom Busbahnhof bis vor die Tür des Nationalpark-Zentrums (www.vvr-bus.de).
- **Seebrückenverkehr:** April–Okt. tgl. Sassnitz–Binz–Sellin–Göhren. Es werden nicht immer alle Seebrücken angefahren. Fahrradmitnahme möglich (T 04651 987 08 88, www.adler-schiffe.de).

Nationalpark Jasmund

♀ Karte 2, F/G 4

Direkt in Sassnitz beginnt der Wald, der sich über weite Teile der Halbinsel Jasmund erstreckt. Es ist das größte zusammenhängende Waldgebiet Rügens. Der mit einer Fläche von 3003 ha kleinste Nationalpark Deutschlands hat noch weitere Superlative zu bieten. Hier befinden sich nicht nur die **Kreidefelsen** mit dem prominenten Königsstuhl, hier steigt der **Piekberg** – die höchste Erhebung Rügens – auf 161 m an. Seit 2011 ist der Buchenbestand im Nationalpark Teil des UNESCO-Weltnaturerbes ›Buchenurwälder der Karpaten und alte Buchenwälder Deutschlands‹. Für wanderfreudige Naturliebhaber ist der Nationalpark ein Traum. Aber auch Radfahrer dürfen hier unterwegs sein. Ein ausgewiesener Fahrradweg beginnt in Wedding/Sassnitz. Der Hochuferweg ist allerdings Fußgängern vorbehalten.

Majestätische Klippen
Eine Wanderung führt von Sassnitz auf dem bewaldeten, gut ausgeschilderten **Hochuferweg** zum Königsstuhl und weiter nach Lohme. Unterwegs bietet sich über Treppen mehrmals die Gelegenheit, ab- und wieder aufzusteigen, mal im Wald, mal am Strand weiterzulaufen. Aber Achtung! Die Treppe direkt am Königsstuhl ist gesperrt und wird es vermutlich auch bleiben (s. Zugabe S. 161).

Der Hochuferweg führt in ca. 30 Minuten zu den **Wissower Klinken,** die sich nach Abbrüchen 2005 und 2010 nicht mehr ganz so imposant zeigen. Einen kurzen Abstecher landeinwärts lohnt hier das 2017 eröffnete **UNESCO-Welterbeforum** mit einer kleinen Ausstellung und Imbiss in der historischen **Waldhalle.**

Nach einer guten weiteren Stunde durch den Wald erreicht die Wanderung im Herzen der **Stubbenkammer** ihren Höhepunkt. Der Name stammt von den slawischen Wörtern *stopin* (Stufe) und *kamen* (Fels). Unverändert großartig ist die **Victoria-Sicht.** Von einem kleinen, kostenlos zugänglichen Balkon bietet sich ein großartiger Blick auf die Kreideküste. Nur von hier ist der Königsstuhl in seiner ganzen Pracht zu sehen.

Noch 800 m sind es zum **Königsstuhl.** Der Zugang ist gekoppelt an den Eintritt in das **Nationalpark-Zentrum.** Ärgern Sie sich nicht über diesen Bezahlzwang, denn die vielseitige und spannende Ausstellung zu Natur und Naturschutz im Nationalpark Jasmund sollten Sie eh unbedingt anschauen. Im Bistro werden Bioprodukte serviert, für

Lieblingsort

Ein sagenumwobener See verborgen im Wald

Unweit des berühmten Königsstuhls mitten in der Stubnitz liegt der **Herthasee** (♀ Karte 2, G 4), an dessen Ostufer sich ein slawischer Burgwall erhebt. Seinen Namen erhielt er im 17. Jh., als man annahm, es sei der von Tacitus erwähnte Ort des germanischen Nerthus-Kults. Der römische Schriftsteller berichtete von einem heiligen Hain auf einer Insel im Ozean. Dort stehe ein geweihter Wagen, in dem sich die Göttin Nerthus – zu deutsch Hertha – durch die Lande fahren lasse. Nach der Rückkehr werde der Wagen in einem verborgenen See von Sklaven gewaschen, die nach getaner Arbeit getötet würden. In Burgnähe fand man später auch ›Opfersteine‹, die merkwürdige Rinnen und sogar Blutspuren aufweisen – wohl nur eine clevere Marketingidee. Ein geschäftstüchtiger Mann soll die Steine in den 1830er-Jahren zum See gebracht haben, um den Fremden etwas zeigen zu können. Authentisch aber ist der slawische Burgwall am See und von beeindruckender Größe. Er umfasst eine Innenfläche von 120 x 60 m. Der Hang zur Wallkuppe ragt an der höchsten Stelle heute immer noch etwa 17 m steil empor, im Innern beträgt die Höhe etwa 8 m. Von oben schweift der Blick über den See. Fast mystisch ist die Stimmung am frühen Morgen oder gegen Abend, wenn die meisten Touristen die Wälder der Stubnitz schon wieder verlassen haben.

VIELE WEGE FÜHREN ZUM KÖNIGSSTUHL

K

Wanderer laufen auf dem Hochuferweg von Lohme oder Sassnitz zum Königsstuhl und dem **Nationalpark-Zentrum** (Eintritt Erw. 9,50, Familie 20 €). Endstation für Autofahrer ist der gebührenpflichtige Großparkplatz Hagen (5,50 €). Wohnmobile dürfen auch über Nacht stehen (10,50 €). Von hier sind es 3 km zum Nationalpark-Zentrum entweder zu Fuß auf angenehmen barrierefreien Waldwegen – vorbei am bildschönen Herthasee (s. Lieblingsort S. 141) – oder mit dem Shuttlebus (Ticket inkl. Eintritt Erw. 12,50 €). Eine gute Alternative bietet der Rügener Nahverkehr. Die Buslinie 23 verkehrt im Sommer alle 20 Minuten und im Winter stündlich zwischen Sassnitz Busbahnhof und dem Nationalpark-Zentrum. Das Königsstuhlticket umfasst eine Bustageskarte und den Eintritt (Erw. 20 €, Familie 40 €).

Kinder gibt es auf dem Freigelände einen Kletterwald und Schaukeln.

Man kann aber auch – frei und kostenlos – am Königsstuhl und Nationalpark-Zentrum vorbeiwandern. Hinter dem trubeligen Parkplatz mit Imbiss und Buden wird es Richtung **Lohme** schnell wieder beschaulicher.

Start: gebührenpflichtiger Parkplatz oberhalb des Tierparks an der Stubenkammerstr. am nordöstlichen Stadtrand von Sassnitz; **Strecke:** Sassnitz–Königsstuhl 8 km, Königsstuhl–Lohme 4 km; **Waldhalle:** https://welterbeforum.koenigsstuhl.com, im Sommer tgl. 11–17, im Winter Fr, Sa, So 11–16 Uhr; **Nationalpark-Zentrum:** www.koenigsstuhl.com, tgl. Ostern–Ende Okt. 9–19, Ende Okt.–Ostern 10–17 Uhr, Erw. 9,50, Familie 20 €

Lohme

♥ Karte 2, G 4

Vorsicht: Abbruchkante!

Das hoch über dem Meer gelegene Lohme machte 2009 wegen größerer Abbrüche Schlagzeilen und wurde bis zur Sicherung der Steilküste teilweise ›geschlossen‹. Wer motorisiert anreist, sollte das Auto auf dem gebührenpflichtigen Parkplatz schräg gegenüber der Touristen-Information abstellen und von hier aus den Ort erkunden, der seiner atemberaubenden Lage zum Trotz immer noch eine angenehme Ruhe ausstrahlt. Seine Bewohner wollen, dass es so bleibt und wehren sich (bisher erfolgreich) gegen touristische Großprojekte (s. Zugabe S. 161). Eine steile Treppe führt hinab zum kleinen **Hafen;** auf halber Strecke hinunter lädt das **Café Niedlich** zu einer Verschnaufpause ein. Der an den Hafen grenzende steinige **Strand** eignet sich eher zum Spazierengehen als zum Baden. Im flachen Uferwasser liegt der **Schwanenstein,** ein mächtiger Granitfindling, auf dem im eisigen Februar 1956 drei Kinder den Tod fanden.

Schlafen, Essen

Mehr Meerblick geht kaum

Panorama Hotel Lohme: Das traditionsreiche Hotel aus den 1850er-Jahren bietet im Haupthaus acht schöne Zimmer. Vom Restaurant mit Veranda und Terrasse schweift der Blick übers Meer bis zum Kap Arkona. Weitere Zimmer bzw. Apartments findet man in **Grey's Hotel,** in der **Villa Joksch** und im **Gästehaus Harzendorf.**
An der Steilküste 8, T 038302 91 10, www.panorama-hotel-lohme.de, DZ/Suiten/Penthouse 99–249 €

Einkaufen

Schöne Fundstücke
Steinmanufaktur: Kleiner, toller Laden oberhalb des Hafens Lohme mit Bernstein, Schmuck und Fossilien, Postkarten und Büchern, Deko für Haus und Garten. Peter Müller be- und verarbeitet Steine vom Strand.
Zum Hafen 6, Lohme, T 0170 985 35 85, www.ruegensteine.de, in der Saison Mo–Fr 13–17 Uhr

Gummanz ♥ Karte 2, F 4

Nicht nur die Küste, sondern auch das Hinterland der Halbinsel Jasmund wird von Kreideschichten durchzogen. Wer in den buchenbedeckten Hügeln unterwegs ist, sieht die historischen Kreidebrüche von Weitem leuchten. Die meisten der ca. 40 ehemaligen Tagebaue stehen unter Naturschutz und sind nicht zugänglich. Eine Ausnahme bildet Gummanz.

Das weiße Gold
Gummanz liegt beim Dörfchen **Neddesitz.** Vom Parkplatz beim **Precise Resort Rügen** sind es etwa zehn Spazierminuten zum europaweit einzigen **Kreidemuseum.** In den Gebäuden des ehemaligen Kreidewerks dokumentiert es die Entstehung der Kreide und die Geschichte einer nahezu unbekannten Industrie.

Schon früh war die Rügener Kreide, auch Rügener Schreibkreide genannt, von wirtschaftlichem Interesse. Seit Beginn des 18. Jh. erfolgte ihr Abbau, lange Zeit unter gefährlichen und körperlich extrem anstrengenden Bedingungen. Mit Spitzhacken schlugen die angeseilten Arbeiter an der steilen Abbruchwand die Kreide los, die bereitstehende Kipploren in das Rührwerk transportierten. Dort wurde die Kreide in Wasser gelöst und von Fremdkörpern wie Feuersteinen und Fossilien getrennt. Nach einem mehrere Wochen dauernden Trocknungsprozess war das Produkt versandfähig und konnte über den Martinshafen am Jasmunder Bodden oder den Sassnitzer Hafen verschifft werden. Bis heute sind Landwirtschaft und Industrie Abnehmer der Rügener Kreide. An Bedeutung gewinnt ihre Verwendung im Gesundheits- und Wellnessbereich. Dass sie die Stimme weich macht, ist aber ein reines Märchen.

In Gummanz wurde von 1859 bis 1962 Kreide abgebaut. Auf dem Gelände der ehemaligen Grube sind allerlei historische Geräte und Maschinen zu entdecken. An ihrem nördlichen Rand ragen die weißen Kreidefelsen bis zu 40 m hoch auf. Ein Naturlehrpfad führt vom Parkplatz bis zum **Kleinen Königsstuhl.** Von oben schweift der Blick weit über das Land.
Gummanz 3a, bei Neddesitz, T 038302 562 29, www.kreidemuseum.de, Ostern–Ende Okt. tgl. 10–17 Uhr, sonst Di–So 10–16 Uhr, 4,80 €, Familie 10 €; s. auch Magazin S. 289

Schlafen, Bewegen

Sportlich
Precise Resort Rügen: Die familienfreundliche und zugleich luxuriöse Anlage gruppiert sich um das 1911 erbaute Gutshaus eines Kreidebruchbesitzers. Aktiven wird hier einiges geboten – von Golf und Tennis über Reiten bis Baden und Wellness in der Erlebniswelt **Splash** (ehemals Jasmund Therme). Dort begeistert ein Indoorspielplatz die jüngeren Gäste.
Neddesitz, www.precisehotelruegen.de, DZ/ Apartments ab 128 –336 €

Jasmunder Bodden

📍 Karte 2, F4–5

Kulinarischer Auftakt

Wer von Bergen aus direkt auf die Halbinsel Jasmund fährt, kann das **Räuchschiff Ponton** am Ende des Lietzow-Damms nicht verfehlen. Zu Fisch aus Rauch und Pfanne serviert es eine Topaussicht auf **Lietzow**. Fast wie eine Fata Morgana erhebt sich über dem Örtchen der schneeweiße Rundturm des **Schlosses**. Es wurde im 19. Jh. im Stil des Historismus nach dem Vorbild des schwäbischen Schlosses Lichtenstein erbaut und befindet sich in Privatbesitz. Der schöne Badestrand am Großen Jasmunder Bodden mit der super sympathischen **Surfschule** (www.timpeltu.com, Mai–Okt.) könnte vor allem Wassersportler zu einem längeren Stopp in Lietzow veranlassen.

Zur Orientierung

Urlauber verirren sich nur selten nach **Sagard,** dazu ist die Zugkraft der 1210 errichteten Kirche St. Michael zu gering. Nicht versäumen sollte man aber den Aufstieg auf den **Tempelberg** bei Bobbin nördlich von Sagard. Er bietet Aussicht über den Großen Jasmunder Bodden und die Tromper Wiek. Sowohl Kap Arkona, als auch der Dornbusch auf Hiddensee sind zu sehen. Zudem ein perfekter Ort zum Kranichkieken und für traumhafte Sonnenuntergänge.

Ab in die Urzeit

Nördlich an der Boddenküste liegt **Schloss Spyker.** Durch das Baumgrün vor dem **Spyker See** schimmert es zurückhaltend in dunklem Rot. Diese für Rügen untypische Farbe wählte der Generalgouverneur über Schwedisch-Pommern, Carl Gustav Wrangel (1613–1676), als er das Schloss nach dem Vorbild seines Besitzes am schwedischen Mälarsee umgestalten ließ. Heute können hier Urlauber in behaglich hergerichteten Zimmern logieren und im Restaurant zum Alten Wrangel herrschaftlich speisen (www.schloss-spyker.de, DZ/Suiten ab 114–162 €).

Familien reisen vor allem wegen des **Dinosaurierlands Rügen** an den Spyker See. Auf einem 1,5 km langen Erlebnispfad überraschen lebensnahe Dinomodelle, teils mit Bewegungen und Lauten, die großen und kleinen Fans der Urzeitechsen. Eine besondere Attraktion ist die nachgebildete Ausgrabungsstätte, in der Kinder ein Dinosaurierskelett freilegen können. Am Spycker See 2a, Spyker, T 038302 71 98 74, www.dinosaurierland-ruegen.de, April, Mai, Sept., Okt. tgl. 10–17, Juni–Aug. tgl. 10–18, März, Nov. Sa–Do 10–15, 8,50 €, Kinder (4–12 J.) 6,50 €

Schlafen, Essen

Eine Wohlfühloase

Der Wilde Schwan: Schöne Anlage mit drei Fachwerkgebäuden, eingebettet in die weite Hügellandschaft vor dem Großen Jasmunder Bodden. Sehr gute Küche. Neuhof 10, Sagard, T 038302 80 30, www.hotel-der-wilde-schwan.de, DZ/FeWo ab 140–200 €, im Winter geschl.

Logenplatz

Reethaus am Strand: Die zwei nebeneinanderliegenden, 2013 erbauten Ferienhäuser bieten Platz für jeweils sechs bis max. acht Personen. Grandios ist der Blick von der großen Holzterrasse über den Jasmunder Bodden, in der Störtebeker Saison abends mit gratis Feuerwerk. Wenn es draußen zu kühl ist, können die Gäste es sich am Kamin gemütlich machen. Eine Sauna ist ebenfalls vorhanden. Boddenstr., Lietzow, buchbar bei verschiedenen Vermittlungen, u. a. www.traum-ferienwohnungen.de, Haus 720 €/3 Nächte

Die Schaabe

♥ Karte 2, D–E4

Der schönste Strand auf Rügen? Für viele die Schaabe. Die schmale, sichelförmige Nehrung, die den Großen Jasmunder Bodden von der Ostsee trennt, stellt zugleich eine Landverbindung zwischen den Halbinseln Jasmund und Wittow dar.

Baden im Windschatten

Am südlichen Ende der Schaabe, noch auf Jasmund, liegt das kleine Seebad **Glowe**. Die Hauptverkehrsstraße führt mitten hindurch, nur eine Häuserzeile vom Badestrand entfernt. Zu den Unterkünften in bester Strandlage gehört die **Ostseeperle** (www.ostseeperle-hotel.de), ein Müther-Bau mit viel Glas und Teak.

Am nördlichen Ende der Schaabe rahmt der Doppelort **Breege-Juliusruh** den Eingang zur Halbinsel Wittow: westlich der Boddenhafen Breege, östlich das Seebad Juliusruh. Im 18. Jh. befand sich das Land im Besitz der wohlhabenden Familie Julius von der Lancken, die 1795 zwischen Bodden und Ostsee einen großzügigen **Kurpark** anlegte. Sehr angenehm ist es, hier zu flanieren. Oft ist keine Menschenseele zu entdecken, am Strand tummeln sich derweil die Urlauber.

Der Strand zieht sich im Schutz von Kiefernwäldern bis fast an die Nordostspitze der **Halbinsel Wittow**. Wittow bedeutet Windland. Vom Wind aber, der zu jeder Jahreszeit über die weiten Felder des Inselnordens pfeift, ist hier an der **Tromper Wiek** wenig zu spüren.

Schlafen

Boddenblick und eigener Anleger

Pension Mola: Ein Haus direkt am Hafen, neun unterschiedlich ausgestattete

Kein Strand auf Rügen ist so schön wie die Schaabe. Selbst bei stürmischer See! Da sind sich viele Urlauber einig.

Zimmer. In der Dependance werden vier Ferienwohnungen für vier Personen mit eigenem Bootssteg vermietet.
Boddenweg 1–2, Breege, T 038391 43 20, www.pension-mola.de, Zimmer 50–100 €, FeWo 135 €

Bewegen

Kleine Schiffsreisen

Reederei Kipp: Von März bis Oktober Fahrten nach Hiddensee und Ralswiek (zu den Störtebeker Festspielen), Angeltouren und Kranichfahrten.
T 038391 123 06, www.reederei-kipp.de

Infos

- **Tourismusverein Glowe:** Am Kurpark 1, 18551 Glowe, T 038302 88 99 39, www.glowe.de.

- **Informationsamt Breege-Juliusruh:** Wittower Str. 5, 18556 Juliusruh, T 038391 311, www.ostseebad-breege.de.

Altenkirchen

♀ Karte 2, D 3

Das Orakel der Slawen

Mit einer **Dorfkirche,** die um 1200 entstand, macht Altenkirchen seinem Namen alle Ehre. Beim Bau des christlichen Gotteshauses fanden auch Steine der slawischen Jaromarsburg auf Kap Arkona Verwendung. Davon zeugt ein Reliefstein, der im südlichen Chornebenraum (verdreht) eingemauert wurde. Er zeigt einen bärtigen Mann mit Füll- oder Trinkhorn und wird als eine Darstellung des Svantevit oder aber einer seiner Priester gedeutet. Grundlage für diese Interpretation ist der Bericht des dänischen Geschichtsschreibers Saxo Grammaticus (um 1140–um 1220) über ein hölzernes Standbild des Svantevit, der ein Trinkhorn in der Hand hält, welches ein Priester jedes Jahr neu füllt. Aus den Überresten weissagte man die kommende Ernte.

Der sogenannte Svantevit-Stein zählt zu den raren Zeugnissen slawischer Bildhauerkunst. Seine ursprüngliche Bedeutung ist nicht geklärt. Vergleichbare Reliefsteine findet man in der Petrikirche in Wolgast sowie an der Marienkirche in Bergen. Sie könnten in den Kirchenwänden absichtlich verdreht vermauert worden sein, um die heidnischen Götter zu verhöhnen und den Sieg des Christentums zu demonstrieren.

Von der slawischen Jaromarsburg ist nur der Erdwall geblieben. Mächtig ragt er am Kap auf und lässt das urspünglich riesige Ausmaß der Anlage erahnen. Der Fuß- und Radweg führt vom Marinepeilturm am Fuß des Walls vorbei schnurstracks Richtung ›Mare Balticum‹.

Kap Arkona

📍 Karte 2, E 2

Die größten touristischen Attraktionen der Region locken zwischen Putgarten, dem atemberaubenden Kap und dem malerischen Fischerdorf Vitt (s. Tour S. 148). Entsprechend groß sind die Besuchermassen. Dem Andrang in der Hochsaison sollte man gelassen ins Auge sehen und sich einfach einen ganzen Tag für eine Erkundung des Kaps Zeit nehmen. Das Auto der Tagesbesucher bleibt auf dem gebührenpflichtigen Parkplatz vor **Putgarten** stehen. Von dort geht es zu Fuß, mit dem Rad, per Bimmelbahn oder Pferdekutsche weiter. Der Name Putgarten ist übrigens aus dem Slawischen abgeleitet und bedeutet ›Unter der Burg‹.

Infos: www.kap-arkona.de

Wo ist das Dorf?

Egal ob Sie zu Fuß, mit dem Rad oder der Bimmelbahn unterwegs sind, bleiben Sie auf dem Weg ans Kap vermutlich erst einmal am **Rügenhof** hängen. Der um 1890 erbaute, aus Herrenhaus, Stallung und Scheune bestehende Gutshof beherbergt einen Einkaufs- und Handwerksbasar sowie ein Café. Für die Lütten gibt es einen Abenteuerspielplatz, auch Ferienwohnungen werden vermietet (www.kap-arkona. de/ruegenhof). Hier ist gewaltig was los.

Weiter geht's auf der Dorfstraße, Auch hier Läden, Cafés, Hotels. Wo wohnen die ›normalen‹ Einwohner des Ortes. Gibt es überhaupt so etwas wie ein richtiges Dorf? Gute Frage, die aber angesichts der grandiosen Sehenswürdigkeiten nur kurz auftaucht und schnell wieder vergessen ist.

Berühmte Nordlichter

Das Kap wird von zwei Leuchttürmen gesichert. Im nur 19 m hohe **Schinkel-**turm, der 1826/27 nach den Plänen des berühmten Baumeisters Karl Friedrich Schinkel erbaut wurde, informiert eine Ausstellung über Schinkels Schaffen sowie über Leuchttürme, Leuchtfeuer und Seezeichen. Abgelöst wurde er vom 32 m hohen **Neuen Leuchtturm,** der seit 1902 in Betrieb ist. Beide Türme können bestiegen werden. Der dritte Kollege, ein **Marinepeilturm** mit gläserner Kuppel, wurde 1927 von der Reichsmarine zur Kontrolle des Ostseeverkehrs errichtet. Die technischen Einrichtungen wurden 1945 zerstört. Der in den 1990er-Jahren wiederaufgebaute Turm präsentiert heute auf mehrere Etagen verteilt Kunsthandwerk und Alpakatextilien aus Lateinamerika. Von oben bietet sich ein wunderbarer Blick über die Ostsee und in den benachbarten Burgwall.

Leuchttürme Kernzeit tgl. 10–16 Uhr, in der Saison erweitert, Peilturm im Winter geschl., Schinkelturm 2 €, Neuer Leuchtturm 3 €, Peilturm 3 €

Die vierköpfige Gottheit

Die Reste der **Jaromarsburg** erheben sich in atemberaubender Lage hoch über der Ostsee. Die Burg war von drei Seiten durch die bis zu 46 m tief zur Ostsee abfallende Steilküste geschützt. Im Innern der Anlage befand sich ein prunkvoller Tempel mit einem riesigen, bunt bemalten Standbild des Svantevit, des vierköpfigen Hauptgottes der Ranen.

Im Frühsommer 1168 landete der dänische König Waldemar mit seinen Truppen auf Rügen. Er zerstörte den Tempel von Arkona und zerschlug die Götterstatuen. Sein Sieg beendete die Eigenständigkeit der slawischen Stämme. Benannt ist der Burgwall nach Jaromar, dem letzten Fürsten der Ranen, der nach der Eroberung und Zerstörung Arkonas durch die Dänen das Christentum annahm.

Ca. 10 000 m² umfasst die vom Wall eingefasste Burgfläche heute, im 12. Jh.

TOUR
Hühnergötter und Heringsfischer

Wanderung vom Kap Arkona nach Vitt

Infos

📍 Karte 2, E 2

Dauer: Kap Arkona–Vitt 30 Min. (ohne Steinsuche), plus 30 Min. Vitt–Putgarten

Ausrüstung: vorzugsweise festes Schuhwerk, Badesachen

Einkehr: in der Fischräucherei am Strand in Vitt; Kaffee und Kuchen nebenan im Café am Meer (https://fischerdorf-vitt.de)

Vom Kap aus muss man nicht auf direktem Weg zurück zum Parkplatz in Putgarten. Am Peilturm vorbei führt eine kurze Wanderung ins Fischerdorf Vitt: 1a-Ausblicke über die Ostsee garantiert! Feuersteinsucher sind allerdings eine Etage weiter unten besser aufgehoben.

Schatzsuche am Strand

Ein paar Hundert Meter südlich der Jaromarsburg erlaubt die von dichtem Gebüsch gesäumte Veilchentreppe den (steilen) Abstieg zum steinigen Geröllstrand. Hier sind die Chancen einen glücksbringenden Hühnergott zu finden weitaus größer als an den bekannten Feuersteinfeldern bei Mukran. Also Augen auf! Bummeln von Stein zu Stein, bücken, aufheben, begutachten, einstecken oder aufs Meer hinausditschen. Zwischendurch ein Blick zurück zum Kap Arkona mit dem majestätisch über der Bucht thronenden Burgwall.

Idyllischer kann ein Ort kaum liegen

Das Fischerdörfchen Vitt versteckt sich bis zuletzt. Es kuschelt sich in eine kleine Schlucht unterhalb der Steilküste. Ein gutes Dutzend reetgedeckte Wohnhäuser, dicht gedrängt, scheinbar einfach hingesetzt, wo gerade noch ein schönes Plätzchen frei war. Ein Ort ohne Häuserzeilen oder Straßennamen, so malerisch und authentisch, dass er schon seit 1973 auf der Welterbeliste der UNESCO steht. Sie ahnen es: Die Idylle hat ihren Preis. Im Sommerhalbjahr wimmelt es in Vitt tagsüber von Besuchern. Morgens und abends ist es ruhiger.

Bis an den Strand hinab reicht das Dorf, von einer Steinmole vor den Wellen der Ostsee geschützt. Die roten Wimpel der Reusen überragen die an Land gezogenen Boote. Daneben sta-

149

peln sich Fischkisten. In der Luft liegt der Geruch von Buchenholzrauch. Die Fischerbrigade Vitt wurde 1990 aufgelöst und eine **Fischräucherei** aufgemacht. Ein paar einfache Stühle davor. Stundenlang könnte man hier sitzen, dem Treiben der Touristen, Fischer und Angler zuschauen. Hilft alles nichts, es wird Zeit aufzubrechen.

Vergessen Sie im Sommer nicht ihr Badezeug. Der Strand in Vitt ist zwar steinig, aber die Ostsee einfach zu verlockend.

»Hier ist gut seyn«
Das fand schon Pastor Ludwig Gotthard Kosegarten, der in der Vitter **Kapelle** seine berühmten Uferpredigten hielt. Das achteckige, 1806 bis 1816 nach Plänen von Karl Friedrich Schinkel erbaute Gotteshaus liegt am Eingang zum Dorf oberhalb der Schlucht mit freiem Blick auf die See. Das hatte viel für sich: Die Fischer konnten der Predigt des Pfarrers lauschen und zugleich ihren Broterwerb im Auge behalten. Sobald ein Heringsschwarm gesichtet wurde, brachen sie sofort auf, um ihre Boote ins Wasser zu lassen. Blieb der Hering aus, hörten sie die Predigt zu Ende. Hier in der Bucht wurde der Fisch angelandet und verarbeitet. Der Name Vitt leitet sich möglicherweise von dem alten Begriff *Vitten* für Fisch-/Heringshandelsplätze ab.

Seit Menschengedenken strahlte die Kapelle in leuchtendem Weiß. Dann entdeckten die Denkmalschützer im Rahmen der Sanierungsarbeiten zum 200. Jubiläum des Bauwerks an der Fassade Farbschichten, die sie als mögliche Ursprungsfarbe identifizierten. Zum großen Unmut der Dorfbewohner entschied sich die Kirchgemeinde für einen Anstrich in hellem Terrakotta. Der Beliebtheit der Kapelle als Hochzeitsort hat der neue Farbton keinen Abbruch getan.

Zurück zum Parkplatz in Putgarten sind es von der Kapelle nicht mal 2 km. Wer nach Räucherfisch oder Kuchen zu träge ist, kann an der **Wendehaltestelle** auf die nächste Kutsche oder die Kap-Arkona-Bahn warten.

Vom Kap zum Fischerdorf können Sie auf einer Führung den Slawen nachspüren (Treffpunkt an der Kapelle in Vitt, Ende Juni–Anf. Sept. Do 14.30-17.30 Uhr, T 0157 727317 51, www.archaeo-tour-ruegen.de.)

wird sie wenigstens doppelt so groß gewesen sein. Seither sind große Teile der Anlage durch Erosion und dem damit einhergehenden Küstenabbruch im Meer verschwunden.

Essen

Eine Oase am Weg zum Kap
Helene-Weigel-Haus: Das Café in dem etwa 200 Jahre alten Bauernhaus, das die Schauspielerin und Theaterleiterin Mitte der 1950er-Jahre für sich und ihren Mann Berthold Brecht als Feriendomizil erwarb, lädt zum Verweilen ein. Bei schönem Wetter Sitzplätze draußen im Garten hinter dem Haus. Gelegentlich Ausstellungen und Lesungen.
Dorfstr. 16, Putgarten, T 038391 43 10 07, www.helene-weigel-haus.de, Mai–Okt. So–Fr 13–18 Uhr

Ein echter Dorfkrug
Goldener Anker: Kleiner, 1646 erstmals erwähnter Gasthof mit sehr gemütlicher, authentischer Gaststube. Die Küche ist schmackhaft, die Preise den Besuchermassen zum Trotz bodenständig (Fisch ab 12 €). Fischbrötchen zum Mitnehmen.
Haus 2, Vitt, T 038391 12134, www.gasthof-vitt.de, in der Hochsaison tgl. 11-20, in der Nebensaison bis 18 Uhr, Nov.-Jan. geschl.

Einkaufen

Dies und Das
Dorfstraße: Der Rügenhof ist nicht alles. Auf dem Weg Richtung Kap überraschen einige hübsche Läden mit individuellem Sortiment: Naturwaren (Bürsten, Woll- und Fellprodukte, auch Filz- und Spinnkurse) bietet das **Unikathus/Wollust** (Nr. 4), handgeschöpfte Papiere, Strandholz-

Auf dem Ostseeküsten-Radweg können Sie immer am Meer entlang die Halbinsel Wittow umrunden. Teils verläuft der Weg im schattigen Buchenwald und ist auch im Sommer angenehm.

schmuck und Rügengrafiken das **Atelier Nordstrand**.
Dorfst. 2, Putgarten, www.atelier-nordstrand.de, in der Saison tgl. 10–19, sonst 10.30–17 Uhr

Infos

- **Verkehr:** Obligatorischer Parkplatz am Ortsrand von Putgarten. Von dort fährt die kleine Kap-Arkona-Bahn mind. alle 30 Min. zum Kap und alle 60 Min. nach Vitt (www.kap-arkona-bahn.de). außerdem Kutschfahrten tgl. 10–18 Uhr (T 0177 692 11 11, www.kap-arkona.info).

Westlich des Kaps
♀ Karte 2, C–D 2

Hoch im Norden
Vom Kap Arkona folgt der **Ostseeküsten-Radweg** dem von einem schmalen Buchenwald gesäumten Steilufer immer gen Westen, vorbei am **Gellort**, dem nördlichsten Punkt der Insel Rügen. Etwa 3 km weiter westlich führt eine Treppe hinunter zum Strand. Steinige schmale Uferzonen gehen über in kilometerlange, naturbelassene Sandstrände am **Bakenberg.**

Bis zum Dörfchen **Nonnewitz** ein Stück landeinwärts erstreckte sich zu DDR-Zeiten das größte Erholungsgebiet Rügens mit Ferienhaussiedlungen und einem riesigen Campingplatz. Auch heute ist das Gebiet bei Badeurlaubern beliebt. Einige Ferienanlagen sind geblieben, wie sie waren, andere sind nach der Wende entstanden und eindeutig komfortabler.

Westlich des Bakenbergs beginnt das **Naturschutzgebiet Nordwestküste**. Schöne Spazierwege führen durch die **Kreptitzer Heide** mit Blick auf die karg bewachsene Kliffküste.

IM MÄRCHENWALD

Wie verwunschen und ein bisschen unheimlich scheint der **Schwarbewald** (♀ Karte 2, D 2) an der Nordküste der Halbinsel Wittow mit seinen von Wind zerzausten, knorrigen Bäumen – einige karg, andere von Flechten und Moosen überzogen. Der faszinierende Märchenwald ist gar nicht so leicht zu finden. Der einfachste Zugang bietet sich vom **Regenbogen Camp Nonnevitz.** Parken und den Campingplatz Richtung Osten durchqueren. Kein Schild, nirgends. Aber gerade, wenn man aufgeben will, fangen die Bäume an sich bizarr zu verrenken.

Wieker Bodden
♀ Karte 2, C 3

Blick nach Hiddensee
Am östlichen Ufer des Wieker Boddens liegt **Dranske**. Die Geschichte des Ortes, dessen Zentrum kasernenartige Bauten der 1930er-Jahre prägen, ist eng mit dem ehemaligen Marinestützpunkt der NVA auf der benachbarten **Halbinsel Bug** verbunden. Mit der Schließung der Militäranlagen wurden auf einen Schlag fast alle Einwohner arbeitslos. Der Tourismus ist die einzige Alternative.

Der **Hafen** wurde ausgebaut, die Bebauung farblich aufgefrischt. Ein schöner **Sandstrand** zieht sich entlang einer schmalen Landzunge zum lang gestreckten Bug. Von den Parkplätzen an der Straße sind es nur ein paar Schritte an den Strand mit Blick hinüber nach Hiddensee. Toll zum Sonnenuntergang. Die Autostraße endet an einem Tor. Der

Bug steht heute unter Naturschutz und darf nur im Rahmen genehmigter Führungen betreten werden.

Touristen statt Kreide

Der freundliche kleine Ort **Wiek** am westlichen Ufer des gleichnamigen Boddens blickt auf eine lange Tradition im Bootsbau zurück. Auch heute noch werden hier die sogenannten Wieker Boote gebaut.

Der **Hafen** wurde in einen Sport- und Jachthafen verwandelt. Bemerkenswert ist hier die 1914 errichtete **Kreideverladebrücke,** die allerdings nie genutzt wurde. Zunächst fehlte die Kleinbahnanbindung zu den Kreidebrüchen, dann wurde der Rügendamm gebaut und Lkws übernahmen den Kreidetransport. Fast ein Jahrhundert ragte die Investitionsruine unnütz in den Hafen, bis sie 2014 schließlich saniert und zur Promenade umgestaltet wurde.

Bewegen

Rügenpiraten ahoi!

Wassersportschule UST Rügen: Windsurfen, Kiten und Segeln sowie Kanu- und Kajakfahren. Fahrräder werden ebenfalls verliehen. Es gibt einen Shop und eine unkomplizierte kleine Surfbar. Günstige Übernachtung im Mehrbett- und Doppelzimmer oder in Ferienwohnungen ermöglicht das NoHotel Hostel.

Am Ufer 14, Dranske, T. 038391 898 98, www.ustruegen.de; NoHotel Hostel, T 038391 43 97 57

Infos

- **Informationsbüro:** Am Markt 5, 18556 Wiek, T038391 768 70, www.wiek-ruegen.de.
- **Wittower Fähre:** Ganzjährig tgl. Pendelverkehr, www.weisse-flotte.de.

Gingst ♀ Karte 2, C6

In Rügens Westen geht es ruhig zu. Sanft gewellte Moränenlandschaft, Felder, Wiesen, hier und da ein kleiner Weiler. Der Hauptort Gingst, fast kleinstädtisch, im Herzen aber ein beschauliches Dorf mit allem, was dazugehört.

Handwerk hat goldenen Boden

Am Markt befinden sich das **Rathaus,** ein **Gasthof** und die **Jacobikirche.** Das um 1300 erbaute Gotteshaus wurde nach einem Brand im Jahre 1726 barock umgestaltet. Eine Kostbarkeit ist die spätbarocke Orgel des berühmten Baumeisters Christian Kindten (1790, Konzerte in den Sommermonaten). Am Markt liegen auch zwei der schönsten Läden auf Rügen (s. u.).

Die **Historischen Handwerkerstuben** in zwei schilfgedeckten Fachwerkbauten aus dem 18. Jh. dokumentieren die Geschichte des dörflichen Handwerks. Gingst war ein bedeutendes Zentrum der Damastweberei. In die Museumsscheune sind ein Laden mit Kunsthandwerk und ein gemütliches Café eingezogen.

Handwerkerstuben: Karl-Marx-Str. 19/20, T 038305 304, www.historische-handwerker stuben-gingst.de, Mai–Okt. tgl. 10–17 Uhr, 3 €

Schlafen

Schönes, ruhiges Landleben

Boldevitzer Rügenkaten: Das Gut Boldevitz bietet geschmackvolle Wohnungen im Herrenhaus und in strohgedeckten Katen. Die Gäste können Reitunterricht nehmen. Wer mag, kann sein eigenes Pferd mitbringen.

Dorfstr. 17, Parchtitz/Boldevitz, 7 km südöstl. von Gingst T 03838 31 39 76, www.ruegen katen.de, FeWo 95–195 €

Einfach mal abschalten fernab allen Ferientrubels? Die Insel Ummanz, die nur ein schmaler Meerestrom vom rügenschen Festland trennt, ist die Ruhe selbst.

Einkaufen

Zauberhaft anders
Regionalwaren & Töpferei: Getöpfertes in schönen Farben, Textiles, handgemachte Seifen, besondere Ansichtskarten und Papierwaren, aber auch Brot, Frisches von regionalen Erzeugern und Vollwertlebensmittel. Sie können sich nicht entscheiden? Wie wär's zuerst mit einem Espresso, im Sommer im verwunschenen Garten. Es werden auch zwei Ferienwohnungen vermietet (45 bzw. 55 €).
Am Markt 4, T 038305 600 86, www.toepferei-regionalwaren.de, Di–Fr 10–18, Sa 10–14 Uhr, im Sommer auch Mo geöffnet

Schmökern und Stöbern
Der Buchladen: Ein kleines Geschäft mit tollem Sortiment. Neben Büchern entzücken Papiere aus der Papiermanufaktur Wrangelsburg und Papierkunst von Nahtwerk. Außerdem im Sortiment Spielzeug für Kinder und Musik. Regelmäßig finden Kunstausstellungen und Lesungen statt, aktuelle Termine auf der Website.
Am Markt 5, T 038305 53 59 16, www.der-buchladen-ruegen.de, Mo–Fr 10–18, Sa 10–12 Uhr, im Sommer oft länger, im Jan. Betriebsferien

Insel Ummanz

📍 Karte 2, B–C 5–6

Eine Brücke führt von der **Halbinsel Lieschow** hinüber auf die Insel Ummanz. So weit das Auge reicht, weites,

154 Rügen und Hiddensee

ebenes Land – Wiesen, Äcker und Weiden, auf denen Haflingerpferden und Rauwollige Pommersche Landschafe grasen.

Vor allem Natur und Ruhe
Der größte Teil der Insel Ummanz gehört zum **Naturpark Rügen,** ihr südlichster und östlichster Zipfel zum **Nationalpark Vorpommersche Boddenlandschaft.** Die Boddenküste ist durch Deiche geschützt und wird vielerorts von einem dichten Schilfgürtel gesäumt. Ummanz ist Durchzugsgebiet von Kranichen, Blesshühnern, Saat- und Graugänse. Außerdem überwintern hier mehr als 100 Vogelarten. In **Tankow** im Osten der Insel gibt es einen Beobachtungsstand, von dem aus sich im Herbst die Kraniche beim Flug von und zu ihren Futterplätzen gut beobachten lassen.

Die einzige dorfähnliche Siedlung der Insel ist **Waase.** Hier finden sich auch die einzigen kulturhistorischen Sehenswürdigkeiten: die anno 1322 als *Ecclesia Omanz* erstmals erwähnte **St. Marienkirche** (Am Focker Strom 17) und gleich nebenan das **Museum Alte Küsterei** (Mai–Okt. Fr–So 10–16, Juli–Aug. tgl. 10–16 Uhr, Eintritt frei) mit einer Ausstellung über die Entwicklung und Entstehung der Region Westrügen. Hier erhalten Sie auch touristische Informationen (https://ruegeninsel-ummanz.de).

Essen

Süße Auszeit am Strom
Café Ummanz: Der angenehm weitläufige Gastraum mit Selbstbedienung ist zum Wasser hin ganzseitig verglast. Kuchen und Torten kommen von der Rügener Konditorei.
Focker Strom 2, Waase, www.cafe-ummanz-ruegen.de, Juli–Sept. Do–Di 12–17 Uhr

---

Einkaufen

Veredelte rare Früchtchen
Erste Edeldestillerie auf Rügen: Die Destillerie auf der Halbinsel Lieschow hat sich auf die Herstellung von Edelbränden aus teilweise alten Obstsorten spezialisiert, die im milden Klima Rügens unverfälscht und sortenrein erhalten blieben.
Lieschow 17, T 038305 553 00, www.1ste-edeldestillerie.de, April Mo–Fr 10–18, Mai–Okt. Mo–Sa 10–18, Nov.–März 10–16 Mo–Fr 10–16 Uhr

---

Bewegen

Vom Wind treiben lassen
Ummaii: Surfen und Kiten, Kurse und Camps. In der Saison ist hier viel los. Professionelle Organisation und doch chillig. Tagsüber auf dem Board, am Abend auf einen Absacker in die **Tiki-Bar,** nächtigen im Baumhaus (100 € für 2 Pers. mit Frühstück) oder im **Rügen Surfhostel.**
Ostseecamp, Suhrendorf, T 038305 822 40, www.ummaii.de; **Surfhostel:** T 038305 555018, Übernachtung ab 18 €/Pers.

Schaprode ♥ Karte 2, B 5

Ein attraktiver ›Parkplatz‹
In Schaprode legen die Fähren zur Insel Hiddensee ab. Das Dorf wird darum meist nur als Durchgangsort bzw. Parkplatz von Hiddenseeurlaubern wahrgenommen. Schade eigentlich, denn den alten Fischerort am Schaproder Bodden schmücken hübsche **Kapitäns- und Fischerhäuser.** Lohnenswert ist ein Besuch der **St. Johanniskirche.** Die ältesten Teile des spätromanischen Backsteinbaus stammen aus dem 13. Jh. (Chor) und dem 15. Jh. (Langhaus).

Essen, Einkaufen

Der Laden läuft!
Schillings Gasthof: Das Ambiente im **Gasthof** ist wunderbar. Lecker zubereitet wird fangfrischer Fisch und Fleisch von den Rindern, die auf den Salzwiesen der Insel Öhe in Sichtweite vom Hafen grasen. Wer nur auf die Fähre nach Hiddensee wartet, kann in den **Hofladen** neben dem Gasthof schauen. Hier gibt's frisches Brot, Brötchen und Kuchen, Salami und Käse aus der Region, Zeitungen und Kleinigkeiten für den täglichen Bedarf. Gleich um die Ecke liegt das reetgedeckte **Gästehaus** (2 DZ/1 FeWo) mit üppigem Garten und Hafenblick.
Hafenweg 45, T 038309 12 16, www.schillings-gasthof.de; **Übernachtung:** Preise auf Anfrage; Gasthof: Mo–Do ab 16, Fr–So ab 12 Uh; **Hofladen:** tgl. 8–17 Uhr

Nochmals die Schulbank drücken
Alte Schule: Der Gastraum sieht aus wie ein Schulmuseum mit alten Sitz- und Schreibbänken. Das Tagesmenü steht auf der Schiefertafel. Die Speisekarte bietet Rügener Spezialitäten, viel Fisch (ab 11 €). Nächtigen können Sie in der Schülerstube (EZ), im Direktorenzimmer (DZ) oder in der Lehrerwohnung.
Lange Str. 31, T 038309 14 54, Unterkunft 65–100 €

Infos

- **Verkehr:** Buslinie 35 ab Bergen, in der Woche fast stdl., Sa/So 6 x tgl. (www.vvr-bus.de); Personenfähren zu den drei Häfen auf Hiddensee (www.reederei-hiddensee.de).
- **Parken:** Sie sollten nicht versuchen, im Dorf bzw. am Hafen zu parken. Am Ortseingang ist ein großer kostenpflichtiger Parkplatz ausgeschildert, von dort sind es 5–10 Gehminuten zum Hafen.

Hiddensee

Karte 2, A–B 3–6

Wie ein Wellenbrecher liegt das knapp 17 km lange Eiland vor Rügen und bekommt die von Westen heranbrechenden Naturkräfte besonders zu spüren. Durch Deiche, Steinwälle und Anpflanzungen wird dem Wirken von Wind und Wellen Paroli geboten. Davon bemerken Gäste nicht viel, sie sind einfach bezaubert von der Insellandschaft mit Stränden im Westen, Steilküste im Norden und Dünenheide im Süden. Die Orte Kloster, Vitte und Neuendorf verteilen sich von Nord nach Süd, sie alle haben einen kleinen Hafen. Im Sommer, wenn die Tagesgäste vom Schiff ausschwärmen, ist hier viel los. In allen Häfen warten Fahrradverleiher auf Kundschaft. Autos sind nicht zugelassen, Pferdekutschen zuckeln über teilweise noch unbefestigte Wege.

ORIENTIERUNG

Hiddensee: Achtern Diek 18a, 18565 Vitte, T 038300 60 86 85, www.seebad-hiddensee.de
Fähren: Schiffe der Reederei Hiddensee verkehren ganzjährig zwischen Rügen (Schaprode) und Hiddensee, in der Hochsaison bis zu zwölf Abfahrten am Tag. Von Stralsund aus wird die Insel von April bis Oktober sowie zwischen Weihnachten und Neujahr bis zu viermal täglich angelaufen (www.reederei-hiddensee.de). Achtung! Nicht immer werden alle drei Inselhäfen – Kloster, Vitte, Neuendorf – bedient.
Wassertaxi-Hiddensee: Tag und Nacht von Schaprode und Stralsund (Infos: Reederei Hiddensee).

156 Rügen und Hiddensee

Autos sind auf Hiddensee tabu. Weit ist es aber nicht von einem Inseldorf zum anderen.

Kloster   📍 Karte 2, B4

Vom Hafen zieht der Strom der Gäste den Hafenweg Richtung Kirchweg hinauf – vorbei am traditionsreichen und gemütlichen **Hotel Hittim,** einem beeindruckenden Fachwerkgebäude mit schöner Außenterrasse zum Bodden. Die Hauptsehenswürdigkeiten liegen am Kirchweg, der sich quer durch den Ort erstreckt: die Inselkirche, das Gerhart-Hauptmann-Haus, das Inselmuseum. Nur von einem Kloster keine Spur.

Unterm Rosenhimmel

Das im Jahr 1296 von Mönchen des Klosters Neuenkamp (heute Franzburg) gegründete Kloster wurde mit der Säkularisierung 1534 geschlossen. Die Gebäude verfielen und dienten den Dorfbewohnern als Baumaterial. Bereits 1648, als die Schweden die Insel übernahmen, soll von der Klosteranlage, die sich vom heutigen Hafen bis zum Kirchweg erstreckte, kaum noch etwas vorhanden gewesen sein. Nur die 1332 vor dem Klostertor errichtete **Kirche** (Kirchweg 42, www.kirche-hiddensee.de) stand noch. Sie ist damit das das älteste Bauwerk der Insel.

Im Zuge der Renovierung und Umgestaltung gegen Ende des 18. Jh. erhielt der Kirchenraum das blaue hölzerne Tonnengewölbe, dessen außergewöhnliche Bemalung mit kleinen und großen Rosen 1922 von dem Berliner Kunstmaler Nikolaus Niemeier entworfen und ausgeführt wurde.

Die Kirche umgibt der alte **Friedhof,** viele der schlichten historischen Grabsteine schmückt nur die Hausmarke der jeweiligen Familie und das Todesjahr. Der größte Stein steht auf dem Grab Gerhart Hauptmanns.

Ein Künstlerhaus

Jahrhundertelang lebten die Hiddenseer mehr schlecht als recht von der Fischerei und Landwirtschaft, bis in den 1880er-Jahren die ersten Feriengäste kamen. Das abgelegene Eiland zog Dichter, Denker und Künstler an: darunter Albert Einstein, Gustav Gründgens, Sigmund Freud, Hans Fallada, Joachim Ringelnatz, Thomas Mann. Nicht zuletzt war der Dichter und Literaturnobelpreisträger Gerhart Hauptmann von 1885 bis 1943 regelmäßig auf Hiddensee zu Gast. Das **Gerhart-Hauptmann-Haus** ist die bekannteste und meist besuchte Attraktion des Ortes. Das Arbeitszimmer mit Bibliothek, Schlafräume, Kreuzgang und Weinkeller vermitteln einen Eindruck davon, wie der Schriftsteller hier lebte.

Kirchweg 13, T 038300 397, www.hauptmannhaus.de, Mai–Okt. Mo–Sa 10–17, So 13–17 Uhr, Führungen Di–Sa 12.30 Uhr, Nov.–April unregelmäßig geöffnet, 6 €

Nicht verpassen!

Am sandigen Weststrand entstand 1888 eine **Seenotrettungsstation,** in der Mitte

der 1950er-Jahre das **Heimatmuseum** eröffnet wurde. Es dokumentiert die Entstehung der Insel, die Geschichte des Zisterzienserklosters und die Entwicklung der Fischerinsel zum Seebad. Zu sehen ist ein Duplikat des berühmten Hiddenseer Goldschatzes (s. Magazin S. 273). Wechselnde Ausstellungen zeigen Werke von Künstlern, die eine Verbindung zu Hiddensee hatten oder haben.
Kirchweg 1, T 038300 363, www.heimat museum-hiddensee.de, April–Okt. tgl. 10–16, Nov.–März Do–Sa 11–15 Uhr, 5 €

Schlafen

Ein grandioses Kulturdenkmal
Lietzenburg: Die 1904 erbaute Villa des Malers Oskar Kruse prägte als Künstlertreff das kulturelle Bild Hiddensees zu Beginn des 20. Jh. Nach der Wende stand der prächtige Jugendstilbau lange leer, erst 2013 wurden Umbau und Sanierung abgeschlossen. Entstanden sind großzügige, ganz unterschiedliche Ferienwohnungen (für 2, 4 oder 6 Pers.) abseits des Touristentrubels oberhalb von Kloster. Alle Wohnungen haben Balkon oder Terrasse und gratis WLAN.
Vermietung: T 038300 608 60, www.hidden seeservice.de, FeWo 95–240 €

Bewegen

Auf den Spuren der Künstler
Inselerkundungen: Die Verlegerin und Autorin Ute Fritsch lädt im Sommer zu **Literarischen Spaziergängen** durch Kloster und Vitte ein (www.kuenstler insel-hiddensee.de). Führungen und Wanderungen unternimmt auch die Hiddenseer Autorin und Verlegerin Marion Maga mit Gästen, z. B. auf den Spuren der **Malweiber** oder der **Hiddenseer DDR-Geschichte** (http://hiddensee kultur.de).

Wer sich in den bezaubernden Rosenhimmel der Inselkirche in Kloster verliebt, kann auf der Website der Gemeinde Tischwäsche mit dem Muster bestellen, hergestellt von der schwedischen Firma Ekelund.

TOUR
Hügelauf, hügelab

Wanderung auf den Dornbusch

Infos

📍 Karte 2, B 3/4

Strecke: kurze Variante 7,5 km, 2,5 Std. reine Gehzeit; längere Variante gut 3 Std.

Leuchtfeuer Dornbusch: Mitte April–Okt. tgl. 10.30–16 Uhr, 4 €

Einkehr:
Die Bilderkneipe, im Hotel Enddorn, Dorfstr. 6, Grieben, T 038300 460, www.enddorn.de;
Zum Klausner, Restaurant und Pension, Im Dornbuschwald 1, T 038300 66 10, www.klausner-hiddensee.de

Bei maximaler Feriendichte wird es in **Kloster** drängelig. Nichts wie ab ins Hochland – je weiter weg vom Dorf, desto besser. Die aussichtsreiche Wanderung führt durch eine atemberaubend schöne Hügellandschaft mit Ginster, Sanddornbüschen und bizarr verdrehten Kiefern. Die Krone setzt der berühmte Leuchtturm auf.

Auf dem gepflasterten Wirtschaftsweg von Kloster in das idyllische Dorf **Grieben** sind auch Radfahrer und Kutschen unterwegs. Zwar sind wir erst eine Viertelstunde gelaufen, ein Stopp in der **Bilderkneipe** ist dennoch unverzichtbar. Nirgendwo sonst kann man so viele Gemälde der Insel sehen. Auch die Küche ist vorzüglich, der Service leider nicht immer. Gestärkt steuern wir den Sandstrand am **Enddorn** an. Ob die Ostsee warm genug für ein Bad ist?

Linker Hand führt ein naturbelassener Weg über den aussichtsreichen **Swantiberg** (65 m) und weiter zum **Bakenberg,** mit 72 m die höchste Erhebung der Insel. Seit 1888 weist von hier das **Leuchtfeuer Dornbusch** Schiffen den Weg. 102 Stufen sind zur Aussichtsgalerie in 20 m Höhe zu erklimmen. Nach dieser Anstrengung lockt im Wald oberhalb der Steilküste das Ausflugslokal **Zum Klausner.** Ganz in der Nähe führt eine Steilufertreppe hinab zu einem naturbelassenen Badestrand.

Der kürzeste Weg zurück nach Kloster passiert den **Inselblick** und gibt nochmals Gelegenheit im Panorama zu schwelgen. Wanderfreudige folgen dem **Hochuferweg** entlang der bewaldeten Steilküste. Der Pfad führt um die in die See vorspringende **Hucke** herum, einer der schönsten Plätze der Insel. Fast am Ende der Wanderung kann man in Kloster über eine von Heckenrosen flankierte Treppe nochmals zum **Strand** absteigen.

Handgeschriebene Karten und Briefe sind etwas Besonderes. Und noch schöner mit einer ausgewählten Briefmarke. Schon zu DDR-Zeiten zierte das Leuchtfeuer Dornbusch eine Briefmarke, seit 2009 schmückt es eine Sondermarke im Wert von 55 Cent.

Vitte ♀ Karte 2, B4

Die Inselhauptstraße verbindet Kloster mit dem Verwaltungszentrum der Insel. Viele Wanderer und Radfahrer bevorzugen den aussichtsreichen Deichweg – von Hafen zu Hafen. Der Name Vitte verweist darauf, dass hier im Mittelalter Heringe an Land gebracht, weiterverarbeitet (gesalzen) und anschließend verkauft wurden. Durch die vielen Neubauten hat der Ort den ursprünglichen Charakter einer Fischersiedlung weitgehend verloren.

Leuchtender Blickfang

Ein Relikt aus alter Zeit ist die **Blaue Scheune.** Das im frühen 19. Jh. in der Nähe der Windmühle erbaute Gehöft ist das letzte erhaltene *Rookhuus* (Rauchhaus). Weil es keinen Kamin gab, konnte der Rauch nur durch Ritzen und Spalten im Dach abziehen. Den auffälligen intensiv blauen Anstrich verdankt das Baudenkmal der Malerin Henni Lehmann (1887–1937), die es 1920 erwarb und zum Arbeits- und Ausstellungsort für den **Hiddenseer Künstlerinnenbund** ausbaute. Von 1954 bis zu seinem Tod im Jahr 2000 wohnte der Maler Günter Fink hier. In der Saison kann die Galerie besichtigt werden.

Norderende 170, Galerie Mai–Sept. Mi, So 10–12 Uhr

»Rund und rührend«

Das 1922 vom Architekten Max Taut entworfene **Karusel** erwarb Asta Nielsen im Jahr 1928. Von 1925 bis 1933 verbrachte der Stummfilmstar seine Sommerferien auf der Insel. »Nirgends ist man so jung, so froh und so frei wie auf dieser schönen Insel«, schwärmte

die Dänin, deren auffälliges Haus sich zu einem beliebten Künstlertreff entwickelte. »Rund und rührend zum Verlieben«, fand Joachim Ringelnatz. Nach der Machtergreifung der Nationalsozialisten verließ die Diva das Land und kehrte nie zurück. Seit 2015 ist das rekonstruierte Schmuckstück für Ausstellungen und Veranstaltungen geöffnet.
Zum Seglerhafen 7, www.asta-nielsen-haus.de, Führungen Sa 15 Uhr

Wo die Puppen tanzen
Von April bis Oktober werden im Puppen-und Figurentheater auf der **Seebühne** charmante und berührende Stücke für Kinder und Erwachsene aufgeführt. Die Figuren und Bühnenbilder, die gerade nicht gebraucht werden, kann man in der Figurensammlung **Homunkulus** bewundern. Es ist auch ein Ort des kreativen Dialogs bei einem Kaffee oder Glas Wein.
Seebühne: Wallweg 2, T 038300 605 93, http://theater.hiddenseebuehne.de; **Homunkulus:** Norderende 181, www.homunkulus.de, in der Saison tgl. geöffnet

Mit allen Sinnen erleben
Seit 1990 ist Hiddensee in den **Nationalpark Vorpommersche Boddenlandschaft** integriert. Die Ausstellung im **Nationalpark-Haus** in schöner, einsamer Lage im Norden von Vitte zeigt eindrucksvoll, wie die Kräfte der Natur die Insel laufend neu modulieren. Der Erlebnispfad neben dem Haus ermöglicht es, die Natur mit allen Sinnen wahrzunehmen.
Norderende 2, T 038300 68041, April–Okt. tgl. 10–16, im Winter Mo–Sa 13–16 Uhr

Schlafen, Essen

Gut Wind!
Hotel-Restaurant Godewind: Auf dem weiträumigen Grundstück des Hotels liegen 15 Ferienwohnungen (für 2–8 Pers.). Zum Strand sind es nur ein paar Schritte, zum Hafen fünf Minuten. Im Restaurant wird pommersche Küche mit mediterranem Einschlag serviert.
Süderende 53, T 038300 66 00, www.hotel godewind.de, DZ/FeWo 105–185 €

Neuendorf   ♥ Karte 2, B5

Bei den Fischern
Der ruhigste Ort von Hiddensee erinnert an lang vergangene Zeiten. Weißgetünchte Reetdachhäuser auf grüner Wiese und Trampelpfade prägen das Ortsbild des alten Fischerdorfes. Ein richtiges Zentrum gibt es nicht, auch keine Zäune, dafür jede Menge Platz. Über den Türen sind vielfach Hausmarken angebracht, die man auch an manchen Grabsteinen auf dem Friedhof in Kloster entdeckt. Mit Hilfe dieser Runen markierten die Menschen ihren Besitz. In einem ehemaligen Schuppen für Netze und Geräte am nördlichen Ortsrand haben Neuendorfer Fischer das kleine **Fischereimuseum Lütt Partie** (Pluderbarg 9) eingerichtet.
Von Neuendorf führt ein sandiger Pfad gen Süden zu dem nur 10 m hohen, aber bildhübschen **Süderleuchtturm.** Weiter zum Strand sind es nur ein paar Schritte.

Schlafen, Essen

Es gibt einige Übernachtungsmöglichkeiten im Dorf, die Einrichtung ist mitunter etwas altbacken, aber der Kontakt mit den Neuendorfern immer nett.

Mit Charme und Charakter
Stranddistel: Gaststätte und Pension 150 m vom Strand entfernt. Zwei Doppelzimmer sind zu mieten. Die Küche ist schmackhaft, der Service freundlich.
Plogshagen 15, T 038300 393, www.stranddistel-hiddensee.de, DZ 65–75 €

Zugabe
Zoff am Königsstuhl

Bürgerinitiativen auf Rügen

Wer kämpft, kann verlieren, wer nicht kämpft, hat schon verloren! Die Rüganer sind Kämpfer. Den Ausbau der B 96 für eine schnellere Anreise und die Fällung von 230 Alleebäumen konnten sie nicht verhindern, ihr Engagement hat es nicht gemindert. Schon klar, Tourismus braucht es auf Rügen, über seine Ausgestaltung ist man uneins. Steigende Besucherzahlen sind für manche Gemeinde eine Verlockung, sich zu Plänen hinreißen zu lassen, die weder landschaftsverträglich noch nachhaltig sind. Der sogenannte Königsweg ist so ein Plan.

Bis zu 800 000 Besucher kommen jedes Jahr zum Königsstuhl. Jeder trägt ein paar Krümel Kreide mit sich fort. Wie lange hält der Kreidefelsen das noch aus? Nach dem Willen des Nationalparkzentrums und der Landesregierung soll die Lösung ein Stahlbetonrundweg sein, der auf Höhe der Buchenkronen frei über dem Königsstuhl schwebt. Geschätzte Kosten: 7 Mio. €. »Hässlich, teuer, ein Albtraum«, melden sich die Aktivisten von ›Rügen – Rette Deine Insel‹ zu Wort. Die Emotionen schlagen hoch.

So auch im Fall der Treppe, die am Königsstuhl zum Strand hinunterführt. Seit im Mai 2016 ein Baum auf sie fiel, ist sie gesperrt. Basta! Ihr

Rügen – Rette Deine Insel!

Die Kreidefelsen sind fragil, auch der berühmte Königsstuhl. Derzeit erhitzen sich die Gemüter, wie das Naturdenkmal am besten geschützt werden kann, ohne die Besucher fernzuhalten.

Rückbau hatte schon begonnen, als sich die Proteste formten. Vor allem die Lohmer sind am Erhalt der Treppe interessiert. Sie setzen auf Wandertourismus. Die traumhafte Tour von Lohme zum Königsstuhl – hin durch den Wald und zurück am Strand – ist ohne den Aufstieg nicht mehr möglich.

Die Lohmer sind kampferprobt – sie haben die Errichtung eines Medical-Wellness-Hotels inklusive diverser Ferienhäuser auf dem gut 23 ha großen, verlassenen Areal der Küstenfunkstelle Rügen Radio verhindert. Investitionsvolumen 20 Mio. €, der Investor stand in den Startlöchern. Die ›ewig gestrigen Provinzler‹ haben gekämpft und gewonnen. ∎

Von Stralsund nach Ueckermünde

Meisterwerke der Backsteingotik — berühmte Museen und Badestrände, dazwischen stille Winkel für Aussteiger.

Seite 165
Stralsund

Vom Turm der Marienkirche schweift der Blick über die von Wasser umschlungene Altstadt, die seit 2002 zum UNESCO-Welterbe gehört: rote Ziegeldächer, spitze Backsteingiebel und die prächtige Nikolaikirche. Uriges Ambiente erlebt man in der Hafenkneipe Zur Fähre.

Seite 171
Ozeaneum

Auf einer extrem langen und luftigen Rolltreppe schweben die Besucher in die Welt der nördlichen Meere: zu Dorsch, Hering, Makrele und zu einer Kolonie von Humboldt-Pinguinen.

Nu mal Butter bei die Fische, fordert auch der Koch.

Eintauchen

Seite 176
Greifswald

Im Jahre 1456 wurde die Universität gegründet, bis heute prägen Studenten das Bild der charmanten Hansestadt. Einen architektonischen Gegenpol zur Backsteingotik setzt das Pommersche Landesmuseum.

Seite 182
Wieck

Mit Stolz verweist Greifswald auf seinen berühmtesten Sohn, den Romantiker Caspar David Friedrich. Auf seinen Spuren führt der Bildweg vom Museumshafen Greifswald ins hübsche Fischerdorf Wieck und zur Klosterruine Eldena.

Von Stralsund nach Ueckermünde **163**

Seite 185
Freest

Keine Show: Die Fischerhütten und Kutter sind echt, der Fisch fangfrisch. In der Saison fahren Ausflugsboote hinüber nach Peenemünde und zur Greifswalder Oie.

Seite 188
Lassan

Ob veganer Bioimbiss oder Kräuterführungen – die charmante, kleine Stadt am Peenestrom geht eigene Wege.

Seite 188
Anklam

Der Traum vom Fliegen ist so alt wie die Menschheit. Otto Lilienthal war der erste, der sich diesen Traum erfüllte. Das Otto-Lilienthal-Museum zeigt seine ersten Flugapparate und fantasievolle Flugobjekte.

Seite 191
Peenetal

Der Amazonas des Nordens wird die Peene genannt. Nur ein paar Paddelschläge von der Zivilisation entfernt, begegnet man Bibern, Eisvögeln und Seeadlern – wegen des niedrigen Wasserstands waren es 2018 so viel wie nie zuvor.

Noch mehr Seeadler? Ich glaub, ich guck nicht richtig.

Fast food auf Norddeutsch: Das Brötchen muss knusprig und der Fisch frisch sein. Ein gutes Fischbrötchen liegt nicht in der Auslage, sondern wird auf Bestellung zubereitet.

Prächtige Hansestädte und stille Landschaften

Wo Gewinne winken, werden brutale Kämpfe ausgefochten – das galt schon in der Hansezeit, als sich die pommerschen Städte zu stolzen, kapitalen Schönheiten entwickelten, und es trifft heute immer noch zu. Selten aber führte die Gier nach Geld so offensichtlich und vor den Augen der Öffentlichkeit zu kriminellen Handlungen wie in Stralsund, wo ehemalige Fischkutter als attraktive Imbissbuden fest vertäut im Hafen liegen. Hunderttausende strömen hier jedes Jahr auf dem Weg zum Ozeaneum vorbei. Als die Stadt Stralsund 2012 die Konzessionen für die Kutter kündigte und neu ausschrieb, ging es um viel Geld. Es kam zu Übergriffen auf Politiker, ein Auto wurde abgefackelt, ein Fischkutter ging in Flammen auf. Ganz geklärt wurden die Vorfälle nicht, aber es ist wieder Frieden eingekehrt in der altehrwürdigen Hansestadt.

Der Fischbrötchenkrieg war nicht mehr als eine marginale Episode im großen Buch der wechselvollen Geschichte Stralsunds, die nicht nur durch die Hanse, sondern auch die Jahrhunderte dauernde Schwedenherrschaft geprägt war. Bedeutende Bauwerke der Backsteingotik künden bis heute von der Macht und dem Reichtum vergangener Tage.

ORIENTIERUNG

Internet: www.vorpommern.de
Anreise: ICE-Verbindungen bestehen nach Stralsund und Greifswald. Regionalbahnen verkehren zwischen Rostock, Barth, Stralsund, Greifswald, Anklam und Berlin (www.bahn.de).
Besondere Termine: Greifswalder Bachwoche im Juni, Fischerfest Gaffelriff in Greifswald und Wieck im Juli, Wallensteintage Stralsund im Juli.

Stralsund war die mächtigste und reichste unter den Hansestädten an der deutschen Ostseeküste. Die neue elegante Rügenbrücke verbindet sie mit Rügen. Wolgast und Anklam bilden die Tore nach Usedom. Die Universitätsstadt Greifswald liegt auf halbem Weg zwischen beiden Inseln. Sie zog die Gelehrten an, sie ist auch der Geburtsort des großen romantischen Malers Caspar David Friedrich. Nur Ueckermünde ist einfach es selbst, ein beschauliches Hafenstädtchen an der Mündung der Oder ins Stettiner Haff – eine stille, naturschöne Region abseits der touristischen Hauptpfade.

Stralsund

Alter Markt und nördliche Altstadt

Stralsund ist eine wundervolle Stadt – auf allen Seiten von Wasser umgeben, urban und jung, zugleich alt und ehrwürdig. Am 31. Oktober 1234 verlieh Fürst Wizlaw von Rügen der kleinen Ortschaft Stralow das lübsche Stadtrecht. Mit dem Beitritt zum Bund der Hanse im Jahre 1293 wurde der Grundstein für die Entwicklung zu einer der einflussreichsten Handelsstädte im südlichen Ostseeraum gelegt. Nach dem Niedergang der Hanse nahm die Bedeutung Stralsunds ab, die wichtigsten wirtschaftlichen Standbeine aber blieben Handel und Schiffbau. Die Sanierung der Altstadt wurde 2002 mit der Aufnahme ins Welterbe belohnt. Noch sind nicht alle der 800 von der UNESCO gelisteten Einzeldenkmäler renoviert. Stralsund ist keine Puppenstube, aber gerade das macht seinen Charme aus.

Dass Stralsund ins UNESCO-Welterbe aufgenommen wurde, hat es der Hanse zu verdanken. In ihrer Blütezeit unterhielt die Kaufmannsvereinigung Niederlassungen in London, Brügge, Bergen (Norwegen) und Nowgorod (Russland). Unvorstellbar die weiten Handelswege über Meere und Flüsse, die hinter den Kaufleuten lagen, wenn sie in St. Nikolai im Herzen der Stadt ihren Geschäften nachgingen. Der Alte Markt vor der Kirche ist gesäumt von prachtvoller, vorbildlich sanierter Baukunst aus jener Zeit.

Perlen der Architektur

Eines der schönsten und bekanntesten Bürgerhäuser im Stil der Backsteingotik ist das **Wulflamhaus** ❶ (Alter Markt 5). Bauherr des nachweislich vor 1358 ent-

Backsteingotik vom Feinsten – welch passende Kulisse für eine Pause beim Stadtbummel. Ganz zünftig lässt man sich mit Blick aufs Rathaus ein frisch gezapftes Störtebeker Bier servieren. Was sonst?

Stralsund

Ansehen

❶ Wulflamhaus
❷ Dielenhaus
❸ Commandantenhus
❹ Olthofsches Palais /
Welterbe-Ausstellung
❺ Rathaus
❻ Nikolaikirche
❼ Scheelehaus
❽ St. Johanniskloster
❾ Marienkirche
❿ Heiliggeistkloster
⓫ Ozeaneum
⓬ Gorch Fock I
⓭ Kloster St. Katharinen/
Stralsund Museum und
Deutsches Meeres-
museum
⓮ Museumshaus
⓯ Dänholm/
Nautineum und Marine-
museum

Schlafen

1 Pension Altstadt Mönch
2 Hotel Hiddenseer
3 Hostel Stralsund

Essen

1 Eine gute Zeit
2 Torschließerhaus
3 Fritz Braugasthof in der
Kron-Lastadie
4 Paula
5 Brauhaus zum Alten Fritz

Einkaufen

1 Ossenreyerstraße
2 Kaffee Monopol
3 Henry Rasmus
Fischhandel
4 Fischkutter

Bewegen

❶ Stralsunder Strandbad

Ausgehen

❶ Kultur in der Jakobikirche
❷ Theater Vorpommern
❸ Ben Gunn
❹ Zur Fähre
❺ Zum Goldenen Anker
❻ Brazil

---

standenen Giebelhauses war der äußerst machtbewusste Bertram Wulflam, der einer geschäftstüchtigen Tuchhändlerfamilie entstammte und als der reichste Mann im Ostseeraum galt. Von 1364 bis 1391 war Wulflam Bürgermeister von Stralsund und vertrat die Stadt als geschickter Diplomat auf den Hansetagen und bei den Verhandlungen mit Dänemark. Die Fassade seines Domizils mit aufwendigen Schmuckformen, den polygonen Pfeilern und dem Wechsel zwischen glasierten und unglasierten Backsteinen bringt den Machtanspruch Wulflams auch noch über einem halben Jahrtausend noch eindrucksvoll zur Geltung.

Sehr gut erhalten ist auch das gotische **Dielenhaus** ❷ (Mühlenstr. 3), das als typisches Kaufmannshaus aus dem 14. Jh. um eine große Diele angeordnet ist. Sie bot genügend Platz, große Mengen an Waren aufzunehmen, bevor sie per Las-

tenaufzug auf die Speicher transportiert wurden. Hier kann man nicht nur das zweigeschossige Balkenwerk mit Galerie bewundern, sondern auch Modelle der alten Hansestadt anschauen.

An Stralsunds fast zweihunderjährige Zugehörigkeit zu Schweden erinnert das **Commandantenhus** ❸ (Alter Markt 14), das von 1751 bis 1815 als Verwaltungssitz und Residenz des schwedischen Stadtkommandanten diente.

Einen detaillierten Einblick in die Entwicklung Stralsunds wie auch allgemein in das Welterbeprogramm der UNESCO vermittelt die Welterbe-Ausstellung im barocken **Olthofschen Palais** ❹ (Ossenreyerstr. 1, tagsüber frei zugänglich).

Prahlen in Backstein

Um 1340 verschönerten die reichen und selbstbewussten Stralsunder ihr ohnehin

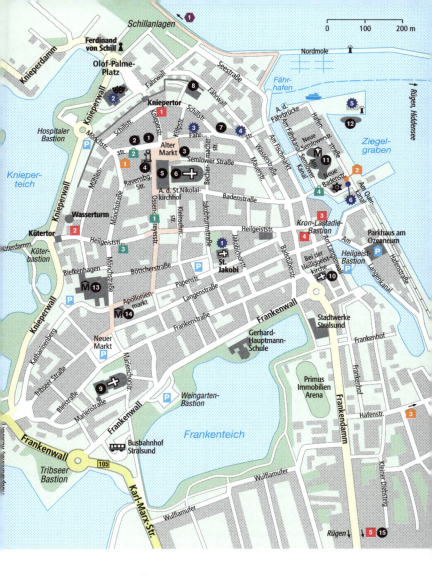

schon stattliches **Rathaus** ❺ mit der berühmten, von sechs Dreiecksgiebeln gekrönten Schmuckfassade. »Hoch hinaus und nichts dahinter«, spotteten die neidischen Lübecker über die Schaufassade, und in der Tat ist hinter den zierlichen Durchbrüchen im Backstein nichts als Himmel zu sehen. Unterhalb der Blendbögen über den Spitzbogenfenstern prangen die Wappen der wichtigsten Hansestädte. Zur Hansezeit empfingen die Ratsherren in dem prachtvollen Ge-

BILDERGESCHICHTE IN EICHENHOLZ **B**

Auf einem alten Kalenderblatt habe ich Abbildungen vom **Gestühl der Rigafahrer** gesehen. Irgendwo in St. Nikolai müssen sich die Relieftafeln verbergen. Ich finde sie schließlich im südlichen Chorumgang. Viel Vergnügen bei der Suche und der Betrachtung!

bäude Könige, Fürsten und Gesandte aus aller Herren Länder.

Bemerkenswert ist auch das Innere des Rathauses mit den frei zugänglichen, in Nord-Süd- sowie in Ost-West-Richtung verlaufenden Durchgängen, in denen einst über 40 Ladengeschäfte untergebracht waren. Der sogenannte **Buttergang** führte direkt zum Westportal der Nikolaikirche. Es scheint, als hätten die Kaufleute diese praktische Kurzverbindung auch schon mal mit ihrem Vieh genutzt. Aus dem Mittelalter ist jedenfalls eine Verordnung überliefert, die untersagte, während der Messe Vieh durch die Kirche zu treiben.

Ein Fest für die Sinne

Der Buttergang wird schon lange nicht mehr genutzt, der recht unscheinbare Zugang zur **Nikolaikirche ❻** befindet sich heute links neben dem Nicolai Café am Alten Markt. St. Nikolai war die Kirche der Ratsherren und Patrizier, die mit der Größe und der prächtigen Innenausstattung ihrem Reichtum und ihrer Macht sichtbaren Ausdruck verliehen. Eine einfache Hallenkirche wird erstmals 1276 erwähnt, der heutige Bau, eine dreischiffige, 87 m lange Basilika mit monumentalem Doppelturm stammt aus dem 14. Jh.

Im hohen, weißen **Innenraum** setzen kräftige Farben Akzente – ein mildes Orange inmitten der ziegelrot und taubenblau abgesetzten Rippen der Gewölbebögen, umgeben von mintgrünen Blätterranken. Überwältigend ist der Reichtum der Ornamente, die Vielfalt der Formen. Fresken an Pfeilern und Streben zeigen reiche Kaufleute, Geistliche und Weltliche Würdenträger. Der rosenförmige Schlussstein im 19 m hohen Gewölbe zeugt von der Kreativität, Fantasie und der guten Finanzlage der Bauherren.

Im ausgehenden Mittelalter befanden sich in St. Nikolai 56 **Altäre,** größtenteils mit zugehörigem Gestühl. Diese unterschiedlich geräumigen Bänke dienten als Versammlungsort einzelner Vereinigungen und Familien. In ihnen fanden Tagungen des Rats und der Zünfte statt, hier wurden Geschäfte gemacht, Verträge ausgehandelt. Je nach Stellung und Finanzkraft ihrer Besitzer waren die Gestühle mit kunstvoll geschnitzten Eichenholzbohlen verkleidet. Die meisten gingen im Lauf der Jahrhunderte verloren.

Das Ausmaß dieses Verlustes offenbart das **Gestühl der Rigafahrer,** von dem Reste erhalten sind (s. Kasten S. 168). Drei Relieftafeln erzählen aus dem russischen Alltagsleben: Im dichten Laubwald sind Pelztierjäger unterwegs – die weichen Zobelpelze waren von den Mächtigen und Vornehmen in ganz Europa geschätzt. Zwei Männer werden bei der Jagd, ein dritter bei der Bienenzucht gezeigt. Auch ein Bärenjunges ist zu entdecken, das sicherlich auf ein bisschen Honig hofft. Schließlich ist die Heimkehr der erfolgreichen Jäger dargestellt. Sie tragen Felle im Gürtel, einer verteidigt seine Beute mit der Axt gegen einen Wolf. Die vierte Relieftafel thematisiert den Handel zwischen den Russen und den Stralsunder Kaufleuten: Vor dem hanseatischen Peterhof in Nowgorod, ein stattlicher Bau mit wehrhaften Mauern, bieten die Pelztierjäger einem deutschen Händler Pelze, Honig und Wachs an. Wachs und Harz waren zu jener Zeit begehrte Waren. Man benötigte sie, um die Heringstonnen abzudichten.

Auf dem Sankt Nikolaikirchhof 2, www.hst-nikolai.de, April–Okt. Mo–Sa 10–18/19, So 12–16, Nov.–März Mo–Sa 10–16, So 12–15 Uhr, 3 €; Führungen Mo, Di, Do 12.30 und 15 Uhr, um eine Spende wird gebeten; Gottesdienst So um 10.30 Uhr

Herausgeputzte Nebenstraßen

Die vom Markt ausgehende **Mühlenstraße** und die Richtung Hafen führende **Badenstraße** säumen schön sanierte Giebelhäuser – in Vanillegelb, Ocker und Rostrot –, der graue DDR-Putz gehört der Vergangenheit an. Die **Fährstraße** beeindruckt mit einer ganzen Zeile herrschaftlicher Bürgerresidenzen aus dem Barock mit reich verzierten hölzernen Portalen und hohen Flügeltüren. Eine architektonische Kostbarkeit ist das unter Denkmalschutz stehende **Scheelehaus** ❼ (Nr. 23/24). Es besteht aus zwei miteinander verbundenen Giebelhäusern aus der Mitte des 14. Jh. Benannt sind sie nach Carl Wilhelm Scheele, dem Entdecker des Sauerstoffs, der hier 1742 geboren wurde. Nach langem Leerstand verspricht der 2010/2011 aufwendig sanierte Gebäudekomplex feine hanseatische Gastlichkeit (www.scheelehof.de, DZ ab 150 €).

Geborgen im Schutz der Mauer

An der nördlichen Stadtmauer, unweit des Hafens, liegt das 1254 von Franziskanern gegründete **St. Johanniskloster** ❽ (Schillstraße 27/28), eines der bedeutendsten Klöster Norddeutschlands. Die Reformation beendete die Blütezeit des Klosters, das in den Besitz der Stadt gelangte und in ein Armenhaus umfunktioniert wurde.

Durch einen Torbogen betritt der Besucher zunächst einen malerischen, von kleinen, zweigeschossigen Fachwerkhäuschen gesäumten **Innenhof** – eine begehrte Stralsunder Wohnadresse. Hätten Sie Lust, hier auf Probe zu wohnen? Als Urlaubsdomizil empfiehlt sich das Ferienhaus Stralsund Mien Hüsing (Am Johanniskloster 26).

Im Zentrum der Klosteranlage befindet sich ein idyllischer **Kreuzgang**. Von der mittelalterlichen **Klosterkirche St. Johannis** ragen seit dem verheerenden Bombenangriff im Oktober 1944 nur noch die Außenmauern auf. In der Chorruine steht eine vergrößerte Kopie der »Pietà« von Ernst Barlach – ein Mahnmal an die Opfer und die Unmenschlichkeit des Krieges. Der Blick fällt durch den vergitterten Torbogen – kein Zutritt! Das Innere der Klostergebäude ist aufgrund von Sanierungsarbeiten bis auf Weiteres für die Öffentlichkeit gesperrt.

Ein Dorfidyll mit schnuckeligen Fachwerkhäusern liegt verborgen im Innenhof des Johnnisklosters.

Südliche Altstadt

Vom Alten Markt führt die Mönchstraße am Katharinenkloster vorbei zum **Neuen Markt,** dem Zentrum der südlichen Altstadt. Der Markt wird beherrscht von der mächtigen Marienkirche. Von hier gingen die großen Demonstrationen in Stralsund während der Friedlichen Revolution 1989/90 aus. Am Dienstag und Freitag (7.30–15 Uhr) findet ein **Wochenmarkt** statt, danach kehren auch die Stralsunder gerne in der **Brasserie** ein – Alltagsleben in Stralsund.

Hoch hinaus
Ein Bau der Superlative. Die **Marienkirche** ❾ ist die größte Pfarrkirche der Hansestadt und gilt als Meisterwerk der mitteleuropäischen Spätgotik – seit einem Umbau im 15. Jh. präsentiert sie sich als dreischiffige Basilika mit Querhaus, Chorumgang, Kapellenkranz und hoch emporragendem Westturm. Von der reichen Ausstattung – allein 40 Altäre gab es zu Beginn des 16. Jh. – blieb nur ein geringer Teil erhalten. Die Orgel des Lübecker Orgelmeisters Friedrich Stellwagen aus dem Jahr 1659 zählt zu den bedeutendsten Barockorgeln Norddeutschlands.

Anstrengend, aber überaus lohnenswert ist der Aufstieg auf den 104 m hohen **Kirchturm.** Eine enge steinerne Wendeltreppe schraubt sich hoch zum Turmrundgang. Nach einer kurzen Verschnaufspause geht es an den imposanten Glocken vorbei weiter über eine schmale Holzstiege mit offenen Stufen bis ganz nach oben in die Haube. Der Ausblick über die von Sund und Teichen inselartig umschlungene Altstadt, den Hafen und hinüber nach Rügen ist spektakulär.

Marienstr. 16, www.st-mariengemeinde-stralsund.de, Kirche/Turm: April und Okt. tgl. 10–17 Uhr, Mai–Sept. 9.30–17.30 Uhr, Nov.–März Mo–Fr 11–12, 14–16, Sa 10–12 Uhr; kurze Führungen Juli–Sept. Mo–Fr 13, Sa 11 Uhr; Gewölbeführungen Di 15, Do 15.30 Uhr; Turmaufstieg 4 €

Geschafft! 366 Stufen bis ganz oben in den Turm der Marienkirche. Der Markt tief unten sieht aus wie bei einer Modelleisenbahn. Über rote Ziegeldächer ragen stolz die Kirchtürme von St. Nikolai und St. Jakobi auf. Dahinter der Strelasund und die Küste Rügens.

Kopfsteingepflasterte Gässchen

Die Dimensionen der Marienkirche sind gewaltig. Im Winter werden die Gottesdienste daher in der kleineren und besser beheizbaren Kirche des **Heiliggeistklosters** ❿ abgehalten. Sie gehört zum 1256 gegründeten Heilgeisthospital, das im 14. Jh. an den heutigen Standort im südlichen Bereich der Hafengegend verlegt wurde. Die städtisch geführte Einrichtung gewährte Kranken, Hilfebedürftigen und durchziehenden Fremden Verpflegung und Unterkunft. Zu der denkmalgeschützten Klosteranlage gehören außer der **Heiliggeistkirche**, das **Fremdenhaus** (Elendenhaus) von 1641 und ein galeriegeschmückter **Kirchgang** – gebildet aus zwei parallel verlaufenden Reihen zweigeschossiger Häuschen. Sie wurden saniert und sind heute wieder bewohnt (eines wird als Airbnb als historisches Haus am Hafen angeboten).

Frankenstr. 39, www.heilgeist-stralsund.de, April–Okt., im Winterhalbjahr nur So 10.30 Uhr zum Gottesdienst geöffnet

Hafeninsel

Die Kais, Brücken und Schiffe der von Kanälen umschlossenen Hafeninsel geben eine malerische Kulisse zum Flanieren ab, die backsteinernen Speicher dienen Kulturveranstaltungen, Kneipen und Cafés als Quartier.

Die Welt der nördlichen Meere

Der unbestrittene Besuchermagnet auf der Hafeninsel ist das **Ozeaneum** ⓫, für das allein ein Ausflug nach Stralsund, auch von weiter her, lohnt. Die spektakuläre Architektur mit großen Glasfronten und fensterlosen Betonflächen bildet einen bemerkenswerten Kontrast zu den alten backsteinroten Speichern. Eine lange, freischwebende Rolltreppe entführt in die Welt der nördlichen Meere. Die Reise beginnt im Stralsunder Hafenbecken, über die Kreideküste und das Schärenmeer gelangt man durch den Kattegatt in die Nordsee bis ins Nordpolarmeer. Grandios ist die Anlage der Humboldt-Pinguine auf der Dachterrasse mit Panoramablick über die Altstadt und den Hafen. Am Ende des Rundgangs lauscht man, entspannt auf Bänken liegend, den Gesängen der Wale, die Riesen der Meere in Lebensgröße über sich.

Hafenstr. 11, T 03831 265 06 10, www.ozeaneum.de, Juni–Sept. tgl. 9.30–20, Okt.–Mai tgl. 9.30–18 Uhr, Erw. 17 €, Kinder 4–16 Jahre 8 €. Tipp: Es besteht die Möglichkeit, die Tickets online zu kaufen und damit die in der Saison mitunter recht langen Warteschlange an der Kasse zu umgehen.

Aye, Aye Käpt'n!

An der Fährbrücke liegt das 1933 in Hamburg vom Stapel gelaufene Segelschulschiff **Gorch Fock I** ⓬. Es ist kein Nachbau, sondern das Vorgängerschiff des Marinesegelschulschiffes Gorch Fock. Nach dem Krieg fuhr der stattliche Windjammer unter dem Namen Towarischtsch (Kamerad) für die russische Handelsmarine. 2003 wurde der abgetakelte Segler von Tall-Ship Friends (www.tallshipfriends.de) erworben und nach Stralsund gebracht, um ihn wieder seetüchtig zu machen. Ein ausgeschilderter Rundgang führt auf die Brücke, in den Funkraum, den Kapitänssalon und zur Krankenstation unter Deck.

An der Fährbrücke, www.gorchfock1.de, Mitte März–Mitte Okt. tgl. 10–18, Mitte Okt.–Mitte März tgl. 10–16 Uhr, 5 €

Museen

Ein schwebender Wal

⓭ **Kloster St. Katharinen:** Die Mitte des 13. Jh. von Dominikanermönchen gegründete Anlage ist eines der wenigen norddeutschen Klöster, dessen gotische Bausubstanz fast vollständig erhalten blieb.

Es beherbergt zwei bedeutende, über die Landesgrenzen hinaus bekannte Museen. Das **Stralsund Museum** (ehemals Kulturhistorisches Museum), die älteste museale Einrichtung in Mecklenburg-Vorpommern, zeigt vielseitige Sammlungen von der Vor- und Frühgeschichte der Region, über die Hansezeit bis zu den Anfängen des 20. Jh. Eines der Highlights ist der wikingerzeitliche Goldschatz von Hiddensee (s. Magazin S. 273).

Schon die gelungene Verbindung von mittelalterlicher Klosterarchitektur und modernem Ausstellungskonzept lohnt eine Besichtigung des **Deutschen Meeresmuseums**. Die Sammlung gibt inklusive Aquarien spannende Einblicke in das Leben der Weltmeere und in die Fischerei. In der ehemaligen Klosterkapelle schwebt an Drahtseilen das gewaltige Skelett eines Finnwals, der 1825 an der Westküste Rügens strandete.

Stralsund Museum: Mönchstr. 25–27, T 03831 25 36 17, www.stralsund-museum.de, Di–So 10–17 Uhr, 6 €; **Deutsches Meeresmuseum:** Katharinenberg 14–20, Besuchereingang Ecke Mönchstr./Bielkenhagen, T 0381 265 06 10, www.deutsches-meeresmuseum.de, April–Okt. tgl. 10–17, Nov.–März Di–So 10–17 Uhr, 10 €, Kombiticket mit Ozeaneum 23 €

Ein Haus genügt sich selbst

⓮ **Museumshaus:** Manche finden es langweilig und eilen die Stufen rauf, wieder runter und gleich wieder raus. Schade, nehmen Sie sich Zeit! Das spätgotische, um 1320 erbaute Giebelhaus eines Krämers, das bis 1979 bewohnt war, ist weitgehend original erhalten. Die Möblierung ist sparsam, das Haus selbst ist das Exponat.

In der Diele des Museumshauses öffnet sich eine Falltür zum Keller. Über eine steile Leiter geht es hinab. Hier unten sind die ältesten Teile des Hauses erhalten. Die Decke ist relativ niedrig, denn ursprünglich lag das Niveau des Fußbodens etwa einen halben Meter tiefer.

Bei der Sanierung in den 1990er-Jahren ging es nicht in erster Linie darum, den mittelalterlichen Zustand des Hauses wiederherzustellen, sondern darum, die Wohn- und Baugeschichte aus 650 Jahren sichtbar zu machen, beispielsweise durch das Aufzeigen verschiedener Materialien und (über 20!) Tapetenschichten.
Mönchstr. 38, Di–So 10–17 Uhr, 5 €

Früher Militär, heute maritim

⓯ Dänholm: Mitten im Strelasund zwischen Stralsund und Rügen im Schatten der Rügenbrücke liegt die kleine **Insel Dänholm,** die bis 1990 militärisch genutzt wurde: zuerst von der Reichsmarine, dann von der Kriegsmarine, zuletzt von den Seestreitkräften der DDR. Die Anfahrt erfolgt über den alten Rügendamm. Auf dem Gelände des Alten Tonnenhofes befindet sich das **Nautineum,** eine Abteilung des Meeresmuseums. Die Exponate veranschaulichen die Bereiche Fischerei, Schiffbau und Meeresforschung. Authentisch und wie ein Gruß aus einer vergangenen Zeit mutet der begehbare Fischerschuppen an. Ebenfalls auf dem Dänholm angesiedelt ist das **Marinemuseum.** Die Außenstelle des Stralsund Museums dokumentiert die maritime und militärische Geschichte der Insel im Strelasund.
Nautineum: Zum Kleinen Dänholm 14–20, www.nautineum.de, Mai–Okt. tgl. 10–17 Uhr, Eintritt frei; **Marinemuseum:** Zur Sternschanze 7, www.stralsund-museum.de, Mai–Okt. Di–So 10–17 Uhr, 6 €

Schlafen

Charmantes Erscheinungsbild

1 Altstadt Mönch: Eine gemütliche Pension mit liebevoll eingerichteten Zimmern in einem denkmalgeschützten Haus im Herzen der Altstadt. Es gibt keinen Lift. Wem das Treppen- bzw. Stiegensteigen schwerfällt, sollte nach einem Zimmer in der unteren Etage fragen.

Mönchstr. 60, T 03831 44 46 71, www.pension-altstadtmoench.de, DZ 89 €, Parkplatz 7 €

Toplage und tolles Essen

2 Hotel Hiddenseer: Hotel-Restaurant in zwei denkmalgeschützten Gebäuden auf der Hafeninsel in unmittelbarer Nähe des Ozeaneums. Maritim dekorierte Zimmer mit zwei, drei und vier Betten und sensationellem Blick aufs Wasser. Mit klasse Küche (Hauptgerichte ab 15 €) und gemütlichen Sitzplätzen verwöhnt die Hiddenseer Hafenkneipe im Haus.
Hafenstr. 12b (Eingabe ins Navi: Neue Badenstr. 3), T 03831 289 23 90, https://hotel-hiddenseer.de, DZ/Suiten ab 130 €

Kein Augenschmaus

3 Hostel Stralsund: Ein Klotz aus den 1960er-Jahren und doch empfehlenswert für eine Stippvisite in der Stadt. Die Zimmer sind einfach, die Betreiber sehr freundlich. Gut ausgestattet ist die Gemeinschaftsküche. Kurze Wege zum Hafen und in die Altstadt.
Reiferbahn 11, T 03831 28 47 40, www.hostel-stralsund.com, Übernachtung im Mehrbettzimmer ab 16 €, DZ 46 € (mit Gemeinschaftsbad auf der Etage), DZ 56 € (mit eigenem Bad), Frühstück 7 €/Pers., Bettwäsche pro Ausleihe 4 €

Essen

Am Tag, wie am Abend

1 Eine gute Zeit: Kleines, modernes Restaurant in der Altstadt, in dem die köstlichen Speisen vom Frühstück bis zum Abendessen sehr nett mit viel frischen Zutaten angerichtet werden. Wenn die Sonne scheint, stehen Tische und Stühle auf dem Bürgersteig vor dem Gastraum – mit Blick auf St. Nikolai und Rathaus.
Knieperstr. 7a, T 03831 289 79 51, www.eine-gute-zeit.com, Mi–Sa 9–22, So–Di 9–17 Uhr

In historischem Ambiente

2 Torschließerhaus: Uriges, gemütliches Restaurant auf zwei Etagen am Kütertor, eines von ehemals zehn Stadttoren. Auf den Tisch kommt einfache, aber schmackhafte Hausmannskost (ab 9,50 €). Nicht nur wegen des stimmigen Preis-Leistungs-Verhältnisses ist hier oft kein Platz zu bekommen.
Mühlenstr. 26, T 03831 29 30 32, www.torschliesserhaus-stralsund.de, Di–So 12–15, 18–23 Uhr

Schlemmen und genießen

3 Fritz Braugasthof: Die aufwendig restaurierte Kron-Lastadie an der Hafeninsel, eine alten Festungsanlage aus der Schwedenzeit, hat seit ihrer Instandsetzung einige Betriebe kommen und wieder gehen sehen. Das Fritz hat sich gehalten und punktet nicht nur mit einem aufregenden Blick über das Hafengebiet. Serviert werden herzhafte Speisen. Biofleisch und -wurst stammen vom LandWertHof Stahlbrode.
Am Fischmarkt 13a, www.fritz-braugasthaus.de, tgl. ab 11 Uhr

Ein Lieblingsort

4 Café Paula: Das kleine und sehr nettes Café liegt ein bisschen versteckt hinter bzw. gegenüber der Kron-Lastadie. Die

---

BADEN AM SUND **B**

Ein knapp fünfzehnminütiger, aussichtsreicher Spaziergang führt von der Altstadt entlang der Sundpromenade zum **Stralsunder Strandbad ❶**. In der Badesaison von Mitte Mai bis Mitte September sind täglich Rettungsschwimmer der DLRG vor Ort (9–18 Uhr). Der Eintritt ist kostenfrei. Auch außerhalb der Badesaison ist der Strand zugänglich.

Auswahl zum Frühstück ist großartig, die Kuchen sind selbst gebacken. Ein Platz zum Wohlfühlen!
Am Fischmarkt 21, T 03831 307 67 10, Di–Sa 9–17 Uhr

Braukunst trifft auf Kochkunst

5 Brauhaus zum Alten Fritz: Hier wird das Störtebeker-Bier (s. Magazin S. 270) gebraut und im rustikalem Ambiente des alten Brauereigebäudes ausgeschenkt. Für eine feste Grundlage beim Biergenuss sorgen Brot, Tapas, Fisch und Fleisch. Für alle, auch für Vegetarier, ist etwas dabei (ab 4,50 €). Im **Störtebeker Brauereimarkt** nebenan kann man das komplette Sortiment samt passenden Gläsern für daheim erwerben.
Greifswalder Chaussee 84/85, 2 km südl. des Zentrums, T 03831 25 55 00, www.alter-fritz.de, tgl. 11–21.30 Uhr; **Brauereimarkt:** Mo–Fr 9–19/20, Sa 9–18 Uhr

---

Einkaufen

Shoppingbummel

Die **Ossenreyerstraße ❶** führt vom Alten Markt gen Süden in Richtung Neuer Markt. Sie ist die Haupteinkaufsstraße und Fußgängerzone der Stadt mit vielen kleinen, auch individuellen Läden. Ein Anziehungspunkt ist das 2013 eröffnete Einkaufszentrum **Quartier 17** (im Bereich Nikolaikirche und Rathaus) mit vielfältigen Fachgeschäften und Kaufhäusern.

Muntermacher

2 Kaffee Monopol: Kakaopulver auf dem Cappu wird verweigert, aber die Chance hier einen fairen und nachhaltigen Spitzenkaffee zu finden, ist groß. Ohne weiteren Schnickschnack lässt sich in dem winzigen Laden frisch gerösteter Kaffee genießen und kaufen.
Mühlenstr. 55, T 03831 203 45 54, www.kaffee-monopol.de, Mo–Fr 10–18, Sa 10–14 Uhr

Gruß vom Reichskanzler
3 Henry Rasmus Fischhandel und Räucherei: Ein Traditionsgeschäft, in dem sich schon manches Staatsoberhaupt den sauer eingelegten Bismarckhering hat schmecken lassen. Hier wird er noch nach dem wohl gehüteten Originalrezept von 1871 hergestellt.
Heiliggeiststr. 10, T 03831 28 15 38, www.bismarckhering.com, Mo–Fr 9–18, Sa 8.30–12.30 Uhr

Fischbrötchen, was sonst?
4 Die Fischkutter Stralsund: Zwischendurch ein Fischbrötchen – geht immer. Mit einem flotten Spruch werden sie von den Fischkuttern über die Theke an Land gereicht.
Am Semlower Kanal direkt am Ozeaneum und am Langenkanal, https://fischkutter-stralsund24.de

Ausgehen

Vielseitig
Kultur in der Jakobikirche: Die im 14. Jh. errichtete Hallenkirche wird für Theateraufführungen, Kunst und Konzerte in beeindruckendem Ambiente genutzt.
Jacobiturmstr., www.kulturkirche.kdw-hst.de

Vorhang auf
Theater Vorpommern: Schauspiel und Ballett, Oper und Operette sowie Konzerte kann man im wunderschön restaurierten Jugendstilhaus erleben.
Olof-Palme-Platz 4, T 03831 264 60, www.theater-vorpommern.de

Lovely day for a Guinness
Ben Gunn: Die kleine urige Kellerkneipe ist der Treffpunkt aller Liebhaber irischen Biers und Whiskeys. Guinness, Kilkenny und Strongbow Cider, aber auch Becks und Stralsunder werden frisch gezapft.
Fährstr. 27, T 03831 29 36 45, tgl. ab 19 Uhr

Von außen lässt die Hafenkneipe Zur Fähre nichts von ihrer langen Tradition erahnen. Aber treten Sie doch ein…

Schenke mit Tradition
Zur Fähre: Die Hafenkneipe wurde erstmals 1332 erwähnt und ist damit eines der ältesten Wirtshäuser Europas. Es hat was, sich hier ein Bier zu genehmigen und dazu ein Fährwasser zu kippen. So heißt der 32-prozentige Kümmelschnaps des Hauses
Fährstr. 17, www.zurfaehre-kneipe.de, tgl. ab 18 Uhr

Kneipe und Disco
5 Zum Goldenen Anker: Gemütliche alte Hafenkneipe direkt am Wasser auf der Hafeninsel. Mit Kuschelecke und Musikbox. Nebenan in der **Werkstatt** kann man am Wochenende abrocken (Fr, Sa ab 20 Uhr).
An der Fährbrücke 8, T 03831 28 05 45, ab 16 Uhr

Coole Cocktails
6 Brazil: Eines der In-Lokale im Hafenareal, das sich in den letzten Jahren zum angesagten Kneipenviertel entwickelt hat. Auf der kleinen Terrasse lässt sich wunderbar Hafenflair schnuppern.

Am Querkanal 4, T 03831 294 80, tgl. ab
20 Uhr

Feiern

- **Wallensteintage:** Zweite Hälfte Juli. Stralsund feiert alljährlich mit einem Stadtfest, historischem Markttreiben und Landsknechtlager den Sieg über General Wallenstein und dessen kaiserliche Truppen anno 1628. Zu den Highlights gehören der traditionelle Festumzug in historischen Gewändern, der schaurige Pestzug, das Feuerwerk am Hafen sowie das Barockfeuerwerk vorm Rathaus. (www.wallensteintage.de, Eintritt gratis).

Infos

- **Tourismuszentrale:** Alter Markt 9, 18439 Stralsund, T 03831 25 23 40, www.stralsundtourismus.de.
- **Altstadtführung:** Ganzjährig Sa 11 Uhr, April–Okt. tgl. 11 Uhr, ab Mai zusätzlich tgl. 14 Uhr, 9 €, Treff und Ticket Tourismuszentrale.
- **Bus:** Busbahnhof am Frankenwall. Linienbusse nach Rügen und Fischland-Darß-Zingst (www.vvr-bus.de).
- **Fähren:** Ab Anleger Seestraße in der Saison 3 x tgl. nach Hiddensee, Mai–Okt. bis zu 5 x tgl. nach Altefähr, Hafenrundfahrten (www.weisse-flotte.de). Hafentouren ab Anleger am Hafenamt (www.hafenrundfahrten-stralsund.de).

Greifswald ⭐ 📍 K–L 4–5

Aus gutem Grund wird Greifswald bisweilen liebevoll als Universität mit einer Stadt drumherum beschrieben. Auf rund 54 000 Einwohner kommen über 12 000 Studierende. Sie machen Greifswald zu

einer der jüngsten Städte Deutschlands. Gegründet wurde der Ort an der Mündung des Ryck bereits in der ersten Hälfte des 13. Jh. von Mönchen des Klosters Eldena. Mitten im Wald waren sie auf einen Greifen gestoßen, der in seinem Nest auf einem abgebrochenen Baustamm saß und brütete. Die Klosterleute interpretierten ihre Entdeckung als ein gutes Omen. Greif und Wald finden sich im Wappen der Stadt wieder. Das Oppidum Gripheswald erhielt 1250 das Stadtrecht, mit dem Beitritt zur Hanse 1278 blühte der Handel auf. An diese Zeiten erinnern die malerischen Giebelhäuser am Markt, der Museumshafen und die drei mittelalterlichen Kirchen. Der Hafen versandete zunehmend, und bald lag Greifswald im Schatten der benachbarten Hansestädte Stralsund, Rostock und Wismar. Neue Impulse brachte die Gründung der Universität (anno 1456).

Altstadt

Die Silhouette der Hansestadt wird von drei mittelalterlichen Kirchen – der dicken Marie, dem langen Nikolaus und dem kleinen Jacob – beherrscht. Das Herz von Greifswald aber bildet der **Markt,** ein weiter schöner von Bürgerhäusern aus Gotik, Renaissance und Barock gesäumter Platz.

Backstein hinter Putz

Die einstige hanseatisch-gotische Pracht vermittelt noch das **Rathaus ❶**, dessen Grundmauern aus der Zeit um 1250 stammen. Der verputzte Backsteinbau auf der Westseite des Marktes wurde nach einem Brand in der ersten Hälfte des 18. Jh. wiederaufgebaut. Im Zuge der umfassenden Sanierungsarbeiten in den Jahren 1996/1997 erhielt er wieder seine mittelalterliche Farbe in kräftigem Rot. Die schwere Bronzetür des Rathauses zeigt ein 1966 vom Bildhauer Jo Jastram geschaffenes Relief, das an die kampflose Übergabe Greifswalds an die Rote Armee am 29. April 1945 erinnert. Hinter dem Rathaus liegt der 1998/99 gestaltete **Fischmarkt** mit dem **Fischerbrunnen,** ebenfalls ein Werk von Jo Jastram.

Greifswalds bekanntester Sohn
Mitten in der Altstadt von Greifswald erblicke 1774 Caspar David Friedrich als sechstes von zehn Kindern das Licht der Welt. In seinem Geburtshaus, das sich über fünf Generationen im Besitz der Familie Friedrich befand, informiert das **Caspar-David-Friedrich-Zentrum** ❷ über Leben und Werk des Künstlers. Erhalten ist teilweise die Originalausstattung der Seifensiederei und Kerzenzieherei, die Friedrich Senior hier 1765 eingerichtet hatte. Vom Zentrum folgt der Caspar-David-Friedrich-Bildweg (s. Tour S. 182) den Spuren des Künstlers durch Stadt und Umland.

Lange Str. 57, T 03834 88 45 68, www.caspar-david-friedrich-gesellschaft.de, Juni–Okt. Di–So 11–17, Nov.–Mai Di–Sa 11–17 Uhr, 3,50 €

Groß und klein
Getauft wurde Friedrich im **Dom St. Nikolai** ❸. Als die dreischiffige Backsteinbasilika zwischen 1823 und 1832 im neogotischen Stil umgebaut wurde, führte Christian Adolf Friedrich, ein Bruder des Malers, alle Holzarbeiten aus. In der Zeit der Wende war der Dom ein Ort, an dem Menschen zu Friedensgebeten und anschließenden Demonstrationszügen zusammenkamen. 264 Stufen geht es empor zur Aussichtsgalerie des Turmes.

Der Weg vom größtem Gotteshaus der Stadt zum kleinsten Bau im Greifswalder Kirchentrio ist kurz. Caspar David Friedrich fertigte zahlreiche

Den Greifswalder Marktplatz hat auch Caspar David Friedrich täglich überquert. Ein Bild im Pommerschen Landesmuseum zeigt, wie er ihn 1818 gesehen hat.

Greifswald

Ansehen
❶ Rathaus
❷ Caspar-David-Friedrich-Zentrum
❸ Dom St. Nikolai
❹ Jacobikirche
❺ Universität (Hauptgebäude)
❻ St. Marienkirche
❼ Pommersches Landesmuseum

Schlafen
1 Hôtel Galerie
2 Zur Brücke

Essen
1 Café Küstenkind
2 Marell Coffee
3 Caféhaus Miramar
4 Fisch 13
5 Fischerhütte

Bewegen
❶ Bildweg
❷ Strandbad Eldena

Ausgehen
❶ Steinbecker Straße
❷ Kulturbar – Cafe & Atelier
❸ Café Ravic
❹ Koeppenhaus/ Café Koeppen

Bleistiftzeichnungen und Ölgemälde mit der **Jacobikirche** ❹ im Blickpunkt – zum Beispiel »Klosterfriedhof im Schnee« (1818/19) oder auch »Wiesen vor Greifswald« (1820/22). Das zunächst zweischiffige Gotteshaus wurde im 13. Jh. mit der Entstehung der Neustadt errichtet und erhielt um 1400 seine heutige Gestalt als dreischiffige Hallenkirche. Ausgesprochen prachtvoll ist das mit unterschiedlich farbigen, glasierten Backsteinen ausgeführte zwölffach gestaffelte Westportal.

St. Nikolai: Domstr. 54, www.dom-greifswald. de, Mai–Sept. Mo–Sa 10–18, So 10–12.30, 15–18, Okt.–April Mo–Sa 10–16, So 11.30–15, Turmbesteigung 1,50 €, Gottesdienst So 10 Uhr; **St. Jacobi:** An der Jacobikirche 6A, www.jacobigemeinde.info, Mitte Mai–Mitte Okt. Mo 14–16, Di 10–12, Mi 12.30–14.30, Do, Fr 13–15, Mitte Okt.–Mitte Mai Mo, Di, Do, Fr 12–14 Uhr, ganzjährig So nach dem Gottesdienst bis 12 Uhr

Studentengeschichten
Die Universität Greifswald hat ihren Namenszusatz »Ernst-Moritz Arndt« 2018 abgelegt. Dem Beschluss war eine mehrjährige Debatte über Ernst-Moritz Arndt vorausgegangen. Warum? Der 1769 auf

Rügen geborene Schriftsteller und Gelehrte kämpfte gegen die napoleonische Besatzung, 1848 war er Abgeordneter der Frankfurter Nationalversammlung. Die einen sehen in ihm einen freiheitsliebenden Patrioten, die anderen einen antisemitischen Nationalisten. Grund sind Aussagen wie »diese giftige Judenhumanität« oder die Versicherung, dass die Deutschen nicht »durch fremde Völker verbastardet« seien.

Nach wie vor in Ehren gehalten wird der Universitätsgründer Heinrich Rubenow. Sein Denkmal vor dem Mitte des 18. Jh. erbauten **Universitätsgebäude** ❺ ist Treffpunkt für die Führung durch die Aula der Uni und den Karzer. In der prachtvollen, spätbarocken **Aula** war bis 1882 die Bibliothek untergebracht. Zeugnisse studentischer Alltagskultur im 19. Jh. blieben im **Karzer,** dem Studentengefängnis, erhalten. Damals wurden Vergehen wie heimliches Duellieren, Prügeleien oder unbezahlte Rechnungen mit Karzerhaft bestraft. Die Wandkritzeleien im Greifswalder Uniknast gewähren unterhaltsame Einblicke in die Gefühlswelt der Studenten vor über 100 Jahren.

Domstr. 11, www.uni-greifswald.de; Führung April–Okt. tgl. 15 Uhr, Dauer 45 Min., 5 €

Die dicke Marie

Die Giebelhäuser am Markt überragt der gedrungene, quadratische Turm der **St. Marienkirche** ❻. Sie ist die älteste der drei Greifswalder Stadtkirchen – ein Meisterwerk der Backsteingotik aus der zweiten Hälfte des 13. Jh. Im Untergeschoss des Turmes befand sich eine mittelalterliche Gerichtshalle. Nachweislich wurde in den Jahren 1319 und 1330 in St. Marien Gericht gehalten. Ein Zeitzeugnis ganz anderer Art ist der Wal in einem Wandbild im Baptisterium, das als Taufraum genutzt wird (im Seitenschiff). Es erinnert an ein Ereignis in der Geschichte der Stadt: Am 30. März 1545 strandete in Wieck bei Greifswald ein Wal. Der Fund wurde als ein Zeichen Gottes gedeutet. Vermutlich sollte an die Geschichte des Jona erinnert werden, der von einem Wal verschluckt und nach drei Tagen im Bauch des Giganten lebendig wieder ausgespuckt wurde, um seinen von Gott erhaltenen Auftrag zu erfüllen.

Brüggstraße 35, www.marien-greifswald.de, Mai Mo–Fr 10–16, So nach dem Gottesdienst bis 12 Uhr, Juni–Okt. Mo–Fr 10–17/18, Sa 11–15, So bis 13, Nov.–April Mo–Fr 11–15, So bis 12 Uhr, Turmaufstieg Di 16, Do 11 Uhr

Museen

Pommern kennenlernen

❼ **Pommersches Landesmuseum:** Lichtdurchflutet sind die modernen, groß-

Das Sehnsuchtsziel der Romantiker, die Klosterruine von Eldena, liegt außerhalb von Greifswald am Rande des ehemaligen Fischerdorfs Wieck. Der alte Treidelpfad am Ryck bringt Sie hin.

zügig verglasten Passagen, die die historischen Museumsgebäude miteinander verbinden, eine gelungene Mischung von alter und neuer Bausubstanz. Der museale Rundgang beginnt im **Grauen Kloster**, in dem der Besucher durch die Geschichte des Landes geführt wird. Ein Glanzstück der Ausstellung ist der 4 x 7 m große Le Croy Teppich. Er wurde in den Jahren 1554 bis 1560 in einer Stettiner Werkstatt aus Leinen Wolle, Seide, Gold- und Silberfäden gefertigt. Im klassizistischen **Quistorp-Bau**, benannt nach Johann Gottfried Quistorp, dem ersten Zeichenlehrer von Caspar David Friedrich, ist die Gemäldegalerie untergebracht. Gezeigt werden Werke von Künstlern des 18. und 19. Jh., darunter Franz Hals, Max Liebermann, Max Pechstein und Vincent van Gogh, natürlich auch Philipp Otto Runge und Caspar David Friedrich. Die Galerie wird in den nächsten Jahren mit dem Schwerpunkt Romantik umgestaltet; in einer neu erbauten ›Kapelle‹ soll der Besucher auf das Werk von Caspar David Friedrich eingestimmt werden. Nach dem Museumsbesuch kann man im **Marell Museumscafé** entspannen – übrigens auch ein Tipp für Nichtmuseumsbesucher.
Rakower Str. 9, T 03834 831 20, www.pommersches-landesmuseum.de, Mai–Okt. Di–So 10–18, Nov.–April Di–So 10–17 Uhr, 5 €

Schlafen

Kunstfreundlich

[1] **Hôtel Galerie:** Ein hell und klar eingerichtetes Haus in unmittelbarer Nähe des Pommerschen Landesmuseums mit acht Doppel- und drei Einzelzimmern. Die Wände sind geschmückt mit zeitgenössischer Kunst.
Mühlenstr. 10, T 03834 773 78 30, www.hotelgalerie.de, DZ 110 €

Im Fischerdorf

2 Zur Brücke: Ein kleines, familiäres Haus an der Promenade in Wieck in Sichtweite der Brücke. Die meisten Zimmer haben Blick auf den Ryck, die Klappbrücke und den Jachthafen. Einige Zimmer verfügen über einen Balkon.

An der Mühle 6, Wieck, T 03834 83 61 60, www.zur-bruecke.de, DZ ab 98–108 €, FeWo im Dachgeschoss (für 2–4 Pers.) 120–140 €

Essen

Liebenswerte Wohlfühloase

1 Café Küstenkind: Nett, persönlich und individuell ist es, gerne kehren auch Studenten ein. Zum guten Frühstück gibt es selbst gemachte Brotaufstriche und Müsli, später Kuchen, vegane Waffeln, kleine Speisen, Sandwiches. Im Sommer stehen Tische und Bänke vor der Tür.

Lange Str. 66, Do–Di 9.30–19.30 Uhr

Beim Barista

2 Marell Coffee: Kaffee ist Lebensstil, Genuss und Vergnügen. Es gibt hervorragenden Cappuccino, Eistee, leckeren Kuchen und Bagels. Ein behaglicher Platz für eine kleine Auszeit.

Knopfstr. 14, T 03834 883 66 73, Di–Fr 9–18, Sa 10–17, So 13–17 Uhr

Verführerische Torten

3 Caféhaus Miramar: Ein klassisches Café in einem der schönsten gotischen Bürgerhäuser der Stadt, Kaffee-, aber auch Teespezialitäten, Kuchen und Torten. So lässt es sich konditor'n!

Am Markt 11, T. 03834 89 84 20, tgl. 10–18 Uhr

Streetfood für Fischliebhaber

4 Fisch 13: Fischklassiker neu interpretiert. Hier trifft Matjes auf Pflaumenmus (Pflaumenaugust 3 €), Lachs wird mit Kirschmarmelade bestrichen (Lachs im Obstgarten 4,50 €). Ungewöhn-

lich, aber genial und ausgezeichnet als ›bestes stationäres Fischfachgeschäft Deutschlands‹.

Schuhhagen 13, T 03834 368 93 40, www.fisch13.de, Mo–Fr 10–18, Sa 10–16 Uhr

Rundum maritim

5 Fischerhütte: Spezialtiät in dem gepflegt-gemütlich Restaurant sind frische Fischgerichte (ab 15 €), die mit Sorgfalt und modernen, feinen Geschmacksvarianten zubereitet werden

An der Mühle 12, Wieck, T 03834 83 96 54, www.fischer-huette.de, tgl. 11.30–23 Uhr, 13–30 €

Einkaufen

Die Shoppingmeile von Greifswald durchzieht teilweise als Fußgängerzone die Altstadt. Sie setzt sich zusammen aus **Lange Straße** westlich des Marktes und **Schuhhagen** östlich des Marktes mit eher kleineren Läden.

Bewegen

Dem Fluß folgen

1 Bildweg: Der **Museumshafen** (www.museumshafen-greifswald.de) mit dem denkmalgeschützten **Fangenturm** ist ein beliebter Treffpunkt und zugleich interessante Bummelmeile. Hier nimmt die landschaftlich schönste Etappe des Caspar-David-Friedrich-Bildwegs ihren Anfang (s. Tour S. 182).

Sommerfreuden

2 Strandbad Eldena: Bei schönem Wetter empfiehlt sich mit Kindern ein Besuch im Strandbad Eldena am Greifswalder Bodden, der hier sehr flach ist. Gebührenpflichtiger Parkplatz bei der Klappbrücke.

Yachtweg, Mitte Mai–Mitte Sept., tgl. 8.30–20 Uhr, 2 €

TOUR
Friedrichs Malorte

Auf dem Bildweg von Greifswald nach Wieck

Infos

📍 L 4–5
Cityplan S. 178

Tour: wahlweise zu Fuß oder mit dem Rad; einfache Strecke 8 km

Pier 19:
www.hotel-utkiek-greifswald.de

Bus: Linie 2, Greifswald–Wieck alle 15 Min.

Caspar David Friedrich, der große Meister der Romantik, hat seine Bilder ›nicht wörtlich‹ gemeint. Klingt klug, aber was soll das heißen? Friedrich wählte interessante Motive – eine Felsformation, eine Klosterruine –, hielt sie in Skizzen fest, um sie später in eine sorgfältig komponierte, symbolträchtige Landschaft zu übertragen. In Greifswald setzen kommentierte Bildtafeln die realen Inspirationsorte des Malers in Szene.

Romantik maritim

Eine Station des **Caspar-David-Friedrich-Bildwegs** ist der **Museumshafen** in Greifswald. An beiden Ufern des **Ryck** haben Zeesboote, Fischkutter, Frachtschiffe, Hafenbarkassen und Schlepper festgemacht. Wie sah es hier wohl zu Friedrichs Zeiten aus? Am Flussufer Höhe **Steinbeckerstraße/Hansering** zeigt eine Skizze die Situation im Jahr 1815 – ganz realistisch, nur die Masten der Segler sind überzeichnet. Stolze, hoch aufstrebende Schiffe sind ein beliebtes, häufig wiederkehrendes Motiv des Romantikers. Die Studie eines solchen Zweimasters ist bei der **Fußgängerbrücke** über den Hafen zu sehen. Sie bildete die Grundlage für Friedrichs Ölgemälde »Der Hafen« (1815/16).

Auf altem **Treidelpfad** folgt der Bildweg dem Ryck aus der Stadt hinaus ins etwa 5 km entfernte **Wieck**. Zur Zeit der Segelschifffahrt fungierte das beschauliche Fischerdorf am Greifswalder Bodden als Vorhafen von Greifswald. Ab hier musste getreidelt werden, Pferde zogen die Lastkähne auf dem Fluß durch die Wiesen in die Stadt. Der Uferweg ist heute ein attraktiver Wander- und Radweg und die landschaftlich schönste Etappe des Bildwegs.

Van Gogh lässt grüßen
Das Entrée zum Dorf bildet eine fotogene **Holzklappbrücke** nach holländischem Vorbild, wie wir sie von einem Van-Gogh-Bild kennen. Wiecks bekanntes Wahrzeichen entstand aber erst Ende des 19. Jh. und ist somit kein Friedrich-Motiv. Stattdessen sehen wir auf einer Bildtafel eine Ansicht von Greifswald über den Fluss hinweg.

Die Skizzen von Fischerbooten und Reusen, die Friedrich 1815 an der Mündung des Rycks fertigte, könnten auch als Vorlage für sein Ölgemälde »Schiffe im Hafen am Abend« gedient haben.

Über die Brücke führt der Bildweg ins hübsche Dorfzentrum und den Hafenkai entlang hinaus auf die Mole. An der Landspitze **Utkiek** öffnet sich ein grandioser ›Caspar-David-Friedrich-Blick‹ über den Greifswalder Bodden, der sich im Restaurant **Pier 19** bei einer Erfrischung wunderbar auskosten lässt. Nach erneuter Überquerung der Klappbrücke gelangt man auf dem Boddenweg zum **Strandbad Eldena**. Die Szenerie am seinerzeit unbefestigten Ufer der **Dänischen Wiek** hat Caspar David Friedrich in seinem Skizzenbuch festgehalten und später Details in viele seiner Gemälde einfließen lassen.

Gemalte Denkmalpflege
Nördlich der viel befahrenen Wolgaster Landstraße erheben sich eindrucksvoll die Reste des 1199 von Zisterziensern aus dem dänischen Esrom gegründeten **Klosters Eldena**. Das religiöse und wirtschaftliche Zentrum der gesamten Region wurde nach der Reformation 1534 aufgelöst und in einen Gutshof umgewandelt. Während des Dreißigjährigen Kriegs erlitt die Anlage schwere Schäden und verfiel. Berühmtheit erlangte die Klosterruine erst durch die Bilder von Caspar David Friedrich. In zahlreichen Gemälden und Aquarellen variierte er das Motiv der Ruine mit Naturansichten aus anderen Gegenden. Friedrichs Arbeiten trugen dazu bei, dass die Mauerreste 1828 gesichert und auf dem Klostergelände ein schöner **Park** angelegt wurde. Er ist frei zugänglich, ein idealer Ort für Konzerte, Theateraufführungen oder ein Picknick.

Der **Bildweg** umfasst insgesamt 15 Stationen in der Greifswalder Altstadt und im Umland. Ein Flyer ist in der Tourist-Information, im CDF-Zentrum oder unter http://caspar-david-friedrich-greifswald.de erhältlich.

EIN ALTES SCHLOSS, DER SCHÖNSTE STRAND **S**

Es kann gut sein, dass Sie noch nie etwas von **Schloss Ludwigsburg** (♥ L 4; www.ludwigsburg-mv.de) oder von Friedrich August von Klinkowström (1778–1835) gehört haben. Der dritte große deutsche Romantiker – nach Caspar David Friedrich und Philipp Otto Runge – wurde auf dem Schloss 14 km östlich von Greifswald geboren. Das Gebäudeensemble präsentiert sich nicht mehr als großartige Schlossanlage, aber es wird daran gearbeitet, mit viel Engagement und bemerkenswertem Idealismus. Kräuter werden auf dem Schlossgelände angebaut und Märkte abgehalten. Ganz nahbei liegt Der **Lieblingsstrand** der Greifswalder – superschön und mit Ausflugsgastronomie. Hier badet man mit Blick auf die Kulisse von Greifswald – so wie Caspar David Friedrich sie gemalt hat.

Ausgehen

Kneipenmeile

Einige Kneipen liegen am **Domplatz**, z. B. die Cocktailbar **Mitt'n drin** (Nr. 53) und die **DomBurg** (Nr. 21). Schön sind im Sommer die Sitzplätze im Freien. Von hier ist es nicht weit zur **Steinbecker Straße** 🌼 mit weiteren Einkehrmöglichkeiten. Etwa mittig stößt man auf die Cocktailbar **CoMix** (Nr. 30, ab 17/18 Uhr).

Einladend

🌼 **Kulturbar – Cafe & Atelier:** Das KuBa, ein Treffpunkt für Künstler und Kunstinteressierte, liegt etwas versteckt in den oberen Etagen. Gemütliches Ambiente, immer anregend für ein Gespräch, Livemusik, wechselnde Ausstellungen. Lange Str. 93, tgl. ab 19 Uhr

In der Getränkekarte schmökern

🌼 **Café Ravic:** Alte Sessel, dekorative Objekte an Wänden und Decke, Bücher und gute Musik sorgen für Wohlfühlstimmung in der urigen Kneipe. Die Getränkekarte löst das Rätsel ihres Namens. Bachstr. 20, tgl. ab 17/18 Uhr

Tresenlesungen und mehr

🌼 **Koeppenhaus:** Das Geburtshaus des Schriftstellers Wolfgang Koeppen (1906–96) ist heute Literatur- und Kulturzentrum mit einer kleinen Ausstellung über sein Leben. Dazu gehört das **Café Koeppen** mit Terrasse im begrünten Innenhof. Für das Frühstücksbuffet ist eine Anmeldung erforderlich. Bahnhofstr. 4, www.koeppenhaus.de, Di–Sa 14–18 Uhr, Eintritt frei; **Café:** T 03834 41 41 89, Di–Fr 14–24 Uhr, Sa, So 10–20 Uhr, Frühstück Sa, So 10–14 Uhr, 10,50 €

Feiern

In der Unistadt ist viel los. Termine und Programm für Veranstaltungen unter: www.kulturkalender.greifswald.de
- **Nordischer Klang:** Anfang Mai. Zehn Tage skandinavische Musik, Kunst und Lebensart in Greifswald.
- **Greifswalder Bachwoche:** Juni. Festival geistlicher Musik im Norden.
- **Eldenaer Jazz Evenings:** Erstes Wochenende im Juli. Kleinod der Nord-Ost-Europäischen Jazzszene, entspannte Konzertnächte in der Klosterruine.
- **Fischerfest Gaffelrigg:** Drittes Wochenende im Juli. Volksfest mit Festmeile zwischen dem Greifswalder Museumshafen und dem Fischerdörfchen Wieck. Höhepunkt ist die sogenannte Gaffelrigg, wenn 40 Traditionsschiffe, angeführt von

dem Segelschulschiff Greif, hinaus auf den Greifswalder Bodden segeln.

Infos

- **Greifswald-Information:** Rathaus/Markt, 17489 Greifswald, T 03834 85 36 13 80, www.greifswald.info.
- **Stadtführungen:** Ab Tourist-Information, April–Okt. tgl. 11 Uhr, 7 €.
- **Öffentlicher Nahverkehr:** www.sw-greifswald.de.
- **Parken:** Autofahrer sollten der Ausschilderung zum Hauptparkplatz am Ryck folgen, auch wenn sie gefühlt in die falsche Richtung leitet. Am Ende landen Sie goldrichtig. Von hier sind es nur fünf Minuten zu Fuß in die Altstadt.

Freest 9 M4

Der kleine Fischereihafen am Peenestrom blickt auf eine über 700-jährige Geschichte zurück. Nehmen Sie sich die Zeit für einen Besuch. Die Anfahrt lohnt selbst von weiter her.

Handgeknüpfte Geschichten

Satt gelb gestrichene Bootshäuser und Arbeitsschuppen säumen das **Hafenbecken,** in dem ganzjährig Fischkutter ankern. Wunderbar, wenn hier Ostseedorsch und Hering fangfrisch verkauft werden. In der Saison fahren Ausflugsdampfer zur Greifswalder Oie (s. Tour S. 198). Gleich hinter dem Hafen erstreckt sich ein feiner, weißer **Sandstrand,** an dem man gut einen sonnigen Tag verbringen kann. Für das leibliche Wohl ist gesorgt: Nirgends an der Küste sind die Chancen größer, wirklich fangfrischen Fisch zu speisen. Hervorragend bereitet ihn die Traditionsräucherei Thurow zu, nur ein paar Schritte vom Hafen entfernt.

Im ehemaligen Zollhaus am nördlichen Ortsausgang zeigt die **Heimatstube Freest** historische Gerätschaften von Fischern und Bauern und Kostbarkeiten aus Großmutters guter Stube. Eine Abteilung dokumentiert die Geschichte der **Freester Fischerteppiche,** die seit 1928 im Ort hergestellt werden und den im Knüpfen von Netzen kundigen Fischern zu einer zusätzlichen Einnahme verhalfen.

Dorfstr. 67, T 038370 203 39, Mai–Okt. Di–Sa 10–15, März, April, Nov., Dez. Mo–Fr 9–14 Uhr, 3,50 €

Essen, Einkaufen

Spezialität mit Tradition

Räucherei Thurow: Im Jahre 1891 gründete Robert Thurow eine Braterei, Räucherei und Marinieranstalt. Das Unternehmen hat die Zeiten überdauert und ist mittlerweile Kult. Wenn der Schornstein

Im Freester Hafen haben immer noch etliche Fischkutter ihren Liegeplatz. Der Fang wird frisch am Kai verkauft.

raucht, ist es möglich, beim Räuchern zuzusehen. Von Juni bis September kann man die Delikatessen auch gleich vor Ort im überdachten Imbiss probieren.

Dorfstr. 49, T 038370 202 08, www.thurow-freest.de, Räucherei Mo–Fr 10–16, Sa 10–14 Uhr, in der Saison länger geöffnet

Wolgast ♥ M 5

Das geschichtsträchtige Pommernstädtchen bildet das nördliche Eingangstor nach Usedom. Die vielbefahrene B 111 führt mitten durchs Zentrum, an Hafen und Werft vorbei, quert die vorgelagerte Schlossinsel und erreicht über die Peenebrücke die Ferieninsel. Es wäre aber zu schade, einfach durchzubrausen. Die im Mittelalter vor allem durch Getreidehandel zu Wohlstand gekommene Hansestadt war von 1296 bis 1625 Residenz der Wolgaster Linie der pommerschen Herzöge.

Beredte Bilder

Bemerkenswert unberührt vom Strom der Reisenden nach Usedom präsentiert sich die gediegene Altstadt, die von der trutzigen **Petrikirche** überragt wird. Die 1370 geweihte Backsteinbasilika war Hof- und Begräbniskirche der pommerschen Herzöge. Zu den faszinierenden Schätzen von St. Petri gehört der »Totentanz«. Der Zyklus aus 24 Bildtafeln entstand um 1700 nach einem Vorbild von Hans Holbein. Holprig gereimte Sprüche kommentieren das Geschehen – uns lassen sie schmunzeln, es waren aber ernste Ermahnungen. Schön die Aussicht vom Turm (tgl. 10–17 Uhr). Nur ein paar Schritte entfernt liegt der

Da hilft kein Zetern und Feilschen, dem Tod kann niemand entgehen – egal ob König oder Bettler, Rechtsgelehrter oder Ritter, Kind oder Greis. Es gilt die Stunde, den Tag, das Leben zu nutzen und zu genießen.

beschauliche **Marktplatz** mit dem zuletzt in der ersten Hälfte des 18. Jh. wieder aufgebauten **Alten Rathaus.** Hinter seiner schmucken Barockfassade findet man die **Tourist-Information** und ein **Schiffbaumuseum.**

Erleben Sie ein blaues Wunder!
Das Schloss gibt es schon lange nicht mehr, dennoch ist die **Schlossinsel** im Peenestrom vor der Altstadt einen Besuch wert. Eine Fußgängerbrücke führt am nördlichen Ende des Museumshafen hinüber. Wenn's gerade passt, könnte man zuvor noch im Restaurant **Fischmarkt 3** (Am Fischmarkt 3) einkehren. Attraktiv ist die Terrasse direkt am Wasser. Weitere Cafés und Restaurants entdeckt man bei einem Bummel längs des **Museumshafens** auf der Insel. Zu empfehlen ist das **Fischrestaurant Klaus Fischer** (Hafenstr. 9). Etwas weiter über die B 111 und die Bahntrasse hinweg befindet sich der Anleger der Wolgaster Personenschifffahrt (www.angeln usedom.de). Besonders interessant ist eine **Hafenrundfahrt** während einer Öffnung der Peenebrücke. Wegen des markanten Anstrichs ihrer Hebearme trägt sie den Spitznamen **Blaues Wunder.**

Museen

Geschichte in der Kaffeemühle
Stadtgeschichtliches Museum: Sehenswerte Ausstellung in einem alten Getreidespeicher aus der zweiten Hälfte des 17. Jh., der mit seiner eigenwilligen Dachform mit einem aufgesetzten Bodenstockwerk an eine Kaffeemühle ohne Kurbel erinnert. Sehr interessant ist die Handwerkerstraße mit Frisierstube, Schusterwerkstatt, Druckerei, Apotheke. Hochkarätige wechselnde Ausstellungen.
Rathausplatz 6, T 03836 20 30 41, www. museum.wolgast.de, April–Okt. Di–Fr 11–18, Sa/So 11–16 Uhr, 4 €

Allroundtalent
Rungehaus: In Sichtweite des Blauen Wunders steht das Geburtshaus Philipp Otto Runges (1777–1810) – neben Caspar David Friedrich der bedeutendste Maler norddeutscher Romantik. Runge war bemerkenswert vielseitig talentiert. So schrieb er die ersten Märchen nieder (z. B. *Van den Fischer un siine Fru*) und sandte sie an die Brüder Grimm mit der Bitte, Märchen zu sammeln. Auch schuf er die erste dreidimensionale Farbenlehre in der deutschen Kunstgeschichte. Die Ausstellung gibt auch zeitgenössischen Malern Raum, die sich Runge verbunden fühlen. Von Runge selber werden keine originalen Ölbilder gezeigt (viele befinden sich in der Hamburger Kunsthalle), jedoch faszinierende Beispiele seiner Scherenschnitte.
Kronwiekstr. 45, April–Okt. Di–Fr 11–18, Sa, So 11–16 Uhr, 4 €

Schlafen

Entspannen auf der Schlossinsel
Alter Speicher: Eine tolle, zuvorkommend geführte Pension in einem sanierten Speicher aus dem 18. Jh. direkt am Wasser. Die historischen Strukturen sind in vielen interessanten Details erkennbar. Die gutbürgerlich Küche (Gerichte 10–25 €) ist auch ein Tipp für Nichthotelgäste.
Hafenstr. 4, T 038 36 23 18 91, www. speicher-wolgast.de, DZ 98 €, Apartment ab 125 €

Coole Schalterhalle
Postel Wolgast: Das Hostel im ehemaligen kaiserlichen Postamt liegt im Zentrum der Peenestadt direkt an der verkehrsreichen Hauptstraße und ist dennoch zu empfehlen. Moderne, ganz unterschiedliche Zimmer, Loungecafé, gratis WLAN und sehr nettes Personal. Lobenswert ist das reichhaltige Frühstücksbuffet. Im

Keller des Fernsprechamtes, wo früher Kohlen für die Heizung geschippt wurden, befindet sich die **Kesselbar.**

Breite Str. 26, T 03836 237 43 83, www.post-aus-wolgast.de, DZ 70 €, Einzelbett Backpacker 25 €, Frühstück Erw. 8 €, Kinder unter 13 Jahre 3 €

Infos

• **Tourist-Information:** Rathausplatz 10, 17438 Wolgast, T 03836 60 01 18, www.wolgast.de.
• **Wolgaster Brücke:** Die Brücke nach Usedom wird 5–6 x tgl. für ca. 30 Min. geöffnet, dann haben die Schiffe Vorfahrt, Autos müssen warten (Öffnungszeiten unter http://insideusedom.de/bruecken oeffnungszeiten/).

Lassan ♀ M5

Nur wenige Urlauber verschlägt es in das hübsche Hafenstädtchen am Peenestrom im verträumten Lassaner Winkel (s. Zugabe S. 193) südlich von Wolgast. Wer alternative und nachhaltige Ferienangebote sucht, ist hier genau richtig.

Tiefenentspannt

Lassan, das um das Jahr 1000 von slawischen Fischern gegründet wurde, erhielt bereits 1274 Stadtrecht. Eckpunkte des Städtchens bilden Kirche und Hafen, die durch zwei parallel verlaufende Straßen verbunden sind. Die Orientierung ist einfach: Von Süden fährt man von der um 1300 erbauten Kirche **St. Johannis** in den Ort, folgt der **Langen Straße,** passiert viele schmucke Häuser mit schönen Türen und kommt zum **Marktplatz.** Hier sollten Sie unbedingt in der **Lassaneria** (Markt 11, T 038374 89 97 88, www.sirona-heilsame-wege.de)

vorbeischauen, ein Lädchen mit regionalen Kräuterprodukten und Veggi Bistro. Nur wenige Spazierminuten südlich des Marktes liegt die **Lassaner Mühle** (Mühlenstr. 2, www.museum-lassaner-muehle.de, Juni–Sept. Mo–Fr 10–12, 13–16, Sa 10–12, 14–16, So 10–12 Uhr, 4 €) mit einem sehenswerten **Museum für Mühlen- und Heimatgeschichte.** Vom Markt ist es nicht mehr weit zum **Hafen.** Hübsch ist es hier und meist sehr still – kein Imbiss, kein Kiosk. Einmal am Kai entlang und auf den Bootssteg bummeln, dann geht's auf der **Wendenstraße** wieder zurück Richtung Dorfeingang.

Schlafen, Essen

Kommen und sich wohlfühlen
Ackerbürgerei Lassan: In drei, rückwärtig durch einen Garten verbundenen Häusern sind acht unterschiedlich große Ferienwohnungen eingerichtet. In der Gaststätte werden Gerichte (8–14 €) aus regionalem Bioanbau serviert, insgesamt ein sehr angenehmes und achtsames Ambiente. Veranstaltung von Wildkräuterkursen inkl. Kräutersammeln und Kochen. Lange Str. 55 u. 57, T 03874 51 11, https://ackerbuergerei.de, DZ/FeWo ab 52–112 €; **Restaurant:** Mitte April–Anf. Nov. Küche Do–Di 17–20.30 Uhr

Anklam ♀ M6

Südliches Eingangstor zur Insel Usedom ist das geschäftige Anklam, das vor allem als Geburtsort des Flugpioniers Karl Wilhelm Otto Lilienthal (1848–96) bekannt ist. Das ihm gewidmete Museum ist die größte Attraktion der Stadt. Historische Baudenkmäler gibt es nur wenige, da die Innenstadt im Zweiten Weltkrieg zu fast 80 % zerstört wurde.

Lieblingsort

Auf den Spuren der Wikinger

Altes Lager heißt es auf den Holzschildern, die von **Menzlin** (📍 L 6; ca. 8 km nordwestlich von Anklam) den Weg zu den Resten einer Handelsniederlassung aus der Wikingerzeit weisen. Erhalten blieben nur die Bootsgräber auf einer Hügelkuppe im Kiefernwald. Von ursprünglich geschätzt mehreren Hundert wurden 33 freigelegt und archäologisch untersucht. Die Nordmänner pflegten ihre Toten innerhalb schiffsförmiger Steinsetzungen zu beerdigen. Der traumhaft schöne Platz ist ideal für ein Picknick, Ballspiele auf den Wiesen an der Peene und eine Erkundung im schattigen Kiefernwald. Selbst ein Paddelausflug auf dem Fluss ist möglich. Ein Kanuverleih befindet sich nur einige Gehminuten nördlich. Vom Kanucamp ist ein 5 km langer Rundweg durch die vogel- und biberreichen Peenewiesen ausgeschildert. Gute Aussichtspunkte sind zwei Beobachtungstürme und eine Aussichtsplattform. Fernglas nicht vergessen!
Kanuverleih & Floßfahrten Menzlin: T 03971 21 32 73, Mobil 0160 540 03 90, www.kanuverleih-menzlin.de, Di–So 10–18 Uhr; mit urigem Imbiss

TOUR
Die pommerschen Everglades

Wanderung im Anklamer Stadtbruch

Infos

📍 M 6

Start:
in Kamp, 12 km östlich von Anklam über Bargischow (B 109 u. OVP 48)

Strecke:
Rundweg ca. 9 km, knapp 4 Std.

Ausrüstung:
Fernglas

Zwischen Anklam und dem Peenestrom erstreckt sich der **Anklamer Stadtbruch**, eines der letzten Wildnisgebiete Deutschlands und Lebensraum seltener Tierarten. Auf einer Rundwanderung lassen sie sich mit etwas Glück beobachten. Fernglas nicht vergessen!

Los geht's im **Hafen** des hübschen Fährorts **Kamp**. Am Wasser ein Imbiss und Picknicktische. Von hier schweift der Blick über den **Peenestrom** nach **Karnin** und bleibt an den imposanten Resten der alten **Eisenbahnhubbrücke** hängen. Bis 1945 verkehrten über sie die Direktzüge von Berlin nach Usedom.

Von Kamp verläuft der Weg auf dem ehemaligen **Bahndamm** schnurstracks durch die amphibische Welt des Stadtbruchs. Sehr lange Zeit war er mithilfe von Entwässerungsgräben, Deichen und zwei Schöpfwerken ausgetrocknet worden. 1995 brachen bei einer Sturmflut die Deiche und das Wasser eroberte das Land zurück. Hier lebt die deutschlandweit größte Anzahl an Seeadlerpaaren. Hier jagen Silberreiher und Kraniche, brüten fast ungestört vom Menschen Wendehals, Tüpfelsumpfhuhn und weitere 100 Vogelarten, rasten im Herbst Zigtausend Gänse, Enten und Schwäne. Auch Biber und Fischotter fühlen sich wohl in den pommerschen Everglades.

Nach ca. 3 km folgen wir rechts auf einem Radwanderweg dem **Rosenhäger Beck** bis zum alten Schöpfwerk am Peenestrom, das an die Bemühung der Landgewinnung erinnert. Kurz darauf ist die Ortschaft **Anklamer Fähre** erreicht. Anders als es der Name vermuten lässt, verkehrt die regelmäßige Fähre nach Karnin aber von Kamp aus (www.faehre-kamp-karnin.de). Dorthin zurück sind es 3 km am **Peenestrom**.

Zeugnisse alter Größe

Weitgehend unversehrt überstand **St. Marien** den Krieg. Die im Wesentlichen im 14./15. Jh. entstandene dreischiffige Backsteinhallenkirche erinnert an die einstige Größe und den Reichtum der Hafenstadt Anklam. Von der Stadtbefestigung aus dem 14. Jh. blieb der runde 20 m hohe **Pulverturm** an der Südseite des Marktes sowie eines der Stadttore erhalten. In dem mächtigen, von Staffelgiebeln gekrönten spätgotischen **Steintor** (www.museum-im-steintor.de) sind die Sammlungen der Stadtgeschichte untergebracht.

Nicht zuletzt dank seiner günstigen Lage an der Mündung der Peene in die Ostsee trat Anklam 1283 dem Bund der **Hanse** bei. Der Handel florierte, von großer Bedeutung war der Hering sowie der Warenaustausch mit dem Hinterland. Auch **Demmin** weiter flussaufwärts war Hansestadt. Mit dem Niedergang der Hanse verloren beide Städte an Bedeutung. Heute wird die Peene zwischen Anklam und Demmin kaum noch von Berufsschiffern genutzt, die Landkreise gehören zu den wirtschaftlich schwächsten Regionen bundesweit.

Vom Sprung zum Flug

Ein Besuch im **Otto-Lilienthal-Museum** ist ein Gewinn für die ganze Familie. Gezeigt werden neben Entwürfen auch Fluggeräte in Originalgröße und zauberhafte Fantasieflugobjekte. Mittels zahlreicher Experimente können Besucher die Physik und Technik rund ums Fliegen nachvollziehen. Der Museumsladen verkauft Flugmodelle zum Basteln, Bücher zum Thema Fliegen, Faltanweisungen für Papierflieger und den berühmten Ankersteinbaukasten, den die Gebrüder Lilienthal entwickelten.

Ellbogenstr. 1, T 03971 24 55 00, www.lilien thal-museum.de, Juni–Sept. tgl. 10–17, Okt., Mai Di–Fr 10–17, Sa, So 13–17, Nov.–April Mi–Fr 11–15.30, So 13–15.30 Uhr, 4,50 €

Natürlich im Fluss

Stromschnellen? Fehlanzeige! Auf der **Peene** gibt es nicht einmal eine nennenswerte Strömung. Auf seinem Weg zur Ostsee hat der 100 km lange Fluss nur 30 cm Gefälle. So kann es bei Ostseehochwasser und anhaltendem Ostwind schon mal vorkommen, dass die Peene die Richtung wechselt und ›bergauf‹ fließt. Der gemächliche Strom ist eine der letzten ursprünglichen Flusslandschaften in Deutschland. 156 Brutvogelarten wurden hier registriert, 40 davon stehen auf der Roten Liste. Auf einem **Kanuausflug**, insbesondere einer abendlichen **Peenesafari** ist die Chance am größten, Biber, Seeadler und Eisvögel zu entdecken – nur ein paar Paddelschläge vom Anklamer Hafen flussaufwärts. Geführte Touren bietet die **Kanustation Anklam**. Auch ungeübte Kanuten können problemlos teilnehmen.

Werftstr. 6, T 03971 24 28 39, www. abenteuer-flusslandschaft.de, Infos zu Kanutouren und anderen Naturerlebnissen

Schlafen, Essen

Hideaway mit Sterneküche

Gutshaus Stolpe: Der denkmalgeschützte Gutshof nordwestlich von Anklam wurde nach dem Vorbild englischer und französischer Landgasthöfe zu einem edlen Hotel mit feinem Gutsherrenrestaurant umgebaut (Di–Sa ab 18.30 Uhr, 3-Gang-Menü 65 €).

Peenestr. 33, Stolpe, T 0397 21 55 00, www. gutshaus-stolpe.de, DZ/Suiten ab 200–410 €

Pommersche Genussküche

Stolper Fährkrug: Ein wunderbares Ausflugsziel! In dem über 350 Jahre alten, denkmalgeschützten Gasthaus, das auch zum Gutshaus Stolpe gehört, stehen bodenständige Speisen (Flammkuchen 8,50 €, Fisch und Fleisch ab 15 €) auf der Karte. Im Sommer lockt der Biergarten

mit Blick auf die Peene, die vor 300 Jahren die Grenze zu Schweden bildete.
Dorfstr. 37, Stolpe, T 039721 52225, www.gutshaus-stolpe.de, Mai–Aug. Mi–Mo ab 12, Sept.–April Do–Mo ab 12 Uhr

Infos

- **Anklam Information:** Am Markt 3, 17389 Anklam, T 03971 83 51 54, www.anklam.de.

Ueckermünde

📍 N 7

Das charmante Städtchen kurz vor der polnischen Grenze wird geprägt von der langsam fließenden Uecker, die nur wenige Kilometer vom Stadtzentrum entfernt ins Stettiner Haff mündet.

Dem Wasser verbunden

Über die Uecker führt im Stadtgebiet nur eine einzige **Brücke,** die das alte Bollwerk mit dem neuen Bollwerk verbindet. Diese beiden befestigten Straßen begrenzen den **Stadthafen** und verhindern, dass der Fluss bei Hochwasser über die Ufer tritt. Fachwerkgeschmückte **Traufenhäuser** und die barocke **Marienkirche** prägen den beschaulichen Ortskern.

Von dem prachtvollen **Schloss,** das Herzog Philipp I. im Jahr 1546 errichten ließ, ist nur der Südflügel erhalten. Im Turm kann man im **Haffmuseum** in einer sympathisch bunten Vielfalt an Exponaten zu Stadtgeschichte, Alltagsleben, Handwerk, Fischerei und Schifffahrt stöbern. Von der Aussichtsetage schweift der Blick über Stadt, Hafen, Haff.
Am Rathaus 3, T 039771 284 42, www.ueckermuende.de/haffmuseum

Essen, Bewegen

Sandstrand am Haff

Vom Parkplatz am neuen **Bollwerk am Stadthafen** führt ein 2 km langer Rad- und Wanderweg über eine kleine hölzerne Holländerbrücke zum **Haffbad** mit einem fast 1000 m langen, flach abfallenden Sandstrand. Ein architektonisches Schmuckstück aus der Gründerzeit des Bades ist die ab 1927 erbaute **Strandhalle,** die heute als Restaurant (ab 11 €) dient. Für viele die netteste Adresse in Ueckermünde
Am Strand 1, T 03977 15 96 10, www.strandhalle-ueckermuende.de, in der Saison tgl. ab 11.30 Uhr, im Winterhalbjahr Mi–So

Infos

- **Tourist-Information Ueckermünde:** Altes Bollwerk 9, 17373 Ueckermünde, T 039771 284 84, www.ueckermuende.de, www.urlaub-am-stettiner-haff.de.

Stettiner Haff

📍 N/O 6/7

Im Grenzland

Die weitgehend naturbelassene wald- und wasserreiche Grenzlandschaft rund um Ueckermünde liegt jenseits der Ströme des Massentourismus. Ein hübsches Ausflugsziel westlich von Ueckermünde ist der alte Fischerort **Mönkebude** mit einem kleinen Hafen, Campingplatz und Badestrand am Haffufer.

In **Altwarp** ist Deutschland zu Ende. Am Hafen kann man Fisch essen und nach Polen hinüberblicken. Der Grenzhafen wurde 1996 neu ausgebaut und 1999 um einen Fähranleger erweitert. Heute ist es ergreifend still hier, denn der regelmäßige Schiffsverkehr wurde 2010 bis auf Weiteres eingestellt.

Zugabe
Lassan, wir kommen!

Eine Region für alternative Einsteiger

Der Lassaner Winkel vor den Toren Usedoms ist ein besonderer Landstrich. Kopfsteingepflasterte Alleen führen durch bezaubernd stille Hügellandschaften. Mirabellen-, Apfel- und Birnbäume säumen die Straße. Die Früchte wachsen den Vorbeiziehenden in den Mund. Jeder darf ernten – ein wahres Schlaraffenland.

Hier bieten sich ausgepowerten Stadtmenschen vielfache Gelegenheiten zu einer Auszeit. So etwa in den Kemenaten von Karl und Angelika Valta im alten Gutshaus von Klein Jasedow. Die Gäste können lernen mit Bienenwachs zu malen oder Puppen zu bauen (www.k-valta.de). »Das war hier auch zu DDR-Zeiten schon eine kreative Ecke«, erzählt der Grafiker und Musiker Karl. Dennoch sah es nach der Wende erst einmal trostlos aus, die jungen Leute verließen den Landstrich, zeitweise herrschte eine Arbeitslosigkeit von 70 %.

Wege entlangspazieren, die im Nirgendwo enden. Im Einklang mit der Natur leben, die Seele zur Ruhe kommen lassen.

Nach und nach ging es bergauf. Engagierte Menschen vor Ort gründeten einen Kultur- und Naturschutzverein. Lassan und Pulow wurden in die staatlichen Programme zur Dorferneuerung und Städtebauförderung aufgenommen. Unzählige kleine Betriebe, Vereine und Initiativen vernetzten sich unter dem Slogan ›Kräuter, Kunst und Himmelsaugen‹. Dazu gehören beispielsweise die Handweberei mit Café im idyllischen Pulow, der Duft- und Tastgarten in Papendorf und die Teemanufaktur Kräutergarten Pommerland, das Klanghaus am See oder das Till Richter Museum in Schloss Buggenhagen. Das Angebot an Ausflügen, Workshops und Veranstaltungen ist nachhaltig und stellt einen besonderen Bezug zur Region oder einem lokalen Handwerk her.

Es hat sich rumgesprochen, dass man im Lassaner Winkel seinen Traum leben kann. Es ist die einzige Region in ganz MeckPomm, die junge Leuten anzieht. 2017 wurde in Klein Jasedow die Kleine Dorfschule Lassaner Winkel, neu gegründet. Ein kleines Wunder am Ende der Welt (www.lassaner-winkel.de). ∎

> Zu DDR-Zeiten bereits eine kreative Ecke.

Usedom

Das schönste Ende Deutschlands an der Grenze zu Polen — Trubel in den Seebädern am Meer, verträumte, stille Dörfer, Alleen und schilfreiche Buchten im Hinterland, am Achterwasser und an der Haffküste.

Seite 197
Peenemünde
Als Wiege der Raumfahrt wurde der Ort bekannt. Ein Museum und die Denkmal-Landschaft dokumentieren die militärische Vergangenheit.

Seite 198
Greifswalder Oie
Jahrzehntelang war die Insel militärisches Sperrgebiet, heute steht sie unter Naturschutz.

Seite 206
Gnitz
Zwischen Krumminer Wiek, Peenestrom und Achterwasser leisten Wanderschuhe gute Dienste.

Wer hier einen Korb bekommt, darf sich glücklich schätzen.

Seite 209
Seebrücken Hopping
Von Zinnowitz können Sie mit dem Bäderschiff zu den Kaiserbädern reisen und auch nach Swinemünde.

Seite 212
Lüttenort
Das Atelier des Malers Otto Niemeyer-Holstein an Usedoms schmalster Stelle inspiriert Kunst- und Gartenfreunde.

Seite 216
Kaiserbäder
Bansin, Heringsdorf und Ahlbeck sind das bildschöne Aushängeschild der Insel.

Usedom **195**

Seite 218
Bansin

Die Strandpromenade säumen Fertigbauhäuser aus Kaisers Zeiten – jedes einzelne ein Unikat.

Seite 224
Gothensee

Eine Radtour um den See macht nach faulen Strandtagen wieder fit.

Seite 229
Europapromenade

Ohne Grenzformalitäten gelangt man zu Fuß oder mit dem Rad von Ahlbeck ins polnische Swinemünde. Zurück fahren auch Schiff oder Bahn.

Seite 232
Benz

Die Aussicht vom Mühlenberg ist ein Traum. Der Blick schweift über waldreiche Hügel, die Dorfkirche und den Schmollensee. Dazu ein Stück Kuchen. Perfekt!

Seite 234
Usedomer See

Was für eine Fahrradtour! Start auf dem Markt in Usedom-Stadt, Einkehr in der Inselkäserei in Welzin, weiter in den Weiler Ostklüne, wo Wanderer und Radfahrer mit der Ruderfähre hinüber nach Westklüne gesetzt werden.

Platter Norden? Von wegen! Fahr mal durch die Usedomer Schweiz.

Wessis nennen es Reet, Ossis sprechen von Rohr. Schöne naturgedeckte Häuser finden Sie vor allem im Hinterland, etwa in Kamminke oder im Lieper Winkel.

Die Badewanne Berlins

D

»Dreiundeinhalbe Stunde Bahnfahrt, und man findet ein schönes, bequemes Hotel- und Villenviertel gleich an der See. Mit dem Auto macht es fünf Stunden.« So schwärmte Heinrich Mann (1923) in seinem Essay über den »Berliner Vorort Heringsdorf« von der komfortablen Nonstop-Bahnverbindung zwischen Berlin und Usedom. Seit die Wehrmacht die Karniner Brücke 1945 sprengte, gehört diese der Vergangenheit an. Heute engagiert sich ein Aktionsbündnis für die Wiederherstellung der Bahnstrecke. Schön wär's ja!

Ein anderer Traum wurde bereits verwirklicht: Seit 2011 ist die Grenze zum polnischen Teil der Insel für Fußgänger, Radfahrer, Ausflugsschiffe und Autos geöffnet. Am Strand entlang nach Polen bummeln – kein Problem!

Weißer, feiner Sandstrand säumt die Außenküste der Insel auf einer Länge von 40 km. Hauptanziehungspunkt sind die für ihre prachtvolle Bäderarchitektur berühmten Kaiserbäder Ahlbeck, Bansin und Heringsdorf. Auch in den Bernsteinbädern in der Mitte der Insel sowie in Zinnowitz im Norden herrscht Trubel. Völlig anders präsentiert sich das Hinterland. Wer Usedom abseits der berühm-

ten Seebäder erkundet, wird bezaubert sein. Zwischen Ostsee, Achterwasser und dem Peenestrom, der die Insel vom Festland trennt, trifft man auf abgeschiedene Landstriche und Halbinseln mit sanften Hügellandschaften, reizvollen Seen und wogenden Schilfgürteln, dazwischen wie hingetupft beschauliche Dörfer, idyllische Naturhäfen und versteckte Badebuchten.

ORIENTIERUNG 🅾

Internet: www.usedom.de, www.naturpark-usedom.de
Anreise: Zwei Brücken führen über den Peenestrom. Mehrmals am Tag werden sie für die Durchfahrt der Schiffe gesperrt (http://insideuse dom.de/brueckenoeffnungszeiten).
Bahn/Bus: Fernbusse der UBB verkehren von Berlin, Hamburg und Rostock nach Usedom. Auf der Insel gibt es ein dichtes Nahverkehrsnetz (www.ubb-online.com). Von Stralsund über Greifswald fährt die Bäderbahn der DB Regio Nordost (Linie RB 23, 24) zu den Usedomer Seebädern bis Świnoujście/Polen.
Besondere Termine: Vineta Festspiele im Juni/Juli in Zinnowitz, Usedomer Musikfestival im September/Oktober inselweit.

Peenemünde ♀M4

Jahrzehntelang war der Norden Usedoms von der Öffentlichkeit abgeschottet, am strengsten abgeschirmt war Peenemünde. Während der NS-Diktatur wurde hier in der Heeresversuchsanstalt Raketenforschung betrieben. Auch die DDR nutzte das Gebiet militärisch. Seit der politischen Wende ist Peenemünde wieder geöffnet und mit seinen faszinierenden Museen eines der interessantesten Ausflugsziele der Insel.

Die Wiege der Raumfahrt

Den Namen Peenemünde kennt jeder, auch wenn vielleicht nicht alle wissen, wo genau es zu platzieren ist. Als die Wiege der Raumfahrt wurde der abgelegene Ort weltbekannt. Während der NS-Zeit wurde hier ein dunkles Kapitel deutscher Geschichte geschrieben. Das alte Fischerdorf wurde ab 1936 weggerissen, um eine Forschungsanstalt für Raketen und ferngelenkte Waffen zu errichten, nur drei, vier Wohnhäuser blieben stehen.

Leiter der neu gegründeten **Heeresversuchsanstalt,** dem seinerzeit größten Forschungszentrum der Welt, war seit 1937 der junge Physiker Wernher von Braun (1912–77). Spätestens mit dem Beginn des Zweiten Weltkriegs drängte die Entwicklung von militärisch nutzbaren Raketen die zivile Weltraumforschung in den Hintergrund. Im Sommer 1943 entdeckte die britische Luftaufklärung das streng geheime Peenemünde. Die Bomben der Briten verfehlten die Versuchsanlagen und trafen stattdessen die Wohnhäuser der Wissenschaftler und die Baracken der Zwangsarbeiter

Cape Canaveral an der Ostsee? In Peenemünde hat man einst davon geträumt, von hier aus das Weltall zu erkunden, dann missbrauchten die Nazis die Erkenntnisse der Raumfahrtforschung für militärische Zwecke.

TOUR
Das Helgoland der Ostsee

Greifswalder Oie

Infos

♀ M3–4

Apollo-Reederei:
T 038371 208 29, www.schifffahrt-apollo.de, mit der MS Seeadler ab Peenemünde und Freest Mai–Okt. je nach Saison 2–4 x pro Woche, Fahrpreis 27,50 €, Kinder (5–11 Jahre) 12 €

Leuchtturm:
Besichtigung 3 €

Neunzig Minuten ist das Schiff der Apollo-Reederei von **Peenemünde** zur Oie unterwegs. Kaum hat es Fahrt aufgenommen und den Peenestrom gequert, wird der Motor schon wieder gedrosselt: Im Fischerhafen von **Freest** kommen weitere Passagiere an Bord. Leinen wieder los, und volle Fahrt voraus.

Seeadler im und über dem Wasser

Gemächlich tuckert die **MS Seeadler** am nördlichsten Zipfel Usedoms vorbei, als der Kapitän zwei Seeadler entdeckt. Am Ufer tummeln sich einige Höckerschwäne. Wir passieren Angler in offenen Booten und die mit Kormoranen bevölkerten Anflugtürme, die früher den Piloten den Weg zum Flughafen Peenemünde wiesen. Backbord voraus die **Vogelinsel Ruden:** Gut zu erkennen der alte Lotsenturm, ein idyllisches Gehöft, Schwärme von Seevögeln.

Naturparadies im Bodden

Wenig später taucht die **Greifswalder Oie** (gesprochen ›o-i‹) vor uns auf. Viele Jahrzehnte war sie militärisches Sperrgebiet. Zuerst kamen die Raketenbauer, nach dem Zweiten Weltkrieg die Rote Armee, danach waren hier die Grenztruppen der DDR stationiert. Beim Abzug der letzten Militärs im Februar 1991 war die Insel herrenlos, bis der **Verein Jordsand Zum Schutze der Seevögel** 1993 die Betreuung übernahm.

Zugvögel zum Zählappell

Knapp zehn Minuten vom **Anleger** entfernt stellen die Vogelschützer ihre Arbeit im alten **Inselhof** vor. Etwa 50 verschiedene Vogelarten brüten auf der 54 ha großen Insel, über 200 verschiedene Arten von Zugvögeln nutzen sie als Rastplatz. In Zusammenarbeit mit der Vogelwarte Hiddensee werden pro Jahr

Seeadler? Wo? Bei einer Fahrt zur Oie drängeln sich immer alle im Bug des Schiffs, um ja nichts zu verpassen.

etwa 25 000 Vögel zur wissenschaftlichen Erforschung des Vogelzugs durch Ornithologen und freiwillige Helfer beringt.

»Gerade gestern haben wir die ersten Netze aufgespannt«, erzählt die junge Biologin, die auf der Oie ein freiwilliges ökologisches Jahr absolviert. An Spitzentagen in der Zugvogelzeit werden mehrere Hundert Vögel pro Tag gefangen, vermessen, mit Ring versehen und wieder fliegen gelassen.

Zwischen Schafen, Kormoranen und Robben

Nach dem einleitenden Vortrag ist es den Besuchern freigestellt, die Insel auf den ausgewiesenen Wegen zu erkunden. Rauwollige Pommersche Landschafe und Graue Gehörnte Heidschnucken beweiden die Wiesen und halten sie buschfrei. Wer möchte kann den **Leuchtturm** besichtigen, zu dessen Eröffnung 1853 Preußenkönig Friedrich Wilhelm IV. persönlich anreiste. Von oben schweift der Blick über diesen kostbaren Kosmos zwischen Usedom und Rügen.

Die Gruppe verteilt sich. Mich zieht es in den **Altwald** an der östlichen Kliffkante. Hier nisten in den letzten Jahren Hunderte von Kormoranen. Der Pfad führt durch eine gespenstisch weiße, unwirkliche Baumlandschaft, verätzt und abgestorben durch den Kot der schwarzen ›Seeraben‹. Der Wanderpfad führt dicht an die Steilküste heran und wieder hinaus aus dem Gespensterwald – fast unmerklich ist der Übergang von weniger Weiß zu mehr Grün, bis die Welt wieder Farbe trägt.

Die Zeit der Abfahrt naht. Die Inselbesucher strömen zum Schiff. Der Kapitän selber scheint es nicht eilig zu haben. Kurz vor dem **Anleger** steht er am Weg, das Fernglas auf die Steilküste gerichtet. Mit bloßem Auge sind nur graue Felsen im Wasser zu erkennen. Kegelrobben hat er gesichtet. »Viele Jahre waren sie verschwunden, jetzt sind sie wieder da«, brummt er zufrieden.

Lange war der Kormoran bedroht, heute haben sich die Bestände erholt. Die Tiere fressen den Fischern die Fische weg und sind in MV zu einem wirtschaftlichen Problem geworden. So stehen sie zwar unter Artenschutz, dürfen aber in bestimmten Regionen abgeschossen werden.

Peenemünde

Ansehen
1. Historisch-Technisches Museum (HTM)
2. Denkmal-Landschaft
3. Maritim Museum Peenemünde
4. Phänomenta

und Gefangenen. Daraufhin wurde die Produktion in eine unterirdische Fabrik am Harzrand verlegt.

Nach dem Krieg wurde die Anlage demontiert. Peenemünde wurde Standort der Volksmarine und der Luftstreitkräfte und somit erneut militärisches Sperrgebiet. Erst seit der Wende ist der Ort wieder öffentlich zugänglich. Ein Teil der Bebauung vermittelt nach Jahren des Leerstands einen desolaten Zustand. Aber es tut sich viel im Norden Usedoms. Am Hafen, der saniert und erweitert wurde, ist ein neues Wohngebiet entstanden. Wie sich Peenemünde weiter entwickeln wird, bleibt abzuwarten. An Besuchern mangelt es – dank der bemerkenswerten Museen – nicht.

Forschung im Dienst des Militärs
Einer der wenigen verbliebenen Bauten der Forscherstadt, in der fast 10 000 Wissenschaftler und Spezialisten beschäftigt waren, ist das zwischen 1939 und 1942 errichtete **Kraftwerk**. Bis 1990 war es als Energielieferant in Betrieb, danach zog das **Historisch-Technische Museum (HTM)** ❶ in den Komplex ein. Die in mehreren Etappen konzipierte Ausstellung dokumentiert sehr eindrücklich die ambivalente Entwicklung von den faszinierenden Anfängen der Raumfahrt bis zur Produktion und der militärischen Nutzung der Raketen. Zum Einsatz kamen die als Wunderwaffen propagierten V1 und V2 im September 1944 bei Angriffen auf London, Antwerpen, Lüttich und Rotterdam. Zeitzeugen kommen zu Wort – Techniker und Wissenschaftler, ebenso wie Kriegsgefangene und Zwangsarbeiter. Man sieht Originalaufnahmen der ersten Raketenversuche und erlebt per Installation die Wirkung eines Raketeneinschlags. Auf dem Freigelände sind zwei Prototypen der V1 und V2 zu besichtigen. Zu den Ausstellungsstücken gehören weiterhin verschiedene

Flugzeuge und Hubschrauber aus den Beständen der Nationalen Volksarmee sowie zwei 1942 gebaute Wagen der Peenemünder Werkbahn, die bis Zinnowitz verkehrte. Von der 34 m hohen Aussichtsplattform auf dem Dach des Kraftwerks schweift der Blick über die Mündung der Peene, das Dorf und das riesige, etwa 25 km² Versuchsgelände.
Im Kraftwerk, T 038371 50 50, https:// museum-peenemuende.de, April–Sept. tgl. 10–18, Okt. tgl. 10–16, Nov.–März Di–So 10–16 Uhr, 9 €

Denk mal!
Das HTM ist die erste von insgesamt 23 Stationen der **Denkmal-Landschaft** ❷. Dieser 25 km lange Rundweg durch das Gebiet der ehemaligen Heeresversuchsanstalt zwischen Peenemünde und Karlshagen lässt sich am besten mit dem Fahrrad erkunden. Eine gut gemachte Broschüre mit Karte hilft bei der Orientierung und regt an zum Nachdenken. Hinweistafeln an allen Stationen vertiefen die Informationen.

Nächste Etappen des historischen Rundwegs sind die **Kapelle**, eines der wenigen Relikte des alten Dorfs, und die gigantische Ruine des **Sauerstoffwerks**, die unter Denkmalschutz steht. Am **Flughafen** vorbei geht es zu den Resten der **KZ-Arbeitslager**. Nach vorsichtigen Schätzungen verloren ca. 20 000 ausländische Zwangsarbeiter, Kriegsgefangene und KZ-Häftlinge während der Raketenproduktion ihr Leben. Dann erreicht man die ehemalige **Wohnsiedlung** in Karlshagen. Am Peenestrom entlang führt der Radweg zurück nach Peenemünde. Aus den ufernahen Peenewiesen erheben sich mächtige **Bunkerreste**.
Broschüre im Museum sowie in allen Usedomer Tourist-Informationen erhältlich

Maritimes Leben
Peenemünde wirkt in vieler Hinsicht bedrückend, aber die Stimmung im **Hafen** ist heiter. Hier ist in den Sommermonaten viel los, ohne dass es nervt. Imbisse und Restaurants säumen die Hafenkante, Ausflugsschiffe verkehren hinüber nach Freest auf dem Festland und zur Greifswalder Oie (s. Tour S. 198).

Der Anziehungspunkt im Hafen ist zweifelsfrei das **Maritim Museum Peenemünde** ❸ in einem russischen Raketen-U-Boot. Das zwischen 1961 und 1965 gebaute Juliett U-461 tat bis 1991 in der ehemaligen Baltischen Rotbannerflotte seinen Dienst. Wer in den Rumpf des U-Bootes hinabklettert, bekommt einen authentischen Einblick in das beengte Leben der 82 Mann starken Besatzung an Bord. Akustische Installationen – Alarmmeldungen und Befehle in russischer Sprache – begleiten die Besucher beim Klettern durch Luken, steile Treppen und enge Gänge. Ungefähr zehn Minuten braucht man von vorne bis hinten, dann der Ausstieg.
Haupthafen, T 038371 809 54, www.peenemuende-info.de/u-boot, Mai–Juni tgl. 10–17, Anfang Juli–Mitte Sept. tgl. 9–19, Mitte Sept.–Mitte Okt. tgl. 10–17, Mitte Okt.–Ende April tgl. 10–15 Uhr, 7 €, Familie ab 14 €

> **LOHNT SICH DAS?**
>
> Einen Besuch in der **Phänomenta** ❹ (Museumsstr. 12, T 038371 260 66, www.phaenomenta-peenemuende.de, tgl. 10–18 Uhr, in der Nebensaison mitunter geschl., Erw. 9 €, Kinder 4–8 €) sollten Sie sich keinesfalls entgehen lassen. Das Museum ist einfach klasse! Experimentieren, lernen, staunen – hier wird die ganze Familie gefordert. Wer mag, kann in eine Seifenblase steigen, mit der Pauke eine Kerze auspusten und sich in einem echten Astronautentrainer durchwirbeln lassen.

202 Usedom

POLLERALARM! **P**

Dank seiner Lage an der Mündung des Peenestroms diente der **Ruden** (♀ M 4) den Schweden und später den Preußen als Zoll- und Lotsenstation. Um die Insel herum liegen zahlreiche Flachwassergebiete, die bei Niedrigwasser trockenfallen. Dann rasten hier Tausende verschiedener Seevögel. Seit März 2016 besteht für den Hafen, dessen Anlagen in schlechtem baulichem Zustand sind, keine Betriebsgenehmigung mehr. Sobald die Hafenkante und die Standfestigkeit der Poller, an dem die Schiffe anlegen gesichert sind, sollen aber wieder Ausflüge auf die Insel angeboten werden (www.schifffahrt-apollo.de).

Offiziell hinter den Zaun schauen

Joachim Saathoff, den es 1975 als Ingenieur nach Peenemünde verschlagen hat, bietet eineinhalbstündige Rundfahrten im originalen Robur-Bus über das waldreiche Außengelände der ehemaligen Heeresversuchsanstalt an. Start ist am Flughafen in Peenemünde. Es hat etwas von einer Safari und tatsächlich informiert Saathoff auch über die Natur. Vor allem aber erzählt er von der Raketenforschung im Zweiten Weltkrieg, den Vergeltungswaffen V1 und V2, vom Leben der Wissenschaftler und der Arbeiter. Von all dem sind kaum Spuren geblieben. Dank der zahlreichen Hintergrundgeschichten und des Bildmaterials kann man sich dennoch gut vorstellen, wie es hier am Peenemünder Haken einmal ausgesehen hat.

Info: T 0171 990 76 30, www.karlshagen.de/freizeit/peenemünde-historische-rundfahrt, April–Okt. tgl. 11, 13, 15, Nov.–März 11, 13 Uhr; Di, Do in der Saison auch Touren ab Karlshagen/Haus des Gastes, 12 €

Karlshagen ♀ M 4

Die Skulptur der »Strandjungfrau« im Zentrum des **Strandvorplatzes** stimmt auf das sommerliche Badeleben in dem familienfreundlichen Ostseebad ein. In den Sommermonaten ist hier viel los: Kinder tollen umher, zur Erfrischung gibt's Eis, in der Konzertmuschel unterhält ein abwechslungsreiches Bühnenprogramm Groß und Klein. Vor allem Familien mit Kindern schätzen den kilometerlangen, flach zum Meer hin abfallenden Sandstrand. Die Promenade quert den Strandvorplatz und führt schließlich als **Rad- und Wanderweg** durch den Küstenwald in Richtung Trassenheide und Zinnowitz – ein angenehmer, breiter, ebener Waldweg am Meer von Strandzugang zu Strandzugang.

Ahoi am Peenestrom

Die Peenemünder Straße (B 111) teilt Karlshagen in zwei Hälften, die Orientierung ist daher unkompliziert: Richtung Osten geht es durch den Wald ans Meer. Nach Westen führen die Peenestraße und Hafenstraße zum **Jacht- und Fischereihafen,** von wo aus verschiedene **Ausflugsfahrten** (www.karlshagen.de/freizeit/segel-und-schiffstouren) angeboten werden. Schön ist es, einmal um das Hafenbecken zu bummeln und sich bei **Ehmke's Fischladen** (Am Hafen 6) eine Portion frischen oder geräucherten Fisch schmecken oder für später einpacken zu lassen.

Schlafen

Schöner Wohnen am Meer

Dünenresidenz Karlshagen: Unmittelbar hinter den Dünen in Verlängerung der Strandpromenade (gen Nordwesten) erstreckt sich die neue Ferienwohnanlage mit individuellen und großzügigen Ferien-

wohnungen (für 2-4 Pers.), Doppelhaushälften und Einzelvillen (4-6 Pers.).
www.wob-karlshagen.de/duenenresidenz,
FeWo ab 83–94 €, Häuser ab 155–220 €

Essen

Gastfreundlich
VeerMaster: Maritimes Flair und bodenständige, schmackhafte Küche am Hafen, die auch Einheimische schätzen. Das Preis-Leistungs-Verhältnis stimmt (Hauptgerichte ab 12 €).
Am Hafen 2, T 038371 210 12, www.restaurant-veermaster.de, Di–Do ab 17, Fr, Sa, So ab 11.30, in der Saison tgl. ab 11.30 Uhr

Infos

- **Touristen-Information Karlshagen:** Hauptstr. 4, 17449 Ostseebad Karlshagen, T 038371 554 90, www.karlshagen.de.

Über 2000 große und kleine bunte Schmetterlinge flattern in Trassenheide in tropischem Klima umher. Bloß nicht zu dick anziehen!

Trassenheide ♀M4

Das familienfreundliche Seebad, das im August 1943 bei einem Bombenangriff stark zerstört wurde, bietet keine fotogene Bäderarchitektur, auch keine großartigen Sehenswürdigkeiten. Zudem führt die in der Saison stark frequentierte Hauptstraße nach Peenemünde mitten hindurch – etwa einen Kilometer vom Meer entfernt. Dennoch hat Trassenheide viele Stammgäste, denn es ist sich auf sympathische Weise selbst genug.

Aufgeforstet
In der »öden abgelegenen Strandgegend« wurden um 1823 auf Initiative des pommerschen Oberpräsidenten die ersten Fischer angesiedelt. Vorher gab es hier nur einen großen (1797 erwähnten) Hammelstall, in dem die Schafe bei plötzlicher Überflutung durch die Ostsee oder den Peenestrom Schutz suchen konnten. Weil ›Hammelstall‹ als Name für ein Seebad nicht fein genug klang, wurde die Ansiedlung 1908 nach einem Förster namens Trassen in Trassenheide umbenannt. Mit einem Waldanteil von 25 % zählt Usedom noch immer zu den waldreichen Gebieten Mecklenburg-Vorpommerns.

Fun for families
Eine ganze Reihe von Attraktionen für Familien mit (kleineren) Kindern haben sich im Gewerbegebiet südlich des Ortes in unmittelbarer Nähe des Bahnhofs Trassenheide angesiedelt. Ist das Wetter für einen Strandtag zu regnerisch oder kalt, für eine Radtour zu stürmisch, sorgen die **Schmetterlingsfarm** (www.schmetterlingsfarm.de), **Die Welt steht**

Kopf (www.weltstehtkopf.de) und **Wildlife Usedom** (www.wildlife-usedom.de) kurz für Abwechslung. Der Besuch einer Attraktion nimmt nicht wirklich viel Zeit in Anspruch und der Eintritt für alle ist insgesamt recht kostenintensiv.

Schlafen und Essen

Für jeden Geschmack
Viele größere, familienfreundliche Ferienanlagen bestimmen das Angebot. Gäste schätzen die strandnahen Unterkünfte und den freundlichen Service im **Akzent Hotel Kaliebe** (www.kaliebe.de, auch Blockhäuser) und im **Strandidyll** (www.strand-idyll-trassenheide.de). Ideal für Reiter ist der **Friesenhof** (www.friesenhof-trassenheide.de) mit Reithalle und Schwimmbad in Alleinlage an der Straße nach Karlshagen.

Infos

• **Kurverwaltung:** Strandstr. 36, Haus des Gastes, 17449 Ostseebad Trassenheide, T 038371 209 28, www.trassenheide.de.

Zinnowitz ♀ M 4/5

Das größte Seebad im Norden der Insel präsentiert sich zum Meer hin mit feinsandigem Strand und einer prachtvollen, breiten **Strandpromenade** mit weißem Musikpavillon und imposanter, hochherrschaftlicher Bäderarchitektur. Eine hübsche kopfsteingepflasterte Allee führt zum **Hafen am Achterwasser** – mit einem Wasserwanderrastplatz für Segler und Kanuten, Jacht- und Segelclub.

Mal sehen, welche Überraschungen die Ostsee so unter Wasser bereithält. In einigen Seebädern, wie hier in Zinnowitz, können Sie abtauchen, ohne nass zu werden.

Von hier aus starten regelmäßig Rundfahrten mit der MS Johannes über das Achterwasser (www.ms-astor.de). Nach einem Bummel durch das Seebad lohnt ein Abstecher auf die Halbinsel Gnitz (s. Tour S. 206).

Zeitzeugen

Ein Hingucker in prominenter Lage ist das in den 1880er-Jahren erbaute bzw. erweiterte **Strandhotel Preußenhof** (Dünenstr. 10), das seinen illustren Namen einem Besuch des preußischen Kronprinzen Wilhelm im Jahre 1924 verdankt. Nach aufwendiger Renovierung wurde das traditionsreiche Haus 1998 als Hotel neu eröffnet. Besonders schön sind die Zimmer mit Blick auf die 1993 erbaute, 315 m lange **Seebrücke.** Wer Lust auf einen Tauchgang inkl. Informationen über die Ostsee hat, steigt in die Gondel an ihrem Ende (www. tauchgondel.de, 9 €).

Der seit Mitte des 19. Jh. florierende Badetourismus wurde 1938 unterbrochen, weil das Sperrgebiet der neu gegründeten Heeresversuchsanstalt Peenemünde auch Zinnowitz einschloss. Erst 1946 setzte der Badetourismus wieder ein. Zinnowitz wurde zum ›Ersten Seebad der Werktätigen‹ erklärt und dem Feriendienst der SDAG (Sowjetisch-Deutschen-Aktiengesellschaft) Wismut zugesprochen. Fortan machten die Kumpel aus den Uranbergwerken der DDR hier Urlaub. Zahlreiche Neubauten entstanden, darunter das **Kulturhaus** (1953; www.kulturhaus-zinnowitz.de), ein monumentales Gebäude der Superlative inklusive Kinosaal mit 900 Sitzplätzen, einem Speisesaal mit 400 Plätzen sowie einer Bücherei mit 12 000 Bänden. Nach der Wende stand es fast drei Jahrzehnte leer, bevor 2018 mit dem Umbau zur exklusiven Wohnanlage begonnen wurde.

Das Kulturhaus zeigt (nur) eine von vielen interessanten Seiten der wechselhaften Zinnowitzer Geschichte, die im

Museum Zinnowitz (im Bahnhof, www. heimatmuseum-zinnowitz.de, Mo–Fr 10–17, Sa, So 14–17 Uhr, 4 €) dokumentiert ist. Die vielseitige Ausstellung macht vertraut mit der Zinnowitzer Entwicklung vom kleinen Fischerdorf, über den Ferienort der Thüringer Kumpel, bis zum heutigen Badeort.

Schlafen

Beste Lage

An der Strandpromenade reiht sich ein Hotel ans andere, alle mit direktem Meerblick, ein Großteil mit empfehlenswerten Restaurants und großzügigem Wellnessbereich inkl. Pool. Ein riesiger Klotz noch aus DDR-Zeiten ist das **Hotel Baltic** mit der **Bernsteintherme** am nördlichen Ende der Promenade, von außen nicht besonders attraktiv, ist es dennoch beliebt.

Achtsam umsorgt

Pension & Gästehaus Grothe: Zum Gästehaus gehören eine Jugendstilvilla und eine moderne, neu erbaute Pension. 500 m vom Strand entfernt. Geschmackvoll eingerichtete Doppelzimmer sowie Ferienwohnungen für zwei bis sechs Personen. Sehr nette Gastgeber. Neue Strandstr. 41a, T 038377 35 26 62, www.gaestehaus-grothe.de, DZ 89 € inkl. Frühstücksbuffet, FeWo ab 65–135 €

Kleinod an der Promenade

Schwalbennest: Wer die Strandpromenade entlangspaziert, bleibt hier stehen – das charmante, um 1895 im nordischen Stil aus Holz erbaute Fachwerkhaus gehört zu den Baudenkmälern des Ostseebads. Die sieben Ferienwohnungen sind nur von April bis Oktober buchbar. Zu jeder Wohnung gehört ein Parkplatz, angesichts der Lage ein echter Luxus. Dünenstr. 23, T 0171 3172219, www. haus-schwalbennest.de, FeWo 7 Tage ab 490-630 €

TOUR
Usedom ursprünglich

Wanderung oder Radtour über den Gnitz

Infos

📍 M5

Länge/Dauer: ca. 13,5 km, 3,5 Std.

Adressen:
www.gutshaus-neuendorf-usedom.de; www.hofladen-usedom.de; www.neuendorfkrug.de, www.natur-camping-usedom.de; Mode Café Hannemann, in der Saison tgl. 10–17 Uhr, https://pfarrscheune-usedom.de

Zu den attraktivsten Ausflugszielen auf Usedom gehört der Gnitz südlich von Zinnowitz. Drei Gewässer umgeben ihn: Krumminer Wiek, Peenestrom und Achterwasser. Mit ein wenig Kondition lässt sich die traumhaft schöne Halbinsel zu Fuß erkunden. Man kann aber auch aufs Rad oder ins Auto steigen und zu Fuß nur eine kleine Runde an ihrem Zipfel laufen.

Ein Wandertraum

Startpunkt könnte **Neuendorf** sein, das sich mit Ferienwohnungen im alten und neuen **Gutshaus** auch für einen längeren Aufenthalt empfiehlt. Gegenüber vom **Hofladen Villa Kunterbunt** am Ortseingang befindet sich ein Parkplatz mit einem alten Bienenwagen. Von hier ist es nicht weit zum **Neuendorfkrug**. Da schauen wir später rein. Jetzt geht's erstmal auf der **Mühlenbergstraße** raus an die **Krumminer Wiek**. Die zauberhafte Hügellandschaft an der Westküste der Gnitz bietet mit üppigen Beständen an Wacholder, höher gelegenem Magerrasen, Salzgrasland und Feuchtwiesen zahlreichen Seevögeln einen idealen Lebensraum. Wirtschaftswege führen hindurch.

Am Terrain des **Natur Camping Usedom** vorbei kommen wir zum 32 m hohen **Weißen Berg**, dem *Witten Barg*. Das Panorama reicht von der Krumminer Wiek bis zum Achterwasser. Zwischendrin ragt die Südspitze der Gnitz hinaus in den Peenestrom. Sie steht unter Naturschutz und zählt zweifelsfrei zu den schönsten Ecken Usedoms. Ein steiles Kliff prägt ihren äußersten Zipfel, **Möwenort** genannt. Wiesen und schilfumsäumte Buchten laden zum Picknicken und Baden ein.

Der abwechslungsreiche Weg folgt dem Ufer bis zu dem kleinen Ort **Lütow**. Wer

Ein stiller, abgeschiedener Ort voller Schönheit – die Halbinsel Gnitz zwischen Krumminer Wiek, Peenestrom und Achterwasser.

ihn direkt von Neuendorf mit Rad oder Auto angesteuert hat, sattelt hier um auf Schusters Rappen und erkundet auf einem ca. 3 km langen Rundweg das Naturschutzgebiet an der Südspitze der Gnitz.

Wo die Hünen ruhen
Wanderer müssen sich in Lütow zwischen Landschaft und Geschichte entscheiden. Reich an Aussichten ist der weitere Weg auf dem **Deich am Achterwasser**. Einblicke in die ferne Vergangenheit gewährt das letzte einigermaßen erhaltene steinzeitliche Großsteingrab auf Usedom. Etwa 500 m nach dem Ortseingang von Lütow zweigt links der alte Kirchsteig nach Netzelkow ab. Das kleine Hinweisschild auf die Anlage ist leicht zu übersehen. Man folgt dem Weg 250 m, das Grab liegt linker Hand unter einer 350 Jahre alten Eiche.

Ab vom Schuss, aber nicht gottverlassen
Nächstes Etappenziel ist das Dörfchen **Netzelkow**. Die mittelalterliche kleine **Kirche** mit dem auffallend hohen Dach ist die einzige auf der ganzen Halbinsel. Eine Feldsteinmauer umgibt den von Eichen gesäumten Friedhof. Die Glocken im frei stehenden Glockenstuhl stammen aus dem 15. Jh. Im Vorgängerbau des Pfarrhauses nebenan wurde übrigens Wilhelm Meinhold, der Verfasser des Romans »Die Bernsteinhexe« geboren.

In der behutsam und nachhaltig wiederaufgebauten Pfarrscheune befindet sich das zauberhafte **Mode Café Hannemann**. Mehr als die ausgefallenen, handgefertigten Textilien interessieren müde Wanderer die hausgemachtem Kuchen. Eine Pause auf der Gartenterrasse kommt jetzt gerade richtig. In der oberen Etage werden Gästezimmer vermietet. Ein Ort zum Wohlfühlen!

Das letzte Wegstück führt über die – allerdings wenige befahrene – Chaussee. Am Straßenrand blühen Korn- und Mohnblumen. Im Feld am Ortsrand von **Neuendorf** aber stört ein merkwürdiges Metallgerüst das Idyll. Richtig erkannt! Hier wird tatsächich Erdöl aus dem Usedomer Untergrund gepumpt.

Seit 1966 wird auf dem Gnitz Erdöl gefördert. Die Lagerstätte bei Lütow war das größte Erdölvorkommen in der DDR. Sollte das Erdöl versiegen oder die Förderung nicht mehr wirtschaftlich sein, möchte die Gemeinde die als ›Pferdeköpfe‹ bezeichneten, archaisch wirkenden Tiefpumpen als touristische Attraktion erhalten.

Essen

Belle Époque
Museumscafé: Der Name wirkt etwas trutschig, aber schauen Sie selbst. Das stilvolle Café-Restaurant im Hotel Preußenhof eignet sich wunderbar für eine kleine Auszeit vom sandigen Strandleben.
Dünenstr. 10, T 038377 394 50, tgl. 7.30–10.30, 11.30–21 Uhr

Fisch vom Feinsten
Zum Smutje: Eines der besten Fischrestaurants auf Usedom. Die Preise sind etwas höher, aber Sie werden sicherlich nicht enttäuscht (Hauptgerichte ab 16 €).
Vinetastr. 5b, T 038377 415 48, www.zum-smutje.de, Öffnungszeiten s. Website

Mit Weitblick
Kombüse 3: Sympathisches, bürgerliches Restaurant am Jachthafen mit Panoramafenstern und Terrasse. Gepflegt wird die norddeutsche Küche, vor allem mit Fisch.
Hafenstr. 3, T 038377 37 12 04, www.kombuese-zinnowitz, April–Okt. Di–So 11.30–21, Nov.–März Mi–Sa 11.30–21, So 11.30–17 Uhr

Bewegen

Ganzjährig Baden
Bernsteintherme: Der Name Thermalbad weckt Erwartungen, die nicht ganz erfüllt werden, das Wasser im Wellnessbereich könnte wärmer sein. Dazu gibt es eine Schwimm- und Saunalandschaft.
Dünenstr. 1, www.bernsteintherme.de, tgl. 10–22 Uhr

Wo weht der Wind?
Der Strandaufgang 8Q links neben dem Hotel Baltic ist der direkte Zugang zur **Segel- und Surfschule** inkl. großer Wasserrutsche (www.sail-away-usedom.com).

Ausgehen

Stilvoll den Tag ausklingen lassen
La Conga: Etwas abseits (gegenüber dem Kunsthaus) gelegene Bar, im Sommer stehen ein paar Tische draußen. Es gibt leckere Drinks und Tapas gegen den kleinen Hunger.
Waldstr. 5, tgl. ab 19 Uhr, im Winter nur am Wochenende geöffnet

Ganztags einen Besuch wert
Mäxx: Hereinspaziert – im Sommer bekommt man hier tagsüber Kaffee und Kuchen. Abends eine große Auswahl an Cocktails, sehr nette Bedienung.
Neue Strandstr. 24, T 038377 361 71, in der Saison tgl. ab 11.30 Uhr, sonst ab 17 Uhr

Film ab
Club-Kino: Premierenkino mit zwei Sälen. Im größeren Saal, Kino 1, sitzt man an Tischen und wird mit Getränken bedient.
Neue Strandstr. 20, T 038377 420 36, www.club-kino.de

Vorhang auf!
Die Blechbüchse: Das Theater spielt in einer ehemaligen Lagerhalle für Strandkörbe. Geboten werden Schauspiel, Kabarett, Revue, Jugend- und Kinderstücke, Lesungen und Konzerte.
Seestr. 8, Kartenservice T 03971 268 88 00, www.blechbuechse.de

Augen- und Ohrenschmaus
Kunsthaus Villa Meyer: Die Nummer eins in Sachen Livemusik ist das Usedomer Kunsthaus an der Ecke zur Waldstraße. Die Gründerzeitvilla des Künstlerehepaars Brigitte und Reinhard Meyer bietet darüber hinaus ganzjährig ein Forum für wechselnde Ausstellungen mit Malerei, Grafik, Plastik und Skulptur.
Wilhelm-Potenberg-Str. 1, T 038377 422 34, www.kunstreinhardmeyer.de, tgl. 14–18 Uhr, Galeriekonzerte mit Jazzcasino Mi 20 Uhr

Feiern

- **Vineta Festspiele:** Ende Juni–Ende Aug. Seit 1997 findet jährlich das Theaterspektakel um das Atlantis der Ostsee auf der Ostseebühne in Zinnowitz statt. Mit Pyrotechnik und Lichtshow. Dass es außer einer gern erzählten Sage keinen konkreten Hinweis auf ein Vineta vor der Küste Usedoms gibt, macht den Theatermachern nichts aus, ihr Credo lautet: Erst wenn niemand mehr an Vineta denkt, ist es wirklich untergegangen (www.vinetafestspiele.de).

Infos

- **Kurverwaltung Zinnowitz:** Neue Strandstr. 30, im Haus des Gastes, 17454 Zinnowitz, T 038377 4920, www.zinnowitz.de.
- **Adler-Schiffe:** Von Zinnowitz nach Bansin, Heringsdorf und Ahlbeck von Seebrücke zu Seebrücke und weiter nach Swinemünde (T 04651 987 08 88, www.adler-schiffe.de). Zurück kann man auch in die Usedomer Bäderbahn steigen.

Die Reichtümer Vinetas gab das Meer nicht preis. Was soll's! Das Theaterspektakel ist bei den Gästen dennoch sehr beliebt.

Bernsteinbäder

♀ N5

Usedom achtet auf seine Taille, seine schmale Mitte wird von Ostsee und Achterwasser gegürtet. Breite Schilfgürtel säumen den Landstreifen im Westen, weite Sandstrände, Dünen und Wald erstrecken sich an seiner Ostseite. Dazwischen reihen sich die sogenannten Bernsteinbäder: Zempin, Koserow, Loddin/Kölpinsee und Ückeritz. Die viel befahrene B 111 verbindet sie, die Architektur entlang der Bundesstraße ist nichts Besonderes, hier und da ein Gewerbegebiet, ein Supermarkt, eine Station der Bäderbahn. Im Waldstreifen zur Ostsee hin liegen große Campingplätze und kleinere Ferienhaussiedlungen, die zunehmend wieder mit Reetdach versehen werden. Die historischen Ortskerne mit rohrgedeckten Katen, Kopfstein gepflasterten Straßen und kleinen Häfen sind dem Achterwasser zugewandt. Am schönsten radelt man von Seebad zu Seebad über den **Ostseeküsten-Radweg** oberhalb der Steilküste.

Zempin

♀ N5

Das nördlichste der Bernsteinbäder ist das kleine Seebad Zempin, ein nettes ruhiges Fleckchen für naturverbundene Urlauber. Ostsee oder Achterwasser, Strand, Wald und Dorf – alles

Lieblingsort

Idyll am Achterwasser

Die Fischerstraße führt zum winzigen **Zempiner Hafen** (♀ N 5) am Achterwasser. Ein paar Fischerboote dümpeln am schilfgesäumten Ufer, niedrige rohrgedeckte Gehöfte erinnern daran, wie es früher einmal war, als hier Bauern und Fischer Tür an Tür wohnten. Achterwasser und Ostsee boten beste Voraussetzungen für den Fischfang. Ein Fischerdorf ist Zempin schon lange nicht mehr, aber es gibt einen Anglerhafen. Gleich daneben erhebt sich eine mächtige Eiche, deren Alter auf über 350 Jahre geschätzt wird. Früher erstreckten sich ausgedehnte Eichenwälder zwischen Zempin und Zinnowitz, sie dienten als Nutzwald für die Schweinemast. Viel Geschichte, viel Idyll.

in angenehmer Spazierentfernung. Im Wald unmittelbar hinter den Dünen der Ostsee erstreckt sich ein Campingplatz. Die alten Salzhütten, deren Geschichte zurück bis ins Jahr 1571 reichte, wurden ›im Rahmen von infrastrukturellen Bauarbeiten‹ abgerissen, aber im alten Dorfkern, auf der anderen Seite der B 111, überraschen noch zahlreiche rohrgedeckte Gehöfte aus vergangenen Jahrhunderten. Wie aus dem Bilderbuch mutet der winzige Hafen an (s. Lieblingsort S. 210).

Uns olle Schaul

Es lohnt, an einer Ortsführung teilzunehmen, die an der alten Dorfschule endet. Am 13. August 1928 fand hier erstmals Unterricht statt, letzter Schultag war der 19. Juli 2000, heute beherbergt die *olle Schaul* das **Heimatmuseum.** Der großen Klassenraum zur Straße hin ist der Geschichte der Fischerei in Zempin gewidmet, bemerkenswert sind die handgefertigten Bootsmodelle des Fischers Konrad Tiefert. Im Alter von 80 (!) Jahren begann er, die Modelle zu bauen. Innerhalb von zehn Jahren entstanden 35 Miniboote aus Obstkisten, Blechdosen, Tapetenleisten und Fischereimaterial. In einem Teil der ehemaligen Lehrerwohnung befindet sich die originale Einrichtung eines historischen Kaufmannsladens aus der Strandstraße, der bis 1996 Bestand hatte und im Museum weiterhin genutzt wird. Fischerstr. 11, Ausstellungen/Veranstaltungen s. Veranstaltungskalender

Kleiner Ort im Nirgendwo

Auf dem Weg von Zempin Richtung Koserow wird die Taille Usedoms richtig eng geschnürt. Gerade mal 300 m Land liegen zwischen Ostsee und Achterwasser. Einst befand sich hier ein kleines Fischerdorf namens **Damerow,** das in der verheerenden Sturmflut 1872 weitgehend zerstört und von seinen Bewohnern aufgegeben wurde. An die Siedlung erinnert nur noch der Name der **Ferienanlage Forsthaus Damerow.**

Infos

• **Fremdenverkehrsamt Zempin:** Fischerstr. 1, 17459 Zempin, T 038377 421 62, www.usedomer-bernsteinbaeder.de/zempin.

Koserow ♀ N5

Das größte Seebad der Inselmitte ist das traditionsreiche, charmante Familienbad Koserow. Die ersten Badegäste kamen bereits 1846 in die kleine Sommerfrische am Fuße des bewaldeten **Streckelsbergs.** Die mit fast 60 m höchste Erhebung der Usedomer Ostseeküste steht unter Naturschutz, viele seltene Orchideenarten gedeihen hier.

Ein Schatz von Vineta?

In sicherer Entfernung vom Meer bauten die Koserower Fischer Ende des 13. Jh. ein kleine Feldsteinkapelle, die im 15. Jh. durch einen Altarraum und Turm erweitert wurde. Berühmtes Ausstattungsstück der **Kirche** (Fischerstr.) ist das Kruzifix über der Taufe. Die schwedische Schnitzarbeit aus dem 15. Jh. wurde von Koserower Fischern aus der Ostsee geborgen. Im Volksmund wird es Vinetakreuz genann, da die sagenhaft reiche Handelsstadt vor Koserows Küste im Meer versunken sein soll. Die Kirche bietet den stimmungsvollen Rahmen für Konzerte, Lesungen und Theater (www.koserow.de/klassik-am-meer.html).

Das Salz und der Fisch

Die **Salzhütten** am Weg zum Hauptstrand sind das viel besuchte Wahrzeichen des Seebads. Dass es sich um

Rekonstruktionen handelt, stört niemanden. Die Originale von 1820 fielen 1872 der Sturmflut zum Opfer. In den Hütten lagerten die Fischer Salz, das sie zum Haltbarmachen von Heringen brauchten. Heute dienen sie als das Minimuseum **Uns Fischers Arbeitshütt,** Souvenirgeschäft und urige Gaststätte (www.koserowersalzhuette.de). Gleich nebenan liegen einige Fischbuden: Man lässt sich frisch geräucherten Fisch an einfachen Imbisstischen schmecken oder geht mit einem Fischbrötchen auf der Hand an den Strand.

De verrückte Isenbahner

An der schmalsten Stelle Usedoms, wo es außer einem kleinen Hafen nichts gab, ließ sich in den 1930er-Jahren der Maler Otto Niemeyer-Holstein nieder. Zunächst in einem ausrangierten Gepäckwagen der Berliner S-Bahn, den er für 65 Reichsmark erworben hatte. Hört sich nach einem Schnäppchen an, der Transport des räderlosen Waggons kostete aber jede Menge Mühen, Nerven und auch Geld. Egal! Nach und nach entstand ein ganzes Häuserensembles. Sein Refugium nannte der Künstler **Lüttenort** in Anlehnung an sein Boot. Auf der Lütten schipperte der passionierte Segler Gäste über das Achterwasser, um den Lebensunterhalt für seine Familie aufzubessern. Bis zu seinem Tod im Jahre 1984 lebte und arbeitete Niemeyer-Holstein hier. Im neuen Atelier, das er **Tabu** taufte, sind seine von der Küste Usedoms inspirierten Werke zu besichtigen, eine Arbeit steht noch auf der Staffelei. Den **Garten** schmücken Plastiken und Skulpturen befreundeter Künstler. In der **Neuen Galerie** neben dem Atelier finden wechselnde Ausstellungen

Überall Bilder – im Tabu sieht es so aus, als wäre Otto Niemeyer-Holstein nur mal kurz ans Meer gewandert. Sein Atelier blieb, wie er es gewünscht hatte, nach seinem Tod unverändert.

statt. Auf dem Deich steht der **Kutter Orion,** in dem viele Besucher von Otto Niemeyer-Holstein übernachteten. Vier Buchstaben hat er drauf gemalt: WZRG. Was sie bedeuten? ›Wunschlos, Zeitlos, Restlos Glücklich‹ – sein Lebensmotto. Lüttenort, Koserow, T 038375 202 13, www.atelier-otto-niemeyer-holstein.de, in der Saison tgl. 10–17, sonst Mi, Do, Sa, So 10–16 Uhr, geführte Besichtigung (Waggon und Tabu) 11, 12, 14, im Sommer auch 15 Uhr, Eintritt Garten 1,50 €, Neue Galerie und Garten 4 €, Führung plus 3 €

Schlafen, Essen

Ganz entspannt urlauben
Nautic Usedom: Aufmerksam geführtes Haus mit 40 Zimmern in sonnenhellen Farben sowie Zwei- und Dreiraumsuiten für bis zu vier Personen. Dazu gehören ein Spa- und Wellnessbereich und ein Café-Restaurant mit Biergarten. Triftweg 4, Koserow, T 038375 25 50, www. nautic-usedom.de, DZ ab 142, Familiensuiten ab 198–209 €

Infos

• **Kurverwaltung Koserow:** Hauptstr. 31, 17459 Koserow, T 038375 204 15, www.usedomer-bernsteinbaeder. de/koserow.

Loddin-Kölpinsee ♀N5

Am Schwanensee
Viel Wald und Wasser, wohin man guckt: Die Ostsee auf der einen, das Achterwasser auf der anderen Seite und dazwischen der windstille **Kölpinsee**. Nur ein schmaler Dünenwall trennt ihn vom offenen Meer. Der 1610 erstmals erwähnte und im Dreißigjährigen Krieg von Wallensteins Truppen verwüstete **Ort Kölpinsee** (abgeleitet von slawisch *colpa* = Schwan) ist der Ostsee zugewandt – mehrere verstreute Siedlungen, einen Dorfkern gibt es nicht mehr. In den 1920er- und 1930er-Jahren trafen sich hier in der legendären Seerose die Berliner UFA-Stars. 1997 wurde das beliebte Sommerhotel und Ausflugslokal durch das neue und überaus komfortable **Strandhotel Seerose** (www.strand hotel-seerose.de) ersetzt. Einige alte Fischerbuden mit Räucherofen bilden einen bemerkenswerten Kontrast zu dem modernen 4-Sterne-Hotelkomplex. Auf dem breiten, weißen Sandstrand liegen dekorativ ein paar Fischerboote. Eine Wald- und Dünenpromenade führt weiter zum Ortsteil **Stubbenfelde.** Dort, wo die Flachküste in bewaldete Steilküste übergeht, ermöglichen massive Metalltreppen den Abstieg an den Strand.

FAKE NEWS

Fast ebenso berühmt wie die Vinetalegende wurde Mitte des 19. Jh. der Koserower Pfarrer Meinhold. In einem alten Kirchenbuch hatte er die Eintragung über einen Hexenprozess gefunden und daraus den Roman **»Maria Schweidler, die Bernsteinhexe«** gemacht. Das Buch, das in Form einer Chronik aus dem 17. Jh. verfasst worden war, wurde ein Bestseller. Die tragisch-glückliche Geschichte der Maria Schweidler wurde von vielen Lesern für wahr gehalten und lockte zahlreiche Neugierige in die abgelegene Gegend. Dass der Pfarrer die alte Chronik nicht gesondern erfunden hatte, wurde ihm übelgenommen. Trotzdem hat das Werk nichts von seiner Beliebtheit verloren und wird bis heute immer wieder neuaufgelegt.

CHILLEN BEI KIKI   **K**

Die Lage ist einmalig, besonders zum Sonnenuntergang. In dem idyllisch am schilfgesäumten Ufer des Achterwasser gelegenen **Kikis Bootsverleih** (Dorfstr. 23, Loddin, T 0170 340 20 30, in der Saison tgl. 10 Uhr bis open end) kann man ganz entspannt mit einem Tretboot aufs Wasser hinausschippern und danach Kaffee und Kuchen, ein Glas Wein oder Bier und dazu ein Steak vom Grill oder Fisch genießen. In der Saison regelmäßig Livemusik.

In der Lachsbucht

Loddin wird erstmals 1270 in einer bischöflichen Urkunde als Loddino erwähnt. Der Name lässt sich von der slawischen Bezeichnung für Lachs ableiten. Nach wie vor ist Loddin ein ruhiges Fischer- und Bauerndorf am Achterwasser. Das **Loddiner Höft,** eine unbebaute Halbinsel, die ins Achterwasser ragt, lohnt einen Spaziergang. Es ist ein traumhafter Ort um den Sonnenuntergang zu genießen, ebenso wie Kiki's Bootsverleih (s. Kasten S. 214).

Schlafen, Essen

Der Duft von Kiefern

Schwedenrot: Freundliche Ferienwohnanlage zwischen Kölpingsee und Loddin, insgesamt 14 Wohnungen (für 2–4 und 4–8 Pers.) in fünf Häusern. Klare nordische Einrichtung, viel Holz, Sauna und Kamin. Focks Ferien, T 07832 99 92 25, www.schweden-rot.de und www.focks-ferien.de, FeWo ab 125–160 €

Ein Weinberg an der Ostsee

Waterblick: Das beliebte Ausflugslokal am Rand des Loddiner Höft beköstigt seine Gäste mit frischem Fisch und Gegrilltem (ab 16 €). Am sonnigen Südhang hinter dem Restaurant reifen an 99 Weinstöcken Cabernet-Sauvignon- und Chardonnay-Trauben. Daraus werden zwischen 50 und 80 Flaschen Loddiner Abendrot gekeltert. Regionale Spezialitäten bietet ein kleiner Delikatessladen. Am Parkplatz beginnt ein schöner Wanderweg zum Höft. Am Mühlenberg 5, Loddin, T 038375 202 94, www.waterblick.de, Do–Di ab 11.30 Uhr

Infos

• **Kurverwaltung Kölpingsee:** Im Haus des Gastes, Strandstr. 23, 17459 Loddin, T 038375 227 80, usedomer-bernstein baeder.de/loddin.

Ückeritz   📍 N5

Ein ruhiges Fleckchen

Viele Künstler ließen sich ab den 1930er-Jahren im idyllischen ›Herzen der Insel‹ nieder. In Ückeritz siedelten sich u. a. Herbert Wegehaupt und Otto Manigk an, deren Söhne heute noch hier leben, malen und schreiben.

Das kleine, von viel Wald umgebene Seebad befindet sich auf der meerabgewandten Seite am Achterwasser. Der alte Kern des **Fischerdorfes** hat seinen dörflichen Charakter behalten. Zur Ostsee hin ist die Bebauung eher spärlich – einige Häuser, ein Restaurant und ein Campingplatz. Eine 1,5 km lange Straße führt durch schattigen Buchen- und Kiefernwald ans Meer. Den Zugang zum **Strand** säumen bunte, familienfreundliche Holzhäuser mit Ferienwohnungen, Cafés und kleine Souvenirläden.

Eisreisende

Im **Usedomer Gesteinsgarten** sind mehr als 80 Findlinge aufgereiht. Der schwerste

Am Achterwasser liegt das Revier der Surfer und Kitesurfer. Bei leichter Brise können sich hier auch Anfänger mit Brett und Drachen vertraut machen.

Koloss wiegt etwa 7 t. Der älteste Stein wird auf über zwei Milliarden Jahre geschätzt. Die Gletscher der letzten Eiszeit haben sie vor mehr als 12 000 Jahren aus Skandinavien hierhergeschoben. Tafeln informieren über die ursprüngliche Heimat und den Fundort dieser Steinbrocken.
Südlich von Ückeritz, am Forstamt Neu Pudagla bei der B 111, jederzeit frei zugänglich

Schlafen

Surfer-und Seglertreff
Café Knatter: Pension und Restaurant. Moderne, freundliche Zimmer mit traumhaftem Blick aufs Achterwasser sowie Apartments im neuen Bootshaus. Wunderbar sitzt es sich auf der Terrasse des Café-Restaurants bei frischen, leckeren Speisen. Angegliedert ist **Windsport Usedom,** das Unterricht im Segeln, Surfen, Kiten und SUP bietet sowie die Ausrüstung dazu.
Hauptstr. 36, T 038375 229 66, www.cafe-knatter.de, DZ ab 114 €; Restaurant tgl. 12–22, Küche bis 20 Uhr

Mit den Füßen im Sand
Dünenhäuser Nautic Usedom: Die Ferienwohnungen (1–3 Zimmer) in den hübschen Dünenhäusern am ehemaligen Fischerstrand liegen direkt am Wasser, ideal auch für Familien mit Kindern.
Info T 038375 25 50, www.duenenhaeuser.de, ab 80–160 €

Meeresrauschen als Wiegenlied
Naturcampingplatz: Richtung Bansin erstreckt sich ein weitläufiger Camping-

platz, der zu DDR-Zeiten als der größte Europas galt, nach der Wende aber zurückgebaut wurde. Er zieht sich immer noch ca. 4,5 km entlang der Küste im Küstenschutzwald. Am schönsten ist es im Mai und September, wenn es nicht so voll ist, Pfingsten ist allerdings immer schon frühzeitig ausgebucht. Schlichte Bungalows (60 €).
Am Strand, T 038375 209 23, www.campingplatz-ueckeritz.de, im Winter geschl.

Essen

Hausmannskost
Deutsches Haus: Pommersche Küche (ab 12 €) wird seit über 200 Jahren in dem gediegenen und gemütlichen Dorfgasthof zubereitet. Der Service ist flink und freundlich. Alles in allem: ein Genuss!
Nebenstr. 1, T 038375, 209 40, www.deutsches-haus-ueckeritz.de, Do–So 12–14.30, 17.30–23 Uhr

Klönen mit Meeresblick
Strandcafé Utkiek: Hausgemachter Kuchen von Muttern, aber auch die Fischgerichte sind gut, besonders beliebt Hering satt (9.90 €). Toller Ausblick von der Terrasse. Im Juli und August unterhält ›Rock am Meer‹ (Mi 20 Uhr, Eintritt frei) mit Livemusik.
Am Strand, T 038375 204 08, www.utkiek-ueckeritz.de, im Sommer ab 8 Uhr, Rest des Jahres ab 10 Uhr bis der letzte Gast gegangen ist

Bewegen

Hoch hinaus
Kletterwald Usedom: Sechs unterschiedlich anspruchsvolle Parcours in 1–14 m Höhe mitten im Wald. Kinder ab sechs Jahren können Tarzan nacheifern.
Beim Forsthaus Pudagla, www.kletterwald-usedom.de, April–Okt. Di–So 10–17/18 Uhr

Gemütlich auf dem Wasser
Ückeritzer Personenschifffahrt: Fahrten ab Hafen Stagnieß (1 km südl. von Ückeritz) auf Peenestrom und Achterwasser zur Fischgaststätte nach Rankwitz oder nach Lassan/Festland – jeweils mit Landgang. Fahrräder können mitgenommen werden.
T 0171 651 47 69, www.ms-astor.de, April-Okt./Anf. Nov.

Infos

• **Kurverwaltung Ückeritz:** Haus des Gastes, Bäderstr. 5, 17459 Ückeritz, T 038375 25 20, www.usedomer-bernsteinbaeder.de/ueckeritz.

Kaiserbäder

♀ N/O 5

Historische Bäderarchitektur und ein weißer, bis zu 200 m breiter Sandstrand – die drei Kaiserbäder Ahlbeck, Heringsdorf und Bansin sind inklusive ihres noblen Beinamen das Aushängeschild Usedoms. Kaiserbäder nennen sie sich erst seit 1990 – aus Gründen des Marketings. Vor 100 Jahren trafen sich hier der Adel, das Kapital und die Hautevolee zur Sommerfrische. Zu den illustren Gästen gehörte auch der Kaiser persönlich. Eine 8 km lange Strandpromenade verbindet die nach der Wende wieder herausgeputzten Städtchen, die sich mit über 200 Villen aus der Gründerzeit schmücken. Zentrale Flaniermeilen sind auch die Seebrücken, die weit aufs Meer hinausführen. Die weißen Adler-Schiffe verbinden die Seebäder untereinander und mit Świnoujście sowie mit den übrigen Usedomer Seebädern.

Bansin

📍 N5

Das kleinste und jüngste der drei Kaiserbäder ist ein charmantes, überschaubares Familienbad mit kleinen Hotels, Pensionen und prächtigen Villen. Lichter Mischwald und der idyllische Schloonsee ziehen sich bis weit in den Ort hinein, der 1897 als Badeort gegründet wurde. Stattliche Exemplare schnörkelreicher Bäderarchitektur findet man entlang der Strandpromenade und der parallel zu ihr verlaufenden Bergstraße.

Aufgehübscht
Trubel herrscht zwischen dem Strandzugang an der Seestraße und der **Seebrücke,** die schnurgerade und ohne Aufbauten 285 m aufs Meer hinausführt. Neben der Seebrücke finden sich in einfachen **Fischerbuden** Imbisse und Fischräuchereien – ein liebenswertes Stück des alten Bansin. Den modernen Gegenpol präsentiert das 2016 neu eröffnete **Kaiserstrand Beachhotel** am Übergang zum Hauptstrand. Unter ihm verschwand der wilde, unasphaltierte Parkplatz, den viele Bansiner und Urlauber jahrelang als Schandfleck in prominenter Lage empfunden, aber doch auch sehr gerne genutzt hatten. Wenn schon, denn schon – im Zuge der Bauarbeiten verschwand in unmittelbarer Nachbarschaft an der Promenade leider auch weitere alte Bausubstanz. Die Baggerschaufel machte aber Halt vor den Architekturjuwelen am südlichen Ende der Promenade: den **Wolgast-Häusern** auf der schmalen Landenge zwischen Ostsee und dem Schloonsee (s. Tour S. 218)

Es war einmal
In der **Villa Paula** (Seestr. 68), dem Elternhaus von Hans Werner Richter (1908–1993), dem berühmtesten Sohn des Seebads – präsentiert die **Bansiner Buchhandlung** ein breites, aktuelles

EIN AUSFLUG IN DIE GUTE ALTE ZEIT

Z

Autofahrer auf der B 111 fahren leicht an dem Hinweisschild zum **Café Forsthaus Fangel** (📍 N 5; Am Großen Krebssee, Neu-Sallenthin, in der Saison Di–So 14–17.30 Uhr, im Winter geschl.) vorbei. Schöner ist es ohnehin, in dem malerischen Hügelland zwischen Schmollensee und Gothensee mit dem Rad unterwegs zu sein. Von Bansin dem mit gelbem Querbalken markierten Radwanderweg folgend ist das Café im ehemaligen Forsthaus mitten im Wald nicht zu verfehlen. Bei schönem Wetter werden Kaffee und Kuchen draußen auf der Terrasse serviert. Etwas altmodisch geht es zu: Der Kellner trägt Schlips und ist nicht immer gut gelaunt. Verändert hat sich gefühlt seit einem halben Jahrhundert nichts. Gerade drum: Daumen hoch für die leckeren Torten und das Idyll im Buchenwald.

Sortiment. Trotz ihrer Lage ein ganzes Stück entfernt von der Seepromenade kommen Menschen hierher, die in aller Ruhe nach einem Buch zum Lesen oder Verschenken suchen. Wie wäre es mit den »Bansiner Geschichten«, in denen HWR vom Leben der einfachen Leute in Bansin in der ersten Hälfte des 20. Jh. erzählt, als das Fischerdorf sich in ein Seebad verwandelte. Der Band ist seinem Vater gewidmet, der nacheinander als Fischer, Bademeister und Tankstellenbesitzer tätig war.

Nur ein paar Schritte von der Seestraße entfernt befindet sich das **Hans-Werner-Richter-Haus.** Im ehemaligen Bansiner Feuerwehrhaus können das Arbeitszimmer und die Bibliothek des

TOUR
Jede Villa ein Unikat

Bummel über der Strandpromenade in Bansin

Infos

📍 N 5

Dauer: 30 Min.

Café Asgard:
T 038378 294 88,
www.asgard-cafe.de

Ferienwohnungen:
in der Villa Heimdall
(buchbar u. a. über
www.bellvedere.de),
im Seehof und in der
Villa Strandklause
(u. a. über www.
usedomtravel.de)

Sommerresidenzen aus Holz verleihen Bansin ein besonderes Flair. Der charmante Chaletstil entzückte sogar eine Schweizerin, die hier um 1900 den Sommer verbrachte. Sie träumte davon, »ein solches Schmuckkästchen« in ihren heimatlichen Bergen zu bewohnen. Die Idee ist gar nicht so hanebüchen, wie Sie im ersten Augenblick denken mögen.

Bauen nach Katalog

Objekte alpenländischer Träumereien finden sich am östlichen Ende der **Strandpromenade** – individuell gestaltete, bildhübsche Villen. Kaum zu glauben, dass es sich um Fertighäuser handelt, hergestellt von der **Wolgaster Actien-Gesellschaft für Holzbearbeitung**. Hervorgegangen war das 1868 gegründete Unternehmen aus einer Bootswerft, die umsattelte, als die Aufträge für den Bau von hölzernen Hochseeschiffen spürbar zurückgingen. Bereits in den 1890er-Jahren konnten zerlegbare Holzhäuser made in Wolgast per Katalog bestellt werden. Ob Alpenstil, russisches Blockhaus oder nordische Art, das Angebot der Wolgaster Firma war umfassend. Ihr Markenzeichen aber war der Drachenkopf, der norwegische Stabkirchen und Wikingerschiffe schmückte.

Der Kaiser als Trendsetter

Die alljährlichen Nordlandfahrten Kaiser Wilhelms beflügelten die Begeisterung für alles Skandinavische. Zu den Fans der Nordmänner gehörte auch ein Berliner Arzt: Sein 1897 im offiziellen Gründungsjahr des Seebades Bansin errichtetes Sommerhaus schmücken innen wie außen nordische Elemente. Der Name der **Villa Heimdall** (Strandpromenade 16) verweist auf eine Gottheit aus der nordischen Mythologie, den Wächter der Götter. 1992 erhielt die Enkelin des

Die Villa Heimdall an der Bansiner Promenade – ein architektonisches Kleinod und schönes Beispiel für eine gelungene Sanierung.

Erbauers das mit reichen Schnitzereien und Drechslerarbeiten verzierte Haus zurück und konnte noch im gleichen Jahr mit den Sanierungsarbeiten beginnen. Die Pflege und die Erhaltung der Holzvillen ist für viele Besitzer zur Lebensaufgabe geworden.

Aus der Zeit gefallen

Das 1898 erbaute **Haus Asgard** (Strandpromenade 15) orientierte sich in seiner Bauweise eher an Schweizer Vorbildern. Seinen Namen verdankt das Holzhaus jedoch dem Wohnort des nordischen Göttergeschlechts der Asen. Es blickt auf eine über 100-jährige Tradition als **Café** zurück – ein Großteil der Inneneinrichtung samt Wandvertäfelung und Mobiliar stammt aus den 1920er-Jahren. Schon Heinz Rühmann und Hans Albers tranken hier ihren Tee. Viel Flair, aber der Service könnte besser sein – Einheimische kehren daher nur noch selten ein.

Vorn die Ostsee, hinten der Schloonsee

Die meisten Villen waren zunächst mit offenen Loggien ausgestattet. Dort konnten die Hausbewohner frische Seeluft schnuppern, ohne ihre vornehme Blässe zu gefährden. Als der Wunsch nach ›gesunder Bräune‹ die Sommerfrischler ins Freie trieb, wurden viele Loggien in Wohnraum verwandelt – so wie beim **Seehof** (Strandpromenade 9). Die Pension stellte sich in einer Anzeige aus dem Jahr 1913 als ›christliches Haus‹ vor. Mit anderen Worten: Jüdische Urlauber waren hier nicht willkommen.

Die **Villa Strandklause** (Strandpromenade 12) zeigt sich als Schwarzwaldhaus mit nordischem Charme. Ihre Fensterbretter sind mit Wikingermotiven verziert. Die hölzernen Drachenköpfe, die den Giebel zierten, wurden in Metall nachgestaltet. Auch dieses Wolgasthaus beherbergte Gäste, im Gegensatz zum Seehof ohne Einschränkungen. Beide Häuser warben mit dem Blick auf das Meer und den Schloonsee. Das tun sie heute noch.

Bei einer Promenadenwanderung mit Hans-Ulrich Bauer lernen Sie viele Details der Bäderarchitektur kennen (Termine, s. Aushänge vor Ort). Der Insider hat auch im IGEL Usedom-Verlag Bücher zum Thema veröffentlicht (www.igel-usedom.de).

Schriftstellers und Initiators der Literaturvereinigung Gruppe 47 besichtigt werden. Mehrmals pro Woche werden ein Film über sein Leben gezeigt und verschiedene kulturelle Veranstaltungen angeboten.

Waldstr. 1, T 038378 478 01, Juli–Sept. Di–Sa 10–12, 13–17, Okt.–Juni Di–Fr 10–12, 13–16, Sa 12–16 Uhr, 2 € mit, 5 € ohne Kurkarte

Eine Runde Blätterrauschen

Etwa 2,5 km nordwestlich von Bansin liegt versteckt mitten im Wald ein verschwiegener Moorsee. Benannt ist der **Mümmelkensee** nach den Teichrosen, die hier im Sommer blühen. *Mummel* werden sie genannt bzw. *Mümmelken* auf Niederdeutsch. Ein mit grünem diagonalem Balken markierter Na-

---

PARADIES IN ZWEITER REIHE **P**

Vom offenen Meer nur durch die Strandpromenade und eine Häuserzeile getrennt, war der **Schloonsee** bis 2011 eine natürliche, aber kaum unnahbare Schönheit. Dann wurde eine neu gestaltete Seepromenade eröffnet. Sie säumt das Nord- und Westufer und bietet mit Sonnenpiazza, einem Seesteg und einer Aussichtsplattform einen angenehmen Spazierweg auch für Familien mit kleineren Kindern, denen die Ostsee an manchen Tagen zu rau ist. Wunderbar sitzt es sich auf der Sonnenterrasse des **Schloon-Idyll** (Bergstr. 60a, Bansin, T 038378 338 40, www.schloon-idyll.de), einer 2005 im Bäderstil erbauten Pension mit Café-Restaurant. Während an der Ostsee eine steife Brise weht, ist es hier angenehm windstill.

---

turlehrpfad führt von Bansin an der **Wolfskuhle** vorbei, wo um 1750 der (vorerst) letzte Wolf auf Usedom getötet wurde, an das von Buchen gesäumte Gewässer. Endpunkt des Weges ist der Aussichtspunkt am Kliff, von dem man bei klarer Sicht bis zu den Inseln Ruden und Rügen schauen kann. Zurück geht's entlang der bewaldeten Steilküste am Meer. Eine abwechslungsreiche 5 km lange Runde – Wald, See und Meer –, dazu angenehm menschenleer.

Schlafen

Sichere Wahl

Zimmer mit Meerblick und Spa bieten die **Seetel-Hotels** (www.seetel.de). Sie liegen allesamt in feinster Lage an der Strandpromenade: **Kaiserstrand Beachhotel** (Nr. 21), **Strandhotel Atlantic** (Nr. 18), **Ostseeresidenz Bansin** (Nr.33).

Eine kleine Wohlfühlpension

Haus Elsbeth: Das ehemalige Privatkinderheim ist heute eine charmante, inhabergeführte Nichtraucherpension mit sechs Zimmern und zwei Ferienwohnungen für zwei bis drei Personen. Frühstück auf Wunsch auch für Vegetarier, 100 m sind es zum Strand, der Parkplatz ist gratis.

Waldstr. 31, T 038378 29231, www.elsbeth.auf-usedom.info, DZ 75 €

Traumhafte Lage

Villa Carmen: Eine 1920 erbaute Jugendstilvilla direkt am Strand. Neun der hübschen Wohnungen haben Meerblick, die drei anderen Aussicht auf den Schloonsee. Auf jeder Etage wohnt übrigens ein Dauermieter, sodass das Haus auch im Winter ständig belegt ist.

Strandpromenade 6, T 0173 406 08 77, www.villa-carmen.de, DZ, FeWo (für 2-4) Pers. ab 70–120 €

Kaiserbäder: Heringsdof **221**

Kaiserbäder Filmnächte unter dem Ostseehimmel mit den Füßen im Sand – im August verwandelt sich der Strand links der Seebrücke von Heringsdorf in ein Open-Air-Kino.

Essen

Kein Schickimicki
In den **Holzbuden am Fischerstrand** westlich der Seebrücke wird fangfrisch zubereiteter und frisch geräucherter Fisch verkauft. Vereinzelt stehen Stühle und Tische vor den Buden - ansonsten genießen mit den Füßen im Sand.

Tolles Fischrestaurant
Fischkopp: Gut und gemütlich essen und dabei den Köchen bei der Arbeit zuschauen. Viele Hauptgerichte (ab 15 €) können auch als kleinere Portion bestellt werden.
Seestr. 66, T 038378 806 23, https://fisch kopp-bansin.de, varibale Öffnungszeiten, in der Saison tgl. ab 12 Uhr, im Winter nur Di–Sa ab 14.30 Uhr

Infos

• **Touristen-Information:** An der Seebrücke, 17429 Seebad Bansin, T 038378 470 50, www.kaiserbaeder-auf-usedom.de.

Heringsdorf   ♀ N5

Das elegante Seebad mit dem bescheidenen Namen ist das mondänste der drei kaiserlichen Schönheiten. Bis zum Zweiten Weltkrieg tummelte sich hier alles, was in der deutschen Aristokratie, der Finanzwelt und der Politik Rang und Namen hatte, darunter viele Berliner. Ihre beeindruckenden Villen schmücken noch heute die Promenade und strand-

Seinen gläsernen Ausstellungspavillon wollte Ulrich Müther zum Exportschlager der DDR machen. Daraus wurde nichts. Es blieb beim Prototyp, der 1970 in Heringsdorf aufgestellt wurde.

nahen Straßen. Die aus der Gründerzeit erhaltene Bausubstanz wurde nach der Wende saniert, die weniger charmanten Neubauten verschönert, wo es möglich war. Das nahe der Seebrücke gelegene **Kurhotel,** ein zweckmäßiger Hochhauskomplex aus den 1970er-Jahren, vermochte allerdings selbst die neue Fassade nicht in eine Schönheit zu verwandeln. Die moderne **Seebrücke** ist eine beliebte, teilweise bebaute und überdachte Bummel- und Shoppingmeile. Ihr Ende markiert die auffällige Pyramide, in der Sie italienisch speisen können.

Feine Sommerfrische

Das nostalgische Kontrastprogramm zur modernen Architektur bieten die noblen **Bädervillen.** Heringsdorf war von Anfang an als exklusives Seebad für ein wohlhabendes Publikum geplant worden. Entlang der grünen **Kurpromenade** präsentiert sich eine prunkvolle Sommerresidenz neben der anderen, häufig inmitten einer weitläufigen Parkanlage in vornehm zurückhaltendem Abstand zum nächsten Nachbarn. Stein und Marmor sind die dominierenden Baumaterialien in der ersten Reihe.

In Sichtweite der Seebrücke liegt die bildhübsche **Villa Oechsler** (Delbrückstr. 5). Das 1883 von einem Berliner Unternehmer erbaute Haus, das heute ein exklusives Modegeschäft beherbergt, gleicht im Mittelteil einem ionischen Tempel. Das Grundstück neben der Villa Oechsler erwarb um 1900 der Konsul Wilhelm Staudt, der sein Vermögen im Südamerikahandel gemacht hatte. Als der Konsul 1906 starb, führte seine Witwe die Geschäfte weiter. Berühmtheit erlangte die repräsentative

Villa Staudt (Delbrückstr. 6), weil Kaiser Wilhelm II. hier zwischen 1909 und 1912 regelmäßig im Rahmen seiner alljährlichen Nordlandfahrt Station machte, um mit der ebenso klugen wie schönen Witwe des Konsuls Tee zu trinken.

Zu den repräsentativsten Bäderbauten gehört die **Villa Oppenheim** (Delbrückstr. 10/11), die der jüdische Bankier und Kunstsammler Benoit Oppenheim (1842–1931) nach dem Vorbild palladianischer Landhäuser als Sommerresidenz für seine Familie erbauen ließ. Das mit seinem über zwei Geschosse verlaufenden Säulenportikus sehr imposante Bauwerk findet sich mehrfach als Motiv in den Zeichnungen Lyonel Feiningers. Die Familie Oppenheim wurde von den Nazis enteignet, ihr Sommerdomizil fungierte fortan als NS-Ortszentrale, später als Gästehaus des Ministeriums für Staatssicherheit. Nach der Wende wurde die Villa an die in Kanada lebenden Erben der einstigen Besitzer zurückgegeben, die sie 1994 verkauften.

Nur ein paar Schritte weiter entzückt die nächste Topimmobilie – die **Villa Bleichröder** (Delbrückstr. 14). Bauherr der neobarocken Prachtresidenz war der Berliner Bankier Hans von Bleichröder (1861–1936). An ihrem Grundriss zeigt sich deutlich, dass diese Sommerresidenz – wie viele andere – nicht nur der Erholung, sondern auch oder vor allem dem gesellschaftlichen Ansehen diente. Das Erdgeschoss bestand aus einer großen Halle für Festivitäten. Auch die Terrassen mit den einladenden Freitreppen waren so gebaut, dass sie den großen Auftritt erlaubten. Heute gehört die Villa zu dem Hotelkomplex **Residenz Bleichröder** (www.residenz-bleichroeder.com). In der Kaiser-Wilhelm-Suite mit Seeblick kann man in der Saison für 155 € nächtigen.

Ein echtes Original
Ein Großteil der prachtvollen Heringsdorfer Bädervillen ist zu Feriendomizilen umgebaut, mit modernem Komfort und zeitgemäßer Einrichtung. Ganz anders die **Villa Irmgard,** die noch weitgehend so erhalten ist, wie sie 1906 gebaut wurde. In der hübschen Villa wohnte und arbeitete der russische Dichter Maxim Gorki im Sommer 1922. Das arabische Zimmer, in dem der weit gereiste Villenbesitzer seine Reiseandenken aus dem Orient und aus Afrika aufbewahrte, ist bis heute nahezu unverändert geblieben. Im Haus befindet sich das **Museum für Literatur- und Regionalgeschichte.** Es bietet den stilvollen Rahmen für wechselnde Ausstellungen und Kulturveranstaltungen – besonders beliebt sind die Konzerte im Kerzenschein.

Maxim-Gorki-Str. 13, T 038378 223 61, Di, Do, Fr, Sa Juni–Sept. 12–18, Okt.–Mai 12–16 Uhr, 3 € mit, 6 € ohne Kurkarte

Galerie am Meer
Den **Kunstpavillon** hat Ulrich Müther (s. Magazin S. 255) Ende der 1960er-Jahren als Prototyp eines Ausstellungspavillons entworfen. Das erste große Highlight erlebte dieser Raum für Kunst 1971 mit der Ausstellung von Otto Niemeyer-Holstein anlässlich seines 75. Geburtstages. Seither werden hier die Arbeiten zeitgenössischer Usedomer Künstler präsentiert, es finden Konzerte und Veranstaltungen statt.

Usedomer Kunstverein e. V., Promenade am Rosengarten, T 038378 228 77, www.kunst pavillon-ostseebad-heringsdorf.de, März– Sept. Mi–So 15–18, Okt. Mi–So 14–17, Adventswochenenden 13–16 Uhr, Konzerte und Lesungen 8 €

Schlafen

Drei auf einen Streich
Strandvillen Heringsdorf: Gepflegte Zimmer in drei denkmalgeschützten Villen aus der Gründerzeit in Strandnähe – **Haus Bethanienruh** (22 EZ und DZ),

TOUR
Sieben auf einen Streich

Radeln in der Usedomer Schweiz

Infos

♦ N 5–6

Länge/Dauer:
ca. 18,5 km, knapp 2 Std.

Einkehr:
Hotel-Restaurant Bergmühle, Benzer Chaussee 5, Neu-Sallenthin, www.bergmuehle-bansin.com; Idyll am Wolgastsee, Hauptstr. 9, Korswandt

Haben Sie Lust auf eine aktive Pause vom Trubel am Meer? Die Hügel- und Seenlandschaft westlich der Kaiserbäder ist gut geeignet, um auf Touren zu kommen.

Die Rundfahrt startet am malerisch in bewaldete Höhenzüge eingebetteten **Wolgastsee**. Vom gebührenpflichtigen Parkplatz in **Korswandt** geht es im großen Bogen um den **Gothensee**, mit 600 ha der größte See auf Usedom. Der 1860 gestartete Versuch, das durchschnittlich nur 1,25 m tiefe Gewässer samt dem benachbarten Niedermoorgebiet **Thurbruch** dauerhaft trockenzulegen, um neues Weideland zu schaffen, erwies sich als unrentabel. Nach 30 Jahren wurde der See wieder gefüllt. Seit 1967 steht er unter Naturschutz. Das schilfreiche Ufer bietet vielen Vögeln ein ideales Brut- und Rastgebiet. Hin und wieder ist ein Seeadler zu beobachten. Auch Fischotter sind hier zu Hause.

Knapp 2 km hinter **Ulrichshorst** bietet sich ein Abstecher Richtung **Krachliner See** an, wo eine Windkraftschöpfanlage von 1920 erhalten ist. Nahe **Reetzow** lohnt der Blick vom **Kückelsberg**. Grandioser aber ist die Aussicht am 40 m hoch gelegenen **Sieben-Seen-Blick** – Achterwasser, Haff und Ostsee werden mitgezählt. Zum Aussichtsturm geht's hinter dem **Hotel-Restaurant Bergmühle** links ab Richtung **Neu-Sallenthin**. Ab **Bansin Dorf** führt der Radweg dicht am Seeufer vorbei zum ehemaligen Storchendorf **Gothen**. Von 1963 bis 1993 nistete hier ein und dasselbe Storchenpaar auf einem Scheunendach. Die Runde schließt sich. Lust auf eine Abkühlung oder Stärkung? In **Korswandt** gibt es eine Bucht mit Bademöglichkeit und Imbiss. Eine schöne Terrasse am Wasser besitzt das **Hotel-Restaurant Idyll am Wolgastsee**.

Haus Lug ins Meer (Mehrbettzimmer, gut für Familienurlaub) und Haus Königsgabe (zwei großzügige Familienzimmer). Empfehlenswert ist auch das zugehörige Restaurant Bethanien mit moderner, saisonaler und regionaler Küche und historischem Charme.
Badstr. 11, T 038378 498 70, www.strand villenheringsdorf.de, DZ ab 110 €

Mit Herz geführt
Kleine Insel: Eine sympathische Pension, etwa 800 m vom Strand entfernt. Die Vermieter sind mit Leib und Seele Gastgeber. Extras sind ein beheizter Swimmingpool (Mai–Sept.) und der Fahrradverleih.
Schulstr. 5, T 038378 227 44, www. pension-kleine-insel.m-vp.de, DZ, Apartment 105–145 €

Bäume und Strand
Jugendherberge Heringsdorf: Beliebtes, ganzjährig (bis auf Weihnachten) geöffnetes Haus in sensationeller Lage an der Strandpromenade. Es gibt auch Zweibett- und Mehrbettzimmer in zwei Fachwerkvillen im weiträumigen Garten mit hohen Bäumen.
Puschkinstr. 7–9, T 038378 223 25, www. jugendherberge.de, Übernachtung ab 26 €

Essen

Benvenuti!
Da Claudio: Vino, Pasta e Caffé. Ein wunderbarer Italiener mit kleiner, aber feiner Karte (Pasta ab 10 €, keine Pizza). Die wechselnden Tagesgerichte werden von der Bedienung mündlich vorgetragen. Es gibt nur wenige Tische drinnen und draußen, also unbedingt reservieren.
Friedenstr. 16, T 038378 80 18 76, Mo–Sa ab 17 Uhr

Bierselige Gesellschaft
Usedomer Brauhaus: Großes Lokal mit Sitzecken, massiven Holztischen und einer zentralen Theke. Die Biere sind selbst gebraut und auch zum Mitnehmen. Auf der Karte stehen gutbürgerliche Brauhausgerichte (7–24 €). Die gemütliche und gesellige Atmosphäre wissen viele zu schätzen.
Friedensstr. 1, T 038378 614 20, tgl. 12–24 Uhr

Fisch beim Kaiser
Domkes Fischpavillon: Pommersche Küche, Räucherfisch, Fischfeinkost – auch zum Mitnehmen. Das Restaurant (mit Selbstbedienung) ist in einem architektonischen Schmuckstück untergebracht – eine Rekonstruktion des 1911 aus Holz erbauten Kaisers Pavillon.
Brunnenstr./Ecke Friedenstr. 12, T 0172 394 26 44, www.fischdomke.de, tgl. 10–20/21 Uhr

Eis-Lust!
Eis-Villa Stein: Eine Institution! Außer wunderbarem Eis aus eigener Herstellung werden hier auch leckere Kuchen und Süßspeisen serviert, bei schönem Wetter auf der Gartenterrasse vorm Haus.
Kulmstr. 4, März–Okt. tgl. ab 11 Uhr

Einkaufen

Hausgemacht
Fleischerei Wollin: Die Mittagsgerichte der traditionsreichen Heringsdorfer Fleischerei wurden von der Zeitschrift »Der Feinschmecker« ausgezeichnet. Zu Recht, denn in der vierten Generation geht hier alles Hand in Hand: Artgerechte Tierhaltung, eigene Schlachtung und Verarbeitung. Mittagstisch Mo–Fr unter 10 €.
www.fleischerei-wollin.de; Friedenstr. 23, mit Bäckerei nebenan, Mo–Fr 7–18, Sa 7–14 Uhr; Neuhoferstr. 14, Di–Mi 8–13, Do–Fr 8–17, Sa 7-12 Uhr

Ein Platz an der Sonne
Korbwerk: ›Kaufen Sie keinen Strandkorb von der Stange, sondern für's Leben.‹

Nach diesem Motto werden in Deutschlands ältester Strandkorbmanufaktur individuelle Strandkörbe gefertigt, auf Wunsch mit schwenkbarem Bistrotisch, einer integrierten Sitzheizung, einem kleinen Kühlschrank – viele Extras sind realisierbar. Donnerstags um 10 Uhr lassen sich die Handwerker bei einer Werkstattführung auf die Finger schauen.

Waldbühnenweg 2, T 038378 46 50 50, www.korbwerk.de, Mo–Fr 9–17 Uhr

Bewegen

Mal Theater, mal Eisbahn

Chapeau Rouge: Im Sommerhalbjahr werden im samtig rot leuchtenden **Theaterzelt** an der Strandpromenade tagsüber Puppenspiele, abends Musicals, Tragödien und Schwänke aufgeführt (www.vorpommersche-landesbuehne.de/ort/chapeau-rouge). Von Mitte November bis Mitte März befindet sich hier die **Eisarena.** Unter freiem Himmel kann man Schlittschuh laufen, Eisstock schießen oder Eishockey spielen (www.eisarena-insel-usedom.de).

Sieh auf zu den Sternen

Sternwarte Manfred von Ardenne: Mehrmals in der Woche werden bei klarem Nachthimmel Führungen angeboten.

An der Promenade, www.sternwarte-usedom.de, zuletzt Mitte März–Mitte Nov. Mo–Do 19.30 Uhr, 5 €

Ausgehen

Nachtschwärmers Darling

Coco-Lounge: Das Cocktailangebot in der sehr angenehmen, kleinen Bar zählt zu den besten auf Usedom. Sympathischer Barkeeper, überhaupt ein freundliches Team.

Friedenstr. 13, T 038378 33 68 85, www.cocolounge-usedom.de

Feiern

- **Internationales Kleinkunstfestival:** Zu Pfingsten ist die Heringsdorfer Promenade Freiluftbühne für Luftakrobaten und Pantomimen, Schauplatz für Clownerien und Feuershows (www.kleinkunst-festival.com).
- **Heringsdorfer Kaisertage:** Erstes Wochenende Aug. Pompöse Kleider, ein glamouröser Festumzug und ein historischer Jahrmarkt versetzen die Fantasie zurück in die Jahrhundertwende (www.kaisertage.info).

Infos

- **Tourist-Information Heringsdorf:** Delbrückstr. 69, 17424 Heringsdorf, T 038378 24 51, www.kaiserbaeder-auf-usedom.de.

Ahlbeck   ♀ 05

Das größte und bodenständigste der drei Kaiserbäder wurde erst vergleichsweise spät für den Tourismus entdeckt. 1820 hatte der Oberforstmeister Georg Bernhard von Bülow Seegrundstücke aus seinem Besitz an Ostseefischer verkauft. 20 Jahre später kamen die ersten Badegäste, doch erst in der Gründerzeit setzte der eigentliche Boom ein. Zauberhafte Villen säumen die Meer zugewandte Dünenstraße. Ein traditionsreiches Prachthotel ist der 1890 erbaute **Ahlbecker Hof** (www.seetel.de). Hinter der historischen Fassade versteckt sich 5-Sterne-Luxus. Aber auch die Straßen in der zweiten oder dritten Reihe, wie die Goethe-, Kur- und Kaiserstraße oder auch die Bismarck- und Karlstraße, schmücken glanzvolle Hotel- und Pensionsbauten.

Kaiserbäder: Ahlbeck 227

Um an der Ahlbecker Seebrücke in der Hochsaison einen Strandkorb zu ergattern, braucht es eine große Portion Glück. Der Blick auf das Wahrzeichen der Kaiserbäder ist einfach zu schön.

Ein Märchen aus alter Zeit

Ahlbecks berühmtes Wahrzeichen ist die **Seebrücke,** die 1898 eingeweiht wurde und zu den beliebtesten Fotomotiven der Insel zählt. Der 1942 durch Eis und Sturm weitgehend zerstörte Steg wurde in den 1990er-Jahren neu errichtet, der zierliche, bildhübsche **Pavillon** aber hat die Zeiten überdauert. Zusammen mit der 5,5 m hohen gusseisernen **Jugendstiluhr,** die seit 1911 den Brückenvorplatz ziert, bildet sie das Herzstück des Seebads. Der hölzerne **Konzertpavillon** ein paar Schritte weiter datiert ins Jahr 1900. Das Meeresrauschen wird von Shantys, aber auch Jazz und Irish Folk begleitet. Es kann aber gut sein, dass es sie weiterzieht. Die Promenade ist einfach zu schön. Als **Europapromenade** führt sie über die deutsch-polnische Grenze nach Świnoujście (s. Tour S. 229).

Schlafen

Stilvoll genießen

Villa Auguste Viktoria: Eine um 1900 erbaute Jugendstilvilla mit 22 gemütlichen Zimmer und Suiten in warmen Apricottönen. Viele alte Möbel verleihen Flair. Konditorei und Café mit hübschem Wintergarten.
Bismarckstr. 1–2, T 038378 24 10, www.auguste-viktoria.de, DZ/Suiten ab 115–165 €

Familiär in der der ersten Reihe

Pension Seeperle: Ein zuvorkommend geführtes Haus an der Promenade. Das Restaurant-Café im Erdgeschoss ist von Februar bis Oktober geöffnet, Halbpension ist ganzjährig möglich. Ein dickes Plus ist der Gratisparkplatz hinterm Haus.
Dünenstr. 38, T 038378 2550, www.seeperle-ahlbeck.de, DZ ab 95–125 €

Essen

Umwerfender Platz überm Meer

Restaurant-Café Seebrücke: Gemütliche Sitzecken in historischem Ambiente, am schönsten sind natürlich die Plätze am Fenster. Die vielseitige Karte hält für jeden Geschmack etwas bereit (10–26 €). In der integrierten **Kogge,** einer maritim-gemütlichen Bar, werden ab 18 Uhr Cocktails serviert. Mehrmals pro Woche abends Livemusik.
Seebrücke, www.seebruecke-ahlbeck.de, tgl. ab 11 Uhr

Köstlicher Fisch!

Carl's Kneipe: Ein kleines auch von Insulanern geschätztes Lokal. Frische, bodenständige Küche (Hauptgerichte ab 12 €), auch gute Weine. Praktisch sind die Terrassenplätze mit einem Spielplatz in Sichtweite. Ein bisschen Warten mit kleineren Kindern ist also kein Problem. Besser reservieren, nur Barzahlung.
Seestr. 6b, T 038378 304 37, Do–Di 17–22 Uhr

Einkaufen

Wie gemalt

Galerie Köpp: In einem der ältesten Häuser im alten Dorfkern von Ahlbeck verbirgt sich die Galerie. Volker Köpp ist ein Inselkind, das zurückgekehrt ist und malt, was er sieht: Bädervillen, Strandkörbe und Menschen am Meer, aber auch Stillleben, Pensionszimmer und Porträts. Ausdrucksstark und realistisch, schön und zugleich authentisch.
Talstr. 3, T 038378 32382, www.galerie-koepp.de, Mai–Okt. Mi–So 17–20 Uhr

Schnäppchen

Swinemünder Grenzmarkt: Gleich hinter dem Grenzübergang 3 km von Ahlbeck entfernt stößt man auf die ersten Ausläufer des sogenannten Polenmarktes. In Buden, offenen Ständen und Verschlägen werden Textilien, Tabakwaren, CDs, DVDs, Taschen, Rucksäcke usw. angeboten. Probierenswert sind die regionalen Spezialitäten wie Backwaren, Käse, Wurst. An der Zufahrtsstraße kleine private Stände mit Früchten der Saison wie Waldpilze oder Himbeeren.

Bewegen

Bei jedem Wetter

Ostseetherme: Der Name Therme ist etwas hochgegriffen. Bei schlechtem Wetter stellt die Bade- und Wellnessoase zwischen Ahlbeck und Heringsdorf dennoch eine gute Alternative zum Strand dar.
Lindenstr. 60, www.ostseetherme-usedom.de

Infos

• **Touristen-Information Ahlbeck:** Dünenstr. 45, 17419 Seebad Ahlbeck, T 038378 49 93 50, www.kaiserbaeder-auf-usedom.de.

Usedomer Schweiz ♀ N5/6

Sie lieben stille Winkel, dann sind Sie hier genau richtig. Unmittelbar hinter den Kaiserbädern erstreckt sich die Usedomer Schweiz mit einer traumhaft schönen Hügel- und Seenlandschaft. Traditionsreiche Ausflugslokale und ein gut ausgebautes Netz an Wander- und Radwegen verlocken zu ausgedehnten Touren fern vom Trubel der Seebäder. Kein Matterhorn, aber doch einige kleinere und größere ›Berge‹ prägen das

TOUR
Ein Blick über die Grenze

Auf der Europapromenade nach Świnoujście (Swinemünde)

Infos

♥ ○ 5–6

Strecke: Seebrücke Ahlbeck–Mühlenbake ca. 5 km, Mühlenbake–Anleger Bäderschiffe ca. 3,5 km, Anleger–Grenzmarkt knapp 2,5 km

Grenzübergang: frei passierbar

Verkehrsmittel: tgl. Ausflugsschiffe (www.adler-schiffe.de) und Verbindungen mit der Bäderbahn RB 23 (www.bahn.de)

Tourist-Info: Informacja Turystyczna, plac Słowiański 6/1, nahe Schiffsanleger, www.swinoujscie.pl/de, Website mit interaktivem Stadtplan und Öffnungszeiten der Sehenswürdigkeiten

Geld: Fast überall kann man mit Euro bezahlen, vor allem auf dem Markt wird aber oft nicht korrekt umgerechnet.

Eine Stippvisite im ›polnischen Rimini‹ gehört für die meisten Usedombesucher zum Ferienprogramm. Die Fahrzeit mit der Bäderbahn beträgt ab Ahlbeck sechs Minuten. Schöner ist die Anreise mit dem Bäderschiff. Die meisten Urlauber und die Usedomer Pendler queren die grüne Grenze jedoch zu Fuß oder mit dem Rad.

Gel(i)ebtes Europa

Seit 2011 verbindet die **Europapromenade** die **Kaiserbäder** mit dem polnischen **Świnoujście**. An der Stelle, wo einst der Grenzstreifen verlief, öffnet sich der Wald zu einem freien Platz. Eine 3,5 m hohe **Edelstahlklammer** ❶ in Form eines Tors – das deutsche Wappen links, das polnische rechts – soll das Zusammenwachsen der beiden Nationen symbolisieren. Junge Leute haben damit ohnehin kein Problem, weil in den Kaiserbädern ›nichts los ist‹, stürzen sie sich nachts gerne in das trubelige Swinemünder Clubleben. Heute ist Party, die Vergangenheit war gestern.

Nirgendwo an der Küste ist es internationaler

Knapp 5 km sind es von der Ahlbecker Seebrücke bis zur berühmten **Mühlenbake** ❷ (Stawa Młyny) auf der Westmole von Swinemünde. Das blütenweiß gestrichene Navigationszeichen in Form eines Rundturms mit aufgesetzten Windmühlenflügeln markiert seit den 1870er-Jahren die Hafeneinfahrt des Seebads. Schiffe aus aller Welt ziehen am Horizont vorbei. Strandspaziergänger und Fotofreunde teilen die Freude am frischen Seewind und an der Aussicht. Von hier könnte man am wundervollen **Sandstrand** zurücklaufen. Aber da Sie schon einmal in Polen sind, Swinemünde ist reich an Geschichte und reich an Attraktionen.

Das echte Kaiserbad

Im 19. Jh. entwickelte sich der junge preußische Seehafen **Swinemünde** zum größten Seebad Deutschlands. Viele Jahrzehnte fand sich hier die feine Berliner und

Swinemünde ist zweigeteilt. Das eigentliche Seebad liegt auf **Usedom,** die östliche Stadthälfte auf der Insel **Wollin.** Die Świna (Swine), ein Mündungsarm der Oder, trennt die beiden Inseln und die Stadt. Die kostenlose Stadtfähre (Żegluga Świnoujska) garantiert zuverlässig die Verbindung von Ufer zu Ufer.

Stettiner Gesellschaft zur Sommerfrische ein. Besuche Kaiser Wilhelms (Regierungszeit 1888–1918), der in den benachbarten Kaiserbädern nur mal auf einen Tee vorbeischaute, waren keine Seltenheit. Seine Jacht Hohenzollern, die für repräsentative Zwecke und viele Staatsreisen diente, hatte hier ihren Liegeplatz. Nach dem Ende des Zweiten Weltkriegs fiel die bei einem verheerenden Luftangriff im März 1945 zum großen Teil zerstörte Stadt an Polen.

Bestens bewacht

Der Wander- und Radweg folgt vom Strand dem Verlauf der **Swine** Richtung **Hafen.** Auf der Wolliner Seite erhebt sich der 1857 in Betrieb gestellte **Leuchtturm** ❸ (Latarnia Morska, Eintritt nur in Złoty bezahlbar). Mit 64,8 m ist er der höchste der Ostsee. 308 Stufen sind es hinauf zur grandiosen Aussicht. Auf der Usedomer Seite verstecken sich im Dünenwald die **Westbatterie** ❹ (Fort Zachodni) und die markante **Engelsburg** ❺ (Fort Aniola). Beide stehen Besuchern offen. Von den Festungsanlagen aus der Preußenzeit erstreckt sich Richtung Stadtzentrum der **Kurpark** ❻ (Park Zdrojowy). Geplant wurde er 1826 von Peter Joseph Lenné, dem Generaldirektor der preußischen Gärten, der allerdings nach Streitigkeiten über die Bezahlung noch vor der Fertigstellung abreiste. Die östlichen Bereiche der weitläufigen Anlage prägen

231

urwüchsige Wald- und Buschbestände. Den Westteil durchziehen gepflegte Wege und Sichtachsen. Die exotischen Bäume stammen teils noch aus den Anzuchtgärten von Schloss Sanssouci in Potsdam.

Am Abend zieht es Spaziergänger und Fotografen hinaus auf die Westmole von Swinemünde. Im Licht der untergehenden Sonne wirkt die Mühlenbake wie ein Turm aus Tausendundeiner Nacht.

Fontane fände sich nicht mehr zurecht
An der Swine mitten im Stadtzentrum gehen die Ausflügler von Bord der Seebäderschiffe. Vom **Anleger** ❼ sind es nur ein paar Schritte flussabwärts zum ehemaligen Rathaus und ältesten Gebäude der Stadt von 1804, das heute als **Museum für Hochseefischerei** ❽ (Muzeum Rybołówstwa Morskiego; Plac Rybaka 1) dient. Einen Straßenblock stadteinwärts vom Anleger stößt man am Plac Kościelny auf die 1793 eingeweihte **Christ-König-Kirche** ❾ (Kościół Chrystusa Króla). Von Juni bis August finden hier jeden Samstag im Rahmen des internationalen Musikfestivals die **Swinemünder Orgelabende** statt. Gegenüber der Kirche erinnert in der Ulica Marynarzy 7 – ein gesichtsloser Plattenbau – eine **Gedenktafel** an den Dichter Theodor Fontane (1819–98). Hier befand sich seinerzeit die Stadtapotheke, die sein Vater von 1827 bis 1832 leitete.

In den Alltag eintauchen
Swinemünde ist keine Gesamtschönheit, zu groß waren die Kriegszerstörungen. Selbst im Zentrum dominieren in vielen Seitenstraßen trostlose Wohnblocks der Nachkriegsjahre. Doch je weiter man sich von den touristischen Anziehungspunkten entfernt, desto mehr taucht man ein in den polnischen Alltag, wird seltener Deutsch oder Englisch gesprochen, sinken die Preise für einen Kaffee oder beispielsweise *pierogi*, die wunderbaren gefüllten Teigtaschen. »*Smacznego!*« (Guten Appetit).

Die *pierogi* kann man auch auf dem **Grenzmarkt** ❿ kosten. Vor allem aber werden in Buden und an offenen Ständen Textilien, Tabakwaren, Alkohol, CDs und DVDs, Glas, Kristallwaren und Gartenzwerge angeboten – vieles gefälschte Markenware. Die Attraktion des Marktes kann das nicht schmälern.

Seine Swinemünder Eindrücke und Erlebnisse beschrieb Theodor Fontane in dem 1884 erschienen Werk »Meine Kinderjahre«.

zauberhafte Hinterland der Seebäder (s. auch Tour S. 224). Die Grenzen der ›Schweiz‹ lassen sich nicht genau bestimmen: Auf jeden Fall dazu gehören der Gothensee und der Schmollensee mit dem Kirch- und Mühlendorf Benz.

Still ruht der See

Westlich von Bansin breitet sich auf knapp 4 km Länge und 2 km Breite der **Schmollensee** aus, der eine durchschnittlichen Wassertiefe von 2,70 m aufweist. Das größtenteils mit Schilfrohr bewachsene Seeufer bietet vielen Vögeln beste Brut- und Rastbedingungen. Am Ostufer des Sees liegt das alte Bauern- und Fischerdorf **Sellin** mit einer kleinen Badebucht, ein paar Ruderbooten und einem zauberhaft abgelegenen Naturcampingplatz (T 0152 33 88 32 26, www.nandalee-camping.de). Hier können Sie wunderbar in den Sonnenuntergang träumen.

ZEIG MIR MEHR UND ERZÄHL MIR WAS

Sie wollen eine Unterbrechung vom Strandleben? Wie wäre es mit einer **Insel-Safari?** Bis zu acht Teilnehmer verbringen den Tag in freier Natur, beobachten Reiher und Kraniche, mit Glück auch Biber. Sie wandern, fahren Schlauchboot oder Rad, kochen und entspannen am Lagerfeuer. Wer sich anmeldet, wird mit dem Land Rover von jedem Punkt der Insel abgeholt (Dauer 5–10 Std., www.insel-safari.de). Nicht nach Ihrem Geschmack? Wanderungen und Radtouren unter sachkundiger **Führung** veranstaltet der **Naturpark Usedom** (www.naturpark-usedom. de, Ende April–Mitte Okt. Mo–Fr, Programme in den Tourist-Informationen, Teilnahme teils kostenlos).

Auffällige Landmarke

Reizvoll eingebettet in die Hügellandschaft südlich des Schmollensees ist das 300-Seelendorf **Benz**. In seiner Mitte erhebt sich die sehenswerte **St.-Petri-Kirche**, ein einschiffiger Backsteinbau aus der ersten Hälfte des 15 Jh. Im Rahmen des **Benzer Kirchensommers** bzw. **Benzer Kammermusikfests** (Juli, Aug. in der Regel Di, Do 20 Uhr, www.kirche-benz. de/Kirchensommer) erklingt hier Musik vom Feinsten. In Sichtweite der Kirche lädt das sympathische **Café Alte Feuerwehr** im Sommerhalbjahr zu einer Pause im Kaffeegarten ein (www.kaffee garten-altefeuerwehr.de).

Highlight von Benz im doppelten Sinn des Wortes ist die um 1830 erbaute, 16 m hohe **Holländerwindmühle,** die weit sichtbar auf einer Hügelkuppe thront. Sie war eines der Usedomer Lieblingsmotive des amerikanischen Künstlers Lyonel Feininger (s. Magazin S. 258). Die Mühle war bis 1971 in Betrieb, danach erwarb sie der Maler Otto Niemeyer-Holstein, der sie vor dem Verfall rettete. Heute dient sie als Kulturmühle. Im Backhaus werden Getränke und hausgemachte Kuchen serviert – mit sensationellem Ausblick über das Land Dorfstr. 2, Stoben, www.muehle-benz.de, April–Okt. Di–So 10–17 Uhr

Ein typisches Gutsdorf

Ein Wasserschloss und ein Gutshaus, dazu eine mittelalterliche Kirche – **Mellenthin** ist sehenswert. Das verträumte Dorf südlich des Lieper Winkels ist vor allem bekannt für das **Wasserschloss** (www.wasserschloss-mellenthin.de), das Ende des 16. Jh. entstand und heute als Hotel mit Restaurant, Café, Kafferösterei und Brauerei genutzt wird. Hier kann man herrschaftlich wohnen, Livemusik zur festlich gedeckten Tafel oder auch nur entspannt Waffeln im sonnigen Innenhof genießen. Vom Schloss führt die von Linden gesäumte Dorfstraße zum sorgfältig restaurierten **Gutshof.** Auch er beherbergt ein Restaurant und Café sowie Ferienwohnungen. Vom Kaffeegarten gut sichtbar: Das Storchennest auf dem Dach des Hofs, in dem ein Storchenpaar in jedem Sommer seine Jungen aufzieht. Nur ein paar Schritte sind es zur **Dorfkirche,** deren älteste Teile aus dem 14. Jh. stammen. Sehenswert im Inneren sind Kreuzrippengewölbe, die 1931 freigelegten Freskenreste aus dem 14. Jh. sowie die Grabplatte des Bauherren des Schlosses Rüdiger von Neuenkirchen und seiner Gattin (Ende 16. Jh.).

Lieper Winkel

♀ M/N5

Einfach mal abschalten
Über Mellenthin und Morgenitz schlängelt sich die Straße durch mehrere Dörfer Richtung Lieper Winkel, der sich als Halbinsel weit in das Achterwasser hineinschiebt. **Morgenitz** präsentiert sich als ein Bilderbuchdorf mit holprigen, kopfsteingeplasterten Straßen, rohrgedeckten Häusern, einer weithin bekannten Töpferei und einer zauberhaften kleinen Kirche, für deren Erhalt sich der Förderverein ›Dorfkirchen am Lieper Winkel‹ (dorfkirchen-am-lieper-winkel.de) einsetzt. Mitten auf der Halbinsel befindet sich **Liepe** mit der 1216 erstmals erwähnten Dorfkirche St. Johannis.

Außer den Kirchen kann die Halbinsel keine anderen größeren kulturellen Sehenswürdigkeiten aufweisen. Verschlafene Dörfer setzen Akzente inmitten mooriger Wiesen, Schilfwäldern und Weiden. Auf rohrgedeckten Fischer- und Bauernkaten nisten Störche, dazwischen schmucklose Wohnhäuser aus den 1970er-Jahren und das eine oder andere neu erbaute Rohrdachdomizil. Ein schönes Ausflugs-

ziel ist der **Rankwitzer Hafen** mit einer ganzjährig geöffneten Fischräucherei. Mein Tipp: Die Ferienhäuser für zwei bis vier Personen direkt am Hafen. Besonders in der Abendsonne ist die Stimmung zauberhaft (www.hafen-rankwitz.de/ferienhaeuser.de, erste Nacht 115 €, jede weitere 85 €).

Usedom-Stadt ♀ N6

Das gediegene, hübsche Städtchen Usedom, das bereits 1298 lübsches Stadtrecht erhielt, ist Namensgeberin der Insel. Wer auf dem Weg in die Ostseebäder hier einfach vorbeirauscht, verpasst nicht nur das durchaus sehenswerte historische Zentrum, sondern auch den Hafen und Relikte einer bemerkenswerten Geschichte.

Alte Zeiten, neue Zeiten
Wahrzeichen der Stadt ist das **Anklamer Tor,** ein hübsch gegliederter Backsteinbau von 1450. Es blieb als einziges der ursprünglich drei Stadttore erhalten und ist heute Sitz des **Heimatmuseums** (die Ausstellung ist veraltet, ein neues Konzept ist geplant).

Im ehemaligen **Stadtbahnhof** an der Bundesstraße 110, die hier übrigens den freundlichen Namen Bäderstraße trägt, lohnt das **Klaus-Bahlsen-Haus** mit dem Informationszentrum des **Naturparks Insel Usedom** und der bestens ausgestatteten **Stadtinformation** einen Besuch. Vor dem Haus befindet sich eine Station des inselweiten **Fahrradverleihsystems UsedomRad.** Warum also nicht das Auto stehen lassen?

Naturpark Insel Usedom: Bäderstr. 5, T 039372 76310, www.naturpark-usedom.de, Mai–Sept. 10–18, Sa 10–14, Okt.–April Mo–Fr 10–16 Uhr, Eintritt frei; **Radverleih:** https://usedomrad.de

Berühmt war gestern

Alles ist da, was es für ein Städtchen braucht: ein Tor, ein historischer Marktplatz und die imposante, spätgotische **Marienkirche** aus der zweiten Hälfte des 15. Jh. Aber wenn nicht gerade Markttag ist, wirkt die Stadt Usedom verlassen. Zu den Spuren einstiger Größe muss man am Markt dem Schild zum Hafen folgen, durch eine von niedrigen Wohnhäusern gesäumte Straße. Auf halber Strecke zweigt linker Hand der Weg zum **Schlossberg** ab, auf dem sich ab dem 10 Jh. eine slawische Burgsiedlung befand. Um 1115/1119 wurde sie von den Dänen zerstört. 1128 gelang es hier dem missionierenden Bischof Otto von Bamberg, die wendischen Fürsten Westpommerns von den Vorzügen des Christentums zu überzeugen. Bis Mitte des 13 Jh. war Usedom eine der Lieblingsresidenzen der Herzöge von Pommern. Lang ist's her.

Jetzt fahr'n wir um den See

Der **Hafen** am Usedomer See liegt abseits des Zentrums. Lange war hier (zu) wenig los. 2018 wurde der Ausbau in Angriff genommen. Ein **See-Center** für Wassersportler und Bootstouristen soll mehr Gäste anziehen. Die Einfahrt übers Wasser erfolgt vom Stettiner Haff durch die **Kehle**, eine nur 60 m breite Durchfahrt. An ihrem Ostufer liegt das winzige Inseldörfchen **Ostklüne,** gegenüber der **Weiler Westklüne.** In der Saison betreibt die Familie Gaede aus Westklüne eine **Ruderfähre** (T 0151 15 35 87 75 oder 038372 717 04) zwischen den beiden Orten und ermöglicht es Radfahrern, den **Usedomer See** zu umrunden. Eine superschöne Tour! Zwei Personen und zwei Fahrräder können gleichzeitig befördert werden. Der Fährmann wird über eine Klingel am Anleger gerufen. Wer sichergehen möchte, dass er Dienst hat, sollte vorher anrufen. Wenn es nicht

Nicht zu verwechseln mit Schloss Stolpe ist der Stolperhof in träumerischer Alleinlage nördlich des Dorfs. Hier lernen Feriengäste das echte Leben auf dem Bauernhof und Usedom ganz natürlich kennen.

klappt, ist es auch nicht schlimm, dann fahren Sie einfach zurück – zurück nach Usedom-Stadt. Auf der Westseite ist die Strecke übrigens in etwa genauso lang wie auf der Ostseite, wo Sie unbedingt einen Abstecher zur Käserei von Steffen Schultze (s. Zugabe S. 237) in Welzin machen sollten.

Trecker, Schlepper, Dieselrösser
Wer Landtechnik liebt, ist hier richtig. Die **Traktoren Welt Usedom** liegt am Abzweig von Usedom-Stadt nach Stolpe. Im Museum der Usedomer Traktoren und Schlepperfreunde sind Traktoren, landwirtschaftliche Geräte und Schlepper aus über einem Jahrhundert ausgestellt. Stolper Str. 1d, T 0160 440 79 99, www. traktoren-welt-usedom.de, Mi–So 11–16, Erw. 5 €, Kinder bis 16 Jahre 2 €

Schlafen, Essen

Allrounder
Eiscafé und Pension Roseneck: Ein angenehmes, familiär geführtes Haus in ruhiger Lage am historischen Markt. Es vereint Eiscafé, Restaurant (Di–So 12–19 Uhr), kleinen Biergarten. Es gibt auch eine Internetecke. Zudem werden Ferienwohnungen für zwei bis vier Personen vermietet. Parken ist kostenlosen. Rosenstr. 8, T 038372 76737, www.roseneck-usedom.de, FeWo 70–85

Einkaufen

Rund ums Schaf
De Spinndönz: Ein kleiner, besonderer Laden, der sich dem Handwerk vergangener Zeiten widmet. Das Sortiment umfasst Strickwaren, Fellprodukte, Naturmaterialien. Zudem werden Web- und Spinnkurse angeboten. Markt 16 (gegenüber der Kirche), T 038372 763 90, www.spinndoenz.de, März–Okt.

Mo–Sa 10–18, April–Sept. auch So 11–17, Nov.–März Di, Fr 10–17 Uhr

---

Karnin ♀ M6

Endstation mit Aussicht
Südwestlich von Usedom-Stadt, im äußersten Südwesten der Insel, liegt das stille Dorf **Karnin,** eine holprige Dorfstraße führt mitten hindurch, sie endet auf einem Parkplatz an der Peene. Hier gibt es einen Imbiss, einen Spielplatz und einen Aussichtspavillon mit Blick über den Bodden. Im Sommerhalbjahr verkehrt eine kleine Personen- und Radfähre hinüber nach Kamp zum Festland. Die Überfahrt führt dicht an der denkmalgeschützten, historischen **Eisenbahnhubbrücke Karnin** (s. Magazin S. 292) vorbei und ist wunderbar zu kombinieren mit einer Radtour. Fähre: T 01772834504, www.fähre-kamp-karnin.de, Erw. 7,50 €, mit Fahrrad 10 €, Rückfahrt am selben Tag kostenlos

---

Usedomer Haffküste ♀ N–O6–7

Von Usedom-Stadt führt der, mit einem Eichenblatt markierte **Ostseeküsten-Radweg** durch Wald, Wiesen und Dörfer Richtung Polen. Am besten folgt man ihm mit dem Rad. Hübsch ist das alte Kirchdorf **Stolpe.** Den Dorfkern bilden die neugotische, von altem Baumbestand umgebene Kirche und das oft als **Schloss** (April–Okt., www.schloss-stolpe.de) bezeichnete ehemalige Gutshaus. Im Zuge der Bodenreform wurde die letzte Gutsherrin, Gräfin Freda von Schwerin, enteignet. Mit einem Handwagen verließ sie den Familienbesitz, der fortan von lokalen

ROMANTIK HIN, ROMANTIK HER

R

Wegen der Bauarbeiten am Usedomer Hafen musste das **Zeesenboot Romantik** (T 0173 607 97 68, www.zeesenboot.de, Mai–Okt., 16 €) verlegt werden. Sie finden es nun im Naturhafen Krummin südlich von Zinnowitz, von wo es zu Segeltörns auf Achterwasser und Peenestrom ausläuft. Informationen erteilt Rika Harder, die auch ein Ferienhaus in Westklüne vermietet – ein Tipp für alle, die die ruhigen Seiten der Insel zu schätzen wissen.

Einrichtungen genutzt wurde – der bauliche Niedergang nahm seinen Lauf. Das öffentlich zugängliche Schloss, das heute wieder den Rahmen für verschiedene Veranstaltungen, Ausstellungen und Konzerte bietet, wird etappenweise saniert.

Letzter Hafen vor Polen

Von Stolpe geht es weiter – zum Teil mit wunderschönen Ausblicken über das Stettiner Haff. Eine Perle ist das abgelegene Fischerdorf **Kamminke.** Früher wurden von hier aus Butterfahrten ins nahe Polen unternommen, als diese wegfielen, wurde es still. Heute verkehrt eine Reederei in der Saison zwei- bis dreimal am Tag über das Haff nach Ueckermünde, Fahrräder werden an Bord genommen. Ein oder zwei Fischerboote liegen vor Anker. In der **Räucherei Klönsnack** kann man einen Happen essen und gemütlich ein Bier trinken. In der Saison wird am Wochenende Livemusik geboten. Gleich nebenan erstreckt sich eine geschützte schöne **Badebucht** mit Sandstrand – ein perfekter Platz, um den Sonnenuntergang zu genießen. Hier stehen gerne Wohnmobile und Campingbusse, auch über Nacht (Parkschein zuletzt 10 €/Nacht).

Bewegender Abschied

Vor dem Abzweig von der B 110 nach Kamminke ragt voraus der **Golm** auf, die mit 69 m höchste Erhebung Usedoms. In der reizvollen Landschaft, die in der Blütezeit des Seebads Swinemünde zu Beginn des 20. Jh. viele Ausflügler anzog, hinterließ der Zweite Weltkrieg traurige Spuren. Ab Mitte 1944 entstand auf halber Höhe des Golm zunächst ein Soldatenfriedhof. Nach den verheerenden Bombenangriffen auf Swinemünde in den letzten Kriegstagen, die 6000 bis 10 000 Menschen das Leben kosteten, fanden mehrere Tausend der Opfer auf dem Golm ihre letzte Ruhestätte. Ihnen ist die beeindruckende **Kriegsgräberstätte** (www.volksbund.de) gewidmet, deren Halbrund an ein prähistorisches Ringgrab erinnert. Hier sind die der DDR-Hymne entnommenen Worte Johannes R. Bechers zu lesen: »Dass nie eine Mutter mehr ihren Sohn beweint«. Ergreifend ist die 1952/53 vom Bansiner Bildhauer Rudolf Leptien geschaffende Steinplastik der trauernden und frierenden Frau im Soldatenmantel. Am Mahnmal kann man dem Wegweiser **Aussichtspunkt** über einen wurzeligen Waldweg hinauf zum Gipfel des Golm folgen. Von dort überblickt man das städtische Świnoujście.

Schlafen, Essen

In historischen Mauern

Schloss Stolpe: Im ehemaligen **Marstall,** der einst Kutschen und Pferde der gräflichen Familie aufnahm, kann genächtigt werden. Die stilvollen Apartments (für 2–6 Pers.) sind nach berühmten Pferden benannt. Im Restaurant **Remise** wird *à la carte* getafelt (Gerichte 13–27 €).
Alte Dorfstr. 7, Stolpe, https://schloss-stolpe.de; **Marstall:** DZ/FeWo ab 90–140 €; **Remise:** T 038372 77 80 80, Do–So ab 12 Uhr, durchgehend warme Küche

Zugabe
Ein Älpler an der See

Inselkäserei Usedom

Die Käserei von Steffen Schultze liegt nicht am Weg – man muss schon hinwollen. Vereinzelt weisen handgemachte Schilder die Richtung zu dem alten Bauerngehöft aus dem 12. Jh. – am abgelegenen Rand des abgelegenen Örtchens Welzin. Besucher sind jedoch gern gesehen.

Im Einmannbetrieb produziert der gebürtige Schwarzwälder köstlichen Käse auf traditionelle Schweizer Weise. Denn in der Schweiz hat er sein Handwerk gelernt. Vom Käsevirus infiziert, wollte er nie etwas anderes als guten Bergkäse machen. Dazu braucht es Tausende Liter Biomilch – von Kühen, die nicht mit Silage gefüttert werden. In den Alpen ist das kein Problem, woanders aber ist sie schwer zu bekommen. Auf Usedom fand Steffen einen alten Hof mit einem Biobauern als Nachbarn, dessen Kühe auf kräuterreichen Weiden und Wiesen grasten. Nachdem der Nachbar auf eine Biogasanlage umgestiegen ist, kommt die Biomilch aus der Schweiz – der Usedomer. »Schreib ruhig, dass ich mehr Biomilch brauche«, trägt Steffen mir auf.

Wer mag, kann einen Blick (durch eine Glasscheibe) in die Produktionsräume werfen, im Hofladen Usedomer Jung, Mittel und Alt, Welziner Hartkäs und

Viel Zeit investiert Steffen Schultze in jeden Laib Käse – regelmäßig wird gewendet und eingerieben mit Salzlake, Rotwein, Molke oder Grünem Tee.

Zigotter probieren oder im Scheunencafé einkehren. Manchmal ist Zeit für einen Schnack in der Sonne vor der Käserei. Eben noch die Käselaibe gepflegt – gebürstet, gewendet, mit Rotwein gewaschen –, dann Käse probieren lassen, dann einen Kaffee ausschenken und ein Stück Käsekuchen servieren, zwischendurch wieder in den Laden springen und Käse verkaufen. Meist macht Steffen das alles selbst. Zeit und Geld, das marode Dach des Hofes sanieren zu lassen, hat er nicht. Fördermittel kämen gut und sind unbedingt erforderlich, um weitermachen und dieses Aushängeschild der Insel erhalten zu können (Dorfstr. 30, Welzin, T 038372 761 39, www.inselkaese.de, Mo–Sa 10–17/18, So 13–17/18 Uhr; auch Verkauf feiner Glaskunst von Bruder Holger Schultze). ■

»Einfach anfangen und immer der Nase nach.«

Das Kleingedruckte

Mehr braucht es nicht für einen Strandtag.

Anreise

... mit dem Auto

Die wichtigste Verkehrsader Mecklenburg-Vorpommerns ist die parallel zur Küste verlaufende **Ostseeautobahn A 20** von Lübeck nach Stettin (Polen). Zubringerautobahnen sind die **A 24** von Hamburg nach Berlin, die **A 19** von Berlin nach Rostock sowie die **A 14** von Schwerin nach Wismar.

Brückenöffnungszeiten

Die Fahrt nach Rügen wird seit der Inbetriebnahme der neuen Rügenbrücke nicht mehr durch Brückensperrungen verzögert. Auf der Fahrt nach Usedom muss man jedoch weiterhin damit rechnen, dass die **Zecheriner Brücke** (erreichbar über die B 110) und die **Wolgaster Brücke** (erreichbar über die B 111) fünfmal täglich für etwa eine Viertelstunde für den Autoverkehr gesperrt sind. Auch die **Meiningenbrücke** an der L 21 zwischen Bresewitz und Zingst (Halbinsel Darß) wird für die Schifffahrt geöffnet. Aktuelle Brückenöffnungszeiten erhält man unter www.wsa-stralsund.wsv.de/Service/brueckenoeffnungszeiten/index.html.

... mit Bahn und Bus

Intercity-Züge verbinden viele deutsche Städte mehrmals täglich direkt mit Rügen, Usedom sowie den Städten an der Ostseeküste. Auf www.bahn.de kann man den gewünschten Zielort eingeben. Wenn dieser keinen Bahnanschluss hat, wird automatisch die passende Busverbindung angezeigt. Zielterminal der im Sommer verkehrenden **Autozüge** aus Lörrach und München sowie Wien und Villach ist Hamburg. Infos unter: www.urlaubs-express.de, www.autoreisezugplaner.de.

Direkte **Fernbusverbindungen** gibt es nach Wismar, Rostock, Fischland-Darß-Zingst, Usedom, Greifswald,

STECKBRIEF

Lage: Die Ostseeküste Mecklenburg-Vorpommerns erstreckt sich von der Grenze zu Schleswig-Holstein bis zur deutsch-polnischen Grenze über 340 km.
Einwohner: Ca. 1,6 Mio. in Mecklenburg-Vorpommern insgesamt.
Städte: Rostock (208 000 Einw.), Landeshauptstadt Schwerin (96 000 Einw.), Stralsund (60 000 Einw.), Greifswald (59 000 Einw.), Wismar (43 000 Einw.).
Wirtschaft und Tourismus: Mecklenburg-Vorpommern zählt zu den wirtschaftlich schwächeren Bundesländern, insgesamt ist die Entwicklung auf dem Arbeitsmarkt aber positiv (Arbeitslosenquote 2018 durchschnittlich 7,9 %). Wichtige Branchen sind die Ernährungswirtschaft und der maritime Sektor mit Werften und Reedereien. Die Wind- und Solarenergiebranche befindet sich im Aufwind, Unternehmen der Bio- und Umwelttechnologie sowie der Medizintechnik haben sich im Umfeld der Universitätsstädte Greifswald und Rostock angesiedelt. Größte Hoffnungen ruhen auf dem (sanften) Tourismus und dem Ausbau Mecklenburg-Vorpommerns zum Gesundheitsland Nr. 1.

CLEVER PLANEN

Achtung Rügen- und Usedomreisende! Die Inseln sind über Brücken mit dem Festland verbunden. Samstag ist der **Hauptanreisetag** für viele Ferienhäuser und -wohnungen. Die Folge sind lange Staus vor und auf den Brücken. Wer keine Lust darauf hat, sollte für die Anreise den Samstagnachmittag, für die Abreise den Samstag sowie den Sonntagvormittag vermeiden. Eine Alternative zum Stau auf der Rügenbrücke ist die Fahrt mit der Rügenfähre zwischen Stahlbrode und Glewitz/Rügen (www.weisse-flotte.de).

Rügen. Infos: www.flixbus.de, www.bahn.de, www.ubb-online.com.

… mit dem Flugzeug

Die nächsten internationalen Flughäfen sind Berlin (www.berlin-airport.de) und Hamburg (www.flughafen-hamburg.de). Regionale Flughäfen befinden sich in Rostock und Heringsdorf auf Usedom. Infos über Flugverbindungen nach Mecklenburg-Vorpommern findet man unter: www.flymv.de.

Bewegen und Entschleunigen

Angeln

Die Ostsee, Haff- und Boddengewässer sind ein Paradies für Angler. Wer innerhalb der Zwölfmeilenzone angeln möchte, benötigt einen Fischereischein sowie eine **Angelkarte,** die für die meisten Gewässer als Tages-, Wochen- oder Monatskarte bei Fischern, Fischereigenossenschaften, Angelvereinen, aber auch in Tourist-Informationen und Angelgeschäften erworben werden kann. Für Urlauber gibt es einen sogenannten **Touristenfischereischein** (Erstausstellung 24 €), der 28 Tage gilt und verlängert werden kann. Infos beim Landesanglerverband Mecklenburg-Vorpommern (www.lav-mv.de bzw. www.auf-nach-mv.de/touristenfischereischein). Eine Liste von Anbietern ein- und mehrtägiger Angeltouren hält die Website www.mv-maritim.de bereit.

Baden

Die von der **DLRG** bewachten Badestrände sind beflaggt. Bei starkem Wind und entsprechend hohem Wellengang sollte man auf das Schwimmen im Meer verzichten. Eine rot-gelbe Flagge am Mast der Wachstation bedeutet, dass sie besetzt ist. Eine zusätzliche gelbe Flagge signalisiert ein Badeverbot für ungeübte Schwimmer und Kinder, eine einzelne rote Flagge bedeutet generelles Badeverbot.

Die Badewasserqualität der Ostsee ist gut bis sehr gut. Viele Ostseebäder, Strände und Sportboothäfen werden regelmäßig mit der **Blauen Flagge** ausgezeichnet (www.blaue-flagge.de).

Tipp: Wem die Ostsee zu kalt ist, kann es im Bodden versuchen, dort liegen die Temperaturen etwa 2 °C höher als in der Ostsee.

Radfahren

Die Ostseeküste ist Fahrradland, das Wegenetz ist gut ausgebaut, in allen Seebädern findet man **Fahrradverleihe,** die zunehmend auch Elektrofahrräder anbieten.

Informationen über das gesamte **Wegenetz** und Unterkünfte entlang der Strecken sowie Tipps für Tagestouren bieten die Websites www.auf-nach-mv.de/Radwandern (Radfernwege und Radrundwege). Die vorzügliche, kostenlose Broschüre »Mecklenburg-Vorpommern Radurlaub natürlich entspannt. Mehr als

40 abwechslungsreiche Touren zwischen Ostsee und Seenplatte« kann man online bestellen oder auch downloaden. Fahrradfahrerfreundliche Gastbetriebe sind auf der Website www.bettundbike.de zusammengestellt.

Entlang der Küste zwischen Lübeck/Travemünde und Ahlbeck auf Usedom verläuft über ca. 400 km der **Ostseeküsten-Radweg**. Beliebt sind auch mehrtägige **Rundtouren**: Fischland-Darß-Zingst (ca. 205 km, vier Tage), Rügen Rundweg (ca. 275 km, fünf Tage), Usedom Rundweg (ca. 156 km, drei Tage), Stettiner Haff Rundweg (ca. 310 km, sieben Tage).

Reiten

Zahlreiche Reiterhöfe bieten Unterricht und Ausritte, einige auch Unterkunft für Reiter und Pferd an. Die Adressen sind in den Gastgeberverzeichnissen und auf den Websites der jeweiligen Region aufgelistet. Einen Überblick über die Reiterhöfe, Quartiere, Reiterferien, Wanderritte und Pferdeveranstaltungen gibt die Website www.auf-nach-mv.de/Reiten. Informativ ist weiterhin der kostenlose Prospekt »Reiturlaub in Mecklenburg-Vorpommern« (auch als Download).

Wassersport

Kein anderes deutsches Bundesland ist so reich an Küsten- und Binnengewässern wie Mecklenburg-Vorpommern. Gute **Segel- und Surfreviere** für Anfänger sind die ruhigen Boddengewässer sowie die Steh- und Flachreviere, etwa in der Mecklenburger Bucht (Hohen Wieschendorf, Zierow, Pepelow, Boiensdorfer Werder). Könner kommen auf der Ostsee, beispielsweise an der Westküste von Hiddensee, auf ihre Kosten. Ein Surferparadies für Anfänger und Fortgeschrittene ist Thiessow am südöstlichen Ende von Rügen. Immer beliebter werden **Kitesurfen** und **Stand-up-Paddling (SUP)**. Wer unter Wasser auf Entdeckung gehen möchte, findet auch attraktive **Tauchspots**.

Ein enormes Angebot an Aktivitäten – von Angelfahrten über Tauchkurse, Hausbooturlaub, Floß- und Kanufahrten, Segeltörns, bis zu Funsport und Events – listet die Website www.auf-nach-mv.de/maritim.

Wellness und Thalasso

Das Wohlfühlangebot an der Küste ist riesig. Viele Hotels werben mit einem umfangreichen Wellnessprogramm, das neben Pool und Saunalandschaft verschiedenste Anwendungen umfasst. Internationale Gesundheitstrends fehlen ebenso wenig wie die gute alte Kneippkur, Packungen mit Rügener Heilkreide oder Thalasso.

Wenn man am Meer steht und tief durchatmet, stellt sich das Wohlbefinden von ganz allein ein. **Thalasso** – abgeleitet vom griechischen Wort *thalassa* für Meer – beruht auf der uralten Erkenntnis, dass Meerwasser, Meeresluft und Sonne sowie Algen, Schlick und Sand zahlreiche gesundheitsfördernde und heilende Wirkstoffe enthalten. Thalasso ist zugleich Wellness und eine therapeutisch-medizinische Behandlungsmethode.

Für Pferd und Reiter ein besonderes Vergnügen – ein Ausritt am Brandungssaum.

Die Website www.auf-nach-mv.de/wellness informiert über Heil- und Seebäder, Angebote und Wellnesstipps auch für Kinder. Kur- und Gesundheitsangebote sind auch Thema des Bäderverbands Mecklenburg-Vorpommern, der zwei informative Broschüren (»Bäderbuch« und »Therapiebuch«) herausgibt. Infos unter: www.mv-baederverband.de.

Essen und Trinken

Deftige Hausmannskost
Seeluft macht hungrig. Die Verlockungen sind allgegenwärtig. Aus den selbst gebauten Räucheröfen der Fischer am Meer zieht der Rauch und duftet wunderbar nach Wacholderstrauch- und Buchenholzspänen. Ein Fischbrötchen zwischendurch geht immer. Traditionsreiche Gaststätten und Dorfkrüge servieren solide Hausmannskost. Auf den Speisekarten sind Schweineschnitzel, Entenbraten, in waldreichen Gegenden auch Wildgerichte, v. a. Wildschwein und Hirsch, zu finden. Kartoffeln – oder *Tüften* wie sie hierzulande genannt werden –, spielen seit jeher eine zentrale Rolle. Eine Spezialität ist das Mecklenburger Sauerfleisch. Das sauer eingekochte Schweinefleisch wird kalt – oft portionsweise im Glas – zu Bratkartoffeln serviert.

Fischer fischen frische Fische
Überaus reich ist das Angebot an Fisch und Meeresfrüchten. Gefischt wird das ganze Jahr über – Hering, Aal, Dorsch, Zander und Scholle – in der Ostsee und den Boddengewässern, in Flüssen und Seen. So mancher Wirt wird noch direkt von einem Fischer vor Ort beliefert, die Regel ist es allerdings nicht.

Der wichtigste Ostseefisch ist der **Hering.** Wenn sich im Frühjahr die Heringsschwärme ihren Weg an die Küste bahnen, beginnt für Fischer und Angler die Hochsaison. Auf dem Rügendamm ist dann kaum noch ein freier Angelplatz zu bekommen. Serviert wird das ›Silber des Meeres‹ in vielen Variationen: grün, gebraten, gegrillt, im Bierteig gebacken oder geräuchert. Eingelegt kommt er als Brathering oder als Rollmops auf den Tisch. Im Frühjahr laden **Heringswochen** auf Usedom, in Wismar und Warnemünde zum Schlemmen, Probieren und Feiern ein.

Der **Ostseeschnäpel** verdankt seinen Namen dem schnabelförmigen Maul. Gefischt wird der Lachsfisch nach der Schonzeit ab Ende November bis April, er wird gebraten, geräuchert oder auch mal als Sushi zubereitet.

Eine Spezialität ist der pfeilförmige **Hornfisch,** der Anfang Mai zum Laichen an die Ostseeküste kommt, man isst ihn mitsamt den grünen Gräten. Viele ausgefallene Rezepte werden während der Hornfischwochen auf Rügen und Usedom kreiert.

Schlemmen bei den Gourmets
Große Portionen mit viel Soße und Speck galten in Mecklenburg-Vorpommern lange als Inbegriff guten Essens. Mittlerweile geht es vielerorts leichter, kreativer und

Wenn der Fischer seinen Fang säubert, haben die Möwen gut lachen.

bewusster zu. In den Seebädern, aber auch abseits der Touristenströme haben sich die Spitzenköche weit über die Region hinaus einen Namen gemacht. Sterneküche bieten im Reisegebiet die folgenden Restaurants:
– **Friedrich Franz** im Grand Hotel Heiligendamm (www.grandhotel-heiligendamm.de, 4 Gänge 129 €);
– **Der Butt** in der Yachthafenresidenz Hohe Düne in Warnemünde (www.hohe-duene.de, 4 Gänge 119 €);
– **Ostseelounge** im Strandhotel Fischland in Dierhagen (www.gourmetrestaurant-ostseelounge.de, 7 Gänge 114 €);
– **Freustil** in Binz auf Rügen (www.freustil.de, 6 kleine Gänge 66 €);
– **The O'Room** in Heringsdorf auf Usedom, (https://strandcasino-marc-o-polo.com, 5 Gänge 125 €);
– **Gutshaus Stolpe** bei Anklam (www.gutshaus-stolpe.de, 4 Gänge 85 €).

Zum Nachspülen
»*En goden Happen brukt en goden Sluck to Verdauung.*« Mecklenburger und Pommern vereint die Vorliebe für Kümmel *(Köm)* und Bier. Die einheimischen Biersorten waren schon zu hanseatischen Zeiten berühmt. Gebraut wird heute noch in Rostock, Stralsund, Rambin auf Rügen, Lübz und in der Darguner Klosterbrauerei. Vielfach prämiert sind die **Störtebeker Brauspezialitäten** aus Stralsund (s. Magazinthema S. 270) und die seltenen Biere der **Rügener Insel-Brauerei** s. S. 112). Beide Brauereien bieten Verkostungen an.

Feiertage

1. Januar: Neujahr
März/April: Karfreitag und Ostermontag
1. Mai: Tag der Arbeit
Mai: Christi Himmelfahrt
Mai/Juni: Pfingstmontag
3. Oktober: Tag der Deutschen Einheit

BÄUERLICHE UND MARITIME TRADITIONEN

Tonnenfeste und **Zeesbootregatten** zählen zu den wichtigsten Ereignissen im Veranstaltungskalender der Halbinsel Fischland-Darß-Zingst. Tolle maritime Fotomotive bieten: Zingster Zeesboot- und Netzbootregatta (3. Sa Juni), Wustrower Zeesbootregatta (1. Sa Juli), Dierhäger Zeesbootregatta (3. Sa Juli), Kleine Fischländer Wettfahrt/Wustrow (letzter Sa Juli), Große Bodstedter Zeesbootregatta (1. Sa Sept.), Althäger Fischerregatta (3. Sa Sept.). Wer's folkloristisch mag, kommt zum Tonnenabschlagen: Born (Fastnachtstonnenabschlagen, 3. Sa Feb.), Barth (3. Sa Juni), Wieck (4. So Juni), Wustrow (2. So Juli), Ahrenshoop (3. So Juli), Klockenhagen (4. Sa Juli), Prerow (4. So Juli), Born (1. So Aug.), Dierhagen (Flutlicht-Tonnenabschlagen, (2. Sa Aug.).

31. Oktober: Reformationstag
25./26 Dezember: Weihnachten

Informationsquellen

Im Internet
www.auf-nach-mv.de: Tolle, ausführliche Website des Tourismusverbands Mecklenburg-Vorpommern mit Gastgeberverzeichnissen und Veranstaltungskalender. Es besteht die Möglichkeit zur Bestellung oder zum Download von Prospekten zu Aktivitäten, Schlössern, Nationalparks, Hofcafés, Einkauf im Hofladen, Wellness und vielen anderen Themen.
www.mecklenburg-vorpommern.de: Gut gemachtes Landesportal des Innen-

ministeriums mit vielseitigen Informationen zu Tourismus, Gesundheit, Kultur, Bildung und Wissenschaft, über die Geschichte und Wirtschaft des Landes. Daneben gibt es auch Aktuelles zu Museen und Veranstaltungen.
www.kultur-mv.de: Sorgfältig erstellte Informationen über Themen wie Architektur, Literatur, Musik, Theater, Gedenkstätten, Kulturdenkmale, Kirchen, Klosteranlagen und Museen. Dazu alle aktuellen Veranstaltungen und viele Buchtipps.
www.ostsee.de: Portal für die gesamte deutsche Ostseeküste von der dänischen bis zur polnischen Grenze. Urlaubsinformationen über sportliche Aktivitäten, Sehenswürdigkeiten, Veranstaltungen; auch Prospektbestellung.
www.ostsee-zeitung.de: Jede Menge Lesestoff zum aktuellen Geschehen bietet die größte Tageszeitung in Mecklenburg-Vorpommern.
www.wetterwarte-mv.de: Wettermeldungen und Hinweise für Wassersportler sowie Links zu den regionalen Wetterseiten.
www.blogverzeichnis-mv.de: Auch an der Ostsee wird gebloggt! Anders als Bismarck einmal geäußert haben soll, passiert in Mecklenburg-Vorpommern nicht alles 50 Jahre später als anderswo. Übersichtlich sortiert nach Regionen.

Tourist-Informationen und Kurverwaltungen

Alle Insel- und Küstengemeinden besitzen eine Tourist-Information, die gegen eine freiwillige Portogebühr Gastgeberverzeichnisse verschickt. Die Informationen vor Ort sind ganzjährig von Montag bis Freitag, in der Saison auch am Samstag und Sonntag geöffnet. Die Adressen sind im jeweiligen Kapitel des Reiseteils vermerkt.

Kinder

Wer mit Kindern schöne Ferientage erleben möchte, ist an der Ostseeküste genau richtig. Strand und Meer im Sommer sowie ganzjähriges Badevergnügen in Spaß- und Erlebnisbädern.

Die Fülle an oftmals kostenlosen Veranstaltungen für Kinder und familienfreundlichen Ausflugszielen ist überwältigend (www.auf-nach-mv.de/familienausflugstipps) zusammengestellt. In den meisten Gastgeberverzeichnissen wird auf familienfreundliche Unterkünfte hingewiesen.

Klima und Reisezeit

An der Ostseeküste herrscht ein kontinentales Klima mit maritimem Einschlag. Der kontinentale Einfluss mit heißen Sommern und kalten Wintern nimmt gen Osten zu. Auf Usedom scheint die Sonne durchschnittlich über 1800 Stunden pro Jahr, dazu fällt vergleichsweise wenig Regen. Eine frische Brise ist charakteristisch für die Küste. Sie reißt die Wolkendecke auf und sorgt für häufige Wetterwechsel. Ein Tag kann trübe beginnen und strahlend enden. Selten folgen mehrere Regentage aufeinander.

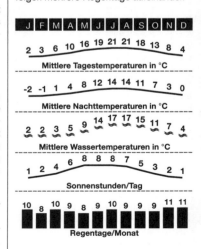

So ist das Wetter in Rostock.

Kleidung und Ausrüstung

Auch im Sommer gehören Regenzeug und feste Schuhe ins Gepäck, in der Vor- und Nachsaison zudem lange Unterwäsche, Schal und Mütze. Ein Ohrenschutz gegen den Wind, Sonnencreme sowie ein Mittel gegen Mücken, die vor allem an den Boddengewässern zur Plage werden können, sollte man immer dabeihaben. Selbstverständlich darf auch ein gutes Fernglas für die Vogelbeobachtung nicht fehlen.

Lesetipps

Ohne spannende Urlaubslektüre an die Ostsee reisen? Kein Problem, denn vor Ort gibt es eine große Auswahl an Regionalliteratur – ob historische Romane, geografische und kulturhistorische Standardwerke, Bildbände oder Ostseekrimis. Wer im Internet **Ostseekrimi** als Suchbegriff eingibt, stößt mit Sicherheit auf den **Hinstorff-Verlag** (www.hinstorff.de). Hier findet man zudem viele andere Werke mit Bezug auf Mecklenburg-Vorpommern. Auch das Buchprogramm des **Demmler Verlages** (https://shop.vggh.de/Demmler-Verlag) konzentriert sich stark auf die Ostseeküste. Sehr nützlich sind die Geologiebände, die die Funde am Strand erklären.

Sansibar oder der letzte Grund, Alfred Andersch: An einem Tag des Jahres 1937 treffen in dem kleinen Ostseestädtchen Rerik, das in der Beschreibung eher an Wismar erinnert, fünf Menschen zusammen, die aus dem nationalsozialistischen Deutschland fliehen wollen. Im Gepäck befindet sich die als entartete Kunst kategorisierte (nach Ernst Barlach gestaltete) Holzplastik »Lesender Klosterschüler«, die nach Schweden geschmuggelt werden soll.
Elisabeth auf Rügen, Elisabeth von Arnim: Eine Frau unterwegs als Individualtouristin zu Beginn des 20. Jh. Eine wunderbare Lektüre, die interessante, teilweise auch heitere Einblicke in die Frühzeit des Badetourismus und des Feminismus bietet.
Auf den Spuren der Wikinger und Slawen, Claudia Banck: Ein historisch-archäologischer Reisebegleiter mit ausführlicher Beschreibung der skandinavischen Händler in Rerik, Ralswiek und Menzlin sowie der Slawen im Dorf Mecklenburg und auf Rügen.
Vineta. Sagen und Märchen vom Ostseestrand, Albert Burkhardt: Geschichten für die ganze Familie über Vineta, die Klosterruine von Eldena, Störtebeker, den Kreidefelsen, vom Fischer und seiner Frau, von Feuerkönigen, Lindwürmern, Jägern und Kobolden, Riesen und Zwergen – passend zu den Landschaften.
Winter im Sommer – Frühling im Herbst, Joachim Gauck: Der Bundespräsident a. D. wuchs bei seiner Großmutter in Wustrow auf. Seine Autobiografie ist aber nicht nur interessant für Fischland-Urlauber.
Vorpommerns schönste Ecken entdecken. Ein Eingeborener lädt zum Wandern ein, Ingo Gudusch: Ein tolles Buch mit Wanderungen in stille, unbekannte Winkel, auch für Einheimische und Kenner der Gegend ein Gewinn.
Briefe eines Schiffbrüchigen, Gotthard Ludwig Theobul Kosegarten: In Form von Tagebuchaufzeichnungen und Briefen beschreibt der redegewandte Pfarrer einen Schiffbruch vor der Küste Rügens.
Mecklenburg-Vorpommern. Anleitung für Ausspanner, Michael Joseph, Matthias Schümann: Eine abwechslungsreiche, kurzweilige Mischung aus Impressionen, Anekdoten und Informationen. Wer schon mal ein bisschen schmökern möchte, kann das auf der Website der Autoren tun (www.anleitung-mv.de).
Stille Winkel auf Fischland, Darß und Zingst, Kristine von Soden: Die Autorin, beschreibt Orte, aber auch kulinarische Genüsse, Meisterwerke alter Hand-

246 Reiseplaner

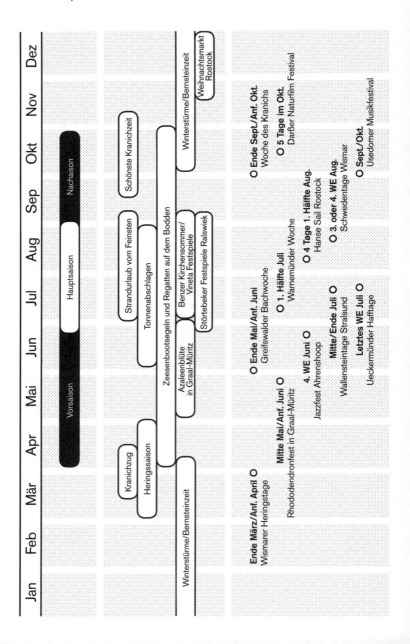

werkskunst oder den Abendeinflug der Kraniche.

Lesereise Backsteinstädte – Der Butt, die Baukunst und das Meer, Kristine von Soden: Begegnungen mit den Hansestädten, wunderbar leicht und persönlich geschrieben.

Pilgern auf der Via Baltica. Ein Pilgerführer für den deutschen Teil des Baltisch-Westfälischen Jakobsweges von Swinemünde nach Münster, Bernhard Weber: Mit Wegbeschreibung für 850 km Fußweg in 40 Etappen, dazu praktische Tipps und Adressen von Pilgerherbergen.

Reiseplanung

Welche Jahreszeit ist für mich richtig?

Für viele sind die Frühlingsmonate die schönsten. Vogelfreunden empfehlen sich die Monate **März/April.** Radtouristen erfreuen sich zwischen **Mai und Juni** an der Rapsblüte. Die beliebteste Reisezeit liegt im **Juli und August.** Das Strandleben pulsiert, Surfer und Segler tummeln sich auf dem Wasser. In dieser Zeit ist die Küste ziemlich ausgebucht, nicht nur an Schönwetterwochenenden kommt es leicht zum Verkehrsstau. Im August hat die Ostsee ihre maximale Durchschnittstemperatur, die bei 18 °C liegt, erreicht (im sonnenreichen 2018 kletterte sie auf 20 °C). Ein sehr schöner Reisemonat ist der **September,** wenn das Meer noch warm genug zum Baden, der Hauptschwung der Gäste aber schon abgereist ist. Im **Oktober** wechseln windstille sonnige Perioden mit Sturmtagen. In Alleen und Buchenwäldern verfärbt sich das Laub. Orangefarbene Sanddornbeeren leuchten an silbernen Sträuchern. Zehntausende von Kranichen rasten im Nationalpark Vorpommersche Boddenlandschaft und auf Rügen. Ein Kurzurlaub im **Winter** erfreut sich nicht zuletzt wegen verlockender Wellness- und Pauschalan-gebote zunehmender Beliebtheit. Diese stille Jahreszeit hat ihre eigenen Reize, in den Gaststuben dampfen die Groggläser, die Einheimischen haben Zeit zum Klönen. Allerdings sind – mit Ausnahme von **Weihnachten und Silvester** – viele Betriebe geschlossen.

Die schönsten Strände

Es kommt ganz auf Ihre Wünsche an. Invidualisten und Nacktbader bevorzugen die abgelegenen Strandabschnitte und urwüchsigen **Steilküsten,** wo man auch auf eiszeitlichem Geröll herumklettern und nach Fossilien suchen kann. Zu den schönsten Naturstränden der Welt (!) gehört der **Darßer Weststrand,** den man nur zu Fuß, mit dem Rad oder der Kutsche erreicht. Unbewirtschaftet und naturbelassen sind auch die Strände am **Peenemünder Haken** im Norden Usedoms. Strände für Romantiker, die vielleicht auch mal eine Nacht im Schlafsack am Lagerfeuer verbringen, findet man im **Klützer Winkel.** Rügens längster Sandstrand – ohne Strandkörbe – ist die **Schaabe,** eine schmale Nehrung, die die Halbinseln Jasmund und Wittow verbindet. Die Strände des **Mönchguts** zwischen Lobbe und Thiessow sind seit jeher ein Eldorado für Surfer.

Angesagte Schönheiten

Prachtvolle, aus rotem Backstein errichtete Kirchen, Klöster und Rathäuser schmücken die Hansestädte **Wismar, Rostock, Stralsund und Greifswald.** Die Altstädte von Wismar und Stralsund gehören sogar zum UNESCO-Welterbe. Eines der herausragenden Beispiele der norddeutschen Backsteingotik ist das mittelalterliche **Doberaner Münster.** Wer auch in den Dörfern im Hinterland nichts verpassen möchte, folgt einfach der **Europäischen Route der Backsteingotik.** Mit ihren filigran verspielten Balustraden, Erkern und Türmchen gehören die Villen im Stil der **Bäderarchitektur** zu

248 Das Kleingedruckte

den besonderen Sehenswürdigkeiten der Ostseeküste. Wunderbar ist es, in einem dieser zauberhaften Häuser mit Meerblick zu wohnen, man kann die architektonische Pracht aber auch bei einem Bummel genießen. Die schönsten Seebäder sind **Binz, Göhren und Sellin** auf Rügen sowie die **Kaiserbäder Bansin, Heringsdorf und Ahlbeck** auf Usedom. Die zauberhaften **Seebrücken** in Sellin und in Ahlbeck, die weit ins Meer führen, gehören zu den meistfotografierten Wahrzeichen des Landes. Eine besondere Schönheit ist Deutschlands ältestes Seebad **Heiligendamm** – die Weiße Stadt am Meer. Hochherrschaftliche Architektur aus der Frühzeit der Seebäder bieten auch das (groß)herzogliche **Bad Doberan** und das fürstliche **Putbus** mit dem **Badehaus Goor** im benachbarten Lauterbach.

Wo die Natur groß rauskommt

Einige Naturschätze muss man gesehen und erlebt haben, auch wenn viele andere Wanderer und Radfahrer zur gleichen Zeit das gleiche Ziel haben. Manchmal reicht es aber schon, eine Stunde vor oder nach dem Mainstream unterwegs zu sein. Der **Darßer Weststrand** verzaubert mit windzerzausten Kiefern und bleichgeschliffenem Wurzelwerk. Atemberaubend sind die **Kreidefelsen** auf Rügen. Der berühmte **Königsstuhl,** die **Victoria-Sicht** und die **Wissower Klinken** liegen im **Nationalpark Jasmund,** dessen **Buchenwälder** zum Weltnaturerbe zählen. Zu den zahlreichen geschützten Naturparadiesen des Landes gehört der **Nationalpark Vorpommersche Boddenlandschaft,** ein Vogelparadies mit Lagunen und Sandbänken, das Teile des Darß und der Halbinsel Zingst sowie einen Großteil der Insel Hiddensee umfasst. Ein faszinierendes Erlebnis ist der **Zug der Kraniche** im Herbst. Hier haben Sie keine freie Terminwahl, sie müssen sich nach dem Flugplan der Vögel richten.

Sicherheit und Notfälle

Notrufnummern
Polizei: T 110
Feuerwehr: T 112
Ärztlicher Bereitschaftsdienst:
T 116 117 (bei dringenden medizinischen Problemen nachts und am Wochenende)
Karten-Sperrunotruf: T 116 116
Pannenhilfe ADAC: Festnetz T 0180 222 22 22, Mobil 22 22 22.

Ärztliche Versorgung

Die ärztliche Versorgung ist überall gesichert. Es gibt viele Kurkliniken und Ärzte sowie in jedem Badeort Notdienste. In der lokalen Tageszeitung sind die Apotheken- und Arztnotdienste verzeichnet.

Krankenhäuser
Hanse-Klinikum Wismar: Störtebekerstr. 6, T 03841 330, www.sana-hanse-klinikum-wismar.de.
Universitätsklinikum Rostock: Schillingallee 35, T 0381 49 40, www.med.uni-rostock.de.
Helios Hanseklinikum Stralsund: Große Parower Straße 47–53, T 0381 350, www.helios-gesundheit.de/kliniken/stralsund.

Übernachten

In den renommierten Seebädern erhält man meist keine Unterkunft zum Schnäppchenpreis. Viele der aufwendig renovierten **Hotels** bestechen mit edlem, geschmackvollem Interieur und luxuriösen Wellnessbereichen. Aber selbst einfache **Pensionen,** die schon bessere Tage gesehen haben, lassen sich die Strandnähe bezahlen. Seeblick kostet immer extra, Balkon mit Seeblick noch mal mehr. Die Preise ziehen im Sommerhalbjahr enorm an, in der Nebensaison können sie drastisch fallen. Im vorliegenden Reiseführer sind die

Hochsaisonpreise angegeben. Es gibt viele Angebote, mit denen Hotels Gäste auch außerhalb der Saison an die Küste locken.
Jugendherbergen (www.jugendherbergen-mv.de) kosten ab 24,50 € (Junior) bis 33 € (Senior ab 27 Jahre) pro Übernachtung. Einige innovative neue **Hostels** wie das Dock Inn in Warnemünde oder das Postel in Wolgast finden Anklang. Für Familien mit mehreren Kindern stellt eine **Ferienwohnung**, in der man selber kochen kann, auf jeden Fall eine Alternative dar. Im Sommer wird in der Regel nur wochenweise vermietet. Im bundesweiten Preisvergleich nehmen die **Ostseecampingplätze** einen der obersten Ränge ein. Die Gebühren für Personen, Zelt, Auto, Strom etc. summieren sich schnell zu einem stattlichen Betrag.

Pfeifend und dampfend rast der Rasende Roland über Rügen. Liebe Leute, steigt ein! Die Fahrt ist ein Genuss.

Verkehrsmittel vor Ort

Bahn
Originelle, aber doch auch praktische Transportmittel sind die Schmalspurbahnen **Molli** zwischen Bad Doberan und Kühlungsborn (www.molli-bahn.de) sowie der **Rasende Roland** auf Rügen zwischen Lauterbach/Putbus und Göhren (www.ruegensche-baederbahn.de). Beide Bahnen transportieren Fahrräder und ermöglichen damit kombinierte Rad-Zug-Touren, die auch kleineren Kindern Spaß machen. Mit der **Bäderbahn** RB 23 und RB 24 geht es zwischen 5 und 20 Uhr im Stunden- oder Halbstundentakt von Stralsund über Greifswald, Züssow und Wolgast nach Usedom (www.bahn.de).

Bus
Regionale Busverbindungen bestehen entlang der gesamten Ostseeküste. Die Seebäder haben eine gute Anbindung an die Bahnhöfe und untereinander. Im Hinterland werden manche Dörfer nur ein- bis zweimal täglich angefahren. Wer abseits wohnt und Ausflüge machen will, kann kaum aufs Auto verzichten.

Fähren
Für die Verbindungen über die Warnow sowie den Schiffsverkehr nach und auf Rügen ist die **Weiße Flotte** zuständig (T 03831 268 10, www.weisse-flotte.de). 2019 fielen für die Überfahrten nachstehende Preise an.
Warnowfähre: Warnemünde–Hohe Düne, Pendelverkehr ganzjährig rund um die Uhr alle 20 Min., Pkw inkl. Fahrer 3,50 €.
Stralsund–Altefähr (Rügen): Personenfähre in der Saison stündlich, Kernzeit 10–17.30 Uhr, einfache Fahrt 3,70 €.
Rügenfähre: Stahlbrode–Glewitz (Rügen), April–Okt. tgl. 6–20 Uhr alle 20–30 Min., Mai–Sept. bis 21.30 Uhr, Pkw mit Fahrer Mai–Aug. 6,50 €.
Wittower Fähre: Autofähre im Norden Rügens, Pendelverkehr ganzjährig von 5.50 Uhr (erste Abfahrt von der Nordseite) bis 19 Uhr (letzte Abfahrt von der Südseite), April, Sept., Okt. bis 20 Uhr, Mai–Aug. bis 21 Uhr, Pkw inkl. Fahrer 4,50 €.
Zuständig für den Schiffsverkehr nach Hiddensee ist die **Reederei Hiddensee,** T 03831 268 10, www.reederei-hiddensee.de.

Das

Magazin

Baywatch an der Ostssee – während der Saison wachen an allen ausgewiesenen Badestränden Rettungsschwimmer.

Der Stolz des Landes

Prächtige Linden, Ahorne und Rosskastanien —

säumen die Straßen seit den Tagen, als Reisende noch mit Pferd und Wagen auf Kopfstein gepflasterten Wegen unterwegs waren. Mecklenburg-Vorpommern kann so wunderbar altmodisch sein.

Der Erhalt, die Erneuerung und die Pflege der traditionsreichen Alleen sind in der Landesverfassung als Staatsziel verankert. Die Baumreihen bieten Insekten, Eulen und Fledermäusen Nahrung und geschützten Lebensraum. Baum für Baum ein Biotop und ebenso ein Kulturerbe, dem 1993 mit der Deutschen Alleenstraße ein Denkmal gesetzt wurde. Auf Rügen nimmt sie ihren Anfang. Die Straßenschilder ›Auf Rügen mit Licht‹ warnen nicht vor trübem Dauernebel oder arktischer Dunkelheit, sondern vor Tagblindheit beim plötzlichen Wechsel von der offenen, sonnenüberfluteten Landstraße in einen der zahlreichen tiefschattigen Baumtunnel.

Grüner Störfaktor

Die meisten Alleen entstanden in der Blütezeit der Gutsherrschaft zwischen dem 17. und dem frühen 20. Jh. Sie wurden als Schattenspender für das Vieh, als Windschutz für Felder oder im Auftrag des Fürsten zur Verschönerung der Landschaft gepflanzt. Die Deutsche

Nicht nur Landstraßen ducken sich unter ein grünes Blätterdach. Auch manchem Wanderweg spenden Baumreihen Schatten.

Alleenstraße führt von Rügen bis an den Bodensee, jedoch mit einigen Lücken, denn anders als im Osten fielen im Westen der Republik in den 1960er- und 1970er-Jahren zahlreiche Bäume dem modernen Straßenbau zum Opfer. Naturschützer konnten wenig ausrichten, Wirtschaftlichkeit und Verkehrssicherheit gingen vor.

Schluss mit hastig!

Nach 1990 ist das Über-Leben der Alleebäume auch im Osten um ein Vielfaches schwerer geworden. Neue und schnelle Autos kamen ins Land, die Zahl der Verkehrstoten stieg dramatisch. Die pittoresken Baumstraßen sind nicht für Raser gemacht. Einfache Maßnahmen wie Geschwindigkeitsbeschränkungen und die Anbringung von Schutzplanken halfen, die Zahl der Verkehrstoten wieder zu reduzieren. Straßen wurden verbreitert, Kurven begradigt.

Der Abholzung unbequemer Bäume oder ganzer Alleen aber steht eine bemerkenswert starke Opposition gegenüber, die von Umweltverbänden wie BUND und NABU unterstützt wird. Nicht immer haben sich die Alleenfreunde durchgesetzt, oft haben sie verloren, die Bäume wurden gefällt. Aber auch der der Staat sucht seinen gesetzlich verankerten Pflichten nachzukommen. Die seit den 1990er-Jahren gefällten Alleebäume wurden und werden im Verhältnis 1 : 2 durch Neu- bzw. Nachpflanzungen ersetzt.

MEIN FREUND DER BAUM **B**

Mit einer Alleen-Patenschaft kann jeder zur Neupflanzung von Bäumen beitragen. Informationen gibt die Website: www.bund.net/alleen.

Diesen Maßnahmen zum Trotz werden die Bäume am Straßensaum weniger und es ist zu befürchten, dass sich das Alleensterben in den nächsten Jahren noch verstärkt. Ein Großteil der heute in Mecklenburg-Vorpommern vorhandenen Alleen ist alt, Bestände mittleren Alters gibt es kaum. Die neu angepflanzten Baumreihen aber brauchen 40 bis 50 Jahre, um in unserem emotionalen Bewusstsein als Allee wahrgenommen zu werden.

Vielfalt ist notwendig

Mindestens 200 Jahre sollen die Neuanpflanzungen wachsen und gedeihen. Keine Kleinigkeit in der heutigen Zeit, denn etwa ein Viertel aller Alleebäume zeigt bereits Schädigungen. Abgase, Bodenverdichtung und Straßenbauarbeiten bedrohen ihre Existenz. Dazu kommen die Auswirkungen des Klimawandels mit lang anhaltenden Trockenperioden und zunehmenden Unwetterereignissen.

In den letzten Jahren haben Krankheiten durch Wärme liebende (von Süden eingewanderte) Schädlinge deutlich zugenommen. Das Ulmensterben ist altbekannt. Seit 2006 ist die Esche durch Pilzparasiten bedroht, 2008 gab es die ersten Befälle von Eichenprozessionsspinnern. Die Rosskastanien werden von der Miniermotte gestresst. So färben sich die Alleen vielerorts bereits im Sommer herbstlich braun.

Um das Risiko des Schädlingsbefalls bei Neuanpflanzungen von Alleebäumen zu verkleinern, wird die Artenvielfalt erhöht. Darüber hinaus wird verstärkt über Neuanpflanzungen nichteinheimischer Baumarten nachgedacht, solche, die beispielsweise Trockenperioden besser vertragen und weniger salzempfindlich sind. So soll dieses wunderbare Kulturerbe auf Dauer bewahrt werden. ∎

Kühne Solitäre

Sonderbauten — hießen die Entwürfe von Ulrich Müther im DDR-Jargon, und so sehen sie auch aus. Sie haben nichts gemein mit der tristen Platte, die man in der Regel mit der sozialistischen Architektur verbindet. Das graue, eintönige und irgendwie grobe Image des Betons erfüllen sie ebenfalls nicht.

Müthers liebstes Material war der Beton, seine liebste Form das hyperbolische Paraboloid, auch Hyparschale genannt. Hinter dem sperrigen Namen verbirgt sich eine doppelt gekrümmte Dachfläche, die trotz aller Kurven aus Geraden konstruiert werden kann. Der 1934 in Binz geborene und 2007 ebenda gestorbene Landbaumeister von Rügen Ulrich Müther erdachte futuristische Gebäudedächer, die in einen James-Bond-Film gepasst hätten.

Beton falten

Die Bauwerke Müthers waren keine organische kreative Kunst, auch wenn es so aussieht, sondern das Rechenwerk eines Ingenieurs. Nur wenige Zentimeter dünn überspannen die Schalen – ohne Stützen – große Hallen. Die Dächer wirken schwerelos und leicht wie schwingende Flügel. Beton konnte er falten wie andere Leute Servietten, heißt es ehrfürchtig über den Baumeister.

Müther konstruierte Gaststätten, Schwimmhallen, Orchesterpavillons, Bushaltestellen, selbst Kirchen, Moscheen und Planetarien gehörten zu seinem Programm. Seine Bauten waren Exportschlager – man findet sie in Libyen, in Kuwait, Finnland und Kolumbien. 1983 war Müther sogar in der kapitalistischen BRD tätig. In der DDR durfte offiziell zwar nur im Kombinat gearbeitet werden, aber Müther brachte dem Land begehrte Devisen und Westgüter. Sein Entwurf der Kuppel des Zeiss-Planetariums (1981–83) in Wolfsburg wurde u. a. durch die Lieferung von 10 000 VW-Golf kompensiert. Die überaus beeindruckende Rundkuppel, die an eine überdimensionale Discokugel erinnert, entstand in dem von Müther entwickelten Nassspritzverfahren. Es kommt ohne vorherige Einschalung aus und galt damals als weltweit einzigartige Arbeitstechnik.

1959 hatte Müther das elterliche Bauunternehmen in Binz übernommen. Nach mehreren Vorstufen wurde der Betrieb 1972 endgültig verstaatlicht und zum VEB Spezialbetonbau Rügen umgewandelt. Die Eingliederung in ein Baukombinat konnte Müther allerdings verhindern. Seine Erfindung des Betonschalenbaus war zu begehrt. Er war konkurrenzlos.

Die Geschäfte Müthers liefen gut – bis zur Wende. 1990 wurde ihm seine Firma rückübereignet, 1999 musste er Konkurs anmelden. Die vielen Arbeitsstunden, die er in seine Bauten investieren musste, waren mit der Marktwirtschaft nicht vereinbar. In der DDR hatte es an Material gemangelt, dafür waren Arbeitskräfte billig gewesen. Ideale Voraussetzungen für Müthers materialsparsamen, aber arbeitszeitintensiven Werke.

Das Ende vom Anfang

Viele seiner revolutionären Bauwerke bröckelten nach der Wende lange Zeit unbeachtet vor sich hin. Inzwischen aber gilt Müthers ufoähnliche Rettungsstation der Strandwache in Binz von 1981 als Ikone. Der baugleiche Zwilling wurde 1993 noch ohne viel Federlesen abgerissen, um Platz für die neue Seebrücke zu schaffen. Damals wusste man die modernen Ostklassiker noch nicht bzw. nicht mehr zu schätzen.

Das änderte sich erst 2000, als der Protest gegen den Abriss des denkmalgeschützten Ahornblatts in Berlin für bundesweite Schlagzeiten sorgte. Die Großgaststätte mit einem Dach aus fünf steil hochzeigenden Schalenrändern war 1973 – wie viele andere Müther-Bauten – inmitten gesichtsloser Wohnblocks errichtet worden. Die Eintönigkeit der vielstöckigen Plattenbauten unterstrich die Leichtigkeit seiner geflügelten Einzelstücke. Beim Ahornblatt kam der Kontrast besonders gut zur Geltung.

Über Nacht hip

Der Protest in Berlin war zwar vergeblich, aber er erregte Aufsehen und holte den Binzer Schalenbaumeister aus der Versenkung. Seither sind die Kurmuschel in Sassnitz und das Café Inselparadies in Baabe renoviert und saniert worden. Ebenso wie die elegant geschwungene Decke der Schwimmhalle des Cliff Hotels Rügen, das 1978 vom Zentralkomitee der SED als Erholungsheim Baabe Sellin eröffnet wurde.

2003 wurde Müther als einer der fünf weltweit führenden Entwickler des Schalenbetonbaus gewürdigt. Seine Werke entlang der Ostseeküste besitzen heute allesamt Kultstatus. Der berühmte Teepott in Warnemünde erhielt von der Bundesingenieurkammer und der Ingenieurkammer Mecklenburg-Vorpommern im Oktober 2018 eine Auszeichnung als ›Historisches Wahrzeichen der Ingenieurbaukunst in Deutschland‹. ■

Auf seiner Heimatinsel Rügen plante und baute Ulrich Müther ganz unterschiedliche Objekte. Vor allem Rückenschwimmer können die makellose Eleganz der Decke im Schwimmbad des Cliff Hotels Rügen in Sellin (oben) bewundern. Am Kurplatz in Sassnitz spielen unter dem gefalteten Schirmdach der Kurmuschel (unten) während der Saison Musiker für die Feriengäste auf.

Bildschön!

Malen müsste man können! — Einsame, weite Landschaften und unvergleichliche Lichtstimmungen zogen seit dem frühen 19. Jh. zahlreiche Künstler an die Ostsee. Ihre Malorte sind heute das Ziel von Kunstfreunden und Naturschwärmern.

Wer kennt nicht Caspar David Friedrich und dessen Bilder von den Kreidefelsen auf Rügen. Von Sassnitz führt ein Wanderweg entlang der Steilküste zu den markanten Felsformationen – den Wissower Klinken, der Victoria-Sicht, dem Königsstuhl – auf Tuchfühlung mit dem großen Romantiker. Weitaus weniger berühmt sind Lyonel Feininger und seine Usedomer Motive. Und wer, bitte, waren die Hiddenseer Malweiber?

Unterwegs mit Rad und Zeichenblock
Die Anziehungskraft der deutschen Ostseeinseln und der Küstenlandstriche auf

---

SCHMÖKERN UND SELBST ENTDECKEN

Schön zu lesen sind die Bücher »Der Hiddenseer Künstlerinnenbund: Malweiber sind wir nicht« von Angela Rapp (Berlin 2012), »Die Malweiber: Unerschrockene Künstlerinnen um 1900« von Katja Behling und Anke Manigold (München 2009) sowie »Wie sich die Malweiber die Ostseeküste eroberten« von Marion Magas (Berlin 2003).
Im Sommerhalbjahr werden Führungen auf den Wegen der Malweiber von Hiddensee angeboten (Termine: www.seebad-hiddensee.de).

Künstler blieb auch über die Romantik hinaus ungebrochen. Der 1871 in New York geborene Lyonel Feininger, ein Maler und einer der ersten Meister des Bauhauses, hielt sich zwischen 1908 und 1918 mehrmals mehrere Wochen auf der Insel Usedom auf. Quartier nahm der passionierte Radfahrer in Heringsdorf, in Neppermin und in Benz. Viele der Motive, die er auf seinen Streifzügen auf der Insel fand, können Sie noch entdecken, wie beispielsweise die Holländerwindmühle in Benz, die er in verschiedensten Ansichten und Techniken malte.

Die Mühle ist eine Station der Lyonel-Feininger-Radtour, die zu den identifizierbaren Malorten im Südosten Usedoms bis nach Swinemünde führt. Die Plätze, an denen der Künstler seinen Skizzenblock zückte, sind durch Bronzeplatten im Boden kenntlich gemacht. Welche Bilder vor Ort entstanden, erklärt der liebevoll gestalteten Routenführer »Papileo auf Usedom« (20 €). Unter www.papileo.de findet man Informationen über die Feininger-Tour.

Auch in Ribnitz-Damgarten am Saaler Bodden fand der deutsch-amerikanische Expressionist viele Motive: Der Holzschnitt des Rostocker Tores oder das Gemälde der Klarissenkirche gehören heute zu den bekanntesten Werken. Ein Feininger-Rundgang führt vom Klosterhof über das mittelalterliche Stadttor und den Hafen bis in das Herz der Altstadt. Die kostenfreie Begleitbroschüre liefert auch charmante Anekdoten zur Geschichte der Bernsteinstadt und macht Lust, selbst zum Zeichenstift zu greifen.

Licht, Luft Freiheit

Dank zauberhafter natürlicher Schönheit und idyllischer Abgelegenheit entwickelte sich im 19. Jh. das Fischerdorf Ahrenshoop auf dem Darß zu einem Rückzugsort für Kunstschaffende. Zu den ersten, die es entdeckten, gehörte Paul Müller-Kaempff. 1892 ließ er sich hier nieder und gründete mit Gleichgesinnten – etwa Elisabeth von Eicken, Friedrich Wachenhusen, Carl Malchin und Hugo Müller-Lefensdorf – die Künstlerkolonie Ahrenshoop. Sie schätzten die »wilde Natur, einsame Landschaften und knorrige Menschen« und verließen ihre Ateliers, um bei Wind und Wetter im Freien zu arbeiten. Müller-Kaempff richtete auch eine Malschule für höhere Töchter ein. Ambitionierte und begabte Interessentinnen gab es genug, denn an den deutschen Kunstakademien wurden Frauen erst nach dem Ersten Weltkrieg offiziell zugelassen.

Malerinnen am Meer

Andere Künstler – vor allem aber Künstlerinnen – zog es zur selben Zeit nach Hiddensee. Das Leben fernab der ›Zivilisation‹ hatte Vorzüge. Statt in luxuriösen Logierhäusern oder Grandhotels mieteten sich die Frauen bei einer Fischerfamilie ein. Es war nicht nur viel preiswerter, sondern bot Ihnen auch die Möglichkeit, einen selbst bestimmten Weg zu gehen. Mit ihren neumodischen Anwandlungen versetzten die Gäste die Einheimischen jedoch nicht selten in Erstaunen.

So nahm beispielsweise die Malerin Elisabeth Büchsel (1867–1957), die 1904 erstmals nach Hiddensee kam und fortan bis an ihr Lebensende einen Teil des Jahres hier verbrachte, jeden Morgen ein erquickendes Bad im Meer. Dieser argwöhnisch beäugten Tatsache zum Trotz

Elisabeth Büchsels Bilder vermitteln uns einen Eindruck vom Alltag der Hiddenseer zu Beginn des 20. Jh.

mochten die ansonsten eher spröden Insulaner die warmherzige, eigensinnige und plattdeutsch sprechende Tante Büchsel. Wie kein anderer Künstler hielt sie über Jahrzehnte das alltägliche Leben der Hiddenseer fest: Kinder beim Spielen, Fischer beim Flicken der Netze, Frauen auf dem Feld.

Elisabeth Büchsel wurde Mitglied des 1922 von den jüdischen Malerinnen Henni Lehmann und Clara Arnheim gegründeten Hiddenseer Künstlerinnenbundes, dem zeitweise bis zu 20 Frauen angehörten. Die Nationalsozialisten besiegelten das Ende des Zusammenschlusses. Henni Lehmann beging 1937 Selbstmord, Clara Arnheim wurde 1942 im Konzentrationslager ermordet.

Vielen Ahrenshooper und Hiddenseer Künstlerinnen – bekannten wie unbekannten – wird erst heute in Ausstellungen die gebührende Anerkennung zuteil. Daher unbedingt ab ins Museum, beispielsweise ins Kunstmuseum Ahrenshoop! ∎

Meer, bitte!

Sommer, Sonne, Strand und Meer — Die alte Lieblingsformel für die schönsten Tage des Jahres hat an Aktualität nichts eingebüßt. MeckPomm machte erneut 2018 Bayern den Platz eins bei den innerdeutschen Reisezielen streitig.

Die Reihe der mecklenburg-vorpommerschen Ostseebäder mit klangvollem Namen ist lang. Sie beginnt im Westen mit dem beschaulichen Familienbad Boltenhagen und endet im Osten mit Bansin, Heringsdorf und Ahlbeck, den drei berühmten Kaiserbädern auf der Insel Usedom. Prachtvolle Promenaden locken zum Flanieren, traumhafte weiße Sandstrände zum Toben und Relaxen, das Meer natürlich zum Baden und Gesunden. Zum vollkommenen Glück fehlt dann nur Sonne satt – wie 2018. Der lange und heiße Sommer sorgte für ausgebuchte Hotels und volle Strände.

Badevergnügen anno dazumal

In Heiligendamm bei Bad Doberan wurde 1793 das erste deutsche Seebad gegründet. Zu den wirkungsvollsten Argumenten für die Errichtung eines Seebades zählten damals die Heilkräfte des Meeres, die heutzutage unter dem Begriff Thalasso vermarktet werden. Das Baden im Meer spielte in den Anfangstagen der Seebäder noch keine große Rolle. Man knickste mehr ins Wasser, als dass man schwamm. Es gab einen Strandabschnitt für die Damen, der streng von dem der Herren getrennt war. Der neutrale Bereich dazwischen durfte von niemandem betreten werden. Dabei hätte es kaum etwas zu sehen gegeben, denn bis ins 20. Jh. waren nur »undurchsichtige, den ganzen Körper vom Halse bis zu den Knien bedeckende Badeanzüge« erlaubt (Warnemünde 1904). Erst um die Wende zum 20. Jh. begann sich allmählich das Gemischtbaden durchzusetzen, in Heringsdorf wurde

Ob Klein, ob Groß – wem's im Strandkorb zu langweilig wird, kann auf den Bungee-Trampolinen nahe der Seebrücke in Ahlbeck Höhenflüge unternehmen.

1902 das erste Familienbad eröffnet, 1903 folgten Ahlbeck, Bansin und Heiligendamm, 1904 Warnemünde und Binz.

Bäderboom

Gegen Ende des 19. Jh. boomte der Bädertourismus, wohlhabende Großstädter, allen voran die Berliner, zog es auf die Inseln Usedom und Rügen. Die Usedomer Kaiserbäder erhielten den Beinamen Badewanne Berlins. Auf Rügen entwickelten sich Sassnitz, Binz und Sellin zu Seebädern von internationalem Ruf. Es war Gründerzeit, auswärtiges Kapital floss in Strömen in die Ostseebäder. Villen, Hotels und Pensionen schossen aus dem Ostseesand. Breite Promenaden, Musikpavillons und Kurparks entstanden, Seebrücken erstreckten sich hinaus aufs Meer. Der Badeaufenthalt wurde zum gesellschaftlichen Ereignis. In den Gästebüchern findet man die Crème de la Crème der Gesellschaft. Berühmte Dichter, Maler und Komponisten trugen zum kulturellen Glanz der Seebäder bei.

Urlaub für jeden

Nach dem Zweiten Weltkrieg fluteten Flüchtlingsströme die Sommerfrischen am Meer. Viele Pensionen wurden zu Wohnungen umgebaut. Doch bereits 1946 setzte auch der Badetourismus wieder ein. Im Sozialismus wurden Besitzer von Cafés, Hotels und Pensionen enteignet, ihre Häuser von der SED oder dem Freien Deutschen Gewerkschaftsbund (FDGB) vereinnahmt. Die Ostsee entwickelte sich zum Hauptziel des vom FDGB organisierten Massentourismus. Riesige Campingplätze entstanden, volkseigene Betriebe und landwirtschaftliche Produktionsgenossenschaften bauten Ferienheime, Bungalowsiedlungen und Kinderferienlager. Um 1960 überschritten die Urlauberzahlen bereits die Millionengrenze.

ÜBERS WASSER GEHEN **W**

Insgesamt 19 **Seebrücken** zwischen Boltenhagen und Usedom sind Zeugen der kapitalen Erneuerung nach der Wende. Nach bald dreißig Jahren verlangen einige allerdings dringend, saniert zu werden. Die Seebrücken von Koserow und Sassnitz sind seit 2013 bzw. 2016 sogar aus Sicherheitsgründen gesperrt. Sanierung, Abriss oder Neubau? Fortschreitender Verfall und Nichtstun erregen die Gemüter. Wie viele Jahre bleibt die Seebrücke noch ›derzeitig geschlossen‹, fragt ein Sassnitzer. Die Gemeinde wünscht sich eine Lösung, die die Leute anspricht, aber nicht so teuer ist. Ein Umbau zum Badesteg wäre in Sassnitz denkbar. Denn trotz steigender Gästezahlen ist das Geld in den Gemeinden knapp, seit die EU 2013 die Fördermittel für Mecklenburg-Vorpommern stark zurückgefahren hat.

Die Renaissance der Ostseebäder

Nach der politischen Wende war das Interesse an der Ostseeküste riesig. In den Osten floss ordentlich Geld, es wurde renoviert, saniert, neu gebaut. Es galt, die im Laufe der Zeit mächtig verwohnte, notdürftig erhaltene Bausubstanz in den Seebädern zwischen Boltenhagen und Ahlbeck grundlegend zu erneuern. Es waren schwierige Jahre mit anfänglich vielfach ungeklärten Eigentumsverhältnissen und Investoren jeglicher Couleur. Rückgabeansprüche und Reprivatisierungen führten zu erheblichen Spannungen zwischen Altmietern und neuen Besitzern. Mittlerweile haben sich die Wogen einigermaßen geglättet. Die Ostseebäder

präsentieren sich als charmante, moderne Sommerfrischen in schönstem, nostalgischem Gewand.

Wir können auch anders

Die Touristenzahlen steigen an der Küste nach wie vor. Damit das so bleibt, wird weiterhin kräftig investiert. Touristenandrang und Bauboom befeuern einander. Den Bau des riesigen Kaiserstrand-Beachhotels Bansin förderte das Land mit 7,9 Mio. €, das Steigenberger Grandhotel in Heringsdorf mit 6 Mio. €. Die Anlagen werden immer luxuriöser, die Angebote abwechslungsreicher und vielseitiger, um den Gästen auch in der Nebensaison, bei Regen und Kälte etwas zu bieten. Wer kann, versucht sich als Ferienort mit einem Alleinstellungsmerkmal zu spezialisieren. Zum Beispiel Zingst mit dem Thema Fotografie. Orte mit Profil und Charisma sind gefragt. Die Ostsee als große Badewanne – das allein reicht nicht mehr.

Klasse statt Masse lautet auch die Devise der Architekten. So weht ein frischer Wind im Land der Bäderarchitektur, der Backsteingotik, der rohrgedeckten Fischerhütten und schnuckeligen Kapitänshäuser. Ein puristischer Kubus mit bernsteinroten Glaswänden beherbergt die Tourist-Information in Ribnitz. Das neue Kunstmuseum in Ahrenshoop ist in Baubronze gehüllt, das Max Hünten Haus in Zingst setzt auf Holz und bunte LED-Streifen. Einen nicht nur baulich markanten Aufbruch in ein neues Zeitalter markiert das Dock Inn Hostel in Warnemünde. Auf einem Stahlbetonsockel türmen sich ausrangierte Überseecontainer über vier Etagen auf dem Gelände des stillgelegten Güterbahnhofs. 64 dienen als Zimmer mit bis zu acht Betten, andere als Kino, Waschsalon oder Bar (www.dock-inn. de), in der Gäste Schallplatten auflegen können. Cool! ∎

Von Eis, Wind und Wellen geformt

Naturschätze wie Sand am Meer — Ob weiß leuchtende Kreidefelsen oder bewaldete Steilküsten, ob schilfgesäumte Boddengewässer oder endlose Sandstrände, ob alte Buchenwälder oder hügelige Magerrasen, Mecklenburg-Vorpommern zeigt ein faszinierendes Kaleidoskop an Landschaften.

Ein markantes und typisches Detail der Küstenlandschaft in Mecklenburg-Vorpommern sind schwergewichtige Eingereiste aus Skandinavien und einer fernen Zeit – Findlinge. Am Ende der letzten Eiszeit wurden sie von den Gletscherströmen nach Süden befördert. Die größten dieser Steine wiegen viele Tonnen. Sie bestehen aus Granit oder Gneis. Nur sehr derart harte und widerstandsfähige Gesteine wurden auf dem langen Transportweg nicht komplett zerrieben, sondern nur von Eis und Wasser abgerundet.

Warme Zeiten, kalte Zeiten

Während der Weichsel-Kaltzeit, die vor etwa 115 000 Jahren begann und vor 11 700 Jahren endete, erhielt Mecklenburg-Vorpommern im Wesentlichen seine heutige Gestalt. Ein kilometerdicker Eispanzer bedeckte damals ganz Skandinavien. Gewaltige Gletscher rückten gen Süden vor und wieder zurück, dabei schoben sie Geröll und Gesteine vor sich her, die nach dem Rückzug des Eises aus dem norddeutschen Raum in Form von Grund- und Endmoränen

---

EISREISENDE

E

Riesige Steine in einer steinlosen Landschaft und kein Gebirge in der Nähe. Das Rätsel ihrer Herkunft ist gelöst, aber viele Fragen bleiben. Vielfach fanden die **Findlinge** Verwendung bei der Anlage von Großsteingräbern. Warum bestatteten die Menschen im Neolithikum ihre Toten in den sogenannten Dolmen? Wie bewegten sie die tonnenschweren Steine? Lange stellte man sich vor, dass die Hünengräber von Riesen gebaut wurden. Heute weiß man, dass die Steine mittels Hebeltechniken bewegt wurden. Nach wie vor ranken sich viele Geschichten um die markantesten Findlinge – beispielsweise um den Schwanenstein vor Lohme auf Rügen. Der 162 t schwere Brocken aus Hammergranit stammt vermutlich von Bornholm. Informationstafeln vor Ort erzählen seine sagenhafte Geschichte.

LAND UNTER **U**

Wenn es mit dem Klimawandel schlecht läuft, werden an den Küsten Mecklenburg-Vorpommerns, wo heute die Menschen wohnen, in Zukunft Wellen tosen. Nach Einschätzung des Wissenschaftlichen Dienstes des Bundestages sind alle Gebiete bis zu 3 m über dem Meeresspiegel potenziell überflutungsgefährdet. Betroffen wären Städte wie Rostock, Wismar und Ribnitz-Damgarten, Stralsund und Greifswald sowie weite Teile von Fischland-Darß-Zingst, Rügen und Usedom. Eine Karte im Internet zeigt das Ausmaß der möglichen Überflutung (www.flood.firetree.net).

abgesetzt und vielerorts sanft gewellte Hügellandschaften hinterließen. Die abfließenden Schmelzwasserströme gruben die Vertiefungen für Flüsse. Durch das nachträgliche Auftauen großer Eisblöcke entstanden Hohlräume, die sich später mit Wasser füllten und zu den heutigen Seen wurden.

Das Meer gibt, das Meer nimmt

Mit dem Ende der letzten Eiszeit begann sich das skandinavische Festland, von der schweren Eislast befreit, zu heben. Gleichzeitig stieg der Meeresspiegel, die Ostsee dehnte sich aus und überflutete weite Landstriche. Die Regionen um Poel, Rügen, Hiddensee und Usedom verloren ab etwa 7000 v. Chr. ihre Verbindung zum Festland und wurden zu Inseln.

Das Meer nagte an der jungen Küste, durch die Gewalt der heranbrechenden Wellen entstanden an besonders exponierten Strandabschnitten Steilküsten.

Das abgetragene Material lagerte sich an anderer Stelle wieder an, Buchten verlandeten, wurden vom Meer abgeschnitten und entwickelten sich zu seichten Boddengewässern. Kleinere Eilande wuchsen zu größeren vielgliedrigen Inseln zusammen. In der Gestalt von Rügen, Usedom und der Halbinsel Fischland-Darß-Zingst ist dieser Prozess deutlich erkennbar.

Der Prozess von Abtragung und Anlandung setzt sich bis heute fort. Junge Anlandungsgebiete wie der Peenemünder Haken auf Usedom, der Bessin auf Hiddensee und der Darßer Ort wachsen stetig weiter. Andere Regionen hingegen wie die Ahrenshooper Steilküste oder die Rügener Kreidefelsen verlieren in jedem stürmischen Winterhalbjahr Land ans Meer.

Der Mensch mischt sich ein

Der Mensch versucht, den zerstörerischen Naturgewalten entgegenzuwirken. Flache Küstenabschnitte wurden mit Seedeichen gesichert, die Dünen mit Pflanzen befestigt, das Küstenhinterland mit Wäldern geschützt. Die Sicherung der Steilküsten hingegen ist problematisch, da sie als Sedimentlieferant der benachbarten Flachküsten unentbehrlich sind. Die unbebaute Steilküste wird aus diesem Grund nicht besonders geschützt. Hier kann sich das Meer in den Frühjahrs- und Herbststürmen holen, was es mag. Ausgenommen sind geschlossene Ortschaften wie im Fall von Sassnitz, dessen dicht besiedelter Steiluferbereich durch Steinpackungen, Wellenbrecher und eine kilometerlange Mole vor Abbrüchen gesichert ist.

Frei von Extremen

Obwohl Naturgewalten das Land geformt haben, wirkt die Küstenlandschaft Mecklenburg-Vorpommerns angenehm undramatisch. Größere Höhenunterschiede sind kaum zu finden, der Piekberg auf der Halbinsel Jasmund auf Rügen erhebt sich 161 m in die Höhe, die Kreidefelsen erreichen knapp 120 m, die Steilküstenabschnitte der Granitz und der Dornbusch auf Hiddensee jeweils 72 m – das sind schon die höchsten Erhebungen.

Harmonische und milde Formen bestimmen auch die Boddenlandschaften zwischen Rostock und der Insel Usedom. Die durch vorgelagerte Inseln, Halbinseln und Landzungen von der Ostsee fast abgetrennten Boddengewässer bieten wichtige Lebensräume für viele Vogelarten und sind bedeutende Rastplätze für Zugvögel wie Kraniche und viele Gänsearten.

Inseln im kleinen Blauen

Gut zwei Dutzend Inseln liegen vor der Küste. Einige sind überhaupt nicht, andere nur eingeschränkt zugänglich, da sie unter Naturschutz stehen. Die mit 950 km² größte Insel ist Rügen, gefolgt von Usedom mit 373 km². Beide sind durch Brücken und Dämme mit dem Festland verbunden. Auch die Halbinsel Fischland-Darß-Zingst und die Insel Poel bei Wismar haben Landanbindung. Als einzige der größeren, bewohnten Inseln ist Hiddensee nur mit dem Schiff zu erreichen. Noch – muss man fast sagen –, denn Hiddensee und Rügen trennt nur ein schmaler Streifen Ostsee. Ohne die regelmäßig vorgenommene Ausbaggerung wären die beiden längst zu einer Insel zusammengewachsen. ■

Die Fahrrinne zwischen dem Gellen, der Südspitze von Hiddensee (links unten im Bild), und der westlich gelegenen Insel Bock muss ständig ausgebaggert werden, um ein Zusammenwachsen zu unterbinden.

Das zählt

Platz eins — Haben Sie gewusst, dass die Deutschen am liebsten im eigenen Land Urlaub machen? Ihr Topreiseziel war 2018 Mecklenburg-Vorpommern.

111

Zeesboote sind zwischen Rügen, Oderhaff und Wismar registriert. 50 bis 60 davon in der Region Fischland-Darß-Zingst. Genutzt werden sie aus Liebhaberei oder für Ausflüge mit Gästen.

62

Inseln – in Binnengewässern und in der Ostsee – gibt es in Mecklenburg-Vorpommern, darunter die beiden größten Inseln Deutschlands: Rügen und Usedom. Rügen ist zwar zehnmal so groß wie Sylt, hat aber nur dreimal so viele Einwohner.

3

traditionsreiche Werften in Wismar, Rostock und Stralsund bilden die Unternehmensgruppe MV Werften, die seit 2017 Kreuzfahrtschiffe baut. Besitzer ist das Unternehmen Genting Hong Kong.

310.405

Zuschauer kamen 2018 zu den Störtebeker Festspielen nach Ralswiek auf Rügen und verfolgten die Produktion »Ruf der Freiheit«. Seit 1993 finden die Aufführungen auf Deutschlands erfolgreichster Freilichtbühne am Ufer des Großen Jasmunder Bodden statt. Der Rekord liegt bei knapp 400.000 Besuchern. Die günstigste Karte kostet 12 Euro, die teuerste 36 Euro.

2.588

Kilometer Alleen ziehen sich durch Mecklenburg-Vorpommern. Zählt man die einseitig bepflanzten Chausseen hinzu, kommt man sogar auf 4.374 Kilometer.

790

Meter lang ist der vierspurige Autotunnel unter der Warnow in Rostock. Deutschlands erstes privat finanziertes, 220 Millionen teures Straßenbauprojekt wurde 2003 eröffnet. Die Maut der etwa 11.000 Tunnelnutzer täglich vermag die Kosten allerdings nicht zu decken. Diskutiert wird daher eine nachträgliche Kostenbeteiligung des Bundes.

120

Millionen Euro würde der Wiederaufbau der historischen Bahnstrecke von Berlin nach Usedom mindestens verschlingen. Die Reisezeit würde sich halbieren, doch wer soll die Baukosten bezahlen? Der Bund will nicht, das Land kann nicht.

37,1

Grad Celsius wurden im heißen Sommer 2018 auf der Insel Poel sowie in Anklam gemessen. Absolute Spitzenwerte! Die Durchschnittstemperatur der Ostsee lag bei 20 Grad und damit 2,8 Grad über dem Durchschnitt.

9.600

Arbeitnehmer beschäftigt das Kreuzfahrtunternehmen AIDA Cruises. Das größte Unternehmen Mecklenburg-Vorpommerns hat seinen Deutschlandsitz im Rostocker Stadthafen. Zweitgrößter Arbeitgeber des Landes ist der Windenergiehersteller Nordex mit 5.200 Beschäftigten.

1

Zentimeter lediglich lassen die Gezeiten die Höhe des Meeresspiegels im östlichen Teil der Ostsee variieren. Bis zu zehn Zentimeter schwankt der Wasserstand im westlichen Bereich. Aber auch das sind Peanuts im Vergleich zur Nordsee, wo zwischen Ebbe und Flut zwei bis vier Meter liegen.

12

Kilometer lang ist die längste Seepromenade Europas. Sie verbindet die Usedomer Kaiserbäder Bansin, Heringsdorf und Ahlbeck mit dem polnischen Świnoujście.

85

Kilometer hoch flog die erste Weltraumrakete, die 1942 in Peenemünde auf Usedom abgeschossen wurde.

126

Stufen führen auf den Leuchtturm am Darßer Ort. Er ist der älteste diensttuende Leuchtturm an der deutschen Ostseeküste (1849). Weitere sechs Leuchttürme zwischen Warnemünde und der Greifswalder Oie stehen Besuchern offen, fünf sind nicht zugänglich.

48

Prozent des Energiebedarfs Mecklenburg-Vorpommerns werden durch Windenergie gedeckt. Es ist das erste Bundesland, das sich bereits zu 100 Prozent aus erneuerbaren Energien versorgen könnte. Rein rechnerisch, denn noch fehlen entsprechende Stromnetze und Speichertechnologien.

1.712

Kilometer der deutschen Ostseeküste entfallen auf Mecklenburg-Vorpommern, die übrigen 535 gehören zu Schleswig-Holstein.

Wildheit und Stille

Natur- und Nationalparks — Unberührte Landschaften sind ein Markenzeichen der südlichen Ostseeküste. Hier führt die Natur Regie. Der Mensch genießt, bewundert, bewahrt.

Der Naturschutz hat Tradition an der Küste. Zu den ersten ausgewiesenen Schutzgebieten gehörten viele sogenannte Vogelfreistätten, wie der Peenemünder Haken, Struck und Ruden, der 1925 nördlich von Usedom eingerichtet wurde. Bereits 1926 forderte eine Bürgerinitiative die Unterschutzstellung der Rügener Kreideküste. Die Geschichte der Nationalparks, Biosphärenreservate und Naturparks ist dagegen noch jung. Bis kurz vor der Wende gab es in der DDR keine Nationalparks. Ungewollt übernahmen Staatsjagden, Grenzgebiete und Truppenübungsplätze deren Funktion.

ADRESSEN **A**

Nationalparkamt Vorpommern: Im Forst 5, 18375 Born, T 038234 50 20, www.nationalpark-vor pommersche-boddenlandschaft.de. Zuständig für den NP Vorpommersche Boddenlandschaft und den NP Jasmund.
Amt für das Biosphärenreservat Südost-Rügen: Circus 1, 18581 Putbus, T 038301 882 90, www. biosphaerenreservat-sued ostruegen.de.
Beide Websites veröffentlichen aktuelle Veranstaltungskalender. Unbedingt reinschauen! Ein Großteil der angebotenen Exkursionen ist kostenfrei.

Jahrzehntelang waren diese Gebiete für die Öffentlichkeit gesperrt und blieben weitgehend sich selbst überlassen.

Das Tafelsilber der Wiedervereinigung

Laut Bundesnaturschutzgesetz ist ein Nationalpark ein Gebiet, das sich »in einem vom Menschen nicht oder nur wenig beeinflussten Zustand befindet und vornehmlich der Erhaltung eines möglichst artenreichen heimischen Pflanzen- und Tierbestandes dienen soll«. Diesem Anspruch gerecht zu werden, ist schwierig in einem besiedelten und bewirtschafteten Land. Und so nimmt der Weg von der Antragsstellung und Genehmigung eines Nationalparks bis zu seiner Einrichtung normalerweise viele Jahre in Anspruch. Nicht selten scheitert er an unlösbaren Interessenkonflikten.

Bemerkenswert glücklich verlief die Entwicklung großräumiger Flächenschutzgebiete in der Noch-DDR. Engagierte Naturschützer und einsichtige Politiker nutzten die turbulente Zeit der politischen Wende. Von den im März 1990 beantragten 26 Großschutzgebieten wurden bereits im September desselben Jahres 14 vom Ministerrat offiziell genehmigt. Drei von ihnen – der Nationalpark Vorpommersche Boddenlandschaft, der Nationalpark Jasmund und das Biosphärenreservat Südost-Rügen – liegen an der Ostseeküste. Für andere Regionen – wie den 1999 ausgewiesenen Naturpark Usedom – wurden die Grundlagen gelegt.

Wie am Anfang der Zeit: Das Meer frisst das Land. Die Stürme hinterlassen Spuren. Im Nationalpark bleiben entwurzelte Baumriesen am Strand liegen.

Dieser letzte Beschluss der letzten DDR-Regierung ist in die Geschichte eingegangen. Die ausgewiesenen Gebiete – fünf Nationalparks, sechs Biosphärenreservate und drei Naturparks – umfassen eine Fläche von insgesamt 4882 km². Das entsprach 4,5 % des DDR-Territoriums. Am 3. Oktober 1999 wurden die Schutzgebietsverordnungen in den Vereinigungsvertrag aufgenommen.

Willkommen im Naturparadies

Eine heile Umwelt ist das Kapital der Region. Zu ihrem Schutz gibt es viele Ge- und auch Verbote, nach denen sich Fischer, Landwirte, Touristiker und Urlauber richten müssen. Umweltschützer finden oftmals die Genehmigungen für die landwirtschaftliche Nutzung zu großzügig, die Reglementierungen für Parkbesucher zu lasch. Naturfreunde aber können sich über ein bemerkenswert vielfältiges Angebot freuen.

Exkursionen führen beispielsweise auf unbewohnte Inseln wie den Kirr, der zusammen mit der Oie in den 1960er-Jahren als Naturschutzgebiet ausgewiesen wurde. Die Vogelinsel im Bodden südlich von Zingst erhebt sich nur wenige Meter über den Wasserspiegel, sodass Teile regelmäßig überflutet werden. Rund zwei Dutzend verschiedene Wat- und Wasservogelarten leben auf dem Eiland, bis zu 16 000 Kraniche gesellen sich im Herbst zeitweise hinzu.

Zu den letzten ihrer Art – weltweit – gehören die alten Buchenwälder im Nationalpark Jasmund. 68 % Deutschlands waren einst mit Buchenwäldern bedeckt, heute sind davon noch 0,02 % übrig. Kombiniert mit dem Blick über die Ostsee und auf die Kreideküste, gehört der Jasmunder Urwald zu den wertvollsten und schönsten Landschaften des Landes. ›Nicht eingreifen!‹, lautet das oberste Prinzip. ■

Auf ein Bier vor vier

Stürz den Becher — bedeuted der Name Störtebeker. Der norddeutsche Freibeuter soll ein standfester Trinker gewesen sein, der einen stiefelgroßen Becher in einem Zug leerte. Ein treffender Name für eine Braumanufaktur!

Eine Führung in der Störtebeker Braumanufaktur in Stralsund ist in vieler Hinsicht lehrreich. Lustig noch dazu, wenn man beispielsweise nur zu dritt an der Verkostung teilnimmt und die Probierflaschen lieber austrinkt, als weggießen zu lassen. Wäre doch schade um das gute Gebräu!

Gerstensaft zum Frühstück?

Den hehren Grundsatz ›kein Bier vor vier‹ kann man im Urlaub schon mal über Bord werfen. Es geht immerhin auf Mittag zu, wenn nach der höchst interessanten Brauereiführung die erste Flasche zur Verkosten geöffnet wird. In der Hansezeit kam das Bier bereits zum Frühstück auf den Tisch. Gut 2 l flüssiges Brot wurden damals pro Kopf und Tag konsumiert. Süße Biersuppe zum Tagesbeginn, mittags einen Schoppen zum salzigen Hering und das Feierabendbier ersetzte nicht selten das Abendbrot. Bier galt als Grundnahrungsmittel. Von einem Dauerrausch kann allerdings keine Rede sein, da der überwiegende Anteil des Bieres alkoholfrei war. Es entstammte den noch unvergorenen Brauzwischenprodukten.

Im Märzen der Brauer

Zum Hausgebrauch wurde quasi überall gebraut, aber nicht jederzeit. Im Mittelalter war das Bierbrauen von April bis September nämlich wegen der großen Brandgefahr verboten. Sozusagen auf Vorrat wurde darum im März ein besonders starkes, alkoholhaltiges Bier hergestellt, das sich länger hielt, zu den Festtagen auf den Tisch kam und auch transportfähig war.

Den weltweiten Export der Biere – bis nach Indien! – übernahm die Hanse. Das Geschäft lief gut, Hunderte von Bierbrauern siedelten sich in den Hafenstädten an. In Wismar gab es 180 Brauereien, in Rostock arbeiteten am Ende des 16. Jh., als die Blütezeit der Hanse schon vorbei war, noch 250 Brauer.

Nach wie vor wird im hanseatischen Norden Bier gebraut. Die traditionsreiche Stralsunder Brauerei, die sich 2011 den klangvollen Namen Störtebeker Braumanufaktur gab, hat alte Rezepte wiederentdeckt und neue Spezialiäten entwickelt. 2010 wurde sie zur besten Brauerei Europas gewählt.

INFOS **I**

Störtebeker Braumanufaktur: Greifswalder Chaussee 84–85, Stralsund, T 03831 25 50, www.stoertebeker-brauquartier.com, tgl. Führungen durch die alte Brauerei, die neue Produktion und die Abfüllung.

Hopfen und Malz, Gott erhalt's

Praktisch alle deutschen Biere müssen mit diesen Zutaten auskommen – und wohl nirgends wird das Reinheitsgebot von 1516 (!) so verteidigt wie hierzulande. Klingt nach einem langweiligen Einheitsgebräu. Keine Sorge! Die Möglichkeiten, neue Biere zu kreieren, sind dennoch unendlich. 400 Hopfen- und 200 Malzsorten stehen zur Verfügung.

Dass Malz kurz gekeimtes und wieder getrocknetes Getreide ist, erfahren wir bei der Führung. In der Störtebeker Produktion sind Getreideproben zur Veranschaulichung in Flaschen abgefüllt: Rauchmalz, Weizenmalz, Caramelmalz … Riesige Kessel lenken den Blick auf das Wesentliche: Mahlen, Maischen, Läutern, Kochen. Sichtfenster erlauben einen Blick in ihr Inneres. Die Neugier auf das Endergebnis wächst, obwohl selbst die bayerischen Teilnehmer das Störtebeker Bier schon kennen.

Das Bier der Gerechten

»Wenn ich früher nach Süddeutschland gefahren bin, konnte ich immer ein Sixpack Störtebeker Bier als Gastgeschenk mitbringen. Das Bier mit der Hansekogge auf dem Etikett kam überall gut an. Heute gibt es ›Schatzkisten‹ mit den Klassikern auch im Süden der Republik in vielen Supermärkten«, erzählt der sympathische Bierbrauer. Nach der Besichtigung der Störtebeker Brauerei sitzen wir in den rustikalen Räumlichkeiten der alten Brauereigaststätte bei einer Bierprobe mit ihm zusammen. Keller-Bier 1402 (5,8 % Alkohol), Atlantik-Ale (5,1 %), Baltik-Lager (5,4 %), Roggen-Weizen (5,4 %) und Stark-Bier (7,5 %) dürfen wir probieren. Im Norden heißt das übrigens ›angetüdelt‹ oder ›duun‹, wenn man nach ›leichtem‹ Alkoholgenuss etwas angeschickert ist. ■

In blitzblanken Edelstahlbottichen finden die einzelnen Brauprozesse statt (oben). Je nach Mischung von Hopfen und Malz sowie Verarbeitungsart entstehen Sorten wie Scotch-Ale, Baltik-Lager, Roggen-Weizen.

Fette Beute

Sondengänger im Glück — In einem winterkargen Acker auf Rügen entdeckten Freizeitarchäologen Anfang 2018 einen 1000 Jahre alten Wikingerschatz. Dass dieser Fund der Wissenschaft nicht verloren ging, ist kein Zufall.

Kunstvoll geflochtene Halsreifen, Perlen, Fibeln, ein Thorshammer und jede Menge ausländischer Silbermünzen lagen nur 40 cm unter der Ackerkrume. Entdeckt wurde der durch den Pflug des Landwirts verteilte Schatz von einem 13-jährigen Schüler und einem Dachdecker, die in einem Team von ehrenamtlichen Bodendenkmalpflegern unterwegs waren. Ausgerüstet mit einem Metalldetektor untersuchten sie das Umfeld eines bronzezeitlichen Grabhügels bei Schaprode. Als das Gerät piepte und eine Silbermünze zum Vorschein kam, war ihnen sofort klar, dass ihr Fund historische Bedeutung haben könnte.

WIKINGER-CHEF AUF DER DATENAUTOBAHN

Harald I. Gormson (910–987) war König von Dänemark und Norwegen. Als Harald Blauzahn ging er in die Geschichtsbücher ein. Unklar ist, woher der Beiname stammt. Egal, seine Initialen H und B in altnordischen Runen kennt vermutlich jeder Computer- und Handynutzer. Sie sind das Logo für die Datenübertragung per Funk, die ein skandinavisches Technologieunternehmen in Anlehnung an den König ›Bluetooth‹ taufte.

Geschulte Schatzsucher

Die Finder gehören zu rund 150 aktiven, ehrenamtlichen Helfern der Landesarchäologie. Dieses Team entstand aufgrund einer genialen Idee: In Kursen werden interessierten Laien die Grundlagen der Archäologie vermittelt. Nur sie dürfen sich – sensibilisiert für archäologische Themen – in der Nähe von Bodendenkmälern wie dem bronzezeitlichen Grabhügel auf Schatzsuche begeben. Informationen zu Ausbildung und Tätigkeit bietet die Webseite der Landesarchäoloige (www.kulturwerte-mv.de/Landesarchaeologie/Ehrenamtliche-Mitarbeit).

Die beiden Freizeitarchäologen auf dem Acker in Schaprode machten alles richtig: Sie meldeten den Fund und hielten bis zur offiziellen Grabung dicht. Rund 600 Einzelteile wurden geborgen. 1,5 kg Silber! Darunter viel sogenanntes Hacksilber – vielfach zerkleinerte Schmuckstücke und Münzen, die als Gewichtswährung eingesetzt wurden. Zum Schatz gehörten wikingerzeitliche Münzen aus dem englischen und orientalischen Raum, die älteste aus dem Jahr 714. Rund 100 der gefundenen Münzen waren Prägungen aus der Zeit des Dänenkönigs Harald Blauzahns. Es ist der bisher größte Einzelfund von Blauzahn-Münzen im südlichen Ostseeraum.

Gold in den Dünen

Bereits in den Jahren 1872 und 1874 wurde nur wenige Kilometer entfernt, auf der Insel Hiddensee, der berühmte Hiddenseer Goldschmuck entdeckt: Sturmfluten spülten das 16-teilige filigran gearbeitete Schmuckensemble (gefertigt um 970/980) Stück für Stück frei. Dass die Einzelteile über Jahre zusammengetragen werden konnten und zusammenblieben, ist dem damaligen Direktor des Stralsunder Provinzialmuseums für Neuvorpommern und Rügen zu verdanken. Er bot den Hiddenseer Fischern 4,10 Mark für jedes Gramm gefundenes Gold.

Ein kluger Schachzug, denn so landeten die Preziosen nicht in privaten Schmuckschatullen, sondern im Stralsund Museum (s. S. 172). Dort sind auch die Peenemünder Goldringe (gefertigt um 1000/1100) zu bewundern, die 1905 und 1908 geborgen werden konnten. Die Funde zählen zu den bedeutendsten wikingerzeitlichen Goldschätzen im Ostseeraum. Der Silberschatz von Schaprode befindet sich derzeit noch zur Bearbeitung in Schwerin. Ob er später ebenfalls im Stralsund Museum gezeigt wird, ist noch nicht entschieden. Als Ausstellungsort ist u. a. auch das Pommersche Landesmuseum in Greifswald im Gespräch.

Auf der Flucht vergraben?

Der Hiddenseer Schmuck ist reich mit Granulationskügelchen und Filigrandrähten aus Feingold verziert und zählt zu den qualitätsvollsten Zeugnissen der wikingischen Goldschmiedekunst. Zweifelsohne gehörte er einer Person von hohem Ansehen und sozialem Rang. Schon früh wurde der dänische König Harald Blauzahn mit der Entstehung und dem Besitz des Schmucks in Verbindung gebracht. Als einer der ersten Wikingerkönige ließ er sich taufen und

Sechs dieser sogenannten Hammerkreuze spülte das Meer in Hiddensee frei. Sie zeigen eine Verschmelzung christlicher Symbolik mit dem heidnischen Thorshammer.

das Christentum als Religion einführen. Der kostbare Schmuck wurde vielleicht anlässlich seiner Taufe um 965 getragen.

Als sich im Land Widerstand gegen ihn und die neue Religion formierte, kam es zu einer Schlacht auf der Ostsee gegen seinen Sohn Sven Gabelbart, die Harald verlor. Auf der Flucht nach Pommern könnte er die wertvollen Stücke auf Hiddensee vergraben haben. Sein Tod in Jumne/Jomsburg in der Pommerschen Bucht verhinderte, dass der Schatz später wieder geborgen wurde.

Aber auch ein dänischer Wikinger oder ein slawischer Pirat könnte seine exklusive Beute in den Hiddenseer Dünen versteckt haben. Im Bereich der Ostsee blühte spätestens ab dem 9. Jh. die Seeräuberei. Adam von Bremen berichtet: »Hier gibt es viel Gold, das auf Raubfahrten zur See zusammengebracht worden ist« (IV, 6). Wie der Schmuck und die Münzen in den Schaproder Acker kamen, wird wohl nie geklärt werden können. ∎

Die Großsteingräber bei Lancken-Granitz, die während der Jungsteinzeit bis hinein in die Bronzezeit errichtet wurden, geben der Wissenschaft bis heute Rätsel auf.

Reise durch Zeit & Raum

Geschichte kann spannend sein — im Pommerschen Landesmuseum vergehen Jahrmillionen wie im Fluge. Reizvoll die Architektur aus alter und neuer Bausubstanz (S. 179).

Im Land der Hünen
ca. 10 000–1500 v. Chr.

Am Ende der Weichsel-Kaltzeit dringen nomadisierende Sammler und Jäger in den südlichen Ostseeraum vor. Zu Beginn der Jungsteinzeit um 3000 v. Chr. werden die Menschen allmählich sesshaft, sie betreiben Ackerbau und Viehzucht. Ihre eindrucksvollsten Hinterlassenschaften an der Ostseeküste sind die Großsteingräber, deren Entstehung viele Sagen umranken. Ab 1500 v. Chr. werden Steinwerkzeuge allmählich von Bronze verdrängt. Über das Fernhandelsnetz der Bernsteinstraßen gelangt das begehrte Gold der Ostsee über die Alpen bis nach Ägypten.

Zum Anschauen:
Großsteingräber Lancken-Granitz, S. 120

Siedlungshilfe aus dem Osten
7.–12. Jh.

In das seit der Völkerwanderungszeit nahezu menschenleere Land wandern ab 600 slawische Völkerschaften ein. Im Westen siedeln die Obodriten, im Osten die Wilzen (auch Liutizen genannt) und auf Rügen die Ranen. Archäologische Ausgrabungen belegen für die Zeit um 900 intensive Kontakte zwischen Slawen und Wikingern im südlichen Ostseeraum. Stammsitz der Obodriten ist die 995 erstmals namentlich doku-

mentierte Michelenburg südlich von Wismar, die den Namen Mecklenburg begründet. 1147 verbucht Heinrich der Löwe (Herzog von Bayern und Sachsen) erste Erfolge bei der Unterwerfung und Christianisierung der Slawen. 1160 wird Obodritenfürst Niklot von den Männern Heinrichs erschlagen. Im gleichen Jahr verleiht Heinrich Schwerin das Stadtrecht. 1167 erhält Pribislaw, der Sohn Niklots, von Heinrich den größten Teil der unterworfenen Gebiete als Lehen zurück. Er wird zum Stammvater des mecklenburgischen Fürstenhauses, das bis 1918 regiert.

Zum Anschauen:
wikingerzeitliche Bootsgräber in Menzlin bei Anklam, S. 189; Burgwall der Michelenburg im Dorf Mecklenburg südlich von Wismar

Ein mächtiger Bund
13.–16. Jh.

Die Hafenstädte Rostock, Wismar und Lübeck schließen sich 1259 zusammen, um gemeinsam gegen die Seeräuber vorzugehen. 1278 wird Greifswald als Mitglied des Kaufmannsbundes genannt, 1293 auch Stralsund. Die Kaufmannshanse entwickelt sich zum mächtigen Städtebund, mit schließlich über 200 Mitgliedern. Mit dem Stralsunder Frieden 1370 erreicht die Hanse den Höhepunkt ihres internationalen Einflusses.

Im 15. Jh. werden die Universitäten Rostock (1419) und Greifswald (1446) gegründet. Mit der Reformation (1535 in Pommern, 1549 in Mecklenburg) verliert die Kirche ihre Macht, die Klöster werden säkularisiert, der Einfluss des Adels wächst. Der letzte Hansetag findet 1669 in Lübeck statt.

Zum Anschauen:
Altstadt von Wismar, S. 23;
Altstadt von Stralsund, S. 165

Die Schweden kommen
17.–19. Jh.

Im Dreißigjährigen Krieg (1618–48) werden Mecklenburg und Vorpommern bei den Kämpfen zwischen kaiserlicher und schwedischer Macht regelrecht zerrieben. Gewinner ist Schweden, dem 1648 im Westfälischen Frieden Wismar, die Insel Poel, das Amt Neukloster sowie Vorpommern mit Rügen, Usedom, Wollin und Stettin zugesprochen werden. Das Land ist auf das Schlimmste verwüstet, viele verlassene Bauernstellen bleiben unbewirtschaftet, die Gutsherren vereinnahmen immer mehr Land. Über 70 % des Landes sind Großgrundbesitz. Im 1755 geschlossenen Landesgrundsätzlichen Erbvergleich, der bis 1918 gilt, wird der Ritterschaft die unumschränkte Herrschaft über ihre Untertanen zugesichert. Als Folge des Nordischen Krieges (1700–20) wird Vorpommern geteilt: Usedom, Wollin sowie das Gebiet südlich der Peene fallen an Brandenburg-Preußen, das Gebiet nördlich der Peene mit Stralsund, Greifswald und Wolgast sowie die Insel Rügen bleiben unter schwedischer Herrschaft. Nach den Napoleonischen Kriegen (1800–14/15) werden Europas Grenzen neu festlegt: Preußen erhält Schwedisch-Pommern und Rügen. Auf dem Wiener Kongress 1815 werden beide Landesteile zu Großherzogtümern erhoben – Mecklenburg-Schwerin und Mecklenburg-Strelitz. Erst 1903 gehen die letzten schwedischen Gebiete wieder endgültig in den Besitz Mecklenburgs über.

Zum Anschauen:
Schwedenzeit in Wismar, S. 24

Das Meer tut gut
1793–1938

In Heiligendamm gründet Herzog Friedrich Franz I. 1793 das erste deutsche Seebad. Im benachbarten Bad Doberan entsteht die Sommerresidenz der (groß)herzoglichen Familie. Hochherrschaftliche Architektur aus der Frühzeit der Seebäder bietet um Putbus mit dem Badehaus Goor. Der Erste Weltkrieg (1914–18) hemmt den Bädertourismus nur kurz. Die Novemberrevolution 1918/19 bringt das Ende der Monarchie und zwingt Großherzog Friedrich Franz IV. abzudanken. In den Goldenen Zwanzigern zieht es die Urlauber wieder an die Ostsee: Hiddensee wird zum beliebten Künstlerdomizil. Bereits seit den

Als Wallenstein 1627 das schwedische Stralsund zur Kapitulation auffordert, lehnt der Rat der Stadt nach eingehender Beratung ab.

1880er-Jahren wächst die antisemitische Stimmung in den deutschen Seebädern. Ab Anfang der 1930er-Jahre sehen sich jüdische Villenbesitzer gezwungen, ihre Anwesen am Meer zu verkaufen. Wer bleibt, wird spätestens 1938 enteignet.
Zum Anschauen:
Heiligendamm, S. 49; Künstlerdomizile auf Hiddensee: S. 156 (Gerhart-Hauptmann-Haus) u. S. 159 (Asta-Nielsen-Haus)

Zerstörung und Diktatur
1939–1989

Während des Zweiten Weltkriegs (1939–45) werden 1942 Rostock, Stralsund und Wismar durch Bomben stark beschädigt. Durch den Flüchtlingsstrom aus Ostpreußen, Westpreußen und Pommern verdoppelt sich die Einwohnerzahl des dünn besiedelten Flächenlandes. Nach Kriegsende gehören Mecklenburg und Pommern zur sowjetischen Besatzungszone, dann zur DDR. Die Bodenreform 1946 enteignet entschädigungslos allen Großgrundbesitz über 100 ha. Im Rahmen der Aktion Rose werden 1953 zahlreiche Ermittlungsverfahren wegen angeblicher Wirtschaftskriminalität eingeleitet. 440 Hotels und Pensionen sowie 181 Gaststätten werden beschlagnahmt, der Feriendienst des Freien Deutschen Gewerkschaftsbunds (FDGB) übernimmt einen Großteil der Häuser, Urlaub an der Ostseeküste wird fortan zugeteilt, die Bausubstanz wird nur notdürftig instand gehalten. Bis zum Mauerfall (9.11.1989) versuchen Tausende über die Ostsee in die Freiheit zu flüchten.
Zum Anschauen:
Ostsee-Grenzturm in Kühlungsborn, S. 42

Tourismusziel Nr. 1
ab 1990

Mit der Wiedervereinigung (1990) wird das Bundesland Mecklenburg-Vorpommern gegründet, mit Schwerin als Hauptstadt. Neuordnung, Privatisierung

Auf Hiddensee entspannen, Spaziergänge am Meer unternehmen, den Seewind um die Nase pusten lassen – auch die Berliner Film- und Bühnenstars Carola Toelle und Ernst Stahl-Nachbaur folgten 1923 dem Trend der Zeit.

und Modernisierung der touristischen Infrastruktur münden in einen Bauboom, der bis heute anhält. Der Tourismusbranche geht es gut, Warnemünde ist der größte Kreuzfahrthafen Deutschlands. Fischerei und Werften haben hingegen zu kämpfen. Lange lag die Arbeitslosigkeit weit über dem Bundesdurchschnitt. Die Angriffe auf die Wohnungen von Asylbewerbern im Sonnenblumenhaus in Rostock-Lichtenhagen im August 1992 bleiben unvergessen, noch immer gilt der Vorort als Synonym für den Rechtsradikalismus im Osten. 2006 zog die NPD in den Schweriner Landtag ein. 2016 flog sie raus, während die AfD mit 20,8 % in den Landtag gewählt wurde. Bis 2021 wird das ›Land zum Leben‹ von einer Koalition aus SPD und CDU regiert. Gesundheit und Natur stehen auf der Agenda ganz oben: ›MV tut gut‹.
Zum Anschauen:
Sonnenblumenhaus in Rostock-Lichtenhagen (nur von außen: Mecklenburger Allee 19); Cruise Center Warnemünde, S. 65

Ich bin dann mal weg

Ist das eine Fata Morgana? — Wer Mitte der 1980er-Jahre von Lauterbach aus über den Bodden blickte, hätte an eine Sinnestäuschung glauben können. Die offizielle DDR-Landkarte zeigte nur blauschraffierte Ostseewellen, doch voraus lag zweifelsfrei eine Insel.

Auf der Insel Vilm malte Caspar David Friedrich einst sein berühmtes Bild »Landschaft mit Regenbogen«. Mit der Einrichtung des Badehauses Goor in Lauterbach (1817/1818) entwickelte sie sich zum beliebten Ausflugsziel. Damit war 1959 Schluss: Der Vilm wurde für die öffentliche Nutzung gesperrt und schließlich sogar in den offiziellen Karten gestrichen. Quasi vor den Augen der Einheimischen entstand das geheime Refugium des ›Landesvaters‹. Nur ausgewählte Mitglieder der SED-Führungsriege durften hier ihren Urlaub verbringen.

Pure Natur

Unberührt von menschlichem Ordnungsdrang konnte sich das 94 ha großen Eiland zum Paradies für Tiere und Pflanzen entwickeln. Seit 1527 gab es keinen großen Holzeinschlag mehr, 1936 wurde die Insel unter Naturschutz gestellt. Nach der Wende war lange nicht klar, was aus der Insel der Funktionäre werden sollte. Ein Luxusferienort? Ein Segelsportstützpunkt? Am Ende setzten sich die Naturschützer durch. Die Kegelbahnen und Badestege der Funktionäre wurden entfernt. Seit 1990 nutzen das Bundesamt für Naturschutz und seine Naturschutzakademie die sanierten Ferienresidenzen für Workshops und Seminare.

Wo Honni Urlaub machte

Maximal dreißig Personen dürfen den Vilm heute pro Tag besuchen. Von März bis Oktober tuckert das Motorschiff Julchen täglich vom Hafen Lauterbach die wenigen Meilen hinüber zur Insel (www.vilmexkursion.de). Ein 3,5 km langer Wanderpfad bietet Gelegenheit, sie auf einer geführten Tour zu umrunden. Der Kapitän ist zugleich der Inselguide.

Die Inselerkundung beginnt bei der kleinen Siedlung. Bemerkenswert hübsch sind die elf rohrgedeckten Ferienhäuschen, gelb getüncht mit blauen Fensterläden. Im Haus Nummer 1 verbrachte das Ehepaar Honecker seinen Urlaub, man würde sofort einziehen wollen, nix da mit DDR- oder 1970er-Jahre Charme.

Angelegt im Stil schlichter Fischerhäuser machte die ›Villenkolonie‹ von außen keinen protzigen Eindruck, aber wie sah es drinnen aus? »Vom Handtuchhalter bis zur Zahnbürste trägt alles westdeutsche Firmenstempel«, berichtete ein Handwerker. Jedes erspähte Detail wurde erörtert, beflügelte die Fantasie der Einheimischen. Als dann nach der Wende zum Tag der offenen Tür auf den Vilm eingeladen wurde, war die Ernüchterung groß: Goldene Wasserhähne gab es nicht. Einige der rohrgedeckten Häuschen konnten nicht einmal Westfernsehen empfangen. War es den Politgrößen tatsächlich auf die Ruhe, die Naturschönheiten angekommen? Könnte schon sein.

Wildschwein müsste man sein

Der Pfad schlängelt sich durch den von Ur-Wald überwachsenen Teil der Insel

– entlang der aktiven Steilküste, an der von Zeit zu Zeit Brocken aus Geschiebemergel abbrechen und mit den Bäumen in den Bodden rutschen. Einsame Strände. Wildbirnen, die nicht geerntet werden. Wie herrlich wäre es, hier eine Weile Robinson zu spielen.

Bizarr geformte, uralte Eichen mit den Lebensspuren vieler 100 Jahre und in den Himmel strebende Buchen säumen den Weg. Die hohlen Stämme gestürzter Giganten bieten Kleinsäugern und Vögeln Schlupfwinkel und Brutplätze, im Alt- und Totholz entsteht neues Leben. Der Pfad führt zurück auf die Nordseite der Insel. Im Bodden fischen Graureiher und Kormorane, nicht selten ist auch ein Seeadler zu entdecken.

»Vom Handtuchhalter bis zur Zahnbürste trägt alles westdeutsche Firmenstempel.«

Der Wald weicht zurück, der Blick schweift hinüber zur Zivilisation, dort liegt Rügen. Mitunter spazieren Wildschweine über die flache Furt auf die Insel, auf der auch Steinmarder, Baummarder, Rehwild und Rotfuchs vorkommen. Viele Jahre lang begrüßte ein kleiner Rotfuchs die Inselbesucher am Anleger. Viele dachten, er hätte Tollwut und hielten sich zurück, – doch er war einfach nur zutraulich. Geschichten gibt es viele über den Vilm. Der Kapitän des MS Julchen weiß sie zu erzählen. ■

Vögel des Glücks

Gefiederte Gäste — Bei vielen Völkern gelten die Kraniche als Glücksgeschöpfe und Sinnbild für ein langes Leben. Auch für die Boddenküste ist ihr Boxenstopp alljährlich im Herbst ein Glücksfall, denn sie locken Ornithologen und Neugierige in die entlegene Region.

Der graue Kranich (lat.: grus grus) ist eine von 15 Arten der weltweit verbreiteten Familie der Kraniche. Ab Ende August finden sich die Brutpaare mit ihren flüggen Jungen auf Sammelplätzen ein, um in großen Schwärmen in die Winterquartiere in Südfrankreich, Spanien, Portugal und Nordwestafrika aufzubrechen. Doch zuvor fressen sich die Vögel nochmals so richtig satt.

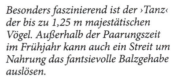

Besonders faszinierend ist der ›Tanz‹ der bis zu 1,25 m majestätischen Vögel. Außerhalb der Paarungszeit im Frühjahr kann auch ein Streit um Nahrung das fantsievolle Balzgehabe auslösen.

Im Herbst lockt der abendliche Einflug der Kraniche ins Windwatt zahlreiche Naturliebhaber und Fotografen an. Zum Vogelkieken legen auch Ausflugsboote in den Boddenhäfen ab.

Bis zu 70 000 Kraniche stärken sich im Nationalpark Vorpommersche Boddenlandschaft im Herbst für den Weiterflug.

Tagsüber suchen die Kraniche auf abgeernteten Feldern nach Nahrung. Beim Fressen kann man ihnen aber nur in Beobachtungsstationen, z. B. dem Kranorama am Günzer See, recht nahe kommen. Dort werden die Vögel nämlich mit Mais und Getreide angelockt.

Meer in Not!

Die Ostsee ist nur ein winziges Binnenmeer — Sie leidet an Sauerstoffmangel und Schadstoffeinträgen und ihr Zustand verschlechtert sich kontinuierlich. Urlauber brauchen nichts zu fürchten, die meisten Küstenabschnitte haben eine gute Badequalität.

Um die Ostsee vor dem Kollaps zu bewahren, taten sich die Anrainerstaaten bereits 1974 in der Helsinki-Kommission zusammen. Im Jahr 2000 verabschiedete sie ein Programm, um bis 2021 einen guten ökologischen Zustand des Binnenmeeres zu erreichen. Doch längst ist nicht alles im Reinen. Die Schutzmaßnahmen reichen bei Weitem nicht aus. Bis 2021 wollen die Anrainerstaaten einen neuen, verschärften Schutzplan erarbeiten. Das Ausbringen von Gülle und Dünger auf den Feldern soll noch strenger reglementiert, der Bau moderner Kläranlagen forciert werdern.

Wenn dem Meer die Luft ausgeht

Nur schmale Durchlässe verbinden das kleine Blaue über die Nordsee mit mit den großen Weltmeeren. Infolge dieser Abgeschlossenheit ist vom Wechsel der Gezeiten kaum etwas zu spüren. Überwiegend während der Herbst- und Winterstürme aus westlichen Richtungen gelangt salzhaltiges und sauerstoffreicheres Wasser aus der Nordsee in die Ostsee. Süßwasser hingegen wird ihr permanent durch die Flüsse zugetragen – angereichert mit Gülle und Dünger aus der Landwirtschaft. Phosphor- und Stickstoffverbindungen fördern das Algenwachstum.

Die Folgen der Überversorgung mit Nährstoffen – Eutrophierung ist der wissenschaftliche Begriff – für das Leben im Meer sind verheerend. In warmen, windstillen Sommerwochen kann es zur explosionsartigen Vermehrung von Algen kommen. Für die Zersetzung der abgestorbenen Pflanzen verbrauchen die Bakterien nicht nur fast den gesamten Sauerstoff im Wasser, sondern setzen gleichzeitig Schwefel frei. Auf diese Weise entstehen weite Regionen, in denen ein Leben für Fische und Muscheln nicht mehr möglich ist.

Sauerstoffarme Todeszonen findet man weltweit, etwa im Golf von Mexiko oder im Indischen Ozean. Die Ostsee aber gilt als das größte vom Menschen verursachte Sauerstoffminimumgebiet. Während in anderen betroffenen Gewässern Todeszonen wieder verschwanden, hält der Sauerstoffschwund in der Ostsee – ungeachtet der bereits erfolgten Reduzierung der Nährstoffeinträge – unvermindert an.

Schöne bunte Plastikwelt?

Auch die Problematik des Plastikmülls ist hausgemacht und selbst verschuldet. 48 % des Mülls in der Ostsee stammen aus Haushaltsabfällen, bis zu 33 % machen Abfälle aus, die durch Freizeit- oder Tourismusaktivitäten entstehen, ist im

Abschlussbericht des MARLIN-Projekts, 2013 zu lesen (www.meeresmuell.de/ostsee). Der Kunststoffanteil des Mülls am Meeresboden beträgt 40 % und an den Stränden 70 %.

Das von der EU geplante Verbot bestimmter Einwegartikel wie Trinkhalme oder Wattestäbchen, ist ein kleiner Schritt in die richtige Richtung, um Kunststoffmüll und dessen Eintrag ins Meer zu verringern. Ein lachhaft kleiner Schritt, meinen die Kritiker, es braucht handfeste politische Maßnahmen auf internationaler Ebene. Aber natürlich kann auch jeder einzelne von uns zur Reduzierung von Müll beitragen – durch den Umstieg auf Mehrwegprodukte und den Verzicht auf Plastik (www.plastikfasten.info).

Albtraum Traumdampfer

Es kommt tatsächlich vor, dass in Rostock auf die Obst- und Gemüseauslagen auf dem Wochenmarkt oder auf die Cafétische Rußflocken rieseln. Sie stammen aus den Schornsteinen der Kreuzfahrtschiffe, die in Warnemünde anlegen. Für viele Menschen ist die Reise mit solch einem Giganten ein Traum, für die Umwelt ist es Albtraum. Die Luxusliner spucken nicht nur Zigtausende Tagestouristen an Land aus, sondern sorgen zugleich für schlechte Luft. Ein einziger von ihnen stößt mehr und giftigere Schadstoffe aus als Zehntausende Pkws.

Um die enorme Umweltbelastung zu senken, gelten seit 2015 auf Nord- und Ostsee schärfere Grenzwerte für Schiffsabgase. Schiffe ohne Abgasreinigung dürfen nur noch Treibstoff mit einem Schwefelanteil von 0,1 % verwenden. Das ist ein Zehntel des bisher erlaubten Wertes. Die Aidanova, die im Dezember 2018 in Dienst gestellt wurde, ist das erste Kreuzfahrtschiff, das ganz auf Schweröl verzichtet und stattdessen mit schadstoffarmem Flüssiggas betrieben wird. Die Maßnahmen zeigen Wirkung. In den vergangenen Jahren ist die Luftschadstoffbelastung in der Ostsee (und Nordsee) messbar zurückgegangen. Viele Reedereien sind bestrebt, nachhaltigere und umweltfreundlichere Schiffe herstellen zu lassen. Die meisten haben einen Umweltbeauftragten an Bord, es wird auf Mülltrennung und auch auf sachgerechte Abfallentsorgung an Land geachtet.

Umweltfreundliche Kreuzfahrtschiffe gibt es nicht, aber es gibt Schritte in die richtige Richtung. Neue Technologien und Maßnahmen für mehr Nachhaltigkeit sind natürlich mit Kosten verbunden, die die Reedereien auf den Reisepreis aufschlagen. Nicht alle Kreuzfahrtreisenden sind bereit, mehr Geld für mehr Nachhaltigkeit zu bezahlen. Oder können es sich leisten. Schnäppchen-Kreuzfahrten auf den Umwelt-Dinosauriern wird es vermutlich noch lange geben. ∎

Obwohl in der Saison manchmal mehrere Kreuzfahrtschiffe am Tag Warnemünde anlaufen, lockt die Passage der Giganten immer wieder Massen an Zuschauern auf die Mole.

Schwierige Zeiten für Fischers Fritz

Ausgedient — Zwei Mal besuchte Angela Merkel die Lobber Fischer. Das Bild vom Treffen in einer spartanischen Fischerhütte ging um die Welt. Der quasi direkte Draht ins Kanzleramt rettete aber weder die Fischer in Lobbe, noch den sogenannten Merkel-Schuppen.

Ein auf den weißen Sandstrand gezogener Fischkutter, Reusen im Bodden, hochseetüchtige Trawler im Hafen. Die Fischerei prägt nach wie vor das malerische Bild der Küste und ist damit wichtiger Bestandteil der regionalen Tourismuswirtschaft. Nachrichten über die massive Reduzierung der Fangquoten und den drastischen Rückgang der registrierten Fischereifahrzeuge seit der Wende sprechen eine andere Sprache. Die Stimmung ist am Boden – nicht nur am Bodden.

Der Hering – die harten Devisen der DDR

Vom Fischfang zu leben, war immer ein hartes Brot. Die meisten Küstenbewohner waren Fischerbauern, die sich in der Landwirtschaft ein zusätzliches Einkommen verdienen mussten. Zu DDR-Zeiten änderte sich das. Fisch gehörte zu den wichtigen Exportartikeln des Landes, das harte Devisen aus dem Westen gut gebrauchen konnte. Wer in der DDR Exportwaren lieferte, wurde überdurchschnittlich gut bezahlt. Ab den 1950er-Jahren wurden die See- und Küstenfischer in Fischereiproduktionsgenossenschaften (FPG) zusammengeschlossen. Der Staat garantierte die Abnahme des Fisches zu Festpreisen, die Fischer brauchten sich um die Vermarktung nicht zu kümmern.

Umso härter traf sie der Konkurrenzkampf, dem sie sich mit der Einführung der Marktwirtschaft nach der Wende ausgesetzt sahen. Die Fischerei brach zusammen, ein Großteil der Verarbeitungsbetriebe schloss, westdeutsche Firmen überschwemmten die neu gewonnenen Märkte mit ihrer Ware.

Nur keine Nostalgie!

Im Jahr 2015 gaben die Gemeindevertreter von Middelhagen grünes Licht für den Abriss der Fischerhütte, die alle nur den Merkel-Schuppen nannten. Sie war kein pittoreskes Kleinod, hatte in den Medien aber Berühmtheit erlangt, weil sich hier Angela Merkel zweimal mit Lobber Fischern traf. Wirklich schade ist es um die alte, unscheinbare DDR-Fischerbude aber nicht. Oder doch?

Das erste Mal klopfte die noch recht unbekannte CDU-Kandidatin für Mecklenburg-Vorpommern 1990 an die Tür des Schuppens und warb um Vertrauen

Fast wie ein Gemälde wirkt das Bild, das ein Fotograf von Angela Merkels erstem Treffen 1990 mit den Fischern schoss. Für die spätere Bundeskanzlerin war es einer der ersten Schritte auf der Karriereleiter. Für die Fischer hingegen ging's immer weiter bergab.

für ihr erstes Mandat im Bundestag. Sie hörte sich die Sorgen der Lobber Fischer an, trank (so wird es erzählt) eine Handvoll Schnäpse mit ihnen, stellte Fragen, hakte nach, hörte zu. Jahre später sagte einer der Fischer über Merkels Besuch: »Sie hat den Eindruck gemacht, als wenn sie uns verstehen würde.«

Das zweite Treffen arrangierten PR-Berater 2009. Angela Merkel war wieder im Wahlkampfmodus. Nichts weniger als ihre Wiederwahl zur Bundeskanzlerin stand auf dem Spiel. Damals ging schon lange keiner der Lobber Fischer mehr seinem ursprünglichen Beruf nach. Die Fischerei in Lobbe war Geschichte, der Schuppen verwaist. Für das Treffen musste er eigens wieder hergerichtet werden. 2017 kam der Abrissbagger.

Kampf ums Überleben – im Wasser, wie an Land

Überfischung, Sauerstoffmangel und Schadstoffeinträge haben die Fischbestände in der Ostsee drastisch reduziert. Fangquoten und Verbote regulieren den Fischfang. Um die Laichgebiete zu schützen, wurde im März 2017 die Schollenfischerei in der Ostsee verboten. Für 2019 empfahl der Internationale Rat für Meeresforschung (ICES), die Heringsfischerei vor der westlichen Ostseeküste ganz auszusetzten. Die Meeresexperten und Umweltschutzorganisationen begrüßten den Vorschlag, die Berufsfischer reagierten entsetzt.

Eine einjährige Fangpause würden die Familienbetriebe der Heringsfischer nicht überstehen. Dass zugleich beim Dorsch die Fangmengen deutlich angehoben wurde, nützt den Fischern nicht. Ihre kleinen Boote sind für den Dorschfang in größerem Umfang nicht geeignet. Doch auch die hohen Unterhalts- und Betriebskosten der Fahrzeuge machen den Betrieben zu schaffen. Ihnen bleibt nur zu hoffen, dass der EU-Fischereirat sich auf seiner jährlichen Versammlung im Oktober zur Festlegung der Fangquoten nicht an die von der ICES vorgeschlagenen Richtwerte hält. Er ist dazu nicht verpflichtet.

Gummihandschuhe, ein Messer und viel Zeit – das ist schon alles, was man zum Fischesäubern benötigt. Aber versuchen Sie es mal. So einfach wie's aussieht, ist es nicht.

Brexit – und nun?

Hering und Dorsch sind seit jeher die wichtigsten Fischarten für die Ostseefischer. Die größeren Kutterbetriebe sind vorwiegend in der Schleppnetzfischerei tätig. In der sogenannten kleinen Küstenfischerei, in der offene Boote und bis zu 12 m lange Kutter unterwegs sind, werden v. a. Stellnetze, Reusen und Angeln eingesetzt. Gefangen werden dort neben Dorsch und Hering auch Aal, Zander und Barsch.

Die Verarbeitung der Fische erfolgt vor Ort. Das von einer holländischen Gesellschaft betriebene Euro Baltic in Mukran auf Rügen ist einer der größten und modernsten Fischverarbeitungsbetriebe Europas. Mit Bangen verfolgt man hier die Brexit-Verhandlungen. Wenn die EU-Länder künftig nicht mehr in küstennahen Gewässern Großbritanniens fischen dürfen, steht es schlecht um die Auslastung der Produktion. Denn längst stammt ein Großteil des gelieferten Herings aus der Nordsee – aus britischen Hoheitsgewässern.

Neustart nach der Wende

Eine Erfolgsgeschichte gibt es aber: Rügen Fisch ist der größte deutsche Hersteller von Fischkonserven. Nach der Wende durchlebte der vormals volkseigene Betrieb Höhen und Tiefen, Verkäufe und Konkurse, konnte sich am Ende aber behaupten: »Der Geschmack hat überzeugt«. Fischkonserven aus Rügen werden in fast alle Länder Europas, nach Asien und Afrika, in die USA und bis nach Australien und Neuseeland geliefert. Andere Länder, andere Geschmäcker erfordern kulinarische Kreativität. Bei Rügen Fisch ist man ständig auf der Suche nach neuen Rezepten: Verkaufsschlager sind und bleiben jedoch Klassiker wie Heringsfilets in Tomatencreme oder Kieler Sprotten. ∎

Rügener Kreidezeiten

Gefährlich bröselig — Eine Frau und zwei Männer schauen von der Bruchkante des Kreidefelsens hinab aufs Meer. Ein dritter Mann ist auf allen Vieren bis zum Abgrund gekrochen. So verständlich seine Faszination für die Kreide ist, man möchte ihn am liebsten am Fuß festhalten und ein Stück vom Abgrund wegziehen.

Im Jahr 2005 stürzten die markanten Spitzen der berühmten Wissower Klinken ins Meer und futsch war eines der berühmtesten Motive von Caspar David Friedrich. Hobeln, schleifen, aufweichen, ausspülen, aufbrechen, frostsprengen – permanent werkeln Wind und Wetter an Rügens Wahrzeichen. Immer wieder stürzen Teile hinunter auf den Strand und ins Meer. Ein Kreideabbruch gibt zahlreiche Fundstücke frei, aber Fossiliensammler seies gewarnt: Auf einen Abbruch folgt nicht selten ein zweiter, Warnhinweise und Absperrungen sind unbedingt zu beachten!

Rügen steht auf Kreide

Natürlich kann man jederzeit an den Stränden auf Fossilienjagd gehen, sehr gut nachgefragt sind aber auch die Fossilienexkursionen des Kreidemuseums Gummanz. Sie finden nur samstags im Tagebau Promoisel statt, denn unter der Woche wird hier aktiv Kreide abgebaut. Frühzeitig habe ich mich im Internet zu einer Exkursion angemeldet und bin pünktlich um 8 Uhr 45 am Treffpunkt – ausgestattet mit spitzem Hammer, Messer, Zahnbürste und Eimer sowie Zeitungspapier und großer Einkaufstüte – zum Einpacken und Transport der erhofft umfangreichen Beute.

Die Gruppe stapft vom Schotterparkplatz los. Fünf Minuten sind es bis zum Tor des Tagebaus. Kein Zugang für Unbefugte! »Bitte nicht ausschwärmen«, mahnt der Exkursionsleiter. Der Weg führt entlang überdachter Förderbänder, darunter liegen kleinere und größere Brocken Kreide, die über Bord gegangen sind. »Die wären ideal zum Pickern«, murmelt einer der offenbar erfahrenen Fossiliensammler.

Dann sind die für die Hobbygeologen reservierten Besucherbrüche erreicht. Von hier schweift der Blick über den in der Sonne leuchtenden Tagebau

INFOS

Fossilienexkursionen: Termine und Buchung unter www.kreidemuseum.de, s. auch S. 143
Rügener Heilkreide: Wissenswertes und Angebote unter www.heilkreide.de

bis zum fernen blauen Bodden. Angesichts der riesigen Bagger stellt sich die Frage, ob Rügen nicht in absehbarer Zeit die Kreide ausgehen könnte? Der Exkursionsleiter schüttelt den Kopf: »Noch lange nicht!« Mit Erstaunen hören wir, dass für den Kreideabbau in Goldberg-Lancken eine Genehmigung bis zum Jahr 2109 (kein Tippfehler!) vorliegt.

Die gesamte Halbinsel Jasmund ruht nämlich auf imposanten Kreideschichten, die vor 69 bis 67 Mio. Jahren aus den Kalkschalen winziger Tiefseelebewesen entstanden. An der Stelle des heutigen Rügen verlief in jener grauen Vorzeit eine Meeresstraße. Nur einen halben Millimeter pro Jahr wuchsen die Ablagerungen, schlossen Feuersteine sowie die versteinerten Überreste von größeren Meeresorganismen ein. Wissbegierigen empfiehlt unser Guide nachdrücklich einen Besuch im Kreidemuseum in Gummanz.

Von den Göttern geschickt

Bevor die Gruppe endlich mit dem Pickern loslegen darf, gibt es eine kurze Einführung. Die Fossilienexperten scharren bereits ungeduldig mit den Füßen. Die meisten von ihnen wissen schon, wie man die Fundstücke konserviert. »Kann man zur Not ja auch im Internet nachlesen.« Und sie wissen auch schon ganz genau, was sie finden wollen: Ein zölfjähriger Junge erwartet nichts weniger als einen ganzen Dinosaurier – oder wenigstens ein paar Saurierknochen. Den Blick für Fossilien hat er! Schon auf dem Weg zum Besucherbruch hat er zwei Donnerkeile gefunden.

Einen Donnerkeil oder Teufelsfinger haben Sie vielleicht auch schon mal bei einem Strandspaziergang entdeckt. Er sieht aus wie ein steinzeitliches Geschoss und soll der Rest eines tintenfischähnlichen Kopffüßers (Belemniten) sein – aber welcher Teil, darüber kann man lange

nachgrübeln. Allein aus diesem Grunde lohnt der Erwerb des kleinen Bändchens »Insel Rügen. Die Kreide« von Manfred Kutscher. Der Expeditionsleiter hat immer ein paar Exemplare zum Verkauf dabei.

Hier findet man die Zeichnung der Belemniten, die vor etwa 67 Mio. Jahren im Kreidemeer unterwegs waren. Am Ende der Kreidezeit starben sie aus, von ihrem Innenskelett blieb nur der knöcherne Teil der Schnauze (Rostrum) übrig. Ihr landläufiger Name stammt aus einer Zeit, als man noch glaubte, dass der germanische Donnergott Donar (altnordisch Thor) für Gewitter, Blitz und Donner zuständig sei. ›Donars-Keile‹ wurden als die Spitzen der von ihm geschleuderten Blitze angesehen. Die Menschen trugen sie als Amulett, denn ihre pfeilartige Form sollte das persönliche Durchsetzungsvermögen stärken. Zermahlen dienten sie als Medizin gegen eine Vielzahl von Krankheiten. Auch sollten sie das Heim vor Blitzeinschlag und Feuer schützen.

Pickern, was das Zeug hält

Inzwischen hat mich auch das Sammelfieber gepackt. Wo sind die Chancen am besten? Egal, heißt es, überall kann man fündig werden. Am besten aber, man nimmt sich größere Stücke vor. Je größer der Brocken, desto größere Schätze kann man beim Aufpickern entdecken. Doch der erste Fund lässt auf sich warten …

Hämmern, kratzen, bürsten – die drei Stunden vergehen wie im Flug. Ich kann kaum glauben, dass die Zeit schon abgelaufen ist, als uns der Exkursionsleiter wieder zusammenruft. Einen Saurier hat mein junger Mitstreiter zwar nicht gefunden, doch einige Schätze zeigt er stolz vor, die alle anderen inklusive Expeditionsleiter bestaunen: einen Feuerstein mit Kieselschwamm, einen Schneckensteinkern, einen Seeigel mit Würmchen.

Zeit für die Sinne

Ich hatte nicht so viel, aber doch ein bisschen Glück: In der Hand halte ich den gut erhaltenen Abdruck einer Muschel. Jetzt schau ich voller Vorfreude auf mein nächstes Rendezvous mit der Kreide – ein Vergnügen ganz anderer Art. Im Heilkreide Gesundheits- und Kurzentrum in Sassnitz will ich mir eine Wellnessbehandlung mit Kreidepackung gönnen (www.heilkreidetherapie.de).

Seit Beginn des 18. Jh. war Rügener Kreide als Schreibkreide, Dünger und Wandfarbe von wirtschaftlichem Interesse. Heute sind nicht nur Landwirtschaft und Industrie Abnehmer, ihre Bedeutung für den Gesundheits- und Wellnessbereich wächst mit jedem Jahr. Rügener Heilkreide ist ein reines Naturprodukt. Verwendet wird sie entweder als Kreidebad (Basenbad) oder als Kreidepackung für Teil- bzw. Ganzkörperpackungen. Sie regt den Stoffwechsel an, aktiviert das Immunsystem, wirkt entschlackend und schmerzlindernd, wärmt den Körper, reinigt die Haut.

Ein paar Stunden später: Die Prospekte haben nicht zu viel versprochen. Ein knappes Pfund Rügener Heilkreide wird in die Whirlpoolwanne gegeben. 20 Minuten lang kann ich die Augen schließen, die Wärme und das Wundermittel genießen. Kreide wirkt heilend und zaubert ganz nebenbei eine zarte Haut. Ein Rundumwohlfühl-Rezept der Natur, das süchtig macht. Man möchte das wohlig-warme Gefühl im Kreidebad, einmal genossen, nie wieder missen. ∎

In den Besucherbrüchen des Tagebaus Promoisel kann jeder im Rahmen von Fossilienexkursionen auf Schatzsuche gehen. Vorkenntnisse sind keine erforderlich – nur Glück und Geduld.

Dem Klima zuliebe

Direkt mit dem Zug nach Usedom — Die Eisenbahnfreunde Karnin kämpfen für den Wiederaufbau ihrer Brücke und die Wiederherstellung der Bahnlinie Berlin/Ducherow–Świnoujście. Viele Argumente sprechen dafür. Das Projekt nahm aber nicht einmal die erste bürokratische Hürde.

Mitte der 1930er-Jahre brausten täglich 52 Züge über die 350 m lange Karniner Brücke. 1945 wurde sie von der Wehrmacht auf dem Rückzug vor den russischen Truppen in die Luft gesprengt. Lediglich der Hubteil ragt unbeschädigt aus dem Peenestrom und erinnert an die gute alte Zeit, als die Bahnfahrt von Berlin in die Kaiserbäder Ahlbeck, Heringsdorf und Bansin nur rund zwei Stunden dauerte. Heute braucht der Zug doppelt so lang – trotz Staus auf den Straßen keine attraktive Alternative zum Auto.

Pro Die beiden Brücken, die Usedom mit dem Festland verbinden, müssen wegen der Schifffahrt regelmäßig geschlossen werden. In Minutenschnelle staut sich der Verkehr kilometerlang. Der Insel und dem Umland droht der Verkehrsinfarkt. Die Bahnlinie könnte das Problem lösen.

Contra Die geschätzten Kosten für die Wiederinbetriebnahme der Bahnstrecke inklusive Brückenneubau liegen zwischen 120 und 140 Mio. €. Diese Investition kann das Land Mecklenburg-Vorpommern in keinem Fall alleine stemmen.

Pro Durch die Bahnstrecke, die ja noch besteht, ist Usedom an das Fernverkehrsnetz der Eisenbahn angeschlossen. Der Bund müsste sich also an den Kosten beteiligen.

Contra Aus Berliner Sicht handelt es sich um ein rein regionales Projekt, für das allein das Land zuständig ist. Daher wurde es auch nicht in den Bundesverkehrswegeplan bis 2030 aufgenommen.

Pro Über Świnoujście (Swinemünde) erfolgt der Anschluss an das polnische Bahnnetz. Somit ist das Projekt sogar staatsübergreifend. Deutschland und Polen könnten gemeinsam europäische Fördermittel einwerben. Zwei Drittel der Kosten (andere Quellen sprechen sogar von bis zu 85 %) würden von der Europäischen Union gefördert werden.

Contra Die Verhandlungen sind schwierig, weil mit EU, Bund, Land, Deutscher Bahn und der polnischen Seite immerhin fünf Partner berücksichtigt werden müssten.

Pro Durch den geplanten Bau des Swinetunnels, der ab 2022 in Polen die Inseln Usedom und Wolin verbinden soll, wird der Schwerlastverkehr über die B 110 weiter ansteigen. Die Bahnlinie würde den Autoverkehr auf die Insel deutlich reduzieren.

Contra In einer Grobbewertung von Intraplan München 2008 wurde für das

Karniner Bahnprojekt ein negativer Nutzen-Kosten-Faktor von 0,73 ermittelt.

Pro Bei der Berechnung wurde die polnische Bevölkerung Usedoms nicht berücksichtigt. Dabei hat Świnoujście (Swinemünde) mehr Einwohner als der gesamte deutsche Teil der Insel. Fachleute des Aktionsbündnisses Karniner Brücke haben in aktuelleren Studien für die Direktverbindung einen positiven Nutzen-Kosten-Faktor von 2,5 ermittelt.
Contra Einen wirtschaftlichen Nutzen hätte das Projekt nur, wenn auf der Strecke auch Güterverkehr zum Swinemünder Hafen rollen würde. Das aber würde die Insulaner zusätzlich belasten.

Pro Dem Aktionsbündnis zufolge spielt der Güterverkehr keine große Rolle. Nach Einschätzung der Swinemünder Hafengesellschaft geht man von ein bis zwei Güterzügen pro Tag aus. Aber! Berlin hat 3,5 Mio. Einwohnern und alle wollen an die See. Dazu kommt, dass 42 % Berliner inzwischen auf ein eigenes Auto verzichten.
Contra Usedom ist auch über die Wolgaster Brücke ans Bahnnetz angschlossen. Die Karniner Brücke braucht es gar nicht.

Pro Die Wolgaster Brücke ist wegen der maximalen Achslast von 16,6 t nicht für Fernbahnen geeignet.
Contra Statt in die extrem teure Bahntrasse zu investieren, sollte der Ausbau des Nahverkehrs und zusätzlicher Mobilitätsangebote auf der Insel, wie zum Beispiel Carsharingsysteme oder Shuttlelösungen, gefördert und ausgebaut werden.

Pro Die Busse stellen mit ihrer geringeren Sicherheit und der Feinstaubbelastung durch Reifenabrieb keine wirkliche Alternative zur Bahn dar. Saubere Luft bildet eine der wirtschaftlichen Grundlagen für mehr als 20 000 Arbeitnehmer auf der Insel. Allein im deutschen Teil Usedoms gibt es acht Reha- und Kurkliniken für Atemwegserkrankungen. Die Reduzierung des Autoverkehrs ist daher nicht zuletzt eine ökonomische Notwendigkeit.
Contra …

Den Gegnern des Bahnprojekts gehen schnell die Argumente aus. Fest steht, es gibt viele Gewinner: Natur und Wirtschaft, Touristen und Anwohner, Polen und Deutsche. Letzendlich hängt aber alles am Geld. Der Druck auf die Verkehrspolitik, die CO_2-Emissionen deutlich zu senken und den Ausbau klimafreundlicher Verkehrsmittel zu fördern, eröffnet vielleicht eine zweite Chance. Zumindest der Landtag von Mecklenburg-Vorpommern hat sich 2018 einstimmig für die Wiederherstellung der Bahnlinie ausgesprochen und will 400 000 € aus dem Strategiefond des Landes für eine Machbarkeitsstudie zur Verfügung der stellen. ∎

Allen Fürsprechern zum Trotz wird die alte Karniner Brücke so schnell keine Nachfolgerin bekommen.

Einfach mal treiben lassen

Bernstein, Martha und Marie-Luise — so heißen die Zeesboote, mit denen Martin Rurik mit Gästen über den Bodstedter Bodden segelt. An einem sonnigen Nachmittag im Frühherbst gehe ich in Bodstedt für ein Interview mit dem Skipper an Bord der Bernstein.

Es ist eigentlich noch keine Kranichzeit, und doch ziehen gerade ein paar Vögel über uns hinweg. »Nichts versprochen und schon gehalten«, grinst Skipper Martin gut gelaunt. Die Bernstein ist mit vier von fünf Segeln fast voll aufgetakelt. Auch die Segel der Martha sind gesetzt, eine größere Gruppe hat sich angemeldet; ein befreundeter Skipper hilft aus. Ein ganz schönes Gewusel, und doch wird jeder Gast persönlich begrüßt – Großen wie Kleinen wird die Hand ins Boot gereicht. Ein nettes, handfestes Willkommen, so herzlich, als würde man einander schon lange kennen und sich über ein Wiedersehen freuen.

Martin, bist du mit allen per Du, die in dein Boot einsteigen?

Mit den meisten schon, ich möchte, dass sich meine Gäste wohlfühlen. Das Du ist einfach persönlicher.

Du bist gelernter Bootsbauer, wie bist du zu einem Zeesboot gekommen?

Mit Zeesbooten hatte ich in der Lehre zu tun. Es ist nicht leicht, diese Boote seetüchtig zu erhalten, und nicht jeder Besitzer ist auch Bootsbauer. Die Bernstein ist Baujahr 1903 und war bis 1968 als Fischerboot im Einsatz. Als ich sie entdeckte, war sie schon sehr in Mitleidenschaft gezogen. Wir haben Familienrat abgehalten, 2005 habe ich sie dann gekauft und auf meinem Grundstück nach historischem Vorbild generalüberholt. Drei Jahre hat es gedauert. Ein teures Hobby! Insofern bot es sich an, Gäste mit an Bord zu nehmen.

Kannst du von den Touren leben?

Wir sind gut gebucht, aber Saison ist nur von Mitte April bis Oktober. Das reicht nicht. Zwischendurch übernehme ich andere Aufträge. Für das Hotel The Grand in Ahrenshoop habe ich ein kleines (altes) Zeesboot nachgebaut. Für andere Aufträge wie Bootsreparaturen, Jachteinbauten und Überholungsarbeiten bin ich im Winter auch öfters im Ausland unterwegs.

Bodstedt liegt am eher ruhigen Festlandufer des Boddens. Lohnt es sich denn überhaupt, von hier aus Fahren anzubieten?

Ja, die Nachfrage ist da. Im Bodstedter Hafen haben viele Zeesboote ihren Liegeplatz. Hier wurde übrigens Mitte der 1960er-Jahre die Tradition der Zeesbootregatten ins Leben gerufen, die die traditionellen Boddenboote gewissermaßen gerettet hat.

Gerettet, wie meinst du das?

Die Zeesenfischerei, die traditonell zwischen Rügen, dem Oderhaff und den dänischen Inseln, betrieben wird, gehörte schon fast der Vergangenheit an, als der Bodstedter Ekkehard Rammin 1965 die erste Zeesbootregatta organisierte. Das hier war immer schon die zentrale Region für die Zeesenfischerei. Es war eine verrückte Idee, aber auch wieder nicht. Die Zeesenboote erscheinen nicht besonders schnittig und für Wettfahrten wenig geeignet. Aber das ist ein Irrtum, sie sind tüchtige Am-Wind-Segler.

Und die Fischer waren gleich Feuer und Flamme?

Das wäre übertrieben, die Fischer hatten auch Angst um ihre Boote. Acht Fischer konnte Ekkehard Rammin schließlich überreden, und das auch nur unter der Bedingung, dass er für eventuelle Schäden an den Booten aufkäme. Heute gehen jedes Jahr zwischen 30 und 50 Zeesboote an den Start, 54 waren es zum 50. Jubiläum der Bodstedter Zeesbootregatta. Natürlich geht es darum zu gewinnen, aber es ist immer auch ein Treffen mit Freunden.

INFOS UND TERMINE

Martin Rurik bietet im Sommerhalbjahr **Zeesbootfahrten** von Born, Bodstedt und Wieck a. Darß an. Info und Termine unter www.zeesbootfahrten.de.
Von Juni bis September finden in den Boddengewässern an sechs Samstagen **Zeesbootregatten** statt. Am zweiten Wochenende im September wird die **Zeesenfischerei** demonstriert. Infos und Termine: www.fischland-darss-zingst.de und www.braune-segel.de.

Touristenfahrten und Regatten – wird auch noch gefischt?

Ja, einmal im Jahr geht es auf Drift, die Bernstein ist beim traditionellen Zeesen dabei.

Was bedeutet Zeese überhaupt?

So heißt das sackförmige Schleppnetz, das seitlich am Boot ausgebracht wird. Um die Öffnung des Netzes zu erweitern, wird es an sogenannten Driftbäumen befestigt, die voraus und achtern ausgeschoben werden. Das Schwert des Bootes wird dann aufgeholt, die Segel dicht gezogen und das Boote driftet quer vor dem Wind über den Bodden.

Und warum sind die Segel braun?

Früher waren die Segel aus Baumwolltuch, das mit Holzteer, Lebertran, Gerblauge aus Eichenrinde und Rindertalg imprägniert wurde, um es haltbarer zu machen, jeder Fischer hatte sein eigenes Rezept. Die alten Segel, die sich bei Regen und stürmischem Wellengang mit Wasser vollsaugten, waren schwer zu hantieren. Die neuen Segel bestehen meist aus Polyestertuch mit glatter oder rauer Oberfläche und sind daher viel leichter zu handhaben. Weiß sind die der modernen Segeljachten, das würde zu uns nicht passen, wir setzen die alte Tradition fort.

2018 wurden die Zeesboote zum immateriellen Welterbe erklärt, da durch ihren Erhalt sowie durch ihren Einsatz beim Fischen, bei Regatten und Segelausflügen eine maritime Tradition lebendig gehalten wird. Ist die Auszeichnung der UNESCO also auch dein Verdienst, Martin?

Es ist der Verdienst vieler, die die alten Bootstraditionen lieben und erhalten. Ich mache das, weil es mir Spaß macht. Dass es auch meinen Gästen Freude bereitet, ist der schönste Lohn und konkreter als ein fernes Welterbe. Aber die Wertschätzung macht mich schon stolz. ∎

Der kleine Bodstedter Hafen ist Ausgangsort für Zeesboottouren (oben). In der Hafenkneipe (unten) bleiben die Einheimischen außerhalb der Saison unter sich.

298 Register

A

Achterwasser 204, 207, 210
Adler-Schiffe 124, 216
Ahlbeck 226
Ahoi! Rügen 127
Ahrenshoop 9, 72, 85, 259
– Hohes Ufer 88
Ahrenshooper Kunstpfad 86
AIDA Cruises 267
Alexandrine von
    Mecklenburg 44
Alleen 18, 252, 266
Altefähr 111
Althagen 87
Altenkirchen 146
Alter Schwede 24
Alt Gaarz 37
Althäger Fischerregatta 90
Alt Reddevitz 131
Altwarp 192
Angeln 240
Anklam 163, 188
Anklamer Fähre 190
Anklamer Stadtbruch 190
Anreise 239
Aquadrom Graal-Müritz 69
Arbeitsmarkt 267
Archäologie 272
Arndt, Ernst Moritz 112, 113
Ärztliche Versorgung 248
Ausrüstung 244
Auto 239

B

Baabe 127
Baaber Beek 13, 119, 125, 127
Baaber Bollwerk 119
Backsteingotik 23, 46, 165, 176
Bad Doberan 14, 44
Bad Doberaner Münster 46, 47
Badehaus an der Goor 117, 118
Baden 240
Bäderarchitektur 41, 45, 50, 116,
    117, 121, 124, 127, 216, 221,
    222, 226, 247
Bahn 104, 118, 239, 249
Bahnstrecke Berlin-
    Usedom 267, 292
Bakelberg 89
Bakenberg 133
Bansin 195, 217
– Haus Asgard 219
– Villa Heimdall 218
Barhöft 106
Barnstorf 81
Barth 104
– Bibelzentrum 104
– Vineta-Museum 104

B

Bastorf 42
Baumwipfelpfad 136
Belemniten 290
Benz 195, 232, 258
Bergen 113
Bernstein 76, 77, 127
Bernsteinbäder 209
Bernsteinhexe 213
Bernsteinstraße 275
Bernsteintherme 208
Betonbauten 255
Bewegen und
    Entschleunigen 240
Bier 112, 243, 270
Binz 121
Biosphärenreservat Südost-
    Rügen 117, 121, 132, 268
Bismarckhering 175
Blaue Flagge 240
Blauzahn (Harald I.
    Gormson) 272
Bluetooth 272
Bodden 87, 99, 104, 144
Boddenfahrten 79, 96, 101
Bodden-Therme 77
Boiensdorf 36
Bollwerk 125, 128
Boltenhagen 19
Born 91
Bothmer, Grafen 17, 20
Braun, Wernher von 197
Brecht, Berthold 150
Breege-Juliusruh 145
Breitlings 15
Brückenöffnungszeiten 239
Buchenbestand 140
Büchsel, Elisabeth 259
Büdnerei 83
Bug 151
Bürgerinitiativen 110, 161
Bus 239, 249

C

Camping 95, 101, 113, 135, 151,
    192, 206, 209, 211, 214, 215,
    232, 249
Cap Arcona (Schiff) 34
Caspar-David-Friedrich-
    Bildweg 177, 181, 182
Christianisierung 275
Cliff-Kultur-Kino 126

D

Damerow 211
Dänholm 173
Darßbahn 96, 104
Darßer Arche 73, 91
Darßer Baustil 93

D

Darßer Haustüren 82, 91, 93,
    94, 95
Darßer NaturfilmFestival 93
Darßer Ort 73, 96, 97
Darßer Urwald 96
Darß-Festspiele 93
DDR 71, 268, 277, 278, 286
Demmin 191
Deutsche Alleenstraße 112
Deutsche Seenotrettung
    (DGzRS) 73
Dierhagen 79
Die Welt steht Kopf 203
Dinosaurierland Rügen 144
Doberaner Rennwoche 49
Dock Inn Hostel 262
Donnerkeile 290
Dornbusch (Hiddensee) 158
Dranske 151
Dreißigjähriger Krieg 276
Duft- und Tastgarten in
    Papendorf 193

E

Einstein, Albert 73
Einwohner 239
Eisreisende 263
Eldenaer Jazz Evenings 184
Energieversorgung 267
Erdölförderung 207
Ernst-Moritz-Arndt-Turm 114
Erster Weltkrieg 276
Essen und Trinken 242
Europäischer Fernwanderweg
    E9 20
Europäische Route der
    Backsteingotik 113, 247
Europapromenade 195, 229,
    267

F

Fähren 13, 110, 112, 113, 118,
    125, 128, 154, 155, 190,
    234, 249
Feiertage 243
Feininger, Lyonel 76, 232, 258
Feste und Veranstaltungen 246
Festonallee 18
Feuersteinfelder 137
Findlinge 133, 263
Fisch 61, 139, 163, 175, 185, 242
Fischbrötchenkrieg 164
Fischerei 277, 286, 288
Fischerfest Gaffelrigg 184
Fischland-Darß-Zingst 72, 74
Fischlandhäuser 82
Fischlandkeramik 87
Flossfahrten 93

Der Haupteintrag ist **blau** hervorgehoben. **299**

Flugzeug 240
Fontane, Theodor 231
Forst- und Köhlerhof
   Wiethagen 69
Fossilienexkursionen 289
Fotografie 99, 101
Freest 163, 185
Friedrich, Caspar David 177,
   182, 258, 278
Friedrich Franz I. von
   Mecklenburg 44, 276
Führungen 21, 31, 78, 94, 101,
   157, 202, 232

G
Gager 133
Garz 112
Gellort 151
Geschichte 275
Gespensterwald 50
Gezeiten 267
Gingst 152
Glashäger-Mineralwasser 48
Glowe 145
Gnitz 194, 206
Göhren 128
Golm 236
Goor 117, 118
Gorki, Maxim 223
Gothensee 195, 217, 224
Graal-Müritz 15, 67
– Rhododendronpark 68
Granitz 121
Greifswald 162, 176, 182
– Caspar-David-Friedrich-
   Zentrum 177
– Jacobikirche 178
– Marienkirche 179
– Museumshafen 182
– Pommersches
   Landesmuseum 179
– Rathaus 176
– St. Nikolai 177
– Universität 178
Greifswalder Bachwoche 184
Greifswalder Oie 194, 198
Grenztürme 42, 71
Groß Mohrdorf 106
Großsteingräber 40, 120, 207,
   275
Groß Zicker 132, 133
– Pfarrwitwenhaus 132
Gummanz 109, 143
Gut Darß 91

H
Hanse 23, 50, 56, 165, 176,
   191, 275

Hanse Sail Rostock 15, 62
Hauptmann, Gerhart 156
Hausmannskost 242
Heeresversuchsanstalt 197
Heiligendamm 14, 49, 261, 276
Heilkreide 291
Hering 242, 286
Heringsdorf 221, 258
– Kunstpavillon 223
– Residenz Bleichröder 223
– Villa Irmgard 223
– Villa Oechsler 222
– Villa Oppenheim 223
Heringsdorfer Kaisertage 226
Heringswochen 242
Herthasee 141
Hiddensee 109, 155, 259
– Blaue Scheune 159
– Gerhart-Hauptmann-
   Haus 156
– Karusel 159
Hiddenseer Goldschmuck 273
Hiddenseer Künstlerinnen-
   bund 159, 259
Highlights 6
Hinterland 7
Hohe Düne 65
Hoher Schönberg 20
Honecker, Erich 279
Horizonte Zingst 104
Hornfisch 242
Hostels 152, 173, 187, 249, 262
Hühnergötter 137

I
Informationsquellen 243
Inselkäserei Usedom 237
Inseln 6, 265, 266
Internationales Kleinkunst-
   festival 226

J
Jaromarsburg 147
Jasmund 139
Jasmunder Bodden 144
Jazzfest 90
Johnson, Uwe 17
Jugendherbergen 123, 225, 249
Juliusruh 145
Jungsteinzeit 275

K
Kafka, Franz 68
Kägsdorf 43
Kaiserbäder 194, 216, 261
Kap Arkona 109, 147, 148
Karl's Erlebnishof 70, 121
Karlshagen 202

Karnin 190, 235
Karniner Brücke 190, 196, 292
KdF-Seebad 135
Kempowski, Walter 52, 57
Kikis Bootsverleih 214
Kinder 244
Kino 115, 126, 208
Kirr 73, 100, 269
Kitesurfen 152, 241
Klanghaus am See 193
Kleidung 244
Klein Jasedow 193
Klein Zicker 135
Kletterwald 43
Kletterwald Usedom 216
Klima 244
Klimawandel 264
Klinkowström, Friedrich
   August von 184
Klockenhagen 76
Kloster Eldena 183
Kloster (Hiddensee) 156
Klütz 17
Klützer Winkel 17
Kölpinsee 213
Königsstuhl 140, 142, 161
Korswandt 224
Kosegarten, Ludwig
   Gotthard 149
Koserow 211, 262
Krachliner See 224
Kraniche 102, 106, 154, 280
Krankenhäuser 248
Kranorama 106
Kräuter, Kunst und
   Himmelsaugen 193
Kreide 143, 289
Kreptitzer Heide 151
Kreuzfahrtschiffe 65, 277, 285
Kriegsgräbergedenkstätte 236
Kriegszerstörung 24, 25, 50,
   188, 231
Krummliner Wiek 206
Kruse, Oskar 157
Kühlungsborn 14, 41
– Villa Baltic 41
Künstler 258
Künstlerkolonie Ahrenshoop 85,
   86, 89, 259
Kurverwaltungen 244
Küstenschutz 264

L
Lage 239
Lancken-Granitz 120
Lassan 163, 188, 193
Lauterbach 116
Lehmann, Henni 159

300 Register

Lesetipps 17, 213, 217, 245
Leuchtfeuer Dornbusch 158
Leuchtturm Darßer Ort 98
Leuchttürme 267
Leuchttürme Kap Arkona 147
Lichterfahrt und
  Seemannsweihnacht 33
Lieper Winkel 233
Lieschow 153
Lietzow 144
Lobbe 132, 286
Loddin-Kölpinsee 213
Lohme 142, 161
Lütow 206
Lüttenort 194, 212

M
Maler 85, 258
Malte I. zu Putbus, Wilhelm 116,
  121
Malweiber 157, 258
Mecklenburg 7, 75
Mecklenburger Bucht 14, 16
Mecklenburgisches
  Fürstenhaus 275
Meeresspiegelanstieg 264
Meinhold, Wilhelm 213
Mellenthin 232
Menzlin 189
Merkel, Angela 286
Michelenburg 275
Middelhagen 131
Miethe, Käthe 82, 83
Möckel, Gotthilf Ludwig 46
Molli 42, 44, 249
Mönchgut 127, 128, 130, 133
Mönchguter Fischköpp 131
Mönchguter Hofbrennerei 131
Mönchguter Museenland
  schaft 129
Morgenitz 233
Moritzdorf 119, 125
Möwenort 206
Müller-Grählert, Martha 99
Müller-Kaempff, Paul 86, 89,
  259
Mümmelkensee 220
Munch, Edvard 63
Musik 15, 131
Müther, Ulrich 64, 123, 127, 137,
  145, 223, 255
MV Werften Wismar 23, 266

N
Napoleonische Kriege 276
Nationalpark Jasmund 109,
  140, 269
Nationalparktage Zingst 104

Nationalpark Vorpommersche
  Boddenlandschaft 92, 96,
  102, 154, 160
Nationalpark-Zentrum 92, 140
Nationalpark-Zentrum
  Königsstuhl 142
Naturerbe Zentrum Rügen
  NEZ 108, 136
Naturparadies Teutenberg 131
Naturpark Rügen 154
Naturpark Usedom 268
Naturschutzgebiete 39, 43, 78
Natur und Landschaft 248, 263
Natur- und Nationalparks 268
Neppermin 258
Netzelkow 207
Neubukow 35
Neuendorf 206
Neuendorf (Hiddensee) 160
Neu-Sallenthin 224
Niehagen 87
Nielsen, Asta 159
Niemeyer-Holstein, Otto 212,
  232
Nienhagen 50
Nonnenloch 133
Nonnenstaub 76
Nonnewitz 151
Nordischer Klang 184
Nordischer Krieg 276
Nothafen Darßer Ort 96, 107
Notrufnummern 248

O
Ostklüne 234
Ostsee 260, 284
Ostseebäder 19, 37, 41, 44, 49,
  67, 80, 93, 116, 121, 124, 127,
  128, 137, 202, 203, 204, 209,
  211, 221, 226, 261, 276
Ostseeheilbad 20, 99
Ostseeküsten-Radweg 6, 20, 151,
  209, 235, 241
Ostseeschnäpel 242
Ostseetherme 228

P
Paddeltouren 58, 189, 191
Parks 18, 47, 68
Peenemünde 194, 197, 267
– Denkmal-Landschaft 201
– Historisch-Technisches
  Museum (HTM) 200
– Maritim Museum 201
– Phänomenta 201
Peenemünder Goldringe 273
Peenetal 163, 191
Plastikmüll 284

Poel 14, 33, 34
Polen 229
Pramort 73, 102
Prerow 93, 107
Promoisel 289
Prora 135
Pulow 193
Putbus 108, 116
Putgarten 147

Q
Quellental 48

R
Radfahren 23, 34, 69, 102, 118,
  131, 140, 224, 232, 234, 240
Ralswiek 108, 115
Rambin 112
Ranen 109, 112, 114, 147, 275
Rankwitzer Hafen 233
Rasender Roland 118, 120, 249
Reddevitzer Höft 131
Redewisch 21
Reet (Rohr) 195
Regenbogen Camp
  Nonnevitz 151
Reiseplanung 247
Reisezeit 244
Reiten 241
Republikflucht 71
Rerik 37
Rettungsstation Binz 256
Reuter, Fritz 24
Ribnitz-Damgarten 72, 75,
  258, 262
– Deutsches
  Bernsteinmuseum 76
Ribnitzer Moor 72, 78
Richter, Hans Werner 217
Riedensee 43
Rigafahrer 168
Robben 65
Rostock 15, 50, 58
– Dokumentations- und
  Gedenkstätte in der
  ehemaligen Stasi-
  Untersuchungshaftanstalt 57
– Hausbaumhaus 56
– IGA-Park 57, 60
– Kerkhoffhaus 56
– Kloster zum Heiligen
  Kreuz 57
– Kranstöverhaus 52
– Kröpeliner Straße 54
– Kulturhistorisches
  Museum 56
– Kunsthalle 57
– Marienkirche 52

Der Haupteintrag ist **blau** hervorgehoben. **301**

- Nikolaikirche 55
- Petrikirche 56
- Petriviertel 58
- Rathaus 51
- Schiffbau- und
  Schifffahrtsmuseum 57
- Stadthafen 56, 59
- Universität 55
- Warnowtunnel 57
- Zoo 60
Rostock-Lichtenhagen 277
Rostocker Heide 69
Rubenow, Heinrich 178
Ruden 202
Rugard 114
Rügenbrücke 110
Rügendamm 110, 111
Rügener Insel-Brauerei 112
Rügen Fisch 288
Rügensche BäderBahn 118, **120**
Rügen und Hiddensee 108, 110
Rugivit 112
Runen 109
Runge, Philipp Otto 187
Rurik, Martin 295

S
Sagard 144
Salzhaff 35
Salzhütten 211
Salzstraße 79
Sassnitz 137, 262
Sauerstoffminimumgebiet 284
Schaabe 145
Schaprode 154, 272
Schiffsausflüge 31, 61, 67, 85,
  101, 120, 124, 139, 145, 198,
  202, 209, 216
Schinkelturm 147
Schliemann, Heinrich 35
Schloonsee 217, 220
Schloss Bothmer 14, **17**
Schloss Gelbensande 70
Schloss Granitz 121
Schloss Lietzow 144
Schloss Ludwigsburg 184
Schloss Ralswiek 115
Schloss Spyker 144
Schmachter See 123
Schmale Heide 135
Schmalspurbahn 19, 42, 118
Schmetterlingsfarm 203
Schmollensee 217, 232
Schultze, Steffen 237
Schwabewald 151
Schwanenstein 142, 263
Schweden 34, 276
Schwedenfest Wismar 24, 33

SED-Führung 278
Seebrücken 20, 42, 68, 81, 99,
  122, 124, 125, 128, 137, 205,
  217, 222, 227, 262
Seebrücken-Hopping 124
Seedorf 119
Segeln 35, 80, 111, 152, 208, 241
Sellin 108, **124**
Selliner See 125
Sicherheit und Notfälle 248
Slawen 37, 112, 113, 114, 115,
  141, 146, 147, 234, 275
SOKO Wismar 26
Sommertemperaturen 267
Sonnenstunden 3
Spaziergang 38, 47, 48, 82, 218
Stadtpaddeln Rostock 58
Stand-up-Paddling (SUP) 6, 241
Staus 240
Steckbrief 239
Steinbeck 31
Sternerestaurants 243
Stettiner Haff 192
Stolpe 235
Störche 233
Störtebeker Braumanufaktur 270
Störtebeker Festspiele 115, 266
Stove 35
Stralsund 162, 164, **165**
- Commandantenhus 166
- Deutsches
  Meeresmuseum 172
- Dielenhaus 166
- Gorch Fock I 171
- Heilgeistkloster 171
- Marienkirche 170
- Museumshaus 172
- Nikolaikirche 168
- Olthofsches Palais 166
- Ozeaneum 171
- Rathaus 167
- Scheele-Haus 169
- St. Johanniskloster 169
- St. Katharinen 171
- Stralsund Museum 172
- Wulflamhaus 165
Strände 3, 7, 20, 32, 36, 41,
  43, 79, 124, 128, 134, 139,
  145, 174, 181, 196, 202, 204,
  216, 247
Strandgut 7
Strandkörbe 225
Streckelsberg 211
Stubbenkammer 140
Sundische Wiesen 102
Surfen 35, 111, 134, 152, 208,
  241
Svantevit 109, 114, 146, 147

Swinemünde/Świnoujście
  229
- Grenzmarkt **228**, 231
- Mühlenbake 229

T
Tarnewitzer Huk 20
Tauchen 44, 241
Tauchgondel 99, 124, 205
Teemanufaktur Kräutergarten
  Pommerland 193
Teerschwelerei 69
Thalasso 241
Theo Fischer 107
Thiessow 134
Till Richter Museum in Schloss
  Buggenhagen 193
Tonnenabschlagen 80, 85, 90,
  96, 243
Töpferei 87
Töpfermarkt 23
Tourist-Informationen 244
Traktoren Welt
  Usedom 235
Trassenheide 203
Tromper Wiek 145

U
Überflieger 4
Übernachten 248
Ückeritz 214
Ueckermünde 192
Ummanz 153
UNESCO-Welterbe 23, 32, 46,
  148, 165, 166, 247, 297
UNESCO-Welterbeforum 140
UNESCO-Weltnaturerbe 140
Usedom 194, 196, 258
Usedomer Gesteinsgarten
  214
Usedomer Schweiz 224, 228
Usedomer See 195, **234**
Usedom-Stadt 233

V
Verkehrsmittel 249
Victoria-Sicht 140
Vilm 108, **120**, 278
Vineta 104, 209, 211
Vineta Festspiele 209
Vitt 148
Vitte (Hiddensee) 159
Vogelbeobachtung 100, **102**,
  106
Vogelschutz 198
Völkerwanderungszeit
  275
Vorpommern 75

W

Waase 154
Wallensteintage 176
Wandern 21, 88, 97, 102, 106, 125, 132, 133, 140, 148, 158, 190, 232
Warnemünde 15, 62
- Cruise Center 65
- Hotel Neptun 65
- Teepott 64
Warnowtunnel 266
Wassersport 41, 44, 152, 154, 241
Websites 243
Wehrmacht 39
Weigel, Helene 150
Weihnachtsmarkt Rostock 62
Weiße Flotte 249
Weiße Wiek 20
Wellness 241, 291
Weltraumforschung 197
Welzin 237
Wendorf 32
Werften 266, 277
Westklüne 234
Wieck 91, 162
Wiedervereinigung 277
Wiek 152, 182
Wieker Bodden 151
Wikinger 37, 115, 189, 272, 275
Wildlife Usedom 204
Wilhelm II., Kaiser 216, 218, 223, 230
Windflüchter 98
Windmühlen 35, 85, 188, 232
Wirtschaft 239
Wismar 14, 23
- Alter Schwede 24
- Baumhaus 27
- Fürstenhof 25
- Georgenkirche 25
- Gewölbe 29
- Heiligen-Geist-Kirche 26
- Marienkirche 25
- Nikolaikirche 29
- phanTechnikum 29
- Poeler Kogge 31
- Rathaus 24
- Reuterhaus 24
- Schabbellhaus 29
- Schwedenköpfe 27
- Schweinsbrücke 28
- Stadtgeschichtliches Museum 29
- Tierpark 31
- Wasserkunst 24
- Wassertor 27
- Welt-Erbe-Haus 32
- Zum Weinberg 24
Wismarer Hafentage 33
Wismarer Heringstage 32
Wissower Klinken 140
Wittow 145
Wittower Fähre 152, 249
Wohlenberger Wiek 20
Wolgast 186
- Blaues Wunder 187
- Petrikirche 186
- Rungehaus 187
- Stadtgeschichtliches Museum 187
Wolgaster Brücke 188
Wolgast-Häuser 217, 218
Wolgastsee 224
Wollin 230
Wustrow 72, 80, 82, 89
- Neue Straße 82
Wustrow, Insel 38

Z

Zahlen 266
Zappanale 49
Zeesboote (Zeesenboote) 236, 266
Zeesbootregatta 80, 85, 296
Zeesboottörns 72, 85, 295
Zeesenfischerei 296
Zempin 209
Zempiner Hafen 210
Zickersche Berge 108, 133
Zickersches Höft 132
Ziegelgrabenbrücke 110
Zingst 73, 99
- Max Hünten Haus 101, 262
Zinnowitz 204
Zirow 32
Zuckerhuthäuser 132
Zudar 113
Zweiter Weltkrieg 188, 197, 236, 277

Noch mehr aktuelle Reisetipps von
Claudia Banck und News zum Reiseziel finden Sie auf
www.dumontreise.de/ostsee-mecklenburg-vorpommern.

Autorin & Impressum

Claudia Banck ist in Schleswig-Holstein aufgewachsen. Nach vielen Wander- und Studienjahren lebt sie heute mit ihrer Familie in Mecklenburg-Vorpommern. Als freischaffende Autorin ist sie dem Norden immer treu geblieben. Bücher über die deutschen Küsten an Nord- und Ostsee bilden den Schwerpunkt ihrer Veröffentlichungen. Es macht ihr einfach Spaß, den Alltag hinter sich zu lassen und am Meer unterwegs zu sein. Das Glück liegt vor der Tür.

Abbildungsnachweis
akg-images, Berlin: S. 276; 2/3 (euroluftbild.de/Hans Blossey) **Claudia Banck, Sukow/Zietlitz:** S. 25, 30, 36, 39, 71, 73 re. o., 75, 77, 83, 89, 103, 109 M., 119, 249, 175, 185, 186, 193, 207, 219, 271 o., 291, 293, 294, 295, 297 u., 297 o. **Cliff Hotel Rügen, Sellin:** S. 257 o. **DuMont Bildarchiv, Ostfildern:** S. 146, 209 (Johann Scheibner); 54, 66, 68, 180 (Olaf Meinhardt); 231 (Peter Hirth); 194 li., 203 (Roland E. Jung); 7 li., 7 re., 10, 11, 14 li., 15 M., 22, 51, 108 re., 109 re. o., 114, 122, 129, 130, 134, 138, 156, 157, 159, 161, 162 re., 165, 169, 177, 194 re., 197, 204, 221, 227, 271 u., 274 (Sabine Lubenow) **Getty Images, München:** S. 238 (C Squared Studios); 15 re. u. (EyeEm/Anton Eine); 73 re. u (Gary S Chapman); 195 re. u. (John M Lund Photography Inc) **Huber-Images, Garmisch-Partenkirchen:** S. 210 (Cornelia Dörr); 18 (Reinhard Schmid); 136, 172 (Sabine Lubenow) **laif, Köln:** 63 (Dagmar Schwelle); S. 195 li. (Gerald Haenel); 8, 87, 260 (Gerhard Westrich); 91, 212, 215, 250/251 (Gregor Lengler); 72 re., 84 , 92 (Imke Lass); 269, 282 li. o., 282 li. u., 283 u. (Jörg Modrow); 242, 288 (Melanie Dreysse); 199 (Paul Hahn); 61, 105 (Ralf Brunner); 145 (Stefan Volk); 117 (Toma Babovic) **Look, München:** S. 257 u. (age fotostock); 40 (Arnt Haug); 162 li., 170 (Günther Bayerl); 280/281 (Konrad Wothe); 163 M. (Sabine Lubenow); 111 (Thomas Grundner); 45 (Ulf Böttcher) **MATO, Hamburg:** S. 98 (Cornelia Dörr) **Mauritius Images, Mittenwald:** S. 28 (Alamy/Yvonne Duffe); 108 li. (Christian Bäck); 265 (Hans Blossey); 109 re. u. (imagebroker/Hwo); 222 (imagebroker/Martin Siepmann); 278 (imagebroker/Oliver Gerhard); 234 (imagebroker/Sabine Lubenow); 141 (imagebroker/Siegfried Kuttig); 72 li., 78 , 163 re. u. (imagebroker/Thomas Hinsche); 282 re., 283 o. (Reiner Bernhardt); 183 (SuperStock/Fine Art Images); 285 (Westend61/Pure.Passion.Photography) Michael Stolle, Sukow/Zietlitz: S. 303 **Müther-Archiv, Hochschule Wismar:** S. 255 (Doris Klützow/VEB Hochbauprojektierung Rostock) **picture-alliance, Frankfurt a. M.:** S. 189, 195 re. o., 237 (dpa-Zentralbild/Jens Büttner); 126, 259, 273 (dpa-Zentralbild/Stefan Sauer); 107 (dpa/Bernd Wüstneck); 6 (imagebroker/Oliver Gerhard) **plainpicture, Hamburg:** Titelbild (DEEPOL/Thomas Grundner) **Shutterstock.com, Amsterdam (NL):** S. 14 re. (Bjoern Wylezich); 15 re. o. (JUN3); 81 (ricok); 241 (TalyaPhoto) **Stadtpaddeln Rostock, Rostock:** S. 59 **Stock.adobe.com, Dublin (IRE):** S. 7 li. u. (Rico Ködder) **Sylvia Pollex & Thomas Rötting, Leipzig:** S. 12/13, 73 M., 149, 150, 153, 163 re. o., 252/253 **ullstein bild, Berlin:** S. 287 (Ebner); 277 (Ludwig Boedecker) © **VG Bild-Kunst, Bonn 2019:** S. 186, Werke im Atelier, Otto Niemeyer-Holstein

Umschlagfoto
Titelbild: Strandgänger in Warnemünde

Kartografie
DuMont Reisekartografie, Fürstenfeldbruck
© DuMont Reiseverlag, Ostfildern

Autorin: Claudia Banck **Redaktion/Lektorat:** Marianne Bongartz **Bildredaktion:** Sylvia Pollex, Titelbild: Carmen Brunner **Grafisches Konzept und Umschlaggestaltung:** zmyk, Oliver Griep und Jan Spading, Hamburg

Hinweis: Autorin und Verlag haben alle Informationen mit größtmöglicher Sorgfalt geprüft. Gleichwohl erfolgen alle Angaben ohne Gewähr. Bitte schreiben Sie uns! Über Ihre Rückmeldung und Ihre Verbesserungsvorschläge freuen wir uns: DuMont Reiseverlag, Postfach 3151, 73751 Ostfildern, info@dumontreise.de, www.dumontreise.de

1. Auflage 2020
© DuMont Reiseverlag, Ostfildern
Alle Rechte vorbehalten
Printed in Poland

Offene Fragen*

Macht Seeluft glücklich?

Verehrten die Slawen Hühnergötter?
Seite 137

Wo findet man Nonnenstaub?
Seite 76

Lief da was zwischen Kaiser und Konsulin?
Seite 223

Wo machte Honni Urlaub?
Seite 278

Kannten schon die Wikinger Bluetooth?
Seite 272

Kann jeder übers Wasser gehen?
Seite 124

Gibt es Pinguine in MeckPomm?
Seite 171

Wann kommen die Kraniche?
Seite 280

Kann ein Broiler Kult sein?
Seite 64

»Was macht die Zeit, wenn sie verrinnt?«

Worum ging es eigentlich beim Fischbrötchenkrieg?
Seite 164

WZRG – was soll das denn sein?
Seite 212

Können Bäume vor dem Wind fliehen?
Seite 98

Wer ist Molli?
Seite 42

Fängt Fischers Fritz frische Fische?

---

* Fragen über Fragen – aber Ihre ist nicht dabei? Dann schreiben Sie an info@dumontreise.de. Über Anregungen für die nächste Ausgabe freuen wir uns.